江苏省考古学会文集

（2015—2016）

◎ 江苏省考古学会　编

上海古籍出版社

年会开幕式

年会现场

年会闭幕式

会后考察镇江孙家村遗址

南京博物院龚良院长作"小康后的江苏考古事业"专题报告

江苏省文物局刘谨胜局长作"探索地域文明的思考"专题报告

江苏省考古研究所林留根所长作"科技考古"专题报告

南京博物院邹厚本研究员作"弘扬优良传统，提升江苏考古水平"专题报告

图版五　　江苏省考古学会 2015 年年会会与会代表合影

江苏省考古学会 2015 年年会合影留念　2016.1.15

图版六　江苏省考古学会 2016 年年会与会代表合影

图版七　江苏大丰丁溪村遗址范公堤（一）

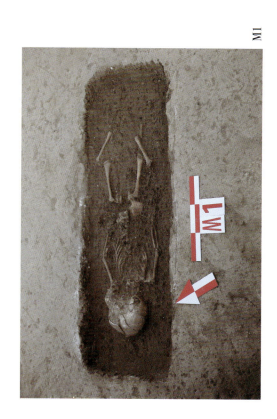

M1

范公堤 TE39S15
南壁地层

范公堤堤坝俯视图（上北下南）

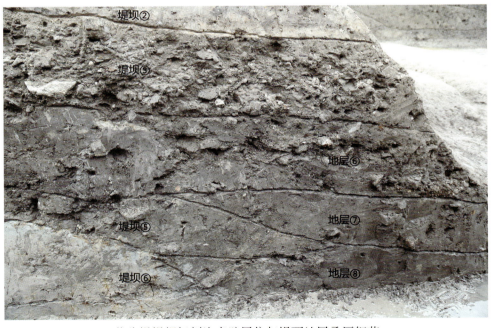

范公堤堤坝解剖沟南壁层位与堤西地层叠压细节

青瓷碗（TE39S16 ⑥∶10）

青瓷碗（TE38S16 ⑥∶3）

青瓷盘（TE38S16 ⑥∶4）

青瓷碗（TE39S16 ⑥∶13）

青瓷盘（TE39S15 ⑥∶1）

青瓷高足杯（TE39S15 ⑥∶11）

青瓷碗（TE39S15 ⑥：2）

青瓷碗（TE39S16 ⑥：6）

青瓷碗（TE40S15 ⑨：3）

青瓷碗（TE40S15 ⑨：3）

青瓷碗（TE40S15 ⑨：4）

青瓷碗（TE41S16 ④：1）

青瓷碗（TE41S16 ④：2）

青瓷高足杯（TE39S15 ⑦：9）

青瓷盘（TE44S16 ② b：1）

青瓷盘（TE44S16 ② b：1）

青瓷碗（TE39S15 ⑦：5）

红釉瓷小碗（TE38S16 ⑥：14）

青瓷三足洗（TE39S15 ⑧：4）

白瓷碗（TE38S16 ⑥：11）

青花瓷碗（TE38S16 ⑥：5）

青花瓷碗（TE38S16 ⑥：5）

青花瓷碗（TE38S16 ⑥：1）

青花瓷盒（TE40S16 ⑥：1）

青花瓷盘（TE39S15 ⑥：14）

青花瓷盘（TE39S15 ⑥：14）

青花瓷盘（TE40S16 ② a：1）

青花瓷盘（TE40S16 ② a：1）

青花瓷碗（TE41S15 ⑤：1）

青花瓷碗（TE41S15 ⑤：1）

青花瓷碗（TE41S15 ⑨：3）

青花瓷碗（TE41S15 ⑨：3）

青花瓷碗（TE39S15 ⑦：11）

青花瓷碗（TE41S16 ④：3）

青花瓷碗（TE41S16 ⑤：2）

青花瓷盘（TE44S16 现代坑 2 ②：1）

沙涨村前大街

合剌普华墓全貌

目　录

篇　首　语

考　古　探　索

理　论　探　讨

专 题 研 究

篇 首 语

小康后的江苏考古事业

——在江苏省考古学会 2015 年年会上的讲话

龚 良

江苏省文化厅 副厅长
南京博物院 院长

同志们：

今天非常高兴来参加我们考古学会的年会。林所长给我出了一个题目：目前的社会发展处于什么形势,这个形式下社会对考古又有什么样的要求,特别是文化事业和小康生活的关系,在这个前提下江苏考古怎样更好地适应这个阶段性的要求。大家都知道,一项事业一定要有对社会的贡献度,对社会有贡献了,社会才会觉得这项事业能蓬勃成长,能很好地发展。所以除了埋头干活以外,还要抬起头来看看前面,看看在现阶段应该做什么。今天不能算是报告,算是一个座谈,我也就是写了一个提纲,慢慢地跟大家一起讨论一下,在如今的形势下,怎样更好地让考古事业为社会发展服务。讲的如果有不对的地方,请大家批评指正。

我今天主要是讲三个方面的问题。第一个是文化发展的阶段及其要求。第二个想谈一下新形势下江苏考古的目标和任务。第三个想讲一下如何找准定位,做好区域、单位和个人的考古事业规划。

第一个讲讲现在的发展阶段、文化发展的阶段性,以及文化遗产保护、考古事业发展的阶段性和要求。第一,从发展的阶段性来看,江苏这几年的发展是一步一个脚印,首先是解决温饱问题,温饱以后,开始进入低标准的小康。邓小平同志在 20 世纪 80 年代到苏州昆山时,说这样的生活挺好,全国什么时候能够达到这样的生活？这样的生活有什么标准？当时昆山的同志回答说,这样的生活就是我们认可的老百姓达到小康的生活。全国跟这个生活的距离是多少呢？跟全国的平均水平相比,大概是翻两番,具体数额则是人均 GDP 达到 800 美元。所以 800 美元、翻两番是我们当时提出的第一个小康的标准。这几年,胡锦涛总书记到昆山时,提出我们现在的小康生活不能仅仅是以吃饱饭为小康,应该要有更高的小康标准。所以我们江苏省把高标准的小康分解为五大块,这五大块如果都达到了才叫小康。这几年来大家都认为小康的生活就应该是老百姓不光要吃饱饭,而且还要吃好饭,然后在基本的养老保障、基本的义务教育、基本的公民权利方面,都得到发展了才叫小康。所以江苏省提出了高标准的、以县为单位的小康。2014 年 12 月,习近平总书记到江苏,在座谈会上表达了江苏不要急着说自己已达到了小康社会的意思,因为小康生活跟温饱的差别就在于,温饱是解决了人们物质生活的基本需求,小康是在解决物质生活基本需求以后,还要解决人们的精神文化生活的基本需求。高标准的精神文化生活,就是我们下一步努力的方向,即到2020年,全省要实现基本现代化。基本现代化指的是我们有基本的公共文化服务,有基本的精神生活需求以后,还有高标准的精神生活需求。那么我们来看看小康的基本文化需求有没有达到。最近两会在召开,我们在两会上谈到一个问题,我们一直说江苏达到小康了,那么有没有满足老百姓基本的精神文化需求?现在省政府在督查基层的基本文化需求设施,县里要有图书馆、文化馆,我们文物系统加了一条,要有博物馆,基层乡镇里面,要有文化站,村里要有文化室。那这些就能代表达到基本文化需求了吗?我们觉得还没有达到,我们离高标准的小康还是有差距的。说到了广电,大家都说现在广电节目可多了,但是每一个节目都是要收费的,现在人代会上大家在提,说老百姓的基本文化需求没有得到满足,广电应该把中央台、江苏卫视这样的频道免费给老百姓收看,然后对一批有线台收费。政府给广电提供了很多经费,那么广电对满足老百姓的基本文化需求做了多少?所以现在广电受到了很大的压力。那么在博物馆文博这块,要达到小康,我们也要提供基本的文化生活需求,我们提供了没有?我们在"十二五"期间提出了"县县有博物馆",现在这个目标基本达到。前两天文物局的同志跟我说,现在我们以县为单位,全省只有三个县没有博物馆。这还不够。两年前我们提出在"十三五"的时候,要把文物保护单位在原有基础上,提高开放利用率,并且把它纳入公共文化服务体系。好多人都不接受,说文物保护单位怎么能纳入公共文化服务体系。这次修订的新的《文物法》里面,要求文物保护单位维修好了以后,要纳入基本的文化服务,要让公民来享受文物保护的成果,这是新的《文物法》里比较明确地提出来的。所以我们说,达到小康阶段,然后从小康再到基本现代化的基本要求里,大家一定要注意,要切合发展的阶段性。注意什么?考古事业、文物保护事业,要为最基层的公共文化服务贡献力量。考古挖完了,有没有给社会服务?光写篇报告是不行的,挖完了留了多少遗址下来、能不能变成展览、能不能把遗迹变成遗址公园、遗址博物馆?这就是我们说的江苏的阶段性,从2016年到2020年,是小康到基本现代化的阶段。这是第一点,发展的阶段性。

第二,在这样一个阶段里面,国家、社会、老百姓对江苏的文化事业发展是提出了要求的。根据习近平总书记2014年12月在江苏座谈会上的讲话,江苏的文化发展靠这样的按部就班走是不够的,从小康到基本现代化的过程中,文化建设要迈上新台阶。就是说沿着坡慢慢走的话是不够的,要跳一级上去。迈上新台阶不是一句空话,所以省委省政府召开了文化建设迈上新台阶的会议,明确提出来我们的文化建设要超常规发展。在2015年初的时候,省长李学勇带着文化厅和文物局的团队,到文化部、国家文物局对接,签了这样的合作协议,希望文化部和国家文物局支持我们的文化事业建设迈上新台阶。在这个协议里面,我们完完全全地提出来,江苏的文化要迈上新台阶的话,靠原来的小打小闹是不够的,我们要大战一场,大家要有更宏观的观念。在文物方面主要是这么几块:第一就是我们的文化遗产、文物保护单位,修好了以后,要更多地为基层的公共文化服务。第二,我们的历史文化名城名镇要为老百姓的舒适生活服务,名城名镇保护完了之后要让住在里面的人舒服,而不只是让从外面来的游客舒服。我老家的镇党委书记很厉害,他跟我说,我不要你给我经费,现在镇上一年有几个亿可以花,我想请你告诉我,这个镇不想以旅游作为目标,想以镇上的老百姓生活幸福为目标,我们这个历史文化名镇怎么做才能做得更好,比如镇上要开多少店、多少客栈,有多少原住民,房子怎么修建? 我说这的确是一个不那么容易的事情,需要开一个课题慢慢做。举这个例子就是说人们已经理解了、开始意识到了历史文化名城名镇的深层内涵。从考古这一块来讲,我们希望国家文物局支持我们的考古事业,考古成果要更多地为社会发展服务。一个工地结束,大家不要只说又出土了几件文物、几处遗迹,光靠几件文物是不能够实现迈上新台阶这个目标的。这个是习总书记提出的要求。

省委省政府提出来的文化强省的目标,叫"三强两高","三强"指把江苏建设成文化凝聚力和引领力强、文化事业和产业强、文化人才队伍强的文化强省。现在不说文化大省,叫文化强省。"两高"指思想文化建设高地和道德风尚建设高地。就是说我们的工作要为建立核心价值服务,要为弘扬传统文化服务。大家要想得远一点,考古做出来以后,能不能为这个服务。考古了解了过去人们的生活状态,要弘扬正面的、好的东西。一个世界纷纷繁繁什么都有,是不是考古挖出来的都需要保护? 也不是的。经常有人说,这次又是一个重大发现,重大发现是什么呢? 一个三尺的墓。那这个小墓不能叫重大发现,现在报纸媒体上写的全是重大发现。这一发现要对核心价值观、传统文化有所弘扬,才能叫重大发现。所以在这样一个目标下,我们的目标和任务,就是要弘扬中华传统价值,弘扬社会主义核心价值观,还要为建设完善的公共文化服务体系作贡献。大家都知道我们以前一直在提考古要留一点东西,留下来干什么? 就是为了给构建公共文化服务体系添砖加瓦。在这里我们到底能起多少作用? 如果把文物保护单位和博物馆放入公共文化服务体系的话,我觉得这个体系里面的内容至少增加50%,大家说有没有这么多? 刚刚说到的公共文化设施——图书馆、文化馆、美术馆、乡镇文化站、村里的文化室,把所有这些的面积加起来,也不如我们江苏的文物保护单位的面积大。现在全省的文保单位超过四千处,全省的文物点超过两万个,如果50%的文保单位能够对公众开放,这个力度是很大的,所以考古完全是可以为增加这些内容作巨大贡献的。遗迹可以建设成遗址博物馆,遗物可以开发成文化产品和好的展览。这是第二点,发展的新要求。

第三,文化遗产保护领域,总书记特别重视,提了一些要求。大家知道总书记从河北正定做县委书记开始,每到一任处,首先强调的都是保护文化遗产,比如在河北正定,在福建三明。前几年,总书记又专门批示了辽宁阜新万人坑遗址的保护事宜,要求文化部、文物局要尽快落实。文化部把这件事交办给了我们南京博物院文保所。同时还要求弘扬中华文化。总书记在山东曲阜专门召开座谈会,要求更好地弘扬以曲阜为代表的中华传统文化。在中央政治局学习会议上,明确地提出来要收藏在禁宫里的文物、陈列在广阔大地上的遗产、书写在古籍里的文字都活起来，提得非常具体。在城镇保护方面，中央史无前例地召开了中央城镇会议，以前都是住建部、偶尔是政府开的，总书记在会议上专门提出来依托现有的山水脉络等独特风光，让城市融入大自然，让居民望得见山，看得见水，记得住乡愁，要尽快把每一座城市特别是特大城市开发边界划定，把城市放在大自然当中，把青山绿水留给城市居民，要传承文化，发展有历史记忆、地域特色、民族特点的美丽城镇。这几年我们知道住建部一关注哪儿哪儿就惨了，关注名城保护，名城就要惨，关注古镇保护，古镇就要变差劲。现在开始关注古村落，所以有记者说，希望住建部放过古村落，不要过分关注。我们在做《江苏历史文化名城名镇保护条例》的时候，学习了住建部拿出的《山东历史文化名城名镇保护条例》。在这个《条例》里面，保护的内容基本没有，但是开了很多例外窗口，在什么条件下可以建什么。我开玩笑说，你们请来了一部《山东历史文化名城名镇"建设"条例》，不是《保护条例》。总书记提的让居民"望得见山"，意思就是远看的时候不能让建筑把山挡住了，但是所有开发商都希望建筑能把山挡了，这样在建筑上才能俯瞰得了各种山，建筑才会卖得出钱。在文化景观里面有这么一个说法，这边如果有一个最好景观的话，相比较而言，对面看过来的就是最差景观。在南京总统府的东边建了一个六朝博物馆，六朝博物馆的另一半是个宾馆，宾馆图纸上，面向总统府的方向做了一排半开放的露台，标向总统府方向的叫最好景观，在那个位置能俯瞰总统府的全部建筑景观。但是反过来，在总统府里面往外看的话，往那个宾馆的方向就应该是最差景观了。在北京，人们问为什么央视那个建筑能获得国际建设方面的奖项，这样的建筑放在历史文化名城里是不合适的。我说因为在这个建筑上向四周看去，北京这座历史文化名城的景观都被收在眼底，当然要获奖。但是对北京这座历史文化名城来说，这个建筑是一个最大的败笔。任何一座建筑都应该是适宜的。又比如"看得见水"，现在沿岸风光带为什么有的特别好，有的就不行？比如上海的外滩就很好，好在黄浦江两岸互为景观。从浦东看浦西的历史建筑很好，从浦西看浦东的现代建筑也很好。彼此互为景观的时候，就是一个好的风景。南京原来的下关区，现在合并到鼓楼区了，也要建沿江风光带。有人说按照现在的规划，做出来肯定比上海外滩还要好。我说这是不可能的，按照长江的宽度，在对面是看不到像上海浦东那么好的景观的，因为江面太宽了，看不见对岸。"记得住乡愁"就更对了，去年我在人大跟几位同志说，要保护苏州的江南水乡风貌。现在保护了孤零零的几个建筑物、几个名镇，但是水乡风貌没有了，平土地建高楼，很多人回老家都不认识路了，没有了江南特征。原来江南人家临水而居，现在都不是了，农村也要集中居住，把农村规划成城市，让农民住进电梯房。要让人记得住乡愁，就要保护一些遗产。所以这几年，总书记对我们文化遗产这一块还是提出了很高的要求的。这是第一个，发展的阶段性以及发展的要求。

　　第二个就是在新形势下我们的目标和任务是什么。现在江苏的发展已经过了规模扩张型的阶段。在解决温饱和早期小康的时候，我们要解决住的问题，要解决交通问题，涉及用地，就要进行考古。原来江苏 30% 是城镇居民，70% 是农业人口，到 2020 年时，城镇人口会超过70%甚至75%,那这么多人进城就需要有企业接纳劳动人口,建厂用地,也要考古。到"十二五"末,我们应该已经过了这个阶段,接下来不会再有扩张型的发展,也就是说抢救性考古发掘会比"十一五"、"十二五"少很多,我估计"十三五"和"十四五"的抢救性考古发掘项目最多达到"十一五"、"十二五"的30%左右。在这样的形势下我们要明确目标和任务。

从目标来讲,第一,要探索地域文明。大家知道考古既是探索又是破坏,考古的过程就是把文物的相互关系记录下来,不是只挖文物。老师都教我们要把后期的东西剔掉,把遗物留下来,照完相画完图以后才可以取走文物,为什么要留下来? 因为我们做到这个层面的时候要找出文物和文物之间的相互关系,而这个相互关系是把不可移动文物转变为可移动文物时必须要做的,如果没有记录好相互关系就把文物提取出来,那就是破坏,就跟盗墓一样了。我曾跟公安厅的同志讲,你们遇到盗墓的人,不要等他把文物盗出来再去抓,看到他动土的时候就要去抓,只要他钻进去,不用等到他取出器物,那就已经是犯罪了。浙江有过一个案例,有人在一个窑址的遗址保护区内动土,就被判刑了。现在盗取市县级文物,三年,省级文物,十年。公安厅的同志说等他盗取文物出来了我们再抓,人赃俱获,还能给文物部门上交一批文物不好吗? 我说这样的话文物之间的相互关系就永远得不到揭示了,价值损失就大了。大家一定要注意相互关系是有很大的价值的,考古的科学价值就在于记录相互关系。比如说,一个瓷瓶一万块,一对瓷瓶就可以价值四万块,其中两万块是两个瓷瓶的价值,两万块是其中相互关系的价值。又比如说,关系中最值钱的是什么? 是旅游的广告语,短短几个广告语就价值万千。考古就是寻找关系,并且记录下来。所以在探索地域文明的过程中,既要了解地域文明的缺环,也要了解相互之间的关系。

第二,要保护文化遗产。探索地域文明大家是很注重的,但我们考古的人不太注重保护文化遗产。上学的时候老师说做田野要做到生土,否则就是不及格。现在则不是这样,要把遗迹当作文化遗产来看待,挖到最重要的遗迹时要把它留下来,保护下来,遗迹跟遗物同等重要,有时候遗迹甚至比遗物更重要。当年讨论在明故宫遗址上能不能建地铁站时,我们跟城市建设部门有不同意见。明故宫的价值不在于地下有金银财宝,而在于明故宫各个建筑物之间的相互关系,组成了明朝早期的宫殿形式。明故宫不只在于某一座建筑重要,而在于这一组建筑一起反映了建筑的传统文化。遗迹也是文化遗产的重要组成部分,不能只取遗物不要遗迹。遗迹保护得好的话,留下的是更多有意义的内容。林所长在盱眙发掘泗州城时的理念就非常好,泗州城遗址是当时人们生活被定格在清朝中期的、中国唯一的、州一级的城市遗址。在这个城市里的所有的东西只有具有了相互关系了才有价值,比如街道上的石头、倒塌的墙,单独列出来都没有价值,只有把它们纳入泗州城整个的布局来看,哪里有塔、哪里有官衙、哪里有街道、哪里有市场,给人们看到了定格在清代中期的城市的生活状态,才有价值。这在国内是独一无二的,这肯定会是全国重点文保单位。这里面最重要的就是遗迹。如果都做到生土,把文化层挖掉了,那么剩下的遗物都没有价值。所以遗迹很重要,遗迹反映了过去人们的生活状态。大家都知道仰韶文化和龙山文化最主要的差别就是建筑和葬制。仰韶文化母系社会时期主要是有一个公共文化的大房子,而在龙山文化时期出现了分间的趋向,这都是靠遗迹才知道的,而不是靠遗物。墓葬方面,仰韶文化是二次葬,龙山文化出现了夫妻合葬墓,特别是出现了一男二女合葬墓,男在中间仰身直肢,女在两边侧身屈肢,面向男士。这样的状态,反映的是以男子为中心的父系社会。这是靠遗迹才得以揭示的,所以它的重要性不只体现在几块骨头上,不是只把骨头拿回博物馆陈列柜就可以了。侵华日军南京大屠杀遇难同胞纪念馆在做一期工程时挖到一个好几百具尸骨的坑,尸骨被单独提取出来放到橱窗里,日本人来了说,谁知到他们哪儿捡来的? 他们造假。拣出来的骨头毫无价值,只有在遗迹里,才能表明这是一个当年埋藏遇难者的丛葬坑。所以在保护文化遗产时请大家一定要注意保护相互关系。

第三,要服务社会发展和服务公众。考古发掘出来的内容,集大成者是大遗址,相对小一点的是把出土文物做成有主题的展览。这是我们要表达的,当然我们也要表现地域文明,而这些东西,在精神文化层面,在社会发展过程中极其需要。县里面经常有同志说没有文物建博物馆,就是些坛坛罐罐。我说你们挖的时候有没有留一点墓葬?林所长很认真,把墓葬留了很多。以后建博物馆的时候,有几座墓葬放在里面比只放器物好很多。有很多好的迹象,比如说,一个坑里有一条随葬的狗,拍完照后这条狗留了没有? 儿童瓮棺葬有没有被整体提取? 南博展厅里有一罐西周鸡蛋,是我们在发掘土墩墓时遇到的,我们没有把鸡蛋一个一个提取出来,就放在里面,然后展览时放在展厅的一个角落,观众看到时就很感兴趣。把鸡蛋和罐子放在一起时就反映了一种社会生活面貌。最近海昏侯墓的报道说要把出土的铜钱整体取出来,展陈时当作一件文物来展览,那么我们取铜钱时有多少人是把它当时的状态当作一组整体来看待的? 我们都恨不得一个一个数出来。相互关系极其重要,因为只有相互关系才能体现当时的社会发展,才能弘扬地域文明,才能在弘扬地域文明时发挥更大的作用。考古的同志如果没有考虑好社会发展的需要、公众的需要,没有重视遗迹的话,以后请一定多注意注意,多拿点遗迹回去。

那么谈谈任务。第一,江苏的考古任务最主要的是探讨地域文明中的缺环,这是我们工作的重点。省里有省里地域文明的缺环,市县有市县的缺环。省里的话,一个是早期文明的研究,目前的顺山集文化基本上证实了在 8 000 年前江苏已经是鱼米之乡,有环壕,环壕里面有方形的房址,环壕外面有排列整齐的墓葬,开始有了渔猎经济,开始种植水稻。这是早期文明的研究。各地也应该做早期文明的研究。比如张家港,以前是沙洲,老说没有古代文明,所以"文明张家港"指的是现代文明。但是我们把东山村遗址发掘了以后,表明在崧泽文化时期,已经出现了文明的源头,已经出现了社会等级分化的状态,所以有位老先生给张家港题字"文明之光",张家港不仅只有现代文明,在古代的时候,比之常熟、江阴等周边县市,张家港的文明来得更早。这是地方的地域文明。另一个是在苏北苏鲁豫皖交界地区的文明的研究。苏北在元代以前,一直比苏南的经济文化发达,只是后来黄河泛滥以后把很多遗迹压在很深的地方。所以有大型建设的时候我们还是要努力积极参与,看看苏北的地下,早期文明一定不会比苏南的差。还有一个就是环太湖。环太湖有一个独特的文化面貌,就是以骆驼墩遗址为主的古代文化面貌。在环太湖西岸这个区域里出现了很独特的文化现象。再比如说,我们讲古城古国,商周时期江苏的古城古国也是很有特点的。再比如汉代,汉墓很多,有墓就肯定是有聚落的,汉代的城址我们也开始在做,文献里面有150多个有围墙的城,我们这几年开始在连云港、淮安、徐州三个地方做城址调查,下一步还要做发掘。就是说人们首先有生活以后才会有墓葬。苏北调查发现了五十多个城址,我们想象一下,江苏“十二五”末有800个镇,苏北三市也就200个镇,在这个区域里当年有围墙的城超过150个,那么汉代苏北地区的繁荣程度可想而知。所以要想知道古代的生活状态不能只靠墓葬。墓葬里有文物,大家有发掘的积极性,遗址里面文物不多,但是能反映出当时的生活状态,是文明的很重要的内容。比如徐州,曹书记在文化厅和徐州签署战略协议时讲了一番话,说高祖带出去一批徐州的人到长安做了官,满朝文武皆丰沛,那么宫廷里的话应该就是讲的徐州话,吃的饭菜肯定也是徐州口味。有没有在研究汉代文明的时候研究一下徐州对汉族文化的影响? 我觉得这个思路很好。所以说到任务,应该每一个地方都有自己的任务。在考古发掘中,关于缺环的研究是第一个任务。

第二,在考古发掘中,请大家更关注遗物以外的遗迹和其他信息。粗放式的考古发掘已经进行了很多年,特别是在抢救性发掘中,这个过程会丧失很多历史信息。现在考古的技术手段越来越多,实验室考古、动物考古、植物考古,从早期的孢粉分析、碳十四测年,到现在的水洗、筛选等,技术越来越丰富,也就是说我们通过一小块的内容能够发现更多的信息。比如当年的气候、水文状况,我们都可以研究。接下来粗放型的发掘少了,主动性发掘也不会那么多,所以请大家更精细地发掘,将遗迹遗物同等看待,把其他的历史信息用更多的方法提取出来。

第三,考古要给公众提供更多的文化产品和文化享受,考古也要做展览。今天的考古在探索地域文明时提供最好的文化产品是大遗址,然后是遗址公园,再然后是把藏品做成展览,展览也做不成的,要想办法把几个馆或者几个所的产品结合到一起,变成为公众服务的文化产品。在这个过程中考古所是要起作用的。南博古代文明的专馆是考古所帮着策划的,我们也主张把遗址博物馆、遗址公园通过考古人员的努力来展示给公众。这是三个任务。

第三个部分,叫深入研究,找准定位,做好区域的、考古单位的和个人的考古事业规划。

第一,要深入研究。考古是什么? 考古不是挖文物,是在文物关系丧失之前了解文物和文物、文物点和文物点间的相互关系,并记录下来,通过这种关系,了解过去人们的生活状态,探索地域文明。考古,拿文物是次要的,了解生活状态是主要的,所以有的重要发现不是以文物为主的。大家在做考古时要有这么一个概念。大家在抢救性发掘之外，也要开始做主动的、探索的考古，做更多的主动性发掘，以及实验室考古、公共考古，这是下一步的目标。考古所的人要考虑转型，除了探索以外要留东西下来，并且要公众去发现。像无锡鸿山遗址这样，考古所的人既要做考古，也要做展示。我觉得这可能是将来的方向。

第二，要找准区域定位。要充分明确每一个区域的特色和定位，要抓准特色并深入下去。比如徐州抓准汉文化，早年做考古，后来做遗址博物馆，现在做遗址公园，提出四位一体的徐州博物馆，博物馆、土山汉墓、采石场、乾隆行宫四个加在一起，这样的博物馆怎么会不让人喜欢呢？遗址博物馆是考古下一步的重要目标，但不是每个都要做，一个地方有一两个就行了，一定要找准自己的地域特色来做。比如张家港，我们肯定鼓励来做文明，会非常好。太仓要做的话，我会建议做海运仓主题。每个地方一定要做有自己特色的。沭阳文化局和博物馆说要做通史展，只有几十件陶器，展陈单位给他们开了一个单子，要去买460件文物。我说这样的话没法开展，要改掉。博物馆展示的是地域发展的过去和今天，是人类发展的见证物，见证物不仅是坛坛罐罐，可以是可移动文物，可以是不可移动文物，也可以是某个时间段的能体现区域特色的东西。所以如果我们去帮沭阳的话，要帮他理一理沭阳有哪几块特色，老百姓天天念叨的是什么，把特色放进博物馆里去，而不是只做一个通史展。

第三，要明确个人和单位通过五年努力能够给社会和公众提供什么，有贡献度，社会和政府才会支持。"十三五"期间，提的口号叫江苏的博物馆要高品质、均衡发展，提升社会效能。"十三五"期间提出社会效能翻一番，在博物馆方面，翻一番不是指再建一批新馆，而是指效益翻一番，我提出把"十二五"期间建馆的经费和运营经费增加30%，那么就能让博物馆的效益翻一番，参观人数翻一番，参观时间翻一番，这个可能性极其大。比如南京，每年增加2 000万经费做展览，保证效益将会翻一番。考古也是这样，要有一个定位。"十三五"期间，能不能给当地留下一个遗址博物馆、增加几个文保单位、完善一下当地的展览？这做不到的话，就没有对社会的贡献度，社会和政府就不会支持。所以要定好对社会的贡献度。公共财政的投入，一定是基于社会需求。

第四，做考古要有课题意识。南京市在2000年做了一个课题，把以前发掘的很多六朝遗迹和墓葬整合起来，做了一个关于南京六朝城市发展的课题研究。在这个课题的引领下，这几年的抢救性发掘就做得非常好。课题意识就是把零零星星的发掘内容整合起来，变成对社会有贡献度的专题。

第五，要有人才第一的意识和理念。人才的思维、意识、理念好，对社会的贡献度就大。有高的境界和眼光时，才能做出社会认可的成果。早年博物馆缺地方缺空间，所以这几年博物馆改建扩建，不缺空间了。五年前有的博物馆缺经费，现在全省超过三分之一的博物馆不缺经费，但不缺钱也不一定能做好，还要有人才和理念。考古也是这样，不缺经费，但缺少为社会作更多贡献的理念。要服务社会、服务公众，产生更多社会效益。所以人才是第一,意识和理念很重要。

今天主要是想跟大家交流一下,在现在的形势下大家的思维要开阔,不要只是想着在一亩三分地下找出什么文物来,而是要让整个行业在江苏的文化发展和小康奔现代化过程中发挥更大的作用,既服务了社会和公众,也服务了我们自己,让考古人员逐步地不像农民工而像科学家,为社会作出贡献。

探索地域文明的思考

——江苏考古工作寄语

刘谨胜

江苏省文物局　局长、研究员

江苏是文物大省,又是考古工作的先进省份,近年来江苏的考古工作取得耀人的业绩,尤其在地域文明的探索方面取得了长足的进步。

江苏的地下埋藏丰富,文化遗存众多,文化内涵复杂,文化属性兼容并蓄,是考古工作的一方沃土。

中华文明源远流长,地域文明犹如一条又一条的涓涓细流,生生不息地向前流淌,最终汇入浩瀚的中华文明之中,成为博大精深的中华文明的源头之一。

江苏地跨南北,淮河自西而东横贯江苏,江苏北部的黄淮平原属黄河流域,江淮平原和长江中下游平原属长江流域。江苏既有黄河流域的古文明,又有长江流域的古文明,因此,江苏的考古工作在全国有着特殊的地位,江苏的考古工作在两河流域的文明化进程中有着举足轻重的意义。

为此,我简要地谈谈探索地域文明的一点思考。

一、探索地域文明的意义与作用

中华文明是世界上最早形成的文明之一,又是世界上唯一未曾中断、延绵至今的文明。研究我省古代文明的起源与发展过程,探讨其背景、契机及其演进规律,应与研究中华文明及世界文明联系起来。

探索研究地域文明,对于复原我省古代社会发展具有重要的历史意义。由于史前史研究仅有少量古史传说可供参考,因此,研究当时的政治、经济、文化,考察当时的社会发展状况,基本上要靠考古发掘出土的器物及相关信息资料。历史时期虽有文献记载,但文献的侧重点、详略和真伪对地域文明研究产生了较大的影响,考古发掘资料可以起到正经补史的作用,为全面研究当时的社会及其文明发展状况提供重要资料。因此,探索研究我省古代区域文明的起源与发展,不仅对于复原我省古代的历史具有重要意义,而且对于探讨区域文明的产生及发展变化规律也具有不可替代的作用。

探索研究地域文明,对于推进当前经济社会发展具有现实意义。近些年来,经过全省考古工作者不懈的努力,先后通过考古发掘和研究,建立了一批博物馆,建设了一批遗址公园,如鸿山遗址、扬州城遗址、阖闾城遗址、狮子山楚王陵、小龟山汉墓等,展示了区域文明发展历程的物质载体。考古发现丰富了当地的文化内涵,提升了当地的城乡建设品质,为当地经济发展提供了新的动力,为公众提供了文化享受,服务了民生。

探索研究地域文明,对中华文明起源研究有重要作用。1986 年,苏秉琦先生提出中华文明起源是多元的,"中华文明满天星斗",不仅仅局限于黄河流域。1998 年,在中日共同举办的"稻作、陶器和都市的起源"国际学术研讨会上,严文明先生也明确指出:"起源地区也不限于中原,应该包括黄河流域和长江流域的广大地区。而中国文明的进一步发展过程,则是逐步走向多元一体的过程。"考古成果证明,史前时期各地的文明发展是大致均衡的,到了新石器时代晚期,各地文明与中原文明的碰撞和融合,造就了中华文明。江苏南有良渚文化,北有龙山文化,对中华文明产生过重要影响,省考古所发掘的东山村遗址被列入了国家文明探源工程的研究项目。因此,探索地域文明的研究要放眼于中华文明起源的大背景中,同时也为研究中华文明起源提供更多的资料和成果,江苏地域文明研究是中华文明起源研究不可或缺的重要组成部分。

二、江苏探索地域文明取得的新成果

"十二五"以来,我省深入探索地域文明,在太湖流域、宁镇地区、徐淮地区和苏北鲁南地区都取得了重要突破。环太湖的新石器文化,在朱墓村、朱墓墩遗址、绰墩遗址、草鞋山遗址的发掘取得重要成果,朱墓墩的发掘揭示了一处良渚文化中心聚落。苏州木渎古城的发掘,为寻找吴国都城提供了许多新的证据,是吴文化考古的重要突破,获得 2010 年全国十大考古新发现。苏北地区,泗洪顺山集遗址发现了一处距今 8 300—7 600 年的大型新石器环壕聚落,这是江苏迄今为止时代最早的新石器文明,将江苏历史文明向前推进了 1 600 年。

2007 年,南水北调先导工程的梁王城遗址考古发掘,发现了从新石器时期大汶口文化、西周文明至春秋战国时期的古代文明,表明这里是一处文化绵延几千年的遗址,是一处春秋战国时期的古城址,据推测可能是古徐国的城址。近年来,一些大型工程如沪宁城际铁路、京沪高速铁路、宁杭高铁、宁常镇溧高速公路土墩墓和湖熟文化遗址的发掘,收获了一批西周春秋时期江南地区古代文明的材料,使我们对苏南地区西周春秋时期文明有了新的认识。

张家港东山村遗址、黄泗浦遗址的考古发掘,对于当地文明的探索具有重要的意义。东山村遗址考古发现一处崧泽时期的高等级贵族墓葬,表明在五六千年前,张家港地区就有高度发达的文明,已出现阶级分化;黄泗浦遗址发现唐代的港口遗迹,充分证明了张家港作为港口的由来。这两处重要遗址使张家港这个原认为无悠久历史的沙洲变成具有几千年历史文明的区域。

南京大报恩寺遗址的发掘,发现了阿育王塔和佛顶骨舍利,促进了南京大报恩寺遗址公园和江宁牛首山遗址公园的建成开放,大遗址的考古工作推动了遗址保护、展示和利用工作的开展。

前两年在东台、兴化和姜堰地区建设的泰东河工程中,发现了一大批唐宋时期的水井、墓葬、盐田和生活遗迹,以及一批富有特色的全国各窑口的瓷器,充分证明泰东河在古代是一处繁忙的贸易交通线。尤其在兴化和东台交界发现的蒋庄良渚文化遗址,200 多座良渚文化高等级墓葬,证明了良渚文化已北上到里下河地区,成为 2015 年度中国六大考古新发现。林留根先生认为:该发现突破了以往学术界认为良渚文化分布不过长江的传统观点,填补了长江以北地区良渚文化考古发现的空白。

扬州唐城考古队发掘的江苏扬州蜀岗古城址的木构及其他遗存(战国至南宋)入围2014 年全国十大考古新发现前 25 项,进入终评,虽然没有入选十大考古新发现,但也说明了该发现的重要性,为扬州城的历史增添了新的证据。淮安的考古工作取得了一系列的成果:青莲岗遗址、高庄战国墓为地域文明研究提供了主要资料;板闸遗址是中国大运河沿线目前为止最丰富的一处遗址,对研究我国明清水利史、运河史有重要的价值。南京定淮门城墙、下关明城墙城壕、句容孔塘遗址、睢宁下邳古城、邳州新河墓地等发掘有新的亮点和收获,为学术研究及当地文明补充了新的史料。

三、探索地域文明需要注意的几个问题

第一,加强系统性的研究。长期以来,我省的考古发掘工作一直走在全国前列,众多考古发现在国内外产生过重大影响,但是往往是浅尝辄止,系统性的调查发掘和研究成果不多。除了太湖东部和苏北的史前文化谱系相对完善外,太湖西北部、宁镇地区、黄淮地区的史前考古都有重要发现,但是这些区域的史前文化谱系还是零散的碎片,不成体系。商周时期的考古学文化研究同样如此。这就需要我们在做好配合基本建设考古工作的同时,要从长计议,策划大课题,有计划有针对性地开展系统的考古学文化研究,将零散的考古发掘纳入到系统的课题研究来统筹安排、整合资源。地域文明研究要加强市与市之间、地方与高校之间的联系与合作,并充分发挥省考古研究所的领头作用。

第二,加强多学科合作研究。考古遗址包含了非常丰富的历史、自然信息,它与当时人们的生产、生活密切相关,而考古发掘的过程对遗址本身来说是破坏的过程,因此我们主张用尽可能少的发掘面积,充分利用现代科技手段,科学地采集更多的历史信息,多学科合作,开展多角度、多层次、全方位的研究,将研究提升到更高层次。如古植物、古动物、古环境、古人类食性分析、化学成分分析、物理结构分析、遥感和遗址的物理探测等大量自然科学技术。

第三,加强重要遗迹的保护和利用。在考古发掘中我们对于重要发现、重要遗迹要有强烈的文物保护意识,对于重要的遗迹能够原址保护的,应当尽可能原址保护,将来可以展示利用,造福当地民生。张家港东山村遗址、扬州城遗址的发掘就是很好的范例。对于一些不适合原址保护的遗迹,具有展示价值的,我们要争取整体提取,用于博物馆展示,这也是探索地域文明服务民生的非常重要的工作。

　　2016 年是实施"十三五"规划的开局之年,无论是苏南、苏北还是苏中,都要提前谋篇布局。"十三五"期间,省文物局将加强区域考古学文化研究,重点开展古徐国及黄淮流域先秦文化、顺山集新石器早期文化和秦淮河流域史前文化的调查、发掘和研究,开展江南地区史前考古学文化中玉器原料的来源研究;完成江苏太湖水下文物资源的调查,选择一批重点水下文物点进行考古发掘,积累水下考古经验,推进江苏内水水域水下文物资源的保护研究;切实推动国家考古遗址公园及第一、第二批江苏大遗址保护,推进扬州城遗址、阖闾城遗址、高邮龙虬庄遗址申报国家考古遗址公园工作,以此推动江苏地域文明的研究。希望全省考古界的同志们以此次会议为契机,抓住"十三五"发展的机遇,推进江苏地域文明的研究,使江苏考古对经济社会发展发挥出更大的作用。

　　以上是我对江苏考古工作的思考和期许,愿与江苏的考古工作者共勉。

科 技 考 古

——开启中国考古学的黄金时代

林留根

江苏省考古研究所　所长、研究员

　　非常感谢袁靖主任,请我到这里来作这个报告,让我有机会给大家汇报我近期有关科技考古的学习心得。我不是搞科技考古的,我来一是向复旦大学科技考古研究院的成立表示祝贺,二是抓住这个机会向考古界和科技考古的诸位师友学习。我今天所作的演讲的题目叫作"科技考古——开启中国考古学的黄金时代",实际上是想借这一题目来表达我内心对科技考古的崇仰和期待。著名考古学家张忠培先生曾在多个场合说过下面这个故事:大意是说,20世纪八九十年代,中国考古三星堆、陶寺、牛河梁、二里头、良渚等诸多重大考古发现层出不穷、震惊中外,有人向苏秉琦先生进言说,中国考古的黄金时代到来了,苏公却不以为然,他说:这只能说是中国考古发现的黄金时代到来了,而真真的中国考古的黄金时代远未到来。因为光是考古发现不能说明问题,还要有更深入、系统、全面的研究,才能说明中国不仅是考古发现的大国,还是考古研究的大国,我们的研究远远跟不上发现。直到2013年10月,标志着中国考古走向世界的首届世界考古论坛在上海成功举办,应该说是中国考古人圆了苏先生的"考古大国"梦。而科技考古在当下以及未来的考古研究中不可或缺,所扮演的角色越来越引人注目。所以我今天演讲的题目表达了我的期盼,应该也反映了考古界对科技考古寄予的期待与厚望——让科技考古和我们一起开启中国考古学的黄金时代。我的演讲大概分四个部分:第一,科技考古深化传统认识;第二,科技考古贯穿考古工作的始终;第三,科技考古推动考古学规范化、标准化建设;第四,科技考古助力文化遗产保护和社会发展。

　　第一部分,是关于科技考古深化传统认识的问题。考古学的目的在20世纪90年代发生了一个重要转折,即由原来偏重物质文化的研究转向全面复原古代社会,在考古学的主要目的发生改变的学术背景下,如何开展考古学研究,成了考古学者面对的主要问题。归纳起来大致可分为以下五个方面。第一,从环境的角度去考量人类的文化社会,因为环境是考古学文化赖以生存发展的先决条件。如地质、水文、气候等环境因素的运动、演化和变迁,这些到底和我们人类的考古学文化有什么样的关系? 第二是物种,即人类、动物、植物的起源、演化与迁徙。第三是对物质文化的研究,包括对各种器物的研究,即它们的生产、流通和消费。第四个层面的问题是对精神文化的研究,科技考古有助于我们对精神文化的探究,包括一些观念、信仰及习俗。第五个方面是科技考古也有助于我们对社会组织、社会结构的研究。实际上这是一个很难的方面,即一个社会是如何运转的,包括社会的分工、分层,比方说我们讲到的食谱或者 DNA 的分析很可能就会有这样重要的作用。所以说科技考古的手段在传统考古研究中扮演着越来越重要的角色,为我们各种重大学术问题的探索提供了新的思路、新的方法、新的技术,也得出了很多新的解释和新的认识。

科技考古深化传统认识的第一点是环境的运动、演化和迁徙。环境演变在考古学文化当中越来越重要。如今大家都知道,我们发掘一个遗址的时候,肯定都要采样,研究它的环境到底是什么样子的,甚至还要探究在遗址形成之前是什么样的。而随着考古学文化本身的发展,它的环境又是怎么随之变化的。环境对考古学文化的重要性越来越被大家重视。从大的方面来说,气候和环境的变化与人类文化相互关系的研究,实际上已经取得了许多重大成果,比方说农业起源、人类的迁徙、人口的扩张、文明的发生和瓦解……科技考古在这些重要的学术问题上起到不可取代的作用。如历史上的著名气候变化的事件:晚更新世晚期的新仙女木事件和新石器时代农业起源的关系;8 200 年前的变冷事件对中国南北考古学文化系统发育的影响;4 000 年前后的全新世大暖期与我们探讨的龙山文化、良渚文化的文明发展到一定程度的突然消亡,这些都与环境密切相关。

科技考古深化传统认识的第二点,就是对物种的起源、发展和传播的研究。概括来说,叫作南方的稻、北方的粟。通过科技考古和植物考古,现在基本上可以把中国史前农业谱系的大区块分出来了。北方属于粟作农业,江淮地区是稻、粟混种,南方地区是稻作农业和块茎农业,初步形成了南稻北粟的传统。在第二届世界考古大会上,赵志军先生论文的研究成果就得到了世界十大考古研究新成果奖,他主要是研究农业起源和北方粟作农业的。

除了我上面讲的南方的稻、北方的粟,还有喇家的面条、贾湖的酒。它们涉及科技考古深化传统认识的第三点,即对于物质的生产、流通和消费的研究。喇家面条发现以后,具有国际影响,众所周知,但是它是什么面,怎么磨成的,怎么从小麦变成面粉,怎么制成面条的?关于贾湖的酒,张居中先生和美国宾夕法尼亚大学合作研究了贾湖陶器中的残留物,其成果发表在国家科学院的院刊上,在世界上引起很大反响。研究证实贾湖陶器中的残留物是中国或者说是世界上最早的酒,比原来伊朗发现的被认为是最早的酒还要早1 000 年。复原出来的酒之所以称为贾湖古酒,是用了它的名称,而并不是用它的配方。当然,科技考古深化物质生产、流通和消费的研究,还有很多的案例,比方说丝绸之路上的物质与知识交流。在古埃及、两河流域和古印度文明中,釉砂是玻璃的先驱。我国中原地区的釉砂最早见于西周时期,相较西亚地区晚近 3 000 年。西亚技术何时何地、如何传入中国?再譬如汉代关中地区的铁器生产原料的来源和流通问题等都是科技考古取得的重要成果。

最后说到科技考古从精神层面上深化传统认识的一个案例,陕北神圪垯梁遗址 M7墓主人身上有红色的颜料和褐色的残留物,通过科技考古发现,红色颜料为朱砂,黑色残留物中有来自紫草科植物叶子的植硅体。首次在新石器时代发现并确认墓葬中用植物叶片加以覆盖逝者的丧葬形式，反映了古代社会特殊的"植物崇拜"现象。

第二个大部分，我要讲的是科技考古贯穿考古工作的全过程。这一点作为考古所的所长，我们是切身体会到的，如今也成了考古界全体同仁的共识。首先，考古调查与勘探必须用到科技考古的技术与方法，大到地球物理化学方法的勘探和各种遥感考古手段的应用，小到无人机、全站仪以及各类测绘工具的应用。比方说调查与勘探，现在一个很小的工地，很可能就是通过遥感和航拍来进行测绘。这是我们拍的江南土墩墓的一个航片，从空中看土墩墓的布局更清晰。其次，在考古发掘过程当中科技考古手段要及时跟进。从动物、植物考古，到人骨测年，从定量、定性采样，到特定器物残留物分析。现在我们很多考古现场发掘出来的器物，基本上就不掏里面的土了，让植物考古的人来掏，出土的石器不能洗了，需要搞微痕观察的人来做。还有就是三维建模，信息系统的重建。我们在江苏金坛发掘土墩墓，墓葬信息一层一层的，每做一层，都做了三维。因为土墩墓比较复杂，用李伯谦先生的话，土墩墓除了地层学之外，还要用埋藏学的方法来发掘，所以说挖掉就没有了，我们就不停地进行三维建模。最终搞清土墩墓的营造过程，通过三维技术把它还原出来。现在，每个考古工地的采样和标本采集基本都非常规范了。对于一个完美的考古工地来说，我们需要相关的科技考古专业人员在第一时间亲自采集和处理相关的样本。我们要求从事科技考古的专业人员首先是一个合格的、田野功夫过硬的考古队员或考古领队。我们有一个叫朱晓汀的博士是做体质人类学研究的，她现在手里集中了几批人骨：一个是梁王城的，一百多具；再就是蒋庄的一百多具；还有她自己去年挖的一个孔塘遗址，总共积累了三百多具骨骼的材料，而且时代都比较相近，都是距今 5 000—4 000 年左右这一时期的，学术价值极高。这三百多具骨骼标本不是别人提供给她的研究标本，而是她自己发掘清理出来的，其中的信息量我想是不可同日而语的。在她入职之初，我就跟她讲说：从事体质人类学一定要亲手把骨骼发掘出来，弄清楚到底是怎么埋藏的。不能只管鉴定，纯粹搞人骨，最终会"见骨不见人"。从第一具骨骼的发现开始，自己把它剔出来，清理、测量、观察、清洗，全部一个人完成或者自己要在现场，这样利于她将来的深化研究。所以说我们南京博物院现在的体质人类学实验室应该是做得不错的。植物考古方面，我们现在也有植物考古的专业人员，是山东大学靳桂云老师和栾丰实老师的学生，我们所有的史前、商周时期的工地，植物考古都做得比较好。像我们所发掘的顺山集遗址，邀请包括中国科技大学、山东大学、天津大学几个高校的科技考古学者参加综合研究，取得了一批很有影响的成果。相对而言，我们的动物考古因为缺少专业人员，就感到力不从心。我们江南地区有很多贝丘遗址，比方说溧阳秦堂山遗址，类似贝丘的堆积有两三米厚，里面有大量的各种贝壳，它们到底是什么性质的？到底能不能叫贝丘遗址？动物标本的采样，因为没有相关专业人员，所以无法深入开展。考古工作到最后的整理阶段，更是离不开科技考古。一本考古报告里面包括年代学，骨骼考古，体质人类学，动植物、环境考古等诸多科技考古的内容，是传统考古理论方法和科技考古集大成的最终成果。

第三部分我想讲的是科技考古与传统考古相辅相成,前者在某种程度上推动了考古工作的规范化和标准化建设。现在的考古界,大家都有一个共识就是我们在制订考古计划的时候,科技考古的理念方法和内容一定是一个完整考古计划的有机组成部分,要贯穿考古工作始终。包括遗址的测绘、采样,遗址保护,遗物研究,要花多少钱,做哪些测试,解决什么问题……这些内容都必须在考古计划中得到体现,在考古工作中得以实施。在2009 年,国家文物局新《田野考古操作规程》的颁布,对科技考古的内容做了规定,列举了明确的要求。实际上,2009 年新《田野考古操作规程》的修订也是我国科技考古工作积累多年以后,学界意识到它的重要性,所以反过来修改我们的田野考古规程,增加了系统的科技考古工作内容和较为完备的标准。国家文物局为此还举办了包括科技考古培训班在内的各类培训班,好让考古领队尽快适应并自觉遵照执行,依照新操作规程开展工作。科技考古里面很多东西都是有标准的,包括田野考古的植物浮选什么标本,碳十四怎么采集样本,骨骼怎么采集。国家文物局委托中国文化遗产保护研究院制订的相关标准已经颁布实施。由此看来,科技考古对传统考古起到了极大的反哺学科发展的作用,及时推动了考古发掘理念的调整和中国田野考古工作标准化建设。包括科技采样,田野考古流程设计,考古发掘现场保护,文物急救车,重要遗迹、墓葬的整取和套取等各种各样的方法,都是在科技考古的影响下取得的。考古学研究的内容越来越深入,多学科研究快速推进,并且逐步成为一个固定的模式。比方说禹会遗址报告,每一个章节都大量地把科技考古的内容和传统考古学本身的内容糅合在一起,从科技考古里面观察到的一些现象、结果和结论,可以得到有效的考古解释。再不像以前那样,科技考古的研究与传统考古的研究呈现出两张皮。科技考古和传统考古是一个有机的整体,不能游离于彼此,这也成为学术界的一个共识,并且逐步成为固定的模式。像喇家遗址和禹会遗址,包括植物、动物、食谱、地质、同位素、土壤微形态、年代学、人骨等科技考古的内容都能有机地糅合在整本考古报告中。还有去年栾丰实老师主编的日照两城镇的考古报告,非常厚重,里面的内容很丰富,很多都是科技考古的内容。科技考古还催生了实验室考古,我们提出实验室考古也就是最近几年的事情,事实上是和科技考古有关系的。讲我们江苏的例子,在大云山遗址里面发现了琉璃的编磬,通过科技考古和实验室考古我们把它复原了,其意义自不待言,因为这是迄今为止中国乃至世界范围内考古出土的唯一一套琉璃编磬。另外,在扬州发现的隋炀帝墓和萧后墓,我们争取到社科院考古所做实验室考古,萧后墓的骨骸已经粉化成很薄很薄的残迹,一张纸片一样的一个人的形状,送到北京去做,通过实验室考古,得出的信息肯定会更多。还有大云山的玉棺,我们基本上复原了一个,已经拿到美国洛杉矶博物馆去做展示。大云山琉璃编磬也复原了,并且做了好几套复制品。如果没有科技考古的测试支撑是根本做不出来的。

我最后要讲的内容是科技考古助力文化遗产保护和社会发展。我们现在很多的遗址博物馆和考古遗址公园的建设,需要科技考古的参与。最重要的比方说信息系统就需要科技考古来完成。像良渚遗址,上百平方公里的面积,包括大型水坝和水利工程,如果没有一个大的信息系统，没有环境考古和地理信息技术支撑，那是不可想象的，已经申遗成功的土司遗址、大运河等重要遗产，它们的保护与利用也都离不开科技考古的支撑。另外，科技考古还可以让文物活起来。如大云山的玉棺，修好以后马上就可以送到美国洛杉矶博物馆展示；萧后的凤冠也做了实验室考古，出来的时候已经是一堆泥巴了，但修复后非常艳丽，成为扬州博物馆内最惊艳的展品。最后还有一点，科技考古可以让文物"high"起来，活起来！它符合当今区域社会经济发展的趋势。当我看到数十名壮汉抬着大酒坛，台下上千人满怀激情地为"贾湖酒"举行封藏大典的时候，我在想，我们整天讲考古学文化、贾湖文化、顺山集文化、王湾三期文化、后岗二期文化等，而社会上知道的人真的很少很少，但是人家一个贾湖酒文化节，一下子几千人甚至上万人都知道贾湖遗址和贾湖文化，贾湖酒文化节所依托的正是我们科技考古的最新成果。科技考古成果服务社会的影响力是很大的，可以为我们的文化遗产保护圈得更多的铁粉。

通观整个中国考古学的发展历程，从古器物学——以研究古代遗物为主，近代考古学——以田野考古为基础构建我国史前历史，发展到现代考古学——以全面复原古代人类社会、研究人类历史发展规律为目标。这与当今国际考古学界流行的学科目标是高度吻合的。中国考古已经站在世界考古的学术平台上，具有更严谨的科学内质和更开阔的国际视野。当今国际考古学界流行的学科目标有三个方面：一是复原文化历史，二是复原个体人类的生活方式，三是阐明文化发展的进程，这三个方面的任务离开科技考古是无法实现的。所以说考古学的终极目标，注定了考古学是与自然科学结合得最为紧密的人文学科，并将在新的历史条件和时代的要求下深度融合，向着更高、更强、更精细、更全面的方向发展。科学是没有国界的，科学可以证伪。有人说历史学不是科学，历史是任人打扮的小姑娘，但是他不能说考古学不是科学。科学的东西是可以反复认证的，标准大气压下水在100℃沸腾是不能改变的。科技考古的结论和成果都可以证伪，是可以反复做实验的，所以说科技考古学让中国考古学具备了国际视野和中国范式。科技考古开启了中国考古学步入黄金时代的大门，虽然我们在开启这扇大门的时候花费了差不多半个多世纪的时间，但是这个大门打开了！

今天特别荣幸在这里作这个演讲，谢谢大家！

弘扬优良传统，提升江苏考古水平

邹厚本

南京博物院　研究员

刚才听了林留根所长对顺山集文化的探索过程，是考古学文化的命名、发展、建立文化谱系中很重要的一个环节。江苏以前提过青莲岗文化、湖熟文化、点将台文化等，应该说都是江苏考古历史进程中很重要的课题。但是我们没有展开深入研究。结果导致很多文化被周边地区所命名的文化替代。接下来我们该怎么办，是否还要继续研究？实际上，刚才林所讲的青莲岗文化的问题，我们还有很多工作可做：发掘、整理、综合分析、研究考古学文化的命名，这样研究才能不断深入，得出科学的结论。

林所给我出了一个题目，叫"弘扬优良传统，提升江苏考古水平"。这个题目太大，需要有高深的理论和专业水准，我达不到这个要求。但既然参加了会议，总得讲几句，算是交差吧！

第一个是说说过去，讲讲过去的考古工作。第二个是要讲讲现在，今天各位青年工作者的发言非常精彩，说点我听了以后的看法与收获，当然不一定点评的对。第三个是要谈谈未来，对江苏考古的展望和期望。

首先说说过去，我原来不想讲的，老生常谈，后来谷建祥跟我讲，你就要讲过去的事情。年轻人对以前的事都不知道，我们到底是怎么过来的，大家就当故事听一样。江苏考古的队伍是怎么来的？主要是南京博物院曾昭燏带的一支队伍，包括解放前留下的一部分考古人员和新中国后成长起来的年轻学者。这些老一辈的考古学家都做过大的项目，尤其是在我们中国考古学史上有地位的项目。第二支队伍是江苏的土著队伍。先讲第一支队伍，这支队伍的领衔人物是曾昭燏，她基本跟夏鼐所长平辈。当时曾有"北夏南曾"之称，这个提法提高了，但是有这么个说法。曾昭燏主要的得力干将，一个是尹焕章先生，就是淮安市博物馆尹增淮先生的父亲，是殷墟发掘的五大干将之一；第二个是赵青芳先生，原来跟郭宝钧先生一块，是浚县辛村卫国墓地的主要发掘人。她带的队伍中的技工，是参加殷墟发掘的技工王文林。王文林在抗战时期就跟着他们到了重庆，结果他的老婆跟孩子只能靠乞讨生活，最后他回来了，他老婆都不认他，一直到临终前也不肯。当时的照相师，是史语所的李连春。图是由曾经绘过殷墟陶器图的黎忠义先生绘的，你们可以去看，殷墟陶器图是绘得相当好的。我们在座的好多老同志都认识他，他兢兢业业，绘了一辈子的图，同时也做了好多研究。还有一位张正祥先生，他对江苏地形地貌的研究相当深入。后来又陆续有大学生过来,早期的大学生都参加了文物局的考古训练班,也就是所谓的考古界黄埔一期、二期训练班,包括南大的蒋赞初先生、我们的罗宗真先生、葛治功先生。就这么一批人,这样一支队伍起来了。还有一支队伍,是当时苏北、苏南的文管会,朱江先生他们就是苏南文管会的,还包括谢春祝他们,高皇庙遗址就是谢春祝写的报告。这个队伍就是这样一批老人。当时我们现有的地方能做考古工作的就是南京的李蔚然先生跟金琦先生。当时江苏就是这样的结构,现在看来,大江南北人才济济,这个队伍多优秀,知识结构多全面。工作都是有分工的,我们南京博物院的人,包括干部、新进的大学生都有分工。纪仲庆先生、汪遵国先生侧重新石器时代考古,我当时跟着搞商周考古,秦汉考古是尤振尧先生,六朝、隋唐考古是罗宗真先生,尽管每个人的研究方向各有不同,但是整支队伍是一个整体。当时不像现在,技工是很少的,主要靠我们自己动手去做工作。这样就不论你侧重与否,我们都一块来干,最后编写报告以那个侧重研究这一方面的人为主笔。20 世纪 50 年代初期的主要工作是配合治淮跟长沙市、郑州市的建设,我们派队伍参加了。宋伯胤先生参加了长沙市的发掘,跟王仲殊一块。在郑州,河南挖了二里岗,我们挖的碧沙岗。50 年代和 60 年代初期的考古调查,应该说对江苏考古起到了很重要的积淀作用,现在很多重要的遗址都是这个时期调查的成果。当时的调查,我们可以举个例子,南京附近宁镇地区湖熟文化遗址的调查,那时在全国都没有这样一个按水系大面积分区分片的调查。这次考古调查的主要人物是研究地形地貌的张正祥先生,他雇了一条船沿着秦淮河走,看哪个地方高就往哪个地方转,所以当时的调查面很宽,准确率也很高。到后来 80 年代我跟谷建祥、尹增淮一块在沭阳调查的时候,也是分区分片来调查,顺着这个线索在调查中发现了万北遗址。谷建祥先生调查到万北的时候从群众中了解到,1958年的时候这个地方有一车一车的陶器运到县城去,他到附近的井上看断面,确定了这个地方很重要。当时的考古发掘是组建一个团队一起去的,譬如说,我们在刘林遗址发掘的时候有 10 个人参加,扬州唐城发掘也组了好几个组。丘湾遗址的发掘,发掘领队是尹焕章,尽管赵青芳是我们考古部的主任,但他完全支持尹焕章来做这个工作,我们当时就跟着去做。刘林遗址的发掘也是这样,并没有因为你是领导就由你来主持,不是这样的情况。发掘过程中,尹焕章先生特别重视纪仲庆先生的意见,因为纪仲庆是新来的大学生,对新石器时代考古很有研究。整理、编写报告也是集体一块做的,整理南京的北阴阳营遗址时,我们专门在三楼将所有材料摊开,大家一块整理,分头执笔,并有专人统稿,统稿之后,还有人二次改稿。当时发简报或者报告,稿件都是部门主任签字后发出去的,重要遗址的发掘报告的结语是大家一块讨论的。刘林遗址二次发掘的报告,当时的姚迁院长就让考古部专门开会,大家分别发表意见,之后执笔者根据大家的意见将大家达成共识的东西写在里面,体现了团队的成果。但研究是各人都有所侧重,你可以研究这方面,他可以研究那方面。至于署名,这有个过程,以前是谁带队就署名在前,而且知名老先生署名在前,年轻同志署名在后。后来渐渐改变了这种方式,尽量体现个人的研究成果和价值。以上就是我说的过去,让大家知道一些故事,也就结束了。

第二点,讲讲现在。我听了这次论坛安排的报告,内容丰富,题材多样,我看到了年轻的学者在成长,也听到了年轻学者的研究心得,感到长江后浪推前浪,江苏考古充满了希望。我将你们的报告分为以下五大类。第一类,是专业性的管理类报告。我感觉这个很重要,现在我们的考古事业在发展,成员在不断增加,结构也在不断变化,而且在市场经济特别发达的时期,我们如何管理好考古工作是一个大课题。管得不好,最后可能连经费都不够,大家也就没法开展工作,所以我感觉这是当前我们所面临的一个实际问题。听了你们的发言,尤其是南京市考古所所长的报告,我感觉到他考虑得很细致。我的观点很简单,我们要用足政策,在政策允许的范围我尽量做好,不要亏待大家,这是管理者应尽到的责任。这是一方面问题,还有一方面问题,考古遗址公园的建设是个热门课题。刘宝山院长他讲得很好,我们一定要坚持考古遗址公园的规划建设,考古队要有参与权、发言权。我的观点是我们各个考古单位要主动出击,绝不能退让,这才有利于考古遗址公园的建设。第二类,大家讲得比较多的是考古发掘报告,我感觉现在的报告的出版时间跟以前完全不一样,但还是要在报告中尽可能地充分展开、发表各方面的历史信息,要带着课题来作报告。历史时期的考古报告,要补史、证史跟考证,南京市、扬州市、苏州市都有很好的报告,报告材料也很精彩,这是我要说的第二部分,不是泛泛的报告,而是尽量把历史信息充分发掘。我举一个例子,譬如仪征五代时期的白沙窑,应该说这个报告方方面面的思考还可以做点工作。作为一个窑址,它主要生产砖,而且砖用在城墙上面,那这个砖的烧成温度测试跟泥料的测试要附在报告里,要解决烧砖的原料问题。你讲了它的运输问题,窑址就牵涉到运输还有烧造方法,这些都要讲清楚。这样你的报告就会更丰富一些。我再举个例子。扬州刘刚的报告,扬州出土的漆器特别多,尤其是漆绘陶器,要特别注意这个问题。漆绘陶器确实是很有特点的东西,要想办法多展开一点。南京有些报告涉及对文字的考订与研究,比如宋墓的报告就讲得很好,注意从报告中来展开内容,我就不一一点评了。第三类,学术性论文。一种是考古资料的综合和归纳,一种是专题性的研究性文章。我感觉我们的年轻同志掌握的资料在不断丰富。譬如淮安的同志写的西汉列侯的资料,我觉得很好。这里面他提到一个三里墩的问题,这里我可以讲一下。三里墩这个墓的报告结语讲到他可能是鳣侯应的墓葬,但报告里只是一种提法而已。实际上这个报告在《考古》上发表以后不久,山东的王恩田就写了一篇文章对此说有异议。当时考古所考虑到跟南京博物院的关系,没有把这篇文章发表,而且告诉博物院,征求我们的意见。那么你今天提出的这个问题我也可以作一个回答,因为我是参与这项发掘的人。当时来现场参观的人不下四五千,好多都是从淮安(当时叫淮阴)赶到涟水来取棺椁木料的,据传回去煮汤之后可以治病。该墓椁室边箱里完全是战国的器物,具有齐国的特点。该墓中间部分是群众挖黑泥当肥料时发现的,已经被破坏,发掘过程中出土了五铢钱,在没有办法将墓室地层做清楚的情况下,只好往汉代去靠,所以这个报告存在不足的地方。今天回过头来想,你的问题提得很好,这是我要讲的。还有一个问题,就是在研究过程中,南京市有好几位同志对墓主的考证我很认可。我们确实要把墓主搞清楚,这对我们考古资料的运用,对历史,甚至对文学史可能都有价值,所以我们在考订问题这方面要下功夫,查考文献弄清来龙去脉。搞历史时期的研究,你古文献要精通,地方志要精通,甚至于笔记小说也要精通。这个确实要花精力、花时间,有个积累的过程。这次学术论文里有个跨界的课题,我感觉很重要。贺云翱先生应该说这几年在我们江苏文化界的地位很高。他确实在宏观上把握得很好,在微观上他也注意了中外关系的问题,值得我们学习。我们不仅要在家里当老大,也要有出去同台辩论的气魄。尤其在我们跟韩国的关系方面,我可以举个例子。谷建祥跟李民昌和我在中日合作研究草鞋山稻田遗址的时候,关键时刻他们的意见起到很大作用,李民昌主要搞自然科学的部分,研究人骨、兽骨和环境考古,谷建祥主要搞考古学方面的研究,我们在那儿讲话与对方平起平坐,一样来讨论。在这些学术报告里,涉及一个很重要的基础考古。我现在不太喜欢提传统考古,我提基础考古,基础考古也就是地层学、类型学,是我们考古学的基础。同时我们的眼光不仅要看到基础,还要重视多学科的综合研究。新的考古学在发展,但基础考古一定要做强。这次在学术报告里面,就牵涉许多基础考古的问题,譬如沂沭河流域商周遗址的调查,譬如邳州梁王城西周墓的分期,将来有机会我们可以请对这方面有独到研究的先生来讲讲基础考古学。我特别怀念俞伟超先生,他不光讲基础考古,也提新的东西。现在我们讲的水下考古、航空考古,都是他当时提出来的。对我们江苏考古,他也特别厚爱,每次到江苏总希望接触年轻人,你问林留根他就知道。当时发掘藤花落遗址,他专门晚上十二点以后去找他谈,两个人边喝酒边聊。我们年纪大的人,都要器重年轻人,相信一代能够超过一代。另外在编写考古报告的过程中,要充分重视新的科学技术,注意多学科的研究。但是编报告一定要以考古材料为核心,我发现现在有些报告,本身报告体量已经很小了,结果大量的都是多学科的东西,这就是比例失调了。人家的也是成果,我们要充分肯定,但是我们要接好轨,不然会感觉不协调。再就是对以往的考古资料的引用,我们不能讲去伪存真,我们讲去污存清,有些不必要的、现在看来明显有偏差的东西,我们可以去掉。我们要把精华部分提炼出来,不是否认前人的成果,而是把前人的成果定到合适的位置,在研究中要充分重视文献资料的应用跟考释、考订。第四部分,室内考古。我看今天徐州博物馆那位讲得很好,这就提升了我们的信心,我们考古要注意现场重要资料的提取,要整体提取到室内,开展实验室考古。这个玉棺在汉代诸侯王墓考古中是一个很重要的课题,李馆长也专门讲了这件事,这项工作很好。通过这个我们很受启发,现场不一定要完全揭露,我们可以转入室内去进行,会留下更多重要的历史信息。第五部分,考古学史,民国时期考古教材的问题,我也觉得很好。实际上我们很多老先生开始也是接受这方面资料的学习,之后逐渐进行他自己的学术研究的。今天还有新的东西,比如海洋考古,内容也相当丰富。

　　最后一个,我们谈谈未来,展望一下今后我们江苏考古的未来。由于各级领导的重视,我们整个江苏考古界的地位在不断提高,年轻人的队伍在不断壮大,考古在社会上的影响在扩大,公众考古的位置也在不断提升。我们今天这个报告会的外面,有好多人想进来听,我感觉这很好。我建议将来的年会就是要向社会公开,大家都可以来听,这是一个宣传考古工作的机遇,我们为什么不做呢?今后的考古工作,第一要抓基础,我们要充分重视基础材料,查缺补漏。第二要抓课题,与多学科研究接轨。第三要创造条件,让更多的年轻人参与到全国性的学术课题的讨论与研究中,重点培养有前途的青年学者,这样我们才能有全国性的专家。譬如人类起源,国内就我们没有人做旧石器考古。华国荣写过南京人报告,全国性课题——农业起源、文明起源,还有中外文化交流,我们都要争取发言权、话语权。全国性的重大课题有话语权,地域性的尤其是江苏地域性的课题要我们作主题报告,要有分量,我感觉要抓好以上三条。我讲讲当前我们要做些什么工作。第一,完成江苏地域区系类型、谱系的研究。这个首先由各个小区域建立考古学文化系列,宁镇区的系列、太湖区的系列,江淮东、西的系列、徐海地区的系列,把这个系列弄全了。第二,要抓住当前水文化遗产的调查。对先秦水系、江苏地域的古代水系要弄清楚,为我们今后的考古调查提供新的线索,为发现新的遗址建立基础。要对先秦时期的太伯渎、胥河,历史时期的坡岗、渎、运盐水系都要有调查,这是目前能够做到的。第三,要抓住江淮区间的历史空白,尤其商周时期的空缺,商周时期这一块到底是什么情况,是如何变化的,徐州开始在沭河、沂河流域做这方面的调查,淮泗区、淮河下游这一片有那么多邦国、小国家,难道考古上就一点也发现不了吗?要争取在"十三五"规划期间把这个工作做好。第四,我一定要讲一下,考古专业人才的培养,希望各级领导开开绿灯,保证考古专业人员有足够的时间、精力从事自己的专业和研究。尤其现在有的人一有点成果,就马上当领导了,当了领导后就没有时间、精力再做研究了。上次在"十三五"规划里,我讲要重视考古人才的培养,你看我们院里,李民昌副院长、王奇志副院长、李虎仁文物处长、盛之翰办公室主任,陈刚又到社会教育部当副主任了,可造之材一个一个都去当领导了,怎么办?我们现任考古所长心里要有数,考古人才的培养绝对不是一朝一夕的事儿,是个积累的过程,离开这个岗位,你叫他再去抓是很困难的。哪有像李银德这样的,他又当领导又做研究,还是全国有名的专家,这是人才啊。还要讲一下,当今时代节奏快,功利色彩浓,考古专业人员要严格遵守职业操守。这一点要特别提出来,第一个,我们考古所自己收藏文物的有没有?我们考古人不能收藏文物,将来讲不清的,这是我们老一辈的曾昭燏明确规定的。第二个,我们考古工作者怎么看待文物鉴定、文物收藏,怎么来处理这个关系?我个人的看法是我们可以研究,可以鉴定,老实讲你有这个专业,有这个水平,人家请你,你完全拒绝也不可能,你可以帮人家看,但你不要去当钱赚,不要在中间去操作去买卖,我想这个应该是底线,否则你讲不清楚的。我希望大家既要有高水平,也要有高品格。有一位学者跟我讲,学术水平高,不一定品格高,我感觉确实有这种情况,还是要提醒大家,我们的学术水平要高,但是品格上一定不要出格。我讲的可能离题了,到此打住,我的话就讲完了。

考古探索

泰州市海陵区稻河古井群遗址

张　伟

泰州市博物馆　馆员

郭正军

泰州市博物馆　馆员

杭　涛

南京博物院　馆员

内容提要： 泰州稻河古井群遗址是一个非常重要的古遗址。通过清理，我们总共发现古井 20 座，重点清理 15 座。古井的时代主要集中在四个时期：汉代、唐代、宋代和明代。出土了古钱币、象牙梳、青花瓷碗、陶罐和龟甲等文物。不同时期的古井结构非常清晰，特别是在构筑材料中大量使用了榫卯结构的弧形砖。这些古井的发掘极大地丰富了泰州地区古井研究的实物资料。

关键词： 稻河　古井　井圈　弧形砖

稻河古井群遗址位于泰州市海陵区北侧，稻河西岸的稻河古街区内，原泰州第四人民医院旧址，因稻河街区地下车库施工发现。经省文物局批准，南京博物院考古研究所和泰州市博物馆成立联合考古队，于 2015 年 6—9 月进行了抢救性考古发掘。现将发掘情况简介如下：

一、遗 址 状 况

因遗址位于原泰州第四人民医院旧址下方，文化地层早已破坏殆尽，残存井体均在生土层中。尽管破坏严重，经过发掘，仍发现各个时期古井 20 座，因保护规划需要，故只对其中的 15 座进行了发掘清理，其中 3 座汉井、2 座唐井、8 座宋井、2 座明井（图一、图二）。

二、发掘方法及文物保护措施

发掘过程中对井采取 1/4 解剖法，对井坑和井圈结构进行发掘，首先在井口周围刮平面找出井坑，然后在 1/4 井坑弧度内做探方，能够展示井坑与外侧井结构以及周围地层之间的关系。井内采用半剖法展示井内部的沉积（图三、图四），以相对传统的方法更完整地揭示井的结构与筑井工艺。同时井内下层淤土采用水洗法筛选遗物（图五），保证文物信息的安全。

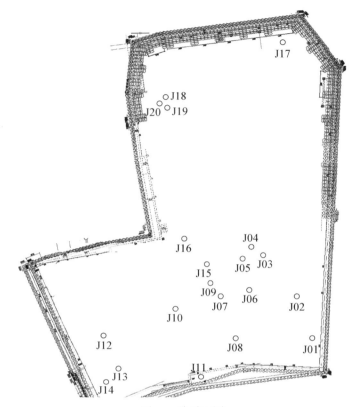

图一　总平面图

图二　发掘前工地全景图

图三 1/4 解剖法发掘

图四 井内部半剖

图五　水洗淘洗井内淤泥

三、井形制与出土物简介

此次发掘的井年代跨度大,形制多样。井的形制大致有四种:一、陶质井圈(汉代),二、弧形砖平砌井圈(唐代),三、薄型弧形榫卯砖井圈(宋代),四、条形砖竖砌井圈(明代)。出土遗物包括陶罐、龟甲、釉色瓷碗、青花瓷碗、梳篦、钱币等(图六)。

其中J3、J11、J16为汉井,结构相同,J16保存相对最为完整(图七)。上部采用陶制井圈,下部为竖穴土坑,周围有明显的井坑痕迹。井底没有垫底物。现存纵深3.4米,井圈直径0.78—0.8、厚0.06、高0.45米,井底部直径1.2米,填土内筛选出蚌壳、动物骨骼等,在井底发现五个泥质陶罐和一个原始瓷罐。

J9、J10为唐井,J9为竖穴圆形砖井,青砖质弧形榫卯砖横砌,井周围井坑痕迹不明显。内径0.87、深约2.63米。每块砖长约0.24、内边长0.22、宽0.11、厚0.03米。井内散落残砖、陶瓷残片。出土物有象牙梳、牛角梳、黄釉瓷碗、开元通宝、陶球。J10形制特殊(图八),竖穴圆形砖井,是所有井中唯一一座采用榫卯平砌弧形砖砌成,现存62层砖,底部由两块木板组成,井坑痕迹不明显。内径约0.8、外径1米。每块砖外径约0.25、内径0.21、宽0.08、厚0.05米。井底距现井口约3.1米。大部分为散落井砖,筛选出陶瓷片若干。在井内淤泥中出有开元通宝两枚、万历通宝一枚、未知钱币一枚。

图六　出土遗物

1. 龟甲　2. 韩瓶　3. 汉井内陶罐　4. 黄釉瓷碗　5. 钱币　6. 青花瓷碗　7、8. 梳

图七　J16 汉井结构　　　　　　　　图八　J10 唐井结构

宋井为竖穴圆形砖井,青砖质弧形榫卯砖横砌。大部分周围有竹编织物箍住井砖加固,部分井底部有木质垫底挡板,周围有井坑痕迹。其中 J6 结构比较特殊(图九),竖穴圆形砖井,青砖质弧形榫卯砖横砌。现存 2.2 米深,在距离现存井口 0.5 米处的两层平砌砖把 J6 分成上下两个部分,上部直径较大,下部内收,直径较小。在距离现存井口 0.5 米处,用两层砖平铺叠起,上层平铺较下层突出。故推测 J6 的建造方法为先挖井坑,后以弧形榫卯砖横砌由下往上逐层起砖,并用两层平砖叠压平砌,由此使井径由小变大,再用弧形榫卯砖横砌由下往上逐层起砖,最后在井坑内填土。井坑内散落残砖,井内散落残砖、陶瓷残片。出土四系韩瓶一件。

图九　J6 特殊结构

明井 J5 为竖穴圆形砖井(图一〇),平砖竖砌,上大下小两层结构,现存 8 层砖。深 1.2 米处井内收,小井外边与大井内边之间依次由弧形青砖平砌、竖砌填充。井底部为垫底木板。大井内径约 1.1 米,深约 1.2 米处井内收,小井内径约 0.65 米,J5 共深约 1.92 米。每块砖长约 0.23、宽 0.09、厚 0.03—0.05 米。出土少量瓷片。

图一〇　J5 明井结构

四、结　　语

　　为了更加科学系统地研究历史文化信息,在发掘过程中,对出土的竹木质遗物采样,准备进行 C14 检测,并对古井周边地理环境进行采样分析研究。通过现代科学手段以便还原古代气候水文植被等信息,并为精确断代提供科学依据(图一一)。

　　此次发掘古井群旁为稻河,其南侧的月城广场为原泰州瓮城,是泰州北城门的交通咽喉,此次发掘的古井群遗址对研究泰州古代城市格局有重要意义。稻河州志称运河。稻河西侧,《万历泰州志》载:西坝,州治北迤西一里许,正德十年判官简辅开拓二坝,商民称便①。《崇祯泰州志》载:西坝州治北迤西一里许,洪武二十五年建,正德十年判官简辅开拓二坝,商民称便,旧名新河坝②。《道光泰州志》载:西坝,北门外西北隅前明洪武十五年建,正德十年判官简辅开拓二坝,商民称便,旧名新河坝③。《道光泰州志·河渠》中记泰州之水"总名有四,曰上河、曰济川河、曰下河、曰城内市河"④,稻河在城北,归为下河,属淮河水系。与东西两侧的卤汀河、草河相比,稻河在史籍中见诸最晚。自正德十年(1515 年)建成东西坝后,北门一带街市渐成,商贾云集,有粮行、油坊、栈房等,大多沿

　　① （明）黄佑纂修:《万历泰州志》,泰州市档案馆藏手抄本。
　　② （明）刘万春:《崇祯泰州志》,泰州图书馆藏明刊本。
　　③ （清）王有庆:《道光泰州志》,江苏古籍出版社,1991 年。
　　④ （清）王有庆:《道光泰州志》,江苏古籍出版社,1991 年。

图一一　土层采样

河而设。水路的发达使得泰州渐为里下河地区农产品集散地,商品经济非常活跃。为研究古井群与古稻河之间的关系,我们对遗址内古河道做了剖面,解剖的古稻河剖面位于今河道西侧,河道内淤土层内多有蚌壳、螺蛳壳等包含物。其宽度在 15 米左右,加之古河道与现今河道之间还有一条宽约 5 米的道路,说明古代稻河至少在西侧位置比现今稻河宽 20 米(图一二)。而古河道周围古井数量繁多,也印证了史料关于稻河周围

图一二　古河道剖面

人口密集、商业繁荣的记载,同时将稻河周围人类居住历史前推至汉代。

稻河古井群时间跨度上由汉代至明代,展示了泰州各个历史时期古井的特色。虽然古井数量不多,出土遗物也很少,但是古井群遗址的发掘证实了县志及历史资料记载的古泰州城布局和古代稻河地区的经济地位,并将稻河地区人类聚居的历史推至汉代,填补了历史记载的空白。同时为各个时期井的构造提供了实物资料,对古代筑井工艺研究有一定的学术价值。

工作成员:张 伟 郭正军 杭 涛

刘 伟 周金波 王 程

执 笔:张 伟 郭正军 杭 涛

扬州市高邮城北门瓮城遗址发掘

薛炳宏

扬州市文物考古研究所　馆员

内容提要：高邮城北门遗址是目前高邮城（宋代至清代）保存较好的古城门址之一，遗址形制基本完整，尤其是西半部城墙基础局部高出地面2米以上。为配合高邮城北门遗址公园的建设，探寻明代、清代双瓮与宋代瓮城之间的关系，扬州市文物考古研究所联合高邮市文物局对遗址进行了科学的考古发掘工作，发掘出了宋、明、清时期瓮城及不同时期的砖铺道路等遗迹，出土了众多的遗物。通过发掘，基本厘清了几期城墙之间的关系问题，并为遗址公园建设提供考古学资料。

关键词：高邮　宋代至清代　北门瓮城　考古

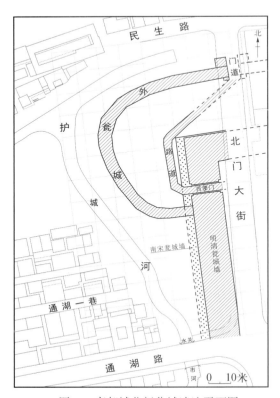

图一　高邮城北门瓮城遗迹平面图

高邮北门瓮城遗址位于通湖路和民生路之间，北门（外）大街穿瓮城而过（图一）。街东已开发建设成住宅小区，街西为高邮县人民剧场和老民宅。街西遗隍断堑尚存，其地形略呈倒梯状，南北长140米，东西宽25—81米。为配合高邮北门遗址公园建设，2016年1—8月，对遗址进行了考古勘查和发掘。为了便于对遗址发掘区域的掌控和编号，在北门遗址区西南角设立平面直角坐标系，把发掘点置于第一象限的探方网内。此次发掘面积一千多平方米，揭露出宋至明清时期方形瓮城、西便门、道路及其外瓮城、门道、道路和藏兵洞等重要遗迹。

史载高邮有新、旧两城。旧城为一座方形城池，系北宋开宝四年（971年）知军高凝祐始筑。绍兴初（1131—1162年）韩世忠命其属董旼营缮，乾道间（1165—1173年）郡守陈敏重修。明洪武初年（1368年），知州黄克明对旧城用砖进行加固,城墙上增砌雉堞。清乾隆九年(1744年)和道光二十三年(1843年)又分别修城。新城在高邮州城北门外,为夯筑土城,系南宋咸淳元年(1265年)扬州制置使毕候筑造,清代荒废。1957年除旧城东南角保存130米以外全部拆毁。

旧城北门遗址位于今通湖路上,在高邮旧城北墙的中段,其西侧为旧城中心市河(俗称"穿心河")出城的北水关遗址。瓮城设置在北门北侧,除部分包砖墙高出地面以外,大部分湮埋于地下6—90厘米(图二)。北门瓮城南宋时期始筑,一直沿用至民国,历经南宋、元、明、清、民国时期,近900年的历史。各个时期的城墙、砖铺路面和地层叠压关系十

图二　高邮城北门瓮城发掘全景

分清晰,尤其是不同时期地面整齐叠压,每一层中出土的各个时代陶瓷标本、钱币和建筑构件等为考古发掘断代提供了重要的依据。

南宋城门是在北宋城门基础上修建的,南宋时期在北门北侧始建方形瓮城,西墙南北长约 81 米,北墙清理长度 19.5 米。北墙有两期建筑过程:第一期城墙夯土质量较高,由黄土和灰土瓦砾夯筑,夯层 8—11 厘米,夯窝直径在 6—8 厘米之间。在夯土内外侧包砌砖,墙底部基础采用大小不等的旧方石块、条石及石磨等,保存高度 0.62 米,厚度 0.68 米,砌法基本为两顺两丁,黄泥为粘结剂。第二期在第一期基础的外侧修筑,墙基底部用侧立砖贴墙帮砌,采用白石灰为粘结剂。在砖的端面发现有许多“高邮军城砖”,西墙没有发现第二期修筑部分(图三)。瓮城门道开在西墙偏北的位置,由于叠压着保存较为完整的明清时期的瓮城门道,未能解剖,仅露出城门门脸的西北角部分。门道通长 16.5 米,宽度不明。

图三　宋至明清北门瓮城北墙叠压关系

明清方形瓮城形制沿用宋代方形瓮城基础和夯土墙。北墙包砖叠压在宋代第一期墙体之上,收分较小,多为断砖砌就。明清时期的西墙向东缩进 2.15—2.4 米之间,西北侧包砖保存高度达 1.6 米。瓮城门道仍开在西墙上,分三期修建。明清门道长 14.5 米,门道宽 3.2 米,方向 87°(图四)。

明代中期,又在原方形瓮城的北侧修建一座扁圆形状的瓮城(称外瓮城),长度为 140.6 米。南边不与高邮城北城墙(即通湖路)相接,而是与宋至明清方形瓮城西墙西便门的南侧相衔接,外围有出城市河和瓮城北护城河环绕(图五)。外瓮城城墙有两期修筑

图四　宋至明清瓮城西便门道

图五　外瓮城遗迹

过程:外瓮城北墙和西墙为锐角围合,西墙和南墙为钝角围合,西北和西南角为弧向转角。城墙墙基宽5.07米,南北墙基高差1.62米。北侧沿河包砌,底部使用长条石为基础,包砌墙基做工较为考究,用石灰为粘结剂。城墙中部先用乱砖填垫,厚度达0.8—1米,然后再在其上用土夯筑,夯土杂且不分层,可能采用平夯法。第二期城墙叠压在第一期城墙之上,墙基宽度内收至4.72米,南北城墙基础高差1.24米。包砌墙基用砖规格不一,多为断砖垒砌,使用青灰为粘结剂。

外瓮城门道与旧城北门在南北一条直线上,即位于北门大街与民生路交汇处的南侧(图六)。门道有两期建筑过程:一期城门洞基础南北长5.3米,方向5°,因东侧建大楼而破坏,宽度不明。第二期城门在第一期的基础上南北加长至11.3米,北侧增加4.4米,南侧增加1.6米。外瓮城门洞北侧,原为木构吊桥,民国二十年(1931年),因发大水而冲毁,后因日军占据高邮而改扩建水泥桥,清理长度1米,宽度6米,方向6°。

图六 外瓮城门道西壁

在外瓮城两侧包砖墙之间修建了藏兵洞遗迹(图七)。藏兵洞南北内长2.96米,底部内宽1.08米,残高1.86米。于元代地层之上修建,多为断砖丁砌,少部分为整砖顺砌。洞底面南高北低,底部用石块铺垫,砖壁上发现有许多铭文砖。共发现八个藏兵洞遗迹,毁于第二期外瓮城城墙的修建。

砖铺路道是连接明清内外瓮城门之间的通道,呈"〔"形,绕方形瓮城的西墙、北墙(图八)。路道共发现四期,第四期保存最好,宽度为3.35米,路面用砖较杂,多为半砖,鲜有

图七　藏兵洞

图八　砖铺路道

完整者,侧立砖铺面,中部用长条黄麻石修补,路道两侧有路牙封沿,外侧有流水明沟。第一期路道可能属于宋元时期的道路遗迹。

宋室南迁之后,江淮成为抗金的前沿阵地。作为运河沿线重要城镇的高邮城,增设瓮城及重要的防御设施正是在这种背景下出现的。宋代瓮城的设施是在不断完善中形成的,并经过多次修补,城墙上的铭文砖有"殿司"、"中军"、"淮东转运司"、"后军"、"镇江府"、"江东安抚司"、"嘉兴"、"高邮军城砖"、"修仓城砖"、"修河砖"等,说明旧城的建设并非高邮一方之力,而是南宋朝廷集中了多方力量实施的一项工程,反映了高邮作为江淮重镇具有一定的政治、经济、军事地位。

元初有"堕沿淮城垒"的记载。元代诗人揭傒斯《高邮城》云:"高邮城,城何长?城上种麦,城下种桑。"说明高邮城仍保存有一定的城墙高度,并没有完全被毁坏。元末,高邮知府李齐为抗拒张士诚义军的进攻,对高邮城进行了重新修缮和加固。八思巴铭文城砖的出土,也印证了《嘉靖惟扬志》、《嘉庆高邮州志》等历史文献的记载。

明代中叶,为抗拒倭寇多次对高邮的骚扰,重修了旧城,并在北门方形瓮城的外围又增设了外瓮城,形成了北门双瓮城的城防体系,并在外瓮城西半边内侧包砖墙内暗设了至少八个藏兵洞。藏兵洞是我国古代城门瓮城中独特的建筑,在古代战争中对物资的储备和兵源的设伏具有重要作用。这些重要的军事防御设施的发现为我国古代建筑史和军事防御史的研究提供了珍贵的实物资料。

考古领队:周　赟

工作人员:薛炳宏　李国耀

　　　　　秦宗林　田松亭

简报执笔:薛炳宏

江苏大丰丁溪村遗址范公堤发掘收获

赵李博

淮安市博物馆　助理馆员

内容提要： 为配合江苏省重点水利工程川东港拓宽工程的建设，淮安市博物馆对丁溪村遗址范公堤部分进行了发掘和解剖，主要搞清了范公堤的建筑和使用过程，厘清其年代关系。出土遗物较为丰富。

关键词： 丁溪村遗址　范公堤　分期　年代

2016 年 2 月至 7 月，为配合江苏省重点水利工程川东港拓宽工程的建设，南京博物院、常州博物馆和淮安博物馆组成联合考古队，对丁溪村遗址进行抢救性发掘。丁溪村遗址位于江苏省盐城市大丰区草堰镇丁溪村，分布于串场河以东丁溪河的两岸台地上，总面积约 280 000 平方米（图一）。根据位置的不同将发掘区分为 I、II、III 区，三区统一布方。

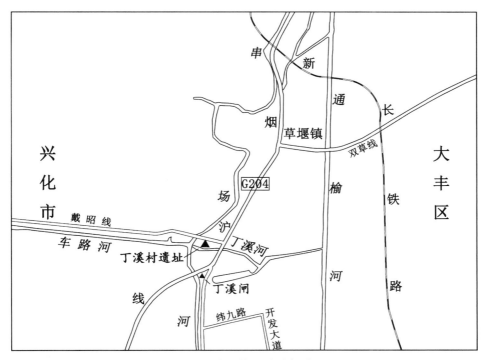

图一　遗址位置图示意图

淮安市博物馆负责发掘位于遗址东南侧的Ⅲ区。该区域北靠丁溪河,西靠模具厂,东至新204国道,为旧204国道斜穿而过。旧204国道由历史上"范公堤"改造而成,后因新国道迁址拓宽,已被废弃。

范公堤建于北宋天圣元年至六年(1023—1128年),为防止海潮,保障沿海居民生产生活,由范仲淹提议并主持前期修建(图版八,上图)。后因海岸线渐渐东移,范公堤逐渐失去其原有作用。民国年间,阜宁至东台段范公堤被改造成通榆公路,后又演变成旧204国道。20世纪80年代丁溪村开凿丁溪河,旧204国道为河道所隔断,现已废弃为村道。遗址南面约1公里处为明清时期在范公堤上修建的石闸——丁溪闸,也已废弃不用。遗址Ⅲ区发掘面积共1 000平方米,布10×10平方米探方10个,方向为正北,以揭露、解剖"范公堤",并了解其两侧堆积及遗迹分布情况(图二)。野外发掘工作共持续了3个月,清理出一座墓葬并揭露堤坝一段。现将其主要收获介绍如下。

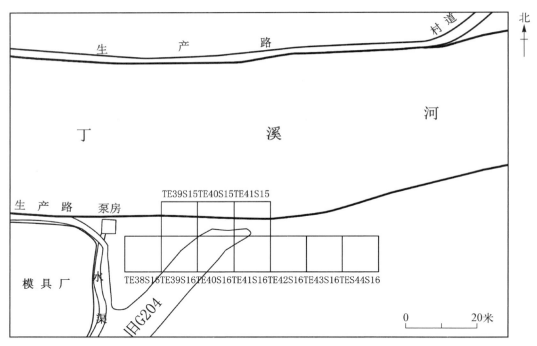

图二　Ⅲ区布方示意图

一、层位堆积

范公堤处遗址的地层堆积以堤坝为界,东、西两侧相区别,堤西地层与堤坝内部层位交错叠压,此处仅以TE39S15南壁(图三;图版七,下图)为例介绍堤西层位堆积(图版八,下图)。

①层　表土层　土色深褐,土质较软,结构疏松,内含大量植物根茎,少量现代砖瓦块、现代生活垃圾及明清瓷片。厚10—20厘米。

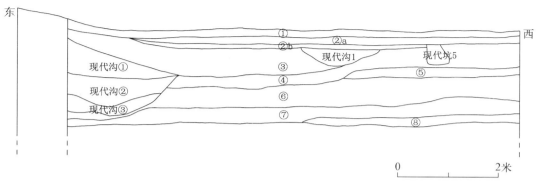

图三　TE39S15 南壁地层图

②a 层　近现代文化层　土色黄褐,土质较硬,结构较疏松,无其他包含物。厚 0—15 厘米。

②b 层　近现代文化层　土色黑灰,土质较硬,结构较紧密,内含少量近现代砖瓦块、草木灰和螺蛳壳等。厚 0—13 厘米。

③层　近现代文化层　土色灰褐,土质较硬,结构较紧密,内含少量近现代砖瓦块、草木灰和螺蛳壳等。厚 0—60 厘米。

④层　清代文化层　土色浅灰,土质较硬,结构较紧密,内含少量砖瓦块、草木灰及明清瓷片等。厚 20—50 厘米。

⑤层　清代文化层　土色灰褐,土质较硬,结构较紧密,内含少量砖瓦块、草木灰及明清瓷片。厚 0—25 厘米。

⑥层　明代文化层　土色灰黑,土质较软,结构较疏松,内含大量砖瓦块、草木灰、少量螺蛳壳、烧土块和宋元明时期瓷片等。厚 10—55 厘米。

⑦层　明代文化层　土色灰褐,土质较软,结构疏松,内含少量砖瓦块、草木灰、螺蛳壳和宋元明时期瓷片等。厚 10—40 厘米。

⑧层　宋元时期文化层　土色浅灰,土质软,结构较紧密,内含少量草木灰、螺蛳壳和宋元时期瓷片。厚 0—20 厘米。堤坝起建于该层下。

⑧层下为灰白色生土。

二、遗　　迹

（一）墓葬

M1　开口于现代路之下,打破堤坝。平面呈长方形,长 116、宽 40—46、深 5 厘米(图四;图版七,上图),方向 305°。上部被严重破坏,人骨保存情况较差,腐朽较甚。根据墓圹大小和骨骼大小判断其应为一小孩墓。无遗物出土。结合其层位关系判断,墓葬年代为清代。

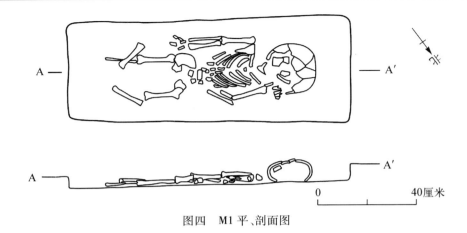

图四　M1 平、剖面图

（二）堤坝

揭露部分长 15.5、顶宽 2.3—3.5、底宽 14.75—17.9、高 2.1 米,方向 23°。平面为长条形,截面略呈梯形,北部略向东北方向弯折,并被丁溪河隔断,顶部被一现代坑和一清代墓葬(M1)打破,西部被一现代沟破坏(图五)。其东侧为迎水面,较为平缓,宽 11 米;西侧为背水面,较为陡峻,残宽 3.5 米。西侧被破坏面露出堤坝③层。堤坝东侧坡面(堤坝⑤层上)北部发现一处斜向砌筑的砖础,长 90、宽 80、厚 10 厘米,砖规格为 32×15×5 厘米。上下两层顺丁式错缝平砌,白灰浆嵌缝,暂不明用途(图六)。

堤坝内堆积可分为 7 层(图七)。

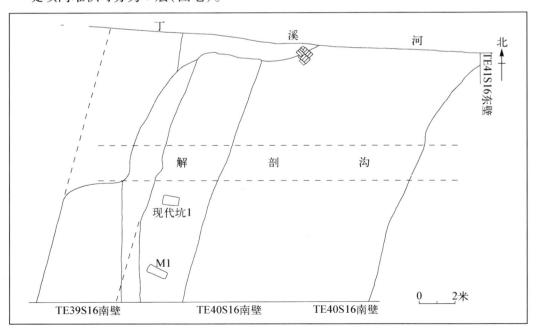

图五　堤坝平面图

图六 位于堤东坡面上的砖础

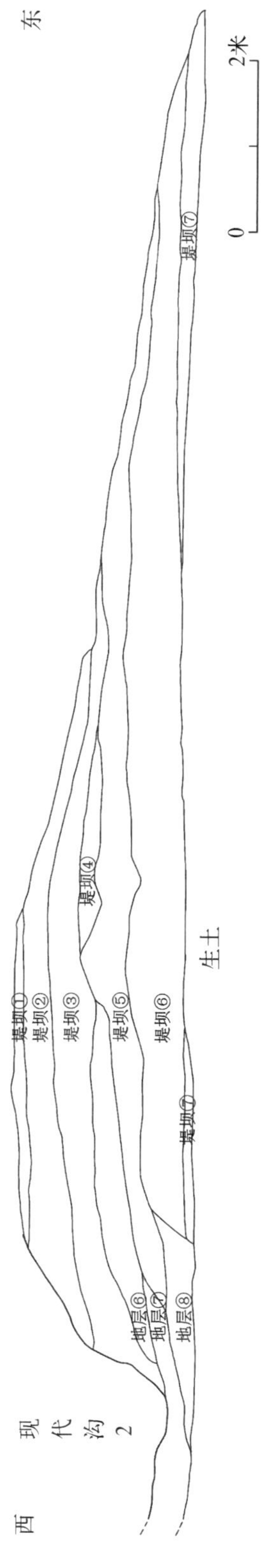

图七 堤坝解剖沟北壁地层图

江苏省考古学会文集(2015—2016)

①层　灰褐色土　夹杂少量淡黄色土块,土质较硬,结构较紧密。厚0—12厘米。层面有一层5厘米左右厚的踩踏面。

②层　黄褐色土　夹杂灰色土块,土质较硬,结构较紧密,内含少量砖块和明清瓷片。厚0—40厘米。

③层　灰褐色土　土质较硬,结构较紧密,内含大量砖瓦块和少量草木灰及明清陶瓷片。厚0—55厘米。层面有5—10厘米厚的硬面,系踩踏形成。

④层　深灰色土　土质较软,结构较疏松,内含少量砖块和草木灰。厚0—40厘米。

⑤层　灰褐色土　夹杂黄褐色土块,土质较软,结构较疏松,内含少量砖瓦块和草木灰,截面可见水纹淤痕。厚0—55厘米。该层西部为西部地层⑥层、⑦层所叠压。

⑥层　灰黄色土　夹杂黄色水锈痕,土质较软,结构紧密,内含零星螺蛳壳和瓦片。厚0—70厘米。该层西部为西部地层⑧层所叠压。

⑦层　青灰色土　土质较软,结构紧密,含水量大,无其他包含物。厚0—25厘米。

另外,于丁溪河南侧断面上也可见部分堤坝层位,其分别对应于堤坝的⑤、⑥、⑦三层(图八)。

图八　丁溪河南侧堤坝断面

三、遗　　物

范公堤处出土遗物较丰富(图版九—图版一四),主要为叠压堤坝的外部地层堆积所出,共收集遗物50袋,器物标本110件。遗物有瓷器、陶器、铜钱等,瓷器为大宗,少见陶器和铜钱。瓷器以青瓷为主,其次为青花瓷,白瓷和其他釉色瓷较少。器形以碗、盘为主,还有盏、碟、高足杯、罐、壶、盒、器盖等造型。青花纹饰有植物纹、动物纹、人物纹、山水纹等,部分有款,多见植物纹。青瓷以素面和刻划纹为主,此外还有印纹等。

四、结　　语

由堤坝层位堆积情况可知其经历了一个较长时间的使用过程,在使用过程中又经历过多次修葺,堤身上下层层堆筑形成,不见夯打痕迹。

根据其内部层位及周围地层的叠压关系,结合层位之间留有的踩踏面进行分析,可将堤坝内堆积分为四期:

第一期　包括⑥、⑦两层,其为最早的堤坝堆积,在废弃后为西部地层⑧层所叠压。

第二期　仅包括⑤层,叠压于第一期堆积和西部地层⑧层之上,废弃后为堤西地层⑥、⑦层所叠压。

第三期　包括③、④两层,叠压于第二期堆积和西部地层⑥、⑦层之上。

第四期　包括①、②两层,由③层表面的硬面将之与第三期隔开,并于①层表面形成踩踏面。

四期之间兴废交替明显,其中第一、第二期被破坏严重,已不见其使用时面貌。第三、第四期因有踩踏面留存,原始堤面尚存,但其西部受近现代人类破坏较大,不见全貌,难以知晓其堤面实际宽度。堤内堆积出土遗物较少,仅②、③层出有少量陶、瓷片。

堤坝四期分别代表了其修筑和使用的四个不同阶段。根据层位叠压关系及出土遗物的年代进行判断,第一期年代为宋元时期,第二期为明代,第三、第四期为清代。

由堤坝所在位置和延续时间推测其为文献中的“范公堤”。范公堤是历史上由范仲淹提倡并主持修筑的一道捍海防潮堤坝。它的前身,是唐大历年间(766—779年)淮南节度判官黜陟使李承奏请修筑的捍海堰,又名常丰堰,“自楚州盐城南抵海陵,亘百余里”[1]。

宋天禧五年(1021年),范仲淹监西溪盐仓,因旧堰“久废不治,岁患海涛冒民田”,提议修筑海堤,由江淮漕运副使张纶上书宋仁宗。天圣元年(1023年)至天圣六年(1028年),范仲淹、张纶、胡令仪分别主持修筑捍海堰,堤“长百四十三里,基阔三丈,面阔一丈,高丈五尺”[2]。该堤北自盐城刘庄附近与唐旧堰相接,南延伸到东台富安一带[3]。后人因感激范仲淹首议修筑海堤之功而将捍海堰称为“范公堤”。

范公堤历史上经历多次重修。据统计,从宋庆历年间(1041—1048年)至光绪九年

---

① （清）孙云锦:《淮安府志》卷五《河防》,《中国地方志集成·江苏府县志辑》第54册,江苏古籍出版社,1991年。
② （清）孙云锦:《淮安府志》卷五《河防》,《中国地方志集成·江苏府县志辑》第54册,江苏古籍出版社,1991年。
③ 凌申:《范公堤考略》,《盐城师范学院学报(人文社会科学版)》2001年第3期。

（1883 年）的八百多年中，见于记载的修筑范公堤大小工程共 55 次①。如南宋绍兴二十七年（1157 年），筑通、泰、楚三州捍海堰②。元兴化令詹士龙"请于东路发九郡人夫修筑，延亘三百余里"③。明洪武二十三年（1389 年），朝廷"命苏、松、淮、扬丁夫修筑捍海堰"④。清雍正十二年（1734 年），河道总督高斌"培范公堤六万四千余丈"⑤。由于重修次数较多，而堤堰跨度较长，不知具体修复地点，故难以将此次发掘的四期堤坝与文献记载的重修时间一一对应。

　　此次发掘确定了"范公堤"的实际位置，根据其分布走势判断，它与旧 G204 有一定程度重叠但又存在错位。因此，以前所认为的旧 G204 一线为"范公堤"的实际位置或有出入，部分地方可能存在偏差。《续修盐城县志》载："范公堤则东冈也，海滨冈脊高于内地，唐宋筑捍海堰，皆循冈脊为之，故坚实经久。"这表明范公堤的实际位置就在东冈之上⑥，据闻，南京博物院在 2017 年对丁溪村遗址的发掘中已找到了"东冈"实际位置，此消息若真实可信，也证明此处堤坝为范公堤无疑。

　　四期的延续过程表明，该段范公堤至少经历过三次重修，它于宋元时期修建之后，在明、清两代都有过重修。堤坝迎水面缓长，背水面陡短，前两次重修时堤坝损毁较大，层位堆叠高低不平，残余部分较矮，与之相互叠压的文化层堆积较厚，表明堤坝使用到损毁的期间历时较长，受到水流破坏较为严重。第三次重修时堤坝本体并未受到较大破坏，仅对原有堤坝进行了加高。后两次重修年代虽然都为清代，但从第三期形成较厚的踩踏硬面来推断，中间应当间隔了较长的时间。第四期堤坝上也形成了较厚的踩踏面，表明其仍然被使用了较长一段时间后逐渐被废弃。堤坝在重修过程中不断向堤西略微挪移，这或许与修葺时迎水面受水浸潮湿有关，在第四期之前的堤坝迎水面上都分布有较密集的螺蛳壳。

　　在嘉庆《东台县志》中关于"范公堤"有"垒石以固其外，延袤迤逦如坡形"和"服筑坚固，砖甃周密"的记载⑦，但发掘中并未发现垒石痕迹，或已被完全破坏，而堤坝外侧坡面的砖础或为加固堤坝之用。

①　江苏省地方志编纂委员会：《江苏省志·水利志》，江苏古籍出版社，2001 年。

②　（元）脱脱：《宋史》卷三十一《高宗八》，中华书局，1985 年。

③　（清）孙云锦：《淮安府志》卷五《河防》，《中国地方志集成·江苏府县志辑》第 54 册，江苏古籍出版社，1991 年。

④　（清）孙云锦：《淮安府志》卷五《河防》，《中国地方志集成·江苏府县志辑》第 54 册，江苏古籍出版社，1991 年。

⑤　赵尔巽：《清史稿》卷三一〇《高斌》，中华书局，1977 年。

⑥　此亦有人论述，见凌申：《历史时期江苏古海塘的修筑及演变》，《中国历史地理论丛》2002 年第 4 期。

⑦　周右等：《东台县志》，《中国方志丛书·华中地方·第二十七号》，台北成文出版社，1970 年。

初探"偰"姓发源地

——回鹘后裔村落沙涨村文化遗存调查述略

史　骏

溧阳市文物管理委员会办公室　馆员

内容提要： 沙涨村始建于元代，距今已有 700 年历史，是全球"偰"姓的发源地。沙涨村东临护城河，西至溧金河，北至眭家河，沙涨河自东向西穿村而过，古村落建筑沿河北侧分布，街巷两横六纵，整体呈现"古水、古村、古墓、古树"的风貌特色。村落现存历史文化资源丰富，有省级文物保护单位合剌普华墓，历史民居建筑 43 处，传统风貌建筑 18 处，另有石刻文物、古树名木等众多文物古迹，以及"跳马灯与舞狮"、"沙涨村庙会"、"公堂开门"等多种形式的非物质文化遗产，是溧阳市具有深厚历史文化内涵的典型江南古村落。

关键词： 沙涨村　村落格局　历史脉络　遗存调查

　　沙涨村，位于溧阳城北约十里。"沙涨"一名，因墓而起，元至治间（1321—1323 年）自建立沙里的威墓及其祭庵起，至今已近 700 年；而沙涨有村，也因墓而生，至正二十一年（1361 年）自偰斯渡东海南回，归葬父兄于沙涨，遂环墓而居，则至少已有 650 余年。延至今日，沙涨村仍较为完好地保存着古街、古巷、古井、古居，与周边的古墓、古树、古水，犹似天成而浑然一体。但沙涨村又与一般村落有别，因其承载的是一个维吾尔族家族在中原迁徙入籍，以及与汉族汇流融合的不平凡演变历史。

　　2014 年 6 月开始，溧阳市文物管理委员会办公室根据溧城镇人民政府对溧阳市历史文化村（《2005—2020 溧阳市历史文化保护规划》，经溧阳市人民政府批复）申报江苏省历史文化名村的要求，对古村落的空间格局、宗族墓区、传统民居、绿化布局、池塘水系等进行了系统的田野调查，现将调查情况介绍如下。

一、地　理　位　置

　　沙涨，原名沙溪荡，距溧城北郊六公里，为一处蓄水湖泊，上承古中江（溧水，又称濑水）来水汇入洮湖（又称长荡湖）。唐代以前，属溧阳东部湖荡密布区域，地势低洼，水势较大，时涨时落，耕田易涝，人丁稀少。随着时间推移，湖泊面积逐渐缩小，圈圩渐多，沙涨荡中间积水渐渐退去，搬迁至此的移民开垦滩地形成自然村庄。沙涨村落形成后，东为高地,西为水处。故元、明之时村东为溧阳三大马场之一,今仍名"马场里"。

马场与沙涨村之间有护村河道,并留有较长段护村河遗址。自村东向东南,为出村之路,村口左向即为五桂坊旧址,由此向南沿护城河行里许,约位于中段村东即上马石,今仍用其名,古时言至此处方得骑马而行。由村东口入村即为前大街,大阳门位于前大街之东,由此转入大阳门则可入东大巷(大巷),直至村后大街(图一)。前大街向南为内河,有码头多座,对岸建有文昌庙,庙前有文昌阁(清嘉庆《溧阳县志》)。沿前大街向西,则入偰、普大坟地,今合刺普华墓存。偰、普祠堂位于前大街之西,过祠堂入西大巷,可至村后大街,巷街交会处为沙涨村西北出口,由此向西行,沿眭家河则达溧金大河之竹莲桥。竹莲桥,原名为镇龙桥①(清嘉庆《溧阳县志》),过此桥向西则达方里村,向北即沙涨荡。方里村,明史玉阳所建同字塘。由镇龙桥乘舟行溧金大河,向南达溧阳城,向北则入沙涨荡。故镇龙桥在20世纪70年代前一直为水陆交通咽喉。沙涨村为两河所围,后为眭家河,前为大河(沙涨河)。大河交溧金大河处原有会龙桥。

图一　沙涨村总平面图

二、沙涨村偰、普两姓历史事迹及发展脉络

依据偰姓、普氏家族,沙涨村的历史可以追溯到唐代。新疆吐鲁番盆地,居住着一个由蒙古高原迁入的古老民族回纥族,即今维吾尔族,这个部族,在唐代走出了一位深明大

---

① （清）李景峰、史炳等:《嘉庆溧阳县志》卷四《舆地志·墓》,《中国地方志集成·江苏府县志辑》第32册,江苏古籍出版社,1991年。

义的英雄——暾欲谷①(《圭斋文集》卷十一《高昌偰氏家传》)。暾欲谷是回纥族突厥部可汗的大臣,与可汗是儿女亲家。暾欲谷深得可汗信任,被任命为回纥宰相。唐中叶,安禄山、史思明发动"安史之乱",回纥族受到朝廷召唤助国讨贼,"深沉有谋,老而有智"的暾欲谷,率领族内精兵强将,征战沙场,有力地支持唐军平定了"安史之乱",受到唐王朝的册封。回纥族三换可汗,暾欲谷屡次为宰相,直至120岁寿终。暾欲谷的子孙们继承他精忠报国的遗志,在国家民族统一大业中屡立战功,显示出卓越的政治和军事才能。他的子孙克直普尔、岳弼、亚思弼、撒吉思等,在国家危难之时,代建奇勋,皆为国相。子孙仳俚伽普华勇杀叛敌,携众归附蒙古帝国,年十六,世袭国相。子孙岳璘帖穆尔随从成吉思汗、忽必烈征讨山西、陕西、宁夏一带,战功赫赫,深受重用,升为"大断事官"(蒙古和元朝的官名,又作札鲁火赤、札鲁花赤)。合刺普华②是暾欲谷的后代子孙,也是元军中深谋远虑的勇将,伐宋时,他主粮饷之供,领兵五千,所向披靡。1284年,他率部至广东,在道中遇巨盗,为国殉难,时年三十九,官至嘉义大夫、广东道都转运盐使。合刺普华殉难后,1318年,赠通议大夫、户部尚书,追封高昌郡侯。1334年,加号"守忠全节功臣",谥号"忠愍"。合刺普华死后,曾葬于山东。合刺普华生二子。长子为广德太守,官至通议大夫、副都元帅,他在溧阳沙涨村购置土地,把父亲合刺普华的坟墓从山东迁到溧阳(《至正集》"合刺普华公墓志铭"讲"改葬公滕州礼教乡清沟原",而出土墓志言"改葬公溧阳州永成乡沙溪之原",两地一在山东,一在江苏,相隔甚远,可能许有壬书墓志时,合刺普华后人欲改葬其父于滕州,而到镌刻墓志时,已决定改葬于溧阳)。为纪念祖居地漠北高原上的偰辇河,他以河名首字为姓,改自己的姓名为"偰文质"。从此,子孙们世世代代沿用这个姓氏至今。20世纪80年代,在沙涨村发现的墓志铭,就是偰文质亲自为父亲合刺普华刻造的。

可以说,合刺普华是第一个"到达"溧阳沙涨村的偰姓始祖。而偰文质既是始用偰姓的第一人,也是寓居溧阳的第一人。偰文质买地葬父后,即定居溧阳,他的五个儿子也都跟着迁居溧阳。偰文质卒于溧阳,葬于祖坟。数百年来,偰姓族人生息繁衍,一部分人在沙涨村生活,世守祖茔,一部分人走出沙涨村,走向全国乃至世界各地。据已知的线索,在云南、山东、安徽、江西乃至韩国等都有后裔。不管他们走到哪里,走出多远,他们的祖居地都是溧阳沙涨村。

偰、普两姓到溧事件发展脉络:

至元年间(1264—1294年),沙里的威任溧阳路达鲁花赤,因家于溧阳,后官至江南行台御史大夫。

延祐七年(1320年),沙里的威卒,葬沙涨村西(后成普氏大坟地,今已不存),家人筑室于墓东,行汉族祭寝之礼(是为普氏祠堂"孝思堂"之始),遂有溧人名其地为沙长里(沙长,为溧阳长之意,后转声为"沙涨")。

至治年间(1321—1323年),普氏为沙里的威筑祭室,其族人于沙公墓与祭室之间始

① (元)欧阳玄:《圭斋文集》卷十一《高昌偰氏家传》,四部丛刊初编本,商务印书馆,1929年;贺云翱、狄富保:《元合刺普华墓志铭考释》,《南方文物》2000年第1期。

② (明)宋濂等:《元史》卷一九三《合刺普华传》,中华书局,1976年,第4384—4386页。

筑庐而居(即今普氏鹤庆堂址),行守孝之礼,是为沙涨最早村基。

元统元年(1333年),偰文质置地于溧阳之下桥、濑阳、旧县水西村。

元统三年(1335年)十二月,偰文质将其父合剌普华迁葬于沙涨。

至元年间(1335—1340年),偰文质携子孙定居溧阳。

至元六年(1340年),偰文质卒,葬合剌普华墓侧。

至正二年(1342年)十一月,合剌普华墓重新改葬,位今新树神道碑下,坐东向西。

至正九年(1349年),合剌普华孙偰哲笃升任江浙行省参政,依制封赠三代,赐合剌普华墓神道之碑(遂有今省级文物保护的勋屃之遗、翁仲之列)。

至正十四年(1354年),偰哲笃谪居大宁(今内蒙古宁城)。

至正十八年(1358年),偰哲笃因愤时政而自杀,长子偰逊率弟(偰斯以下时皆为太学生,就读京城)为父守制寓居大宁。

至正十八年(1358年)腊月,寇趋上都指辽西,偰逊挈三子、数弟为避难急奉父之神主入高丽(今朝韩两国)。

至正二十年(1360年),偰逊卒,子孙落籍高丽国,而偰斯等念祖墓在溧阳,遂携父、兄灵柩渡海东回,归葬沙涨,并筑室而居,守墓也。

至正二十七年(1367年),沙里的威之孙普颜不花(元末最负盛名的状元)任中书宰相,分守益都,城陷不屈死。城危之时,普颜不花示意二弟携母及其长子珍哥易服南还,居润州(今镇江)。

明洪武初年,偰斯因公过润州,遂携族侄珍哥回溧阳定居,同来者还有族侄托辉。珍哥和托辉定居沙涨村后,念父名皆以"普"字为首,遂同议取普为氏,分别改汉名为普皆、普晋,是为沙涨村普氏之始。

明正统三年(1438年),普氏始建孝思堂,清咸丰年间(1851—1861年)毁,光绪二十二年(1896年)复建。

清咸丰年间(1851—1861年),偰氏永思堂毁,光绪十六年(1890年)复建,重建门庑,再建寝室。光绪二十八年(1902年)完成内饰、进列代之主牌①。

1974—1975年,永思堂、孝思堂被拆,仅存遗基。

三、沙涨村历史文化遗存现状调查

(一)村落历史环境

1. 水系

沙涨村历史上四面环水,东临护城河,南有沙涨河,西近溧金河,北至眭家河。至今,

---

① (清)偰庚、偰鸿生:《沙溪偰氏宗谱》,民国五年永思堂活字本。

溧金河与沙涨河依旧碧波粼粼,而护城河、眭家河则仅留存部分河段遗址。

2. 道路

沙涨村原有主要出村之路位于村落东南侧,一直沿用至今。此外,村南原有小路向南通往古溧阳县城,现已拓宽为水泥路。

3. 墓葬

村西原有偰、普两氏大坟地,现今普家大坟已不存,偰家大坟留存至今,合剌普华墓即位于偰家大坟。

4. 环境

元、明时,沙涨村东为溧阳三大马场之一,马场与村之间有河流相隔,即村东护城河,现今在村东仍有地名"马场里"。自村东南入口处向南沿护城河行里许,约位于中段村东原有下马石、上马石,现仍留有其名,据称官阶低于沙涨村偰氏祖先的官员经过此处必须下马才能再次上马骑行,以表尊敬。镇龙桥位于村北水泥路与溧金河交会处,即今村西北竹莲桥所在处,今已不存,在历史上一直为水陆交通咽喉。会龙桥位于沙涨河与溧金河汇合处,相传此桥为史玉阳所建,因走沙涨村下马不便而由此绕行(图二)。

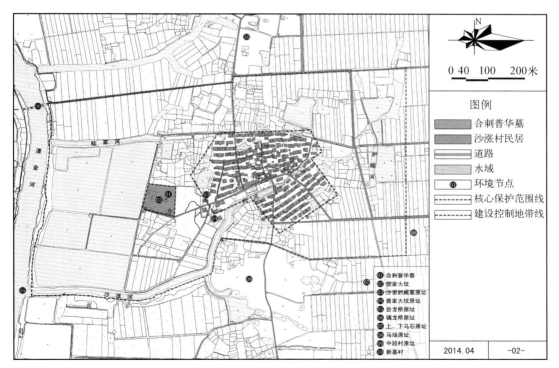

图二　沙涨村历史环境图

(二) 村落空间格局

街巷格局：沙涨村传统街巷主要分布于沙涨河北岸(河南岸为20世纪60年代以后扩建)，历史传统风貌较好。北岸传统街巷呈现"六巷二街"纵横交错的格局形态，纵向由东向西依次为东巷、大巷、中巷、楼巷、祠堂巷、普家巷，横向由南向北依次为前大街(图版一五，上图)、后大街。街巷原为青石板路，后因村庄改造被水泥路取代。自东巷与前大街交接处向东南，为沙涨村主要出村之路，村口左向即为五桂坊旧址。由村东口入村即为前大街，前大街与大巷交会处即大阳门旧址，由此转入大阳门则可入大巷，直至村后大街。由中巷向南经龙门桥原为沙涨村通往溧阳城的小路，途经中段村。前大街南侧为内河，原有码头多座，对岸建有文昌庙，庙前有文昌阁，现已湮没。前大街向西至祠堂巷有今沙涨村大会堂，其后为偰普两氏祠堂旧址，即偰氏之永思堂及普氏之孝思堂。过祠堂巷入西大巷，今沙涨村老年活动中心之后为普氏鹤庆堂，过鹤庆堂至村后大街，由后大街向西沿小路可至偰普两氏永孝公祠旧址。西大巷北侧尽端为沙涨村西北出口，向北通往新基村。

特色建筑：

1. 五桂坊

据明弘治《溧阳县志》记载，溧阳原有五桂坊两处，皆为偰文质五子而立，一在溧城，一在沙涨村，现皆已不存。元延祐二年(1315年)之后的十六年里，科举考试每三年一科，偰文质的五个儿子(偰玉立、偰直坚、偰哲笃、偰朝吾、偰列篪)每科中一名进士，时谓"五子登科"。沙涨村的五桂坊，应在村东今五桂塘处，即村东南入口处，现仅存局部残件，保存于村中大会堂内。

2. 大阳门

大阳门位于沙涨村前大街东侧大巷前，原有石牌坊一座，今存坊基和残石，坊后即为大巷、偰斯宅(明弘治《溧阳县志》)。据传此门是明初刘伯温为沙涨村选立。刘伯温于元时曾在杭州江浙行省为偰哲笃下属，彼此交好，并与偰哲笃多有诗文往来。明洪武初年，刘伯温返乡必经溧阳，偰哲笃墓在沙涨，刘伯温依礼当应有拜祭，时偰斯又为朱元璋所重，故有刘伯温选立"大阳门"之说。

3. 永思堂、孝思堂

永思堂与孝思堂相邻，皆位于今村前大会堂之后。西侧孝思堂，为普氏宗祠，始建于明初正统三年(1438年)，清咸丰年间毁，光绪二十二年(1896年)复建。东侧永思堂，为偰氏宗祠，始建于何年已无考，也为咸丰年间毁，光绪十六年(1890年)复建，光绪二十八年(1902年)建成，历时12年。20世纪70年代初，永思堂、孝思堂仍较为完好，约1974—

1975 年间被拆,现仅存遗基。

4. 鹤庆堂

沙涨村西大巷(普家巷)西侧的普氏"鹤庆堂",是一座非常典型的溧阳明清建筑,始建于何时已无法考证,但清光绪丙申年(1896 年)修撰的《普氏家乘》中已将其列入,表明该建筑至少应有 118 年历史。该建筑有两天井,不分厢房,但有前后之间,大门、侧门、边门,各相有异。此建筑风格独树一帜,既不同于徽派的明清建筑,也有异于苏锡的江南建筑。元至治年间(1321—1323 年),普氏为沙里的威筑祭室,其族人于沙公墓与祭室之间始筑庐而居(即今普氏鹤庆堂址),行守孝之礼,故鹤庆堂址应为沙涨村最早的村基。

5. 永孝公祠

永孝公祠,为傻普两氏公祠,位于村西北角之风水岗上,今已无存。

6. 文昌庙

位于沙涨村内河南岸普家码头对面田地,庙前原有文昌阁,现均已湮没(图三)。

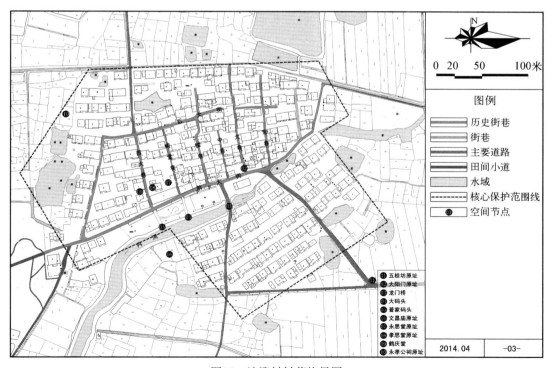

图三 沙涨村村落格局图

（三）村落历史风貌

沙涨村整体呈现"古水、古村、古墓、古树"的风貌特色。古水，即沙涨村四周为护城河、沙涨河、溧金河、眭家河等历史河流环绕。古村，即沙涨村历史悠久，自元至治年间（1321—1323 年）始建村基以来，已有近 700 年的历史，其历史建筑风貌清幽古朴，传统街巷形态完整、风貌连续。古墓，即沙涨村因墓建村，居住区与墓葬区毗邻，村西原有偰普两氏大坟，今独存偰家大坟，自元统三年（1335 年）偰文质将其父合剌普华迁葬于沙涨以来，已有 679 年历史。古树，即村中分布有各种大小古树名木，仅百年以上古树就有 8 棵，同时村内还有众多绿化林木，共同构成碧水环流、生态宜居的美丽乡村。

（四）村落文物遗存

1. 省级文保单位——合剌普华墓

合剌普华墓位于溧阳市溧城镇沙涨村西，坐东向西（图版一五，下图）。东连桑地，西临鱼塘，墓区呈东西长、南北窄的长方形，占地面积约 3 000 平方米，地处高岗。原墓早年被毁，今存合剌普华墓志铭及志盖，安放在尚书亭内，合剌普华墓前直立文武官石像各一对。武官身披盔甲，手握长剑，闭目挺立；文官身穿朝服，手持朝笏，尊前带须，闭目站立。伏卧成对石兽、石羊、石龟，形象逼真，栩栩如生。合剌普华（1245—1284 年），维吾尔族人，官至嘉议大夫、广东道都转运盐使。至元二十一年（1284 年），因护送军饷在广东博罗、东莞一带遇难。元统三年（1335 年）十二月，偰文质将其父合剌普华迁葬于沙涨。至正二年（1342 年）由其孙契哲笃改葬于此。1998 年 6 月 16 日，合剌普华墓被公布为溧阳市文物保护单位。1999 年 4 月 2 日，合剌普华墓志铭及墓志盖经溧阳市文化局同意被偰氏从文化馆取回沙涨村。2002 年 10 月 22 日被公布为第五批江苏省文物保护单位。2003 年，溧阳市文化局建造有机玻璃罩将墓志密封保护。2004 年 4 月，偰氏后裔韩国籍偰在植先生捐资 3 万元建造"合剌普华神道碑"立于合剌普华墓穴处。

2. 村落历史建筑

沙涨村现存基本完好的历史建筑 43 处，主要为清代建筑，集中分布于村内前大街以北。2007 年第三次全国文物普查时，43 处历史建筑登记在册（图四）。

历史建筑风貌总体上精致而不奢华，清幽而不浮夸。形式上以具有地方特色的单体建筑为主，少有院落，多为砖木结构。建筑屋顶均为硬山式，外表装饰简朴，粉墙黛瓦、清水脊、前后封护檐。木板门设有砖砌门楼，门楼多雕饰吉祥图案，简洁大方。立面开窗多为直棂，有拱形砖砌窗楣。山墙多开有高窗，以方形、扇形、六边形等为主（表一）。

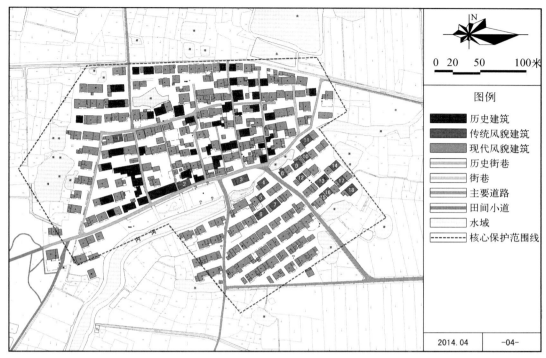

图四 沙涨村建筑分布图

表一 沙涨村历史建筑概况

序号	名　　　称	年　代	是否登记
1	沙涨村 67 号北面傀氏宅	清	是
2	沙涨村 95 号西面傀氏宅	清	是
3	沙涨村 84 号傀氏宅	清	是
4	沙涨村 84 号东面傀氏宅	清	是
5	沙涨村 81 号傀氏宅	清	是
6	沙涨村 81 号东面傀氏宅	清	是
7	沙涨村 75 号傀氏宅	清	是
8	沙涨村正对进村路口傀氏宅	清	是
9	沙涨村 63 号正后方傀氏宅	清	是
10	沙涨村 63 号傀氏宅	清	是
11	沙涨村 44 号傀氏宅	清	是
12	沙涨村 78 号傀氏宅	清	是
13	沙涨村 78 号背后傀氏宅	清	是

续表

序号	名　称	年　代	是否登记
14	沙涨村 75 号偰氏宅	清同治四年	是
15	沙涨村 95 号东侧偰氏宅	清	是
16	沙涨村原 84 号背面偰氏宅	清	是
17	沙涨村 129 号偰氏宅	清	是
18	沙涨村 86 号偰氏宅	清	是
19	沙涨村 80 号背面偰氏宅	清	是
20	沙涨村 80 号背面第三间偰氏宅	清	是
21	沙涨村 80 号背面第四间偰氏宅	清	是
22	沙涨村 92 号正前方偰氏宅	清	是
23	沙涨村 107 号东面偰氏宅	清	是
24	沙涨村 113 号偰氏宅	清	是
25	沙涨村 120 号偰氏宅	清末	是
26	沙涨村 118 号东面第二间偰氏宅	清	是
27	沙涨村 118 号东面第一间偰氏宅	清	是
28	沙涨村 102 号偰氏宅	清	是
29	沙涨村 102 号东面偰氏宅	清	是
30	沙涨村大会堂	清	是
31	沙涨村老年活动室	清	是
32	沙涨村 146 号普氏宅	清	是
33	沙涨村 109 号西面第二间偰氏宅	清	是
34	沙涨村 160 号偰氏宅	清	是
35	沙涨村 160 号背面偰氏宅	清	是
36	沙涨村 117 号偰氏宅	清	是
37	沙涨村 113 号偰氏宅	清	是
38	沙涨村西北角落偰氏宅	清	是
39	沙涨村西北角第一栋偰氏宅	清	是
40	沙涨村 147 号偰氏宅	清	是
41	沙涨村老年活动室西面偰氏宅	清	是
42	沙涨村 135 号偰氏宅	清	是
43	沙涨村 142 号偰氏宅	清	是

3. 风貌建筑

20世纪60年代左右,由于沙涨村人口扩张,村民在前大街以南另辟新居。风貌民居建筑沿着入村道路有序排列,风貌上与历史建筑保持一致。现存历史风貌比较完好的尚有18处(表二)。

表二 沙涨村风貌建筑概况

序号	名　称	年　代	是否登记
1	沙涨村北大街西端南侧民宅(傻国华)	20世纪60年代	否
2	沙涨村102号民宅	20世纪60年代	否
3	沙涨村龙门桥东北侧民宅(傻继红)	20世纪60年代	否
4	沙涨村19号民宅	20世纪60年代	否
5	沙涨村48号北侧民宅	20世纪60年代	否
6	沙涨村48号民宅	20世纪60年代	否
7	沙涨村48号东侧民宅	20世纪60年代	否
8	沙涨村11号民宅	20世纪60年代	否
9	沙涨村12号民宅	20世纪60年代	否
10	沙涨村8号民宅	20世纪60年代	否
11	沙涨村15号民宅	20世纪60年代	否
12	沙涨村12号南侧民宅	20世纪60年代	否
13	沙涨村6号民宅	20世纪60年代	否
14	沙涨村6号东侧民宅	20世纪60年代	否
15	沙涨村3号民宅	20世纪60年代	否
16	沙涨村3号东侧民宅	20世纪60年代	否
17	沙涨村3号东侧第二户民宅	20世纪60年代	否
18	沙涨村东南角第一栋民宅	20世纪60年代	否

4. 桥涵码头

龙门桥　原名石岗桥,位于中巷南侧内河之上,始建时间不详,2005年村民集资重修。桥面下方为条石堆砌,内有涵洞两处。

大码头　始建时间不详,位于祠堂巷南侧内河北岸,为条石铺设,条石当中也有不少明清时期的墓碑。

普家码头　位于西大巷南侧沙涨河北岸,始建时间不详,清光绪丙申年(1896年)修撰的《普氏家乘》之《大坟图》已将其列入。码头为条石铺设,条石当中有不少明清时期的墓碑。

5. 古井

村中现存古井多处,多分布于民居院内。

6. 石刻

沙涨村现存石刻文物数量较为丰富,多为建筑构件、生产工具及墓碑等。其中,建筑构件包括柱础石、牌坊石柱、门枕石、抱鼓石、青石板等,生产工具包括磨盘、石碾、石臼等,墓碑包括20多块明代至清代不同形制的石质墓碑。这些石刻文物除部分存放于村中大会堂和老年活动室外,大多散落于村内街巷、民宅周边(表三)。

表三　沙涨村石刻文物概况

类　别	名　称	年代	数量	现 存 位 置
建筑构件	柱础石、牌坊石柱、门枕石、抱鼓石、青石板等	明清	较多	村内街巷、民宅周边、沙涨村大会堂、老年活动室
生产工具	磨盘、石碾、石臼等	明清	较多	村内街巷、民宅周边
墓　碑	明万历年间墓碑	明	3	沙涨村大会堂
	明天启二年墓碑	明	2	沙涨村大会堂
	明崇祯年间墓碑	明	2	沙涨村大会堂
	明代墓碑	明	4	沙涨村大会堂
	明万历庚戌年墓碑	明	1	沙涨村公墓路边
	大会堂失考墓碑	明清	3	沙涨村大会堂
	普家码头失考墓碑	明清	5	普家码头
	大码头失考墓碑	明清	未统计	大码头
	清康熙四十九年墓碑	清	1	沙涨村大会堂
	清乾隆十七年墓碑	清	1	普家码头

7. 古树名木

村中现存百年以上古树共计8棵,品种主要为朴树、榉树、糙叶树。其中,2棵位于前大街,6棵位于合剌普华墓周边(表四)。

表四　沙涨村古树名木

保护编号	树　名	树龄(年)	保护级别	冠径(米)	干径(米)	高度(米)
LY－053	榉树	100	二级	7	0.66	10
LY－055	榉树	100	二级	12.5	0.62	18
LY－066	糙叶树	110	二级	17	0.8	13
LY－072	朴树	100	二级	13.3	0.5	11.2
LY－073	朴树	110	二级	12	0.5	9.3
LY－074	朴树	120	二级	8.8	0.36	8.8
LY－075	朴树	110	二级	11.5	0.55	12
LY－076	朴树	100	二级	12.5	0.62	11.5

四、结　语

　　整个沙涨村,村基与茔墓以东西之分,左右呈列,周以古河相围,内以古树相衬,格局有人为之迹,但也似天工之为。今普氏墓茔虽已不存,但旧址上的古树却依然苍立,傎氏茔墓保存较好,其无言的神道、墓志、翁仲等文物也在向世人诉说着从漠北到高昌,从益都到南昌,终有徙居归宿的家族变迁。至于村落,陌街阡巷,依旧规整,古宅古居,仍然错落,建筑风格独特的鹤庆堂、光绪宅,古井、古塘、古桥涵、古码头……依然闪现着昔日的锃光,大阳门、五桂坊、永思堂、孝思堂,虽存余基,但断玉残石上,花鸟、文字清晰可辨。历数百年岁月,风雨相浸,延至今日,村中基本保存完好的历史建筑达四十余处,而完好保存的仍有近二十处。这是一个家族矢志而为的理意——沙涨有村,为守墓也。

江苏淮安七堡堤工遗址勘探与发掘报告

祁小东

淮安市博物馆　馆员

内容提要： 七堡堤工是古代一处御黄的著名堤坝，由土筑堤坝和碎石护坡组成。2012 年 8 月 29 日—9 月 25 日与 2012 年 12 月 10 日—2013 年 1 月 20 日期间，淮安市博物馆对遗址进行了考古调查、勘探与发掘，对堤坝的历史与保存现状、规模、堆筑方式及与周边其他堤坝的关系等有了初步的了解。

关键词： 淮安　七堡　石工

一、概　　况

七堡堤工位于淮阴区码头镇御坝村至太平村（原七堡村）之间，整体呈东北—西南走向，东北接御坝，向西南延伸与黄河南岸大堤相连，西北直面废黄河，现长约 2 公里。堤坝顶宽 15—50 米，底宽 60—80 米，高度在 2.5—3 米之间。坝上为一条水泥路（码头通往吴城），两边是房屋、树木与农田等。堤坝北侧底端距现今废黄河河道 85 米。废黄河在此处宽 7—10 米。据当地群众讲述，堤坝原来宽 160—200 米（底宽），高 6—7 米。20 世纪六七十年代，由于开垦土地、建设房屋及烧砖取土等大规模不间断的生产活动，使坝体逐渐削低、变窄（图一—图三）。

为配合京杭大运河的申遗工作，经国家文物局批准，中国文化遗产研究院、南京博物院和淮安市博物馆组成联合考古队，从 2011 年 9 月至 2013 年 10 月，在淮阴区码头镇的范围内对与运河有关的古代遗存进行了较为全面的考古调查与勘探，并对保存较好的遗址进行了科学发掘，取得了一系列重要成果。七堡堤工遗址的工作主要分为勘探与发掘两部分，其中勘探于 2012 年 8 月 29 日开始，至 9 月 25 日结束，历时 26 天；发掘从 2012 年 12 月 10 日开始，至 2013 年 1 月 20 日结束，历时 40 天。

勘探由汪瑛烈士墓开始向西，以农田里的一排电线杆为基线，每两根电线杆之间相距 50 米（电线杆上有数字编号，从 042 号到 011 号），勘探长度 1 500 米，宽度 85 米（堤坝至废黄河之间），面积约 12 万平方米。

发掘位置位于太平村二组，即 019—020 号电线杆之间的区域，布南北向探沟一条（编为 TG1），长 50 米，宽 5 米，发掘面积 250 平方米。TG1 方向 346°（图四）。

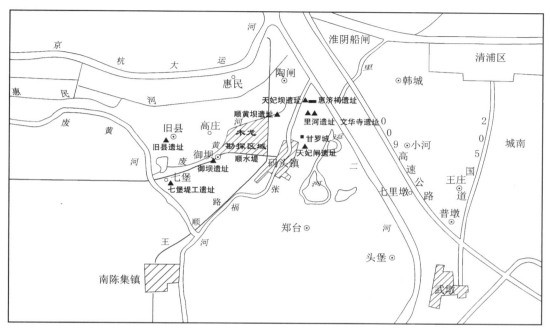

图一　七堡堤工遗址相对位置图

图二　七堡堤工遗址现状(由北向南)

图三　七堡堤工遗址北侧的废黄河(由东向西)

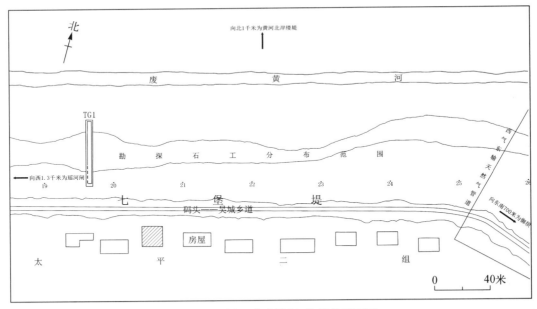

图四　七堡堤工遗址勘探、发掘总平面图

二、勘　　探

为对遗址有整体的了解,我们首先进行了勘探,地点选择在土堤坝与废黄河之间,发现了规模较大的石工。其中,除局部区域被破坏仅存零星碎石外,其余部分均有分布。石工整体呈弯曲状,宽度在5—15米之间,距地表深度不等,基本在1—2.5米之间,由碎石堆砌而成。以下选择埋藏好的地段具体介绍。

041—040号之间:向北38—40米是土堤坝的边缘。

037—036号之间:向北30—32米处,石工南北宽6—10米,距地表1—2米。

029—028号之间:向北18—26米处,石工南北宽3—12米,距地表0.9—2.2米。

027—026号之间:向北18米处,石工南北宽8—15米,距地表1—2.2米。

024—023号之间:向北16—30米处,石工南北宽15米,距地表1—1.7米。其中,023号处宽度是5米。

023—019号之间:向北5—16米处,石工南北宽5—15米,距地表1—1.8米。

016—015号之间:电线杆两侧有石工与埽工,向南延伸3米,向西延伸4.5米,南北宽度为7.5米,距地表3.5米。电线杆之间的石工与埽工南北宽3米,距地表1.5米,向西一直延伸到014号,距地表2.7米。埽工在石工的南边。

014—013号之间:向北7米,石工南北宽15米,距地表0.3—1.8米。其中,014号向北14米处,宽7米,距地表0.5—3.5米;013号向北石工保存较差,仅有零星碎石。向北2米处有埽工分布,距地表1.9米,南北宽6米。

013—012号之间:向北6米的区域内,石工宽6米,距地表2—3米。其中,013向北石工保存较差,仅存零星碎石。

012—011号之间:向北8—30米的区域内,石工宽3—8米,距地表1—1.8米。011向北5米出现石工,宽5米,距地表0.6—1.2米。

另据调查发现,向西到七堡闸都有石工分布。在20世纪六七十年代的农业生产活动中,平整农田将一部分石工挖掉。在2008年建设西气东输天然气管道的过程中,也挖到了石工。石工有5—10层,有的地方高度达1米左右。

三、发　掘

在勘探的基础上,我们选择在堤坝中部位置布方发掘,此次发掘的目的是了解七堡堤工碎石护坡的埋藏情况、时代及保存现状等。

(一)地层

以2012TG1东壁为例:

第①层　耕土层,厚10—22厘米,浅黄色,土质疏松,出土有植物根系、现代垃圾及青花瓷片等。

第②层　后期扰乱层,厚10—40厘米,深黄色,中间夹杂少许暗红色淤泥块,土质较松软,出土有植物根系、碎砖块及青花瓷片等。在探沟北部出现一座灰坑,编号为H1。

　　第③层　黄色砂土层,中间夹杂暗红色淤泥块,厚5—100厘米,土质疏松,颗粒细小,无包含物。

　　第④层　暗红色淤泥层,中间夹杂少许黄砂土,厚5—130厘米,土质坚硬,含水分较大,无包含物。

图五　东壁地层照(由北向南)

图六　东壁地层照(由南向北)

第⑤层　黄色砂土层,厚3—50厘米,土质疏松,颗粒细小,无包含物。

第⑥层　浅黄色砂土层,厚10—40厘米,土质松散,颗粒细小,无包含物。

第⑦层　红褐色淤泥层,厚10—140厘米,土质较硬,含水分较大,出土有青花瓷片与硬陶片等(图五、图六)。

(二) 发掘

考古揭示的遗迹主要是石工,此外还有一个灰坑。

石工　位于TG1中部,第④层下出现,总长28米,宽4米,高0.5米。全部由碎石堆砌,高低不平,残存一层。石块大小不一,颜色各异,石质较差。靠近石工南侧有一处空缺,东西长2.8米,南北宽0.5米(图七—图九)。

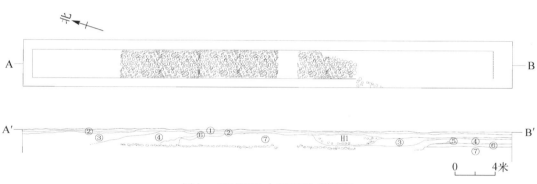

图七　2012TG1内石工平、剖面图

图八　2012TG1内的石工(由南向北)

图九　石块特写

　　灰坑　平面呈椭圆形,开口于第②层下,南北长 7.25 米,东西最宽处 4.6 米,深 1—1. 15米,南、北壁倾斜,底部较平整。坑内出土有植物根系、陶瓷片及碎石块等(图 一〇)。

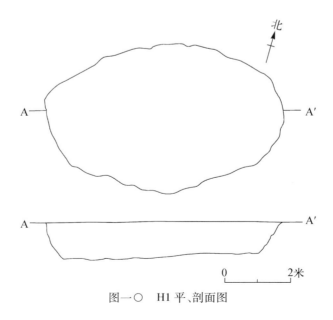

图一〇　H1 平、剖面图

四、出土遗物

发掘出土遗物较少,主要有青花瓷器、陶器及钱币等,共计8件。

(一) 青花瓷器

共计2件,器形有碗和盅。

标本 H1:1　盅。残存一半,敞口,尖圆唇,弧腹,小圈足。口沿外是两道弦纹,腹部底端与圈足衔接处是一道弦纹。弦纹之间(外壁)画花卉、金鱼和水草纹。口沿内亦是两道弦纹。内底绘双圈(内细外粗)。胎体细腻洁白。釉呈青白色,圈足根部不施釉。青花发色深蓝。复原口径6.6厘米,底径2.8厘米,高3.5厘米(图一一)。

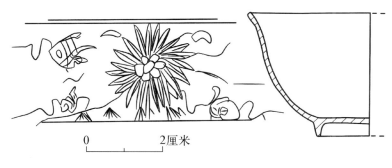

0　　　　2厘米

图一一　青花瓷盅(H1:1)

标本 TG1⑦:1　碗底。内底画一朵花。外底双圈内画一重方框,在方框内画三条横线(上面一条,下面两条)和六条竖线相互垂直。胎体灰白。釉呈青灰色,圈足根部不施釉,外底粘砂。青花发色蓝黑。底径6厘米,残高3.5厘米(图一二)。

(二) 陶器

共计4件,器形有碗、钵和瓶等。

标本 H1:2　碗。残,敞口,圆唇,斜腹,平底。胎质较粗,夹砂。器内外施酱釉。高4.2厘米(图一三)。

标本 TG1⑤:1　钵。残,敛口,卷沿,腹部外凸。胎质较细。内壁施酱釉。外壁不施釉,有数道细弦纹。残高7.7厘米(图一四)。

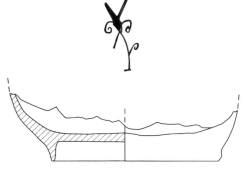

0　　　2厘米

图一二　青花瓷碗底(TG1⑩:1)

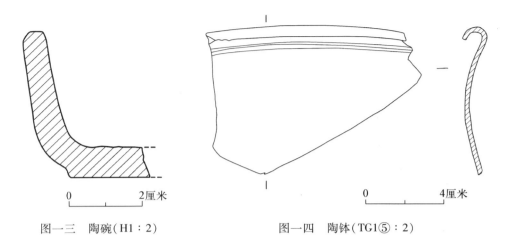

图一三　陶碗(H1:2)　　　　　　图一四　陶钵(TG1⑤:2)

　　标本 TG1⑥:1　瓶。残存口部与上腹部。小口,平沿,尖唇,斜直腹。残高 2.7 厘米(图一五)。

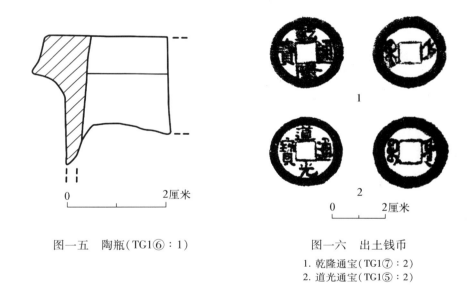

图一五　陶瓶(TG1⑥:1)　　　　　图一六　出土钱币
　　　　　　　　　　　　　　　　　1. 乾隆通宝(TG1⑦:2)
　　　　　　　　　　　　　　　　　2. 道光通宝(TG1⑤:2)

（三）钱币

　　共计 2 枚,分别是乾隆通宝和道光通宝(图一六)。

　　标本 TG1⑦:2　正面书"乾隆通宝",上下直读,楷体。背面满文"宝直"。直径 2.3 厘米,厚 0.1 厘米,方孔边长 0.6 厘米。

　　标本 TG1⑤:2　正面书"道光通宝",上下直读,楷体。背面满文"宝源"。直径 2.3 厘米,厚 0.1 厘米,方孔边长 0.5 厘米。

五、结　语

　　七堡堤工是由土筑堤坝及其北侧的碎石护坡共同组成的一座堤防,有关其名称来源、堆筑时代、特征及与周边其他堤防的关系,笔者在此进行一些初步分析。

(一) 名称来源

　　"七堡"之名称与河兵制度有着密切的关系。明代,运河与黄河堤防的修守皆由沿河军卫所军夫承担。清康熙十六年(1677 年),河督靳辅列举大修事宜八条,其中就有"按里设兵,画堤分守"的建议①。次年,靳辅请设江南河兵八营,专司河工,而罢向所设夫役。三十八年,河督于成龙以岁夫徒滋苦累,奏请设立军队②。并裁徐州所属额设岁夫,改设河兵。至此,清代河兵制最早从康熙十七年(1678 年)出现,于三十八年(1699 年)最终确立。

　　清代河兵制度规定,河道总督所属绿营标兵称为河标,专掌疏浚及堤防维护。标下设营,营下设汛,汛是最基本单位,以千总或把总担任。颜元亮进一步指出,"而河兵受河营和厅、汛双重管辖,堡夫只受厅、汛管"③。

　　河兵布防于黄河与运河两岸,隶属于相应的河道,在各自防区内从事守汛河防之事。根据张鹏翮《治河全书》记载:"清河县黄河北岸,上自桃源县交界骆马营起,下至山阳县交界泗铺沟止;南岸上自桃源县交界吴城起,下至山阳县交界季家浅止。山阳县黄河南岸上自季家浅清河县交界起,下至海口止;北岸上自泗铺沟清河县交界起,至安东县交界颜家河止,下又自安东县交界云梯关起,至海口止。安东县上自北岸颜家河山阳县交界起,下自云梯关山阳县交界止。三县黄河南岸共计程二百六十余里,北岸共计程二百四十余里,分属山清外河、山安河务两同知管辖。山清外河同知所辖黄河,北岸自骆家营起,至泗铺沟止;南岸自吴城起,至陈家社迤下止。其汛五,在北岸曰清河北岸汛,在南岸曰清河南岸汛、山阳外河汛、山阳上河汛、山阳下河汛。……清河南岸汛:自吴城桃源县交界起,至张福口横堤头止,缕堤长三千五百一十丈,康熙三十八年修筑,未

---

①　赵尔巽:《清史稿》卷一百二十六《河渠志一》,中华书局,1976 年,第 3721 页。
②　于成龙疏曰:"江南黄、运两河额设河营兵夫,修防之外,每岁额拨徐属邳州、睢宁、宿迁、桃源、清河、山阳、安东、宝应各州县岁夫共六千九百五十名,协助河兵,共相修防。臣等往来阅视河工,各属士民咸以岁夫苦累,纷纷见告,访闻百姓,每派岁夫一名,终年约费银至二十两,及至到工,非老幼充数,即旋到旋逃。揆厥所由,多系河棍人等包折肥己(己),徒有岁夫故之累,终无岁夫之实,臣等何敢轻议裁减? 若不亟为变通,究无实济,臣等再三筹酌,莫若将徐属等州县岁夫尽行裁免,止于每岁每名量征银五两,编入正项地丁之内,照河银一例,催征起解河工。但岁夫既裁,必须添设战守兵三千三十名,以游击一员、守备二员、千总二员、把总四员管理,当伏秋水发之际,酌量缓急,分拨抢救,即以裁夫银两以充俸饷之用,在小民亦所乐输,在河工亦得实际矣。"参见(清)傅泽洪《行水金鉴》卷五十二,四库全书本。
③　颜元亮:《清代黄河的管理》,载《水利史研究室五十周年学术论文集》,水利水电出版社,1986 年,第 316 页。

竟,四十年重修。"①

又据咸丰《清河县志》记载:"外南厅属黄河工,同知一员,守备一员,管南岸工程。上自桃南龙窝汛高家湾交界起,越清口,下至海防。上河汛界,三岔堤止,缕堤长一万五千二百三十五丈,为汛二。南岸汛巡检一员(马头司),把总一员,协防二员,堡夫二十八名,兵百五十名。自龙窝汛界起,越清口至外河汛界,季家浅止,缕堤五千四十丈。"②

清代宗源瀚在《筹河论》中有具体描述:"至于河兵规制,旧视工之要最为等差,每里设兵或六名或四名或二三名,每兵管堤或三四十丈或五六十丈,每段或二里半或五里建一墩堡,每兵十五名栖宿于是。堤根栽柳务活,堤旁蓄草务茂,辖以参游都守千把。各堡房宜整葺。"③

综合以上资料,现今七堡堤工所在区域在清代属于清河南岸汛的管辖范围(文献中提及"南岸自吴城起,至陈家社迤下止",笔者推测此"陈家社"应该为清代康熙皇帝钉桩筑御坝的"陈家庄",而陈家庄在御坝西侧)。

清代河兵制实行严格的保固制度,基本上是分区责任制,每隔一段距离建一墩堡,雇佣堡夫协同河兵一起巡查河堤。据调查,七堡堤工起于御坝西侧,止于黄河南岸缕堤(文献中记载的吴城缕堤),长约1.6公里,在清代属于七堡的管辖范围(今码头镇仍有头堡村,由此向西分别有二堡、三堡、四堡、五堡、六堡至七堡村,距离约6.7公里,按照每隔二里设一墩堡计算,实际情况与文献记载基本可以吻合),久而久之,人们就将该处堤坝称为"七堡堤工"了。

(二) 堤坝时代

康熙中后期,清口一带的主要问题是黄水的强势倒灌。三十八年(1699年),康熙第三次南巡,命于成龙、徐延玺等人开挖陶庄引河,挑黄河主溜向北。"由于黄河大溜南趋已久,康熙恐新挑引河宣泄不畅,因于清口西坝以西,陈家庄以东亲选一位置,建挑水坝一座"④,乡人称"御坝"。四十年(1701年),在御坝以东至清口西坝之间接筑长四百八十丈五尺的顺水堤。

据清代傅泽洪《行水金鉴》记载:"陈家庄东挑水新坝一座,康熙三十八年圣驾南巡,驻跸于此,相度河势,亲定,方所命筑坝挑黄水北入陶庄引河,不致逼向运口,今土人俱称御坝。四十年建设雁翅一道,又清口西坝亦添筑雁翅,又自挑水坝至西坝筑顺堤长四百八十丈五尺。……自挑水坝尾起至缕堤止撑堤长三百四十六丈。康熙四十一年创筑自陈家

---

① (清)张鹏翮:《治河全书》卷十一,《清河山阳安东三县黄河图说》,天津古籍出版社,2007年,第1191、1192、1195页。
② (清)吴棠等鉴修,鲁一同等纂修,葛以政等点校:《清河县志》卷六《川渎下·工程》,中国文史出版社,2017年,第122页。
③ (清)宗源瀚:《筹河论》,载盛康《皇朝经世文续编》卷一百零八《工政五·河防四》,光绪二十三年武进盛氏思补楼刊本。
④ 王英华:《洪泽湖—清口水利枢纽的形成与演变——兼论明清时期以淮安清口为中心的黄淮运治理》,中国书籍出版社,2008年,第103页。

庄至挑水坝顺水小堰一道,系民筑……"①笔者分析,文献中的"顺水小堰"就是此次勘探与发掘的七堡堤工。查阅康熙四十一年河口图,这道土堰呈东北—西南走向,北临黄河,西南与黄河南岸缕堤相接,东北与御坝及其坝尾土堰斜接,对它们起到了非常有效和重要的支撑作用,减少了黄河由于回流对前述几道堤坝的创伤。

为了进一步抵挡黄水迅猛的冲击,在土筑堤坝北侧历年堆筑碎石,后形成了规模庞大的石工。根据咸丰《清河县志》卷六《川渎》记载:"吴城七堡埽工,嘉庆十一年后历年接建,有碎石土坝八道,道光二十三年建。今按吴城七堡九遇洪湖异涨,均经开放,当即堵闭。其上游兵六堡迤下于道光二十九年六月黄水盛涨拆开口门,以泄黄入湖。其年堵合埽工,见在修守,又兵三堡迤上。乾隆四十四年,河南仪考满溢湖水异涨曾经启放。"②

在发掘顺黄坝遗址时,在埽工前(迎水面)也有规模较大的碎石坦坡("坦坡的修筑是靳辅的一项创造,不仅他自己甚为推崇,还得到康熙皇帝的嘉许,后人据此创筑碎石坦坡"③)。此外,在碎石中还出土了青花瓷片、酱釉瓶、红陶钵及两枚钱币(乾隆通宝和道光通宝)等遗物。

综上,从现今土堤坝至TG1内碎石最南端应该是康熙时期最初堆筑的堤坝本体。之后,由于黄河不断溢涨,人们在迎水面不断培高培厚堤坝,于嘉庆和道光年间继续加筑堤坝并堆筑碎石(参照顺黄坝碎石护坡、出土遗物以及乾隆年间清口一带水势情形,我们推断七堡堤工的碎石坦坡有可能在乾隆时期就已经开始修筑了)。

(三)与其他堤防的关系

从康熙中后期开始,为了进一步防止黄河倒灌淮水与洪泽湖,清口地区的堤防变得日益复杂。根据调查,这一带基本上以御坝为纽带,将临清堤、南岸缕堤、七堡堤工、清口西坝、顺水堤及御坝坝尾土堰很好地串联起来,使得在洪泽湖北侧、清口西北的堤防系统形成一个梯形布局,其稳固性与抵御洪水的能力大大增强。其中,七堡堤工与临清堤组成平行的双重挡水堤,中间的御坝尾缕在某种程度上起到了格堤的作用。在梯形中部位置形成一个面积很大的空地,一方面,如果黄河突然决口,对抢修堤坝能起到争取时间的效果,洪水退去也为"淤滩固堤"留有足够的空间;另一方面还能在此区域发展农业生产。而明远路北侧区域有保护里运河和惠济祠的天妃坝砖石工与卜家汪石工;为堵截新旧陶庄引河而新筑的拦黄坝与顺黄坝,又有在这两道堤坝之间修筑的错综复杂的其他堤坝。这些堤坝在康熙四十一年河口图中有较为清晰的呈现④(图一七、图一八)。

① (清)傅泽洪:《行水金鉴》卷六十《河水》,台湾商务印书馆影印文渊阁四库全书本,1986年,第581册,第54页。
② (清)吴棠等鉴修,鲁一同等纂修,葛以政等点校:《清河县志》卷六《川渎下·工程》,中国文史出版社,2017年。
③ 王英华:《洪泽湖—清口水利枢纽的形成与演变——兼论明清时期以淮安清口为中心的黄淮运治理》,中国书籍出版社,2008年,第103页。
④ 中国文化遗产研究院:《大运河清口枢纽工程遗产调查与研究》,文物出版社,2012年,第203页。"《新绘康熙四十一年河口图》系以《清河县志》所载《康熙四十一年河口图》为底本绘制。原图甚是简略。我们参考历史资料,将一些可以与当地历史相合且能证实的地物适当进行了增加,保持了图面的丰富与平衡"。

图一七　七堡堤工在清口地区的相对位置

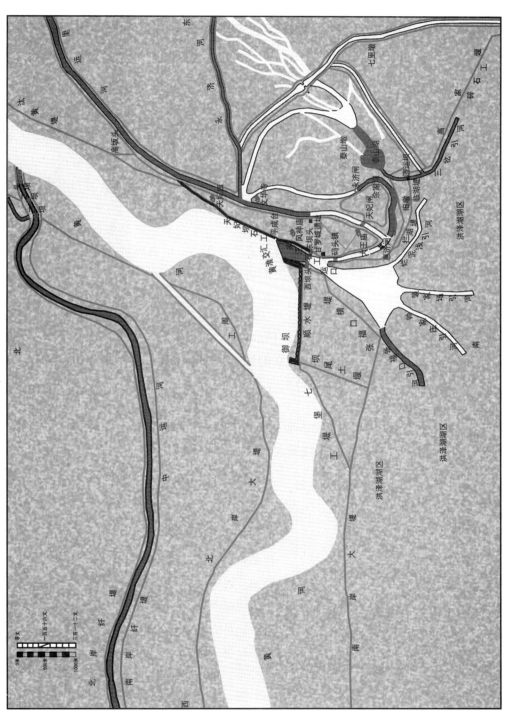

图一八 七堡堤工相对位置（新绘康熙四十一年河口图）

江苏省考古学会文集(2015—2016)

历经康、雍、乾三朝的精心治理,至乾隆五十一年(1786 年)时,清口一带黄淮运的局面为之一新,清口地区的堤防设施已臻完善。黄河南岸缕堤、临清堤与束清坝相互连接,惠济祠西又有固若金汤的天妃坝与卞家汪石工,两者之间形成狭长的通道,南边洪泽湖东侧的高家堰用于"蓄清",然后在通道中达到了"束水"的目的,水流湍急最后在御黄东西坝处"畅出敌黄",最终达到"攻沙"与"刷黄"的目的。

(四)发掘意义

对七堡堤工遗址的工作尚属首次,考古调查使我们摸清了土筑堤坝的历史变迁与保存现状,通过勘探与发掘我们知道了石工的埋藏情况,这些成果对于我们了解堤坝的堆筑过程和方式、碎石护坡的结构、古黄河在清口地区的变迁、古黄河与古淮河和洪泽湖的相互关系等诸多方面都有重要的研究价值。

清口地区错综复杂的堤防体系是逐渐形成的,每一座堤坝也不是孤立存在的,相互之间关系密切。据有关学者研究,如今的小清口遗址就在码头镇御坝村古道庄园内(北距御坝遗址考古发掘点约 200 米,西南距七堡堤工遗址发掘点约 1 公里),七堡堤工所处位置也说明了其在清口地区的重要性。

如今,京杭大运河已经是世界文化遗产,清口水利枢纽遗址无疑是运河遗产上最为耀眼的明珠之一。考古工作只是文化遗产保护的一个方面,像七堡堤工这样的遗产点在整个清口地区还有很多,如何在今后日益迅猛的城镇建设中将这些宝贵的遗产保护与传承下去才是我们文物工作者最重要的使命所在。

本文在写作过程中,得到了淮安市水利局原副总工程师范成泰先生和淮安市博物馆原考古部主任尹增淮先生的指导,在这里表示最诚挚的感谢。

领队:王元林
发掘:孙玉军　王元林　王　剑　尹增淮
　　　胡　兵　祁小东　刘光亮　胡锦文
技工:刘显谋　王军来　刘强利　辛春祥
绘图:胡锦文　赵李博　李艳梅　张华祥
　　　祁小东
摄影:祁小东　胡锦文
执笔:祁小东

理 论 探 讨

考古发掘项目的命名问题探讨

吕春华

江苏省文物局　文保处主任科员、研究馆员

内容提要： 本文以历年来江苏考古项目的申报审批工作为基础，以江苏考古项目为例，分析考古项目的命名原则和特点，并对考古发掘项目的命名提出建议和思考。

关键词： 发掘　名称　命名　探讨

江苏每年申报执照的考古发掘项目近百项，其中小部分是主动性和抢救性考古发掘，大部分是配合基本建设的考古发掘。每项考古发掘的开展首先面临着项目名称的确定，考古项目的命名是开展考古发掘的基础，也是开展后续文物保护、展示工作的起点。因此，命名遗址和墓葬对于考古发掘项目的开展意义重大，能够对文物保护工作产生积极影响。

一、江苏考古发掘中遗址或墓葬的命名方法

目前考古发掘项目申报中，对发掘项目的命名有多种方法，主动性和抢救性考古发掘常常以遗址或墓葬原有名称来命名，这一类占少数。占绝大多数的基本建设考古项目以建设工程的名称+遗址（墓葬）或以工程名称+时代+遗址（墓葬）命名。主动性发掘有很多是配合大遗址保护规划、科学研究、学生实习、文保单位"两线"范围划定、申报世界遗产等工作而开展，要发掘的遗址或墓葬定位明确，如全国重点文物保护单位、省级文物保护单位或市县级文物保护单位，或第三次文物普查点，抑或控制性文物保护单位等，其名称符合遗址或墓葬命名原则，以最小的行政区域名称或自然地名+遗址（墓葬）来命名，如宿迁凤凰墩遗址、常州寺墩遗址、泗洪赵庄遗址、盱眙泗州城遗址等。抢救性考古发掘项目因遗址或墓葬被盗，或在生产建设中突然被发现而申报，名称本身也是确定的遗址或墓葬，与主动性考古发掘相似。配合基本建设的考古项目名称，因建设工程的类型和内容复杂多样，考古发掘项目的名称也是五花八门，如江苏省苏州市唯亭镇轨道交通 5 号线唯亭停车场建设工程工地遗址、江苏省南京市铁路南路市政五期道路建设工程工地墓葬、江苏省常州市红星分区 HX07 编制单元墓地、江苏省南京市下关滨江商务区 05－01、05－10 地块建设工程工地遗址、江苏省常州市青果巷地下综合管网工程工地遗址、江苏省宿迁市湖

滨新区三台山森林公园建设工程工地墓葬、江苏省泰兴市黄桥镇清华园项目建设工程工地墓葬、江苏省徐州市鼓楼区苏宁广场建设工程工地遗址等,从名称上看,不但发掘项目拖沓冗长,而且未明确说明其地理位置、文化内涵,令人匪夷所思。

二、江苏的遗址或墓葬命名特点

一个遗址或墓葬的名称,反映了当地的地理特色、文化传承,每个省都不一样,有其自身特色。江苏地理类型复杂多样,水网密布,有丘陵、山地、江河湖海、平原、湿地等。文化传承源远流长,从旧石器时代的汤山猿人化石地点算起,江苏人类文明的传承绵延几十万年。历史上,多个王朝曾在江苏建都,江苏城址众多,帝王陵墓、诸侯王墓及大型贵族墓葬亦多有发现。此外,江苏人类生活遗存颇为丰富,各时代的聚落遗址数不胜数。

江苏遗址或墓葬的命名,极富水乡地理和文化特色,多以"村"、"墩"、"庄"、"塘"、"城"、"山"、"湾"命名,如张家港东山村遗址、句容城上村遗址、泗洪赵庄遗址、兴化蒋庄遗址、新沂高庄遗址、新沂聂墩遗址、宿迁凤凰墩遗址、昆山朱墓墩遗址、句容孔塘遗址、盱眙泗州城遗址、曲阳城遗址、葛城遗址、苏州木渎古城遗址、连云港孔望山遗址、盱眙大云山汉墓(在墓主身份确定后更名为盱眙大云山江都王墓)、仪征庙山汉墓。其他还有用"桥"、"河"、"嘴"、"井"等字命名,也大多与水有关,如郭嘴遗址、韩井遗址、虞桥遗址、太仓半泾河古船遗址等。

很多遗址或墓葬的命名来源于各类工程建设,究其原因,一是根据工程方的申请文件,或根据行政部门委托对遗址墓葬定名;二是便于区分地块,一个遗址往往被建设项目区分成几个地块建设,考古成为基本建设的一个组成部分,不是根据遗址本身的面积大小来安排考古,而是根据工程建设的需要来开展相应的考古工作;三是便于工程存档管理。以工程建设命名遗址或墓葬,外界只知工程名称,而不见古代原始地名地貌,与古遗址古墓葬性质不符,难以体现文化遗址的主体作用和历史地位。

三、遗址或墓葬定名的科学方法和原则

有关考古遗址或墓葬的命名,20 世纪夏鼐先生在指导中国考古学文化命名时,非常强调国际考古学界的命名惯例,即考古学文化"大多数是以第一次发现的典型的遗迹的小地名命名"。现今,考古学界多以地区或流域命名,如以特征遗物命名、以地名加前后缀命名、以族别命名等方法。这里说的是考古学文化的命名,也适用于单个遗址或墓葬的命名。一个遗址或墓葬可以代表一个考古学文化,如以青莲岗遗址为基础命名的青莲岗文化,但一个考古学文化包含着很多遗址或墓葬。单个遗址或墓葬的定名在日常的考古发掘工作中更为普遍。根据第三次全国文物普查命名遗址的标准,遗址"以最小的行政区域名称或自然地名+遗址来命名",如果在同一最小的行政区域内或自然地名内有多处遗

址,则在遗址后加方位予以区别。古遗址中的古城址、历史设置或名称明确者可用原名,如泗州城遗址、曲阳城遗址、葛城遗址、项王城遗址。类别或性质特殊的遗址,可用"最小的行政区域名称或自然地名+类别(性质)+遗址"来命名,如泰州市海陵区稻河古井群遗址、南京市大报恩寺水井遗址等。古墓葬定名:墓主人明确的古墓葬(墓葬群),以"墓主人姓名(或家族称谓)+墓葬(墓葬群)"命名,如江苏盱眙大云山江都王陵墓、徐州汉楚王墓群。墓主人不明确的,以"最小的行政区域名称或自然地名+墓(墓群)"来命名,如江苏省镇江市润州区金家湾墓地、江苏省盱眙县官滩镇大孟庄墓地。综上所述,无论是考古学文化,还是单独的遗址或墓葬,都须遵守以上的定名原则和方法,使用"小地名命名"的方法。

四、有关遗址或墓葬定名的思考

1. 加强前期主动性考古调查研究,了解遗址或墓葬的分布范围和内涵布局,不至于在配合工程建设考古发掘时对遗址和墓葬的判断迷失方向。

2. 前期调查勘探及文献查阅是遗址或墓葬命名的基础。深入调查所发掘地区的地形地貌,了解建设地块的历史渊源,尤其要了解当地古地名、原始地貌,以方便命名。而不是就事论事,被工程牵着鼻子走。以最小地名命名遗址或墓葬的原则不能改变,可以括号的形式说明所建工程名称,以备存档;而这个最小地名如河流流域或村庄名称、老的道路名称,如果能找到土地改造前的旧地图或早期的军用地图,是可以确定当地的历史地名或原始地貌的。很多以工程命名的遗址经发掘证实后改为以最小地名命名,如江苏省常州市红星分区 HX07 编制单元墓地经发掘论证后定名为"黄良浜遗址"、太仓市樊泾河北延沟通工程抢救性发掘更名为"太仓樊村泾元代遗址",太湖湾明代墓葬陵园经论证后被定名为"钱一本陵园遗址"。

3. 在编写结项报告、考古简报或报告时,均使用约定俗成的遗址墓葬规范命名,以体现文化遗址的自身特色和价值。

好的名字饱含着历史信息,反映了历史文脉的延续,不好的名字就是个随意敷衍的代号,是很多工程建设的附属品,是攀附在工程建设这棵大树上的菟丝花,没有个性,没有生命力,随工程建设开展而来,亦随工程建设结束而亡,不能留下长远的印迹。对于源远流长的文化遗址来说,以工程建设命名是对文化遗址的歧视和侮辱。因此,让遗址或墓葬的命名活起来,赋予其永久的生命力,体现其地域特色、文化特色,是我们每一个考古人必须面对的工作。

探方发掘法在中国的实践

何文竞

苏州市考古研究所　助理馆员

内容提要： 田野考古发掘方法在我国大致经历了三个阶段——1929 年以前的探索期、1929 年至 1954 年的探沟法期以及 1954 年之后的"惠勒方格"法期。之所以会形成这三个阶段，有考古学科自身发展的内在原因，也有社会环境和政治背景的外部原因。

关键词： 惠勒方格　探沟　考古发掘

近代科学考古的发展是与发掘方法的进步密不可分的，西方大体经历了探沟发掘法、"惠勒方格"法和现代比较流行的系统考古单元(context)发掘法这三个阶段。而在我国，因为"惠勒方格"法操作的便易性和获取资料的科学性，其仍是现在田野考古工作方法的主流。同时系统考古单元发掘法正逐渐被广大的田野工作者接受。本文旨在梳理遗址发掘的方法在我国田野考古工作中的实践，并从这个角度讨论我国田野考古发掘技术和理念的发展历程。

一、探索期(1929 年以前)

20 世纪 30 年代之前，探沟、探方①和探坑②的考古发掘法在西方和日本都已出现。但对于遗址而言比较常规的发掘方法是开探沟。比如伦纳德·伍利(Charles Leonard Woolley，另译为吴理)20 世纪 20 年代在埃及和两河流域的一系列发掘就是主要以"掘壕"的方式进行的③。前苏联在 1934 年以前进行的遗址发掘多是采用探沟法④。当然，为了堆土方便，皮特里常用的顺掘法(turning-over method)也很流行，A、B、C 为发掘区平面图，田野工作时先发掘 A 区，将土堆在 P 区，A 区发掘结束后，发掘 B 区时，便将土直接堆在 A

---

① 这时的探方一般是独立发掘的方坑，不留隔梁和关键柱。
② 探坑主要是在没有发掘地背景资料的情况下使用，一般只有 1 米见方，前苏联从 1934 年开始在特黎波里居址使用"探锥"(类似我国的探铲)，我国从 20 世纪 50 年代初开始将"洛阳铲"广泛运用于考古勘探，探坑法基本被淘汰。
③ 胡肇椿译：《考古发掘方法论》，商务印书馆，1935 年，第 29 页。
④ T·C·帕谢克：《特黎波里居址的田野考查方法》，《考古通讯》1956 年第 5 期。

区,以此类推①(图一,1)。在坡度较大的区域发掘时则采用"阶段掘"的方法(图一,2),即先发掘 a1、b1、c1……,再发掘 a2、b2、c2……,这样做最主要的原因是防止塌方,保障安全②。但无论是采用上述哪种发掘方法,从 19 世纪末开始,科学的考古发掘都已经运用了地层学的方法控制地层。

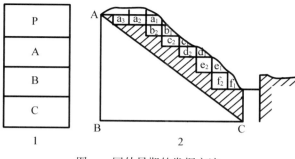

图一　国外早期的发掘方法
1. 顺掘法
2."阶段掘"方法(大正九年十月朝鲜金海贝冢发掘图例)

20 世纪 20 年代初,近代科学考古传入我国。至 20 年代,我国田野考古开始起步,这段时间无论是外国发掘者还是本土学者进行的考古发掘都还没有步入正轨。当时的一些外国发掘者应该主要是用开探沟的方法进行发掘,比如安特生 1923 年在辽宁锦西砂锅屯的发掘分别开了 20 米和 10 米长的探沟③。

李济先生是我国公认的"考古学之父",先生 1926 年在山西夏县西阴村"灰土岭"的发掘是被认为是国人独立进行科学考古实践的开山之作。因地势倾斜,李济共开了 8 个比较完整的 2×2 米和 4 个不完整的"方"。以水平层为主兼顾土色变化的方法(即"披葱法")进行发掘。李济在发掘小"方"时主要是"依次递进"发掘各个探方,必要的时候他已经注意到根据"土层变换"适当地调整发掘次序。但这种小探方"不是一个控制、记录发掘过程的基本单位,而是为了出土方便在一个大探坑中临时划分的小发掘区域"④。最值得注意的是李济在发掘过程中各"方"交界的位置都留着"土尖"作为最后研究土层变化的材料⑤。根据清华学校研究院 1927 年版《西阴村的史前遗存》一书以及《东方珍品》(Orientations)杂志《李济——中国考古学之父》一文中保存的照片来看,这些"土尖"应该是截面呈矩形、顶端为近锥形的土柱,也就是后来关键柱的雏形(图二)。在当时来说应该是非常先进的发掘方法了。很可惜的是这种做法并没有被中研院史语所在殷墟、城子崖等地的发掘中延续下来。

另外,1928 年我国传统金石学学者董作宾先生尝试进行了对殷墟的第一次发掘,董作宾主要的目标是寻找甲骨,他先后使用了"轮廓求法"、"集中求法"、"打探求法"等进行发掘。1928 年 10 月 13 日至 30 日董作宾共开坑 40 个⑥,这些坑多数宽 0.6—0.9 米,长

---

① 俞剑华译:《考古学通论》,商务印书馆,1931 年,第 51 页。
② 滨田耕作:《通论考古学》,大镫阁,1922 年,第 103 页。
③ 陈星灿:《中国史前考古学史研究 1895—1949》,生活·读书·新知三联书店,1997 年,第 141 页。
④ 张海:《中国考古学的殷墟传统——早年安阳殷墟的发掘与研究》,《古代文明》第 4 卷,2005 年。
⑤ 李济:《李济文集》,上海人民出版社,2006 年,第 171、172 页。
⑥ 陈洪波:《史语所的实践与中国科学考古学的兴起 1928—1949》,复旦大学 2008 年博士学位论文。

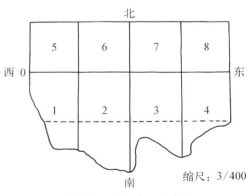

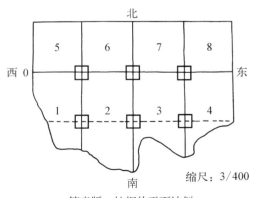

第壹版　挖掘的平面计划　　　　　　　　　　第壹版　挖掘的平面计划

0=起点　　　　　　　　　　　　　　　　　　0=起点

1，2，3……7，8=各"方"的号目　　　　　　　1，2，3……7，8=各"方"的号目

图二　李济在西阴村保留的"土尖"照片（上图）、位置图（下图）

1.8—3米不等,没有统一的规划①。因为董作宾没有接受过专业的考古训练,所以无论是工作方法还是研究目的,这次发掘都还称不上是科学考古发掘。1929年春,由李济先生主持的殷墟第二次发掘是一个转折点,当时李先生的发掘单位是纵、横、斜坑,虽然各发掘单位并不规整,但基本都是以探沟的方式进行发掘,开启了之后在我国长达25年的"探沟法考古发掘时代"。

二、"探沟"期(1929—1954年)

自1929年中研院史语所在殷墟进行的第三次发掘至1954年秋半坡遗址第一次发掘的这20多年的时间里,开探沟成为我国发掘遗址的主流方法(图三)。如果在开探沟时发现遗迹单位便通过开与之垂直的"支坑"来寻找遗迹单位的范围。殷墟的第二至第十二次发掘基本都是运用探沟法进行发掘工作的②。

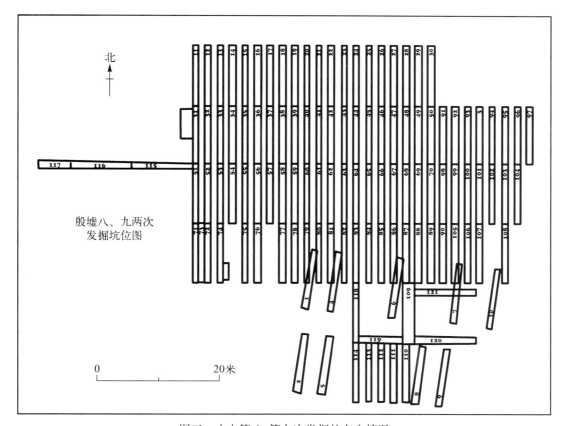

图三　小屯第八、第九次发掘的布方情况

---

① 张海:《中国考古学的殷墟传统——早年安阳殷墟的发掘与研究》,《古代文明》第4卷,2005年。
② 张海:《中国考古学的殷墟传统——早年安阳殷墟的发掘与研究》,《古代文明》第4卷,2005年。

1930 年李济先生在城子崖第一次发掘中使用"十"字形探沟，1931 年梁思永先生领导的城子崖第二次发掘也是使用探沟法，他将遗址分成 A、B、C、D 四个区，共布设了 45 条探沟①。开始的几年所开的探沟长宽并不统一，至 1931 年殷墟第四次发掘之后，10×1 米被确定为一个标准探沟的尺寸。1936 年秋李景聃先生在造律台等处的发掘基本上沿用了这样的方法（造律台遗址开 10×1 米的探沟 12 条，黑孤堆遗址开 10×1 米的探沟 5 条，曹桥遗址开 10×1 米和 5×1 米的探沟各两条）②。

这一时期学者们也没有完全拘泥于开 10×1 米的探沟的方法，一些学者会根据实际情况对开方大小做出相应的调整。殷墟的第十三次至第十五次发掘便尝试开了一些连续的大探方，但是当时使用探方的主要目的只是为了标记出土物坐标方便③，没有证据显示发掘时保留了隔梁或者关键柱。1945 年 4 月底夏鼐先生发掘了甘肃临洮寺洼遗址，根据实际情况需要他当时在 A 区开了一条长 19 米、宽 3 米的探沟，在 B 区发掘了一条长 4 米、宽 2 米的探沟④。

史语所田野发掘开探沟的传统一直延续到 20 世纪 50 年代初期。1950 年春郭宝钧在洹北武官村开探方四个⑤、探沟四条、探洞两百多个（图四）⑥。1951 年夏鼐主持的河南成皋广武区点军台和青台的发掘工作，用的是 30 米长的探

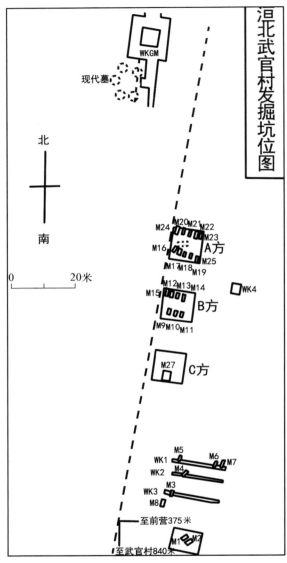

图四　洹北武官村发掘坑位图

① 张海：《中国考古学的殷墟传统——早年安阳殷墟的发掘与研究》，《古代文明》第 4 卷，2005 年。
② 李景聃：《豫东商邱永城调查及造律台黑孤堆曹桥三处小发掘》，《田野考古报告》第二册，1947 年。
③ 陈存恭等：《石璋如先生访问记录》，中研院近代史研究所，2002 年。
④ 夏鼐：《临洮寺洼山发掘记》，《中国考古学报》第四册，1949 年。
⑤ 这四个探方是相互独立的，彼此之间没有关联，还不是后来的"惠勒方格"法。
⑥ 郭宝钧：《一九五〇年春殷墟发掘报告》，《中国考古学报》第五册，1951 年。

沟①。1951年6月在河南渑池的史前遗址的发掘中夏鼐先生仍然是用开探沟的方法,分别开了一条20×2米和一条10×2米的探沟②。1952年由中央文化部社会文化事业管理局、中国科学院考古研究所和北京大学合办的第一届考古工作人员培训班在10月21日至11月25日分队到郑州和洛阳两地实习,在郑州二里冈共开探沟四条,尺寸并不完全相同,其中1号沟最大,共分为十段,总面积168.5平方米。其他探沟分成两段或四段,面积都在40平方米左右(表一)③。培训班在洛阳时,遗址的发掘也是以探沟的方式进行的,比如泰山庙区51号坑即是南北长10米、东西宽2米的探沟④。

表一 1952年秋季郑州二里冈发掘开探沟情况⑤

探沟号	长	宽	探沟号	长	宽
1	20	2	2A	10	2
1A	9	3	2B	10	2
1B	5	2	3A	5	2
1C	5	2	3B	5	2
1D	6	2	3C	5	2
1E	6	2	3D	6	2
1F	7	3	3E	4	1
1F(附)	2	2	4A	5	2
1G	5.5	1.5	4B	5	2
1H	7	1.5	4C	5	2
1I	5	1.5	4D	5	2

20世纪50年代初,曾昭燏曾在南京大学讲授"考古学通论"并为之编写讲义,讲义在"试掘"一节中主要讲的是探沟法,"正式发掘"一节中提到了"顺滚法、台阶式顺滚法、全揭法、四分法以及散坑法"五种发掘方法,其中"顺滚法"和"台阶式顺滚法"也是探沟法,曾昭燏并没有提及探方发掘法⑥。可见在50年代初期,曾昭燏对探方法应该也不太了解。

三、"全面发掘,小方揭露"(惠勒方格)期(1954年至今)

采用"大面积揭露,小探方发掘"并保留隔梁和关键柱作为控制地层的手段来发掘遗

① 考古研究所河南调查团:《河南成皋广武区考古纪略》,《科学通报》1951年第7期。
② 考古研究所河南省调查团:《河南渑池的史前遗址》,《科学通报》1951年第9期。
③ 安志敏:《一九五二年秋季郑州二里冈发掘记》,《考古学报》第八册,1954年。
④ 郭宝钧、林寿晋:《一九五二年秋季洛阳东郊发掘报告》,《考古学报》第九册,1955年。
⑤ 安志敏:《一九五二年秋季二里冈发掘记》,《考古学报》1954年第2期。
⑥ 南京博物院编:《曾昭燏文集·考古卷》,文物出版社,2009年,第318、319页。

址的发掘方法是现代田野考古学走向成熟的标志之一。这种被称为"惠勒方格"（Wheeler-Kenyon System）①的发掘方法在英国使用了近四十年的时间，直到 20 世纪 60 年代才逐渐被系统考古单元（context）发掘法取代，一般发掘过程中不再留隔梁和关键柱②。法国则在 20 世纪 80 年代前仍在使用"惠勒方格"法进行田野发掘工作③。而在其他一些国家和地区（包括中国在内）"惠勒方格"法一直沿用至今。

20 世纪 30 年代中期前苏联已经开始使用"大面积揭露，小探方发掘"的方法展开考古发掘工作④。从 50 年代初开始苏联考古学界对我国产生巨大影响，1950 年三四月间前苏联考古学家吉谢列夫来到中国，在北京、上海等地做了介绍前苏联考古学的演讲⑤。又参观当年殷墟的发掘工地，并与郭宝钧等人交流发掘经验⑥，在我国学术界引起广泛的讨论。1950 年至 1954 年《科学通报》经常会对前苏联的考古工作情况做一些报道。但是这段时间前苏联考古对我国的影响主要还停留在理论层面，如前文所述，我国对于遗址的田野工作还是以开探沟的方法为主。

至 50 年代中期，受到"左倾"思潮的影响，部分考古工作者认为"（前苏联使用的）大面积发掘是全面观察、研究遗址的文化面貌的唯一的科学方法。资产阶级发掘方法企图在较大的面积上用少数的探沟来研究遗址的文化全部，片面地、孤立地解释和处理了遗物和遗迹，得出与事实相反的错误结论"⑦。因此一些学者开始教条地认为开探沟就是资本主义的发掘方法。很快我国考古学界普遍接受了这种观点，认为"全面发掘，小方揭露"才是真正科学的发掘方法⑧。1954 年 9 月，夏鼐著文批评"（当时我国田野考古对遗址的发掘）只挖几道探沟，对遗址的了解不够全面，许多现象易被忽略过去"⑨。虽然武断地将探方法和探沟法上升到姓资姓社的高度显然是过于偏激的，但客观上确实促进了探方发掘法在我国的普及。因此，自"1954 年秋季起全国各发掘工地上先后出现了 4×4 米、5×5 米、6×6 米、5×10 米、10×10 米的探方"⑩。探方发掘法随即成为田野考古发掘的主流方法。但这并不意味着探沟法被完全淘汰，学术界很快就对盲目批评探沟法进行了反思，认为"如果所掘的不是成片的地区，而只是为了一个剖面而作的狭长地区，那仍是要采用探沟法"⑪。

20 世纪 50 年代中后期虽然探方发掘法已经成为主流，一般探方会在发掘过程中保

① 莫蒂默·惠勒（Mortimer Wheeler）使用网格（grid）的布方和发掘方法，后来被他的女弟子凯瑟琳·凯里扬（Kathleen Kenyon）进一步发展为标准的 5×5 米的小探方，并保留 1 米宽的隔梁和 1×1 米的关键柱。因此这种方法又被称为 Wheeler-Kenyon System。引自网络 http://www.thefullwiki.org/Wheeler-Kenyon_method。
② 李浪林：《英国考古的政策、管理和操作》，《华夏考古》2002 年第 1 期。
③ 丁兰：《当代法国田野考古发掘方法与技术》，《华夏考古》2006 年第 4 期。
④ T·C·帕谢克：《特黎波里居址的田野查看方法》，《考古通讯》1956 年第 5 期。
⑤ 《苏联考古学权威吉谢列夫博士来我国讲学》，《文物参考资料》1950 年第 6 期。
⑥ 郭宝钧：《一九五〇年春殷墟发掘报告》，《中国考古学报》第四册，1951 年。
⑦ 张云鹏：《由湖北石家河遗址发掘方法的主要错误谈学习苏联先进经验》，《考古通讯》1956 年第 3 期。
⑧ 张云鹏：《由湖北石家河遗址发掘方法的主要错误谈学习苏联先进经验》，《考古通讯》1956 年第 3 期。
⑨ 夏鼐：《清理发掘和考古研究——全国基建中出土文物展览会参观记》，《文物参考资料》1954 年第 9 期。
⑩ 张云鹏：《由湖北石家河遗址发掘方法的主要错误谈学习苏联先进经验》，《考古通讯》1956 年第 3 期。
⑪ 中国科学院考古研究所编：《考古学基础》，科学出版社，1958 年。

留40厘米至1米宽的隔梁,并在各探方相交的角落保留关键柱①,但是当时没有一个统一的开方标准,探方发掘法仍在探索之中。这一时期全国的考古工地渐渐出现了三种布方方案。

1. 每个探方隔梁各占一半,关键柱各占四分之一(图五,左图)。这种布方方法在20世纪50年代中后期比较流行,如黄河水库考古工作队1957年春在三里桥工地就是这样布方的②。这种探方在"打"隔梁和关键柱时要将分属各探方的部分分开处理,比较繁琐,因此在考古工作者的实践中逐渐被淘汰。

2. 隔梁、关键柱均属一个探方(图五,右图),也就是现在最流行的布方方法。从笔者目前找到的资料来看,首先使用这种方法的应该是50年代中后期中国科学院考古研究所洛阳发掘队。当时有学者认为这样布方"有一个显著的缺点,木桩在发掘过程中易移动位置"③。但由于这样布方简单、易行、美观,经过实践的检验,在后来的考古工作中被大家广泛接受。

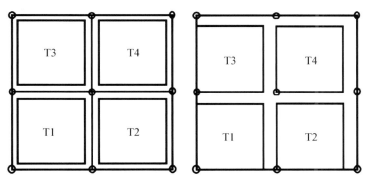

图五 两种不同的布方方法(根据徐殿魁
《开探方的小经验》插图改绘)

3. 隔梁归入一个探方,关键柱各占四分之一(图六)。这种布局的探方最早见于石兴邦先生1956年发表于《考古通讯》的《略谈新石器时代晚期居住遗址的发掘》一文④。1958年由科学出版社出版的中国科学院考古研究所工作人员业务学习教材——《考古学基础》引用了这种布方方法⑤。至1982年中国社会科学院考古研究所编写了《考古工作手册》,其中由石兴邦先生执笔的第一部分"田野考古法——调查、发掘与整理"仍然沿用了这种布方方案⑥。因此这种方法在田野考古发掘中具有一定的影响力。

① 严文明:《考古遗址的发掘方法》,《考古学研究(二)》,北京大学出版社,1994年。
② 徐殿魁:《开探方的小经验》,《考古通讯》1958年第5期。
③ 徐殿魁:《开探方的小经验》,《考古通讯》1958年第5期。
④ 石兴邦:《略谈新石器时代晚期居住遗址的发掘》,《考古通讯》1956年第5期。
⑤ 徐殿魁:《开探方的小经验》,《考古通讯》1958年第5期。
⑥ 中国社会科学院考古研究所编:《考古工作手册》,文物出版社,1982年。

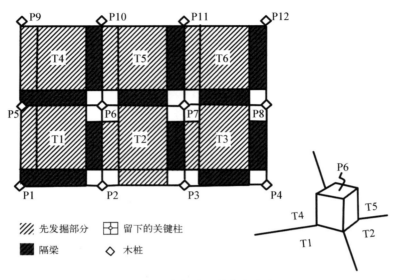

图六　石兴邦先生的布方方案

四、小　　结

考古学是一门近代科学,西方也要到20世纪四五十年代才逐渐建立起一套比较科学、完善的田野工作体系。而我国田野考古学虽然起步晚,但仅从田野发掘技术和方法来看起点还是比较高的。比如1926年李济在西阴村的发掘时将发掘区分成12个小探方,发掘过程中保留"土尖"(关键柱)的做法,即使是放在当时的西方也是非常先进的。20年代末至30年代中后期史语所考古组在殷墟和城子崖等地使用的探沟和大探方发掘法也不落后于西方。至50年代中期积极学习前苏联的先进经验对遗址采取大面积揭露的方法,从取得的效果来看也是可圈可点的。但六七十年代受政治环境的影响,我国田野发掘技术和考古学术研究基本都处在停滞的状态中。而此时的西方考古学界对遗址发掘理念的进步在其他先进科学技术手段的推动下完成了一次飞跃——系统考古单元(context)发掘法渐渐取代"惠勒方格"法成为主流。

随着80年代中后期与西方考古学界联系的加强,系统考古单元(context)发掘法被介绍到国内。因为记录手段,特别是测量技术的进步,系统考古单元发掘法近些年正被我国广大的田野工作者接受并运用到实践之中①。相信系统考古单元发掘法与传统探方发掘法的结合应该是我国未来田野工作发展的方向。

---

① 　霍东峰、陈醉:《"全面揭露发掘法"与"探方揭露发掘法"评议》,《考古》2015年第11期。

五、余　　论

　　有学者认为,1936 年夏鼐先生曾跟随惠勒教授在英格兰坦彻斯特地区梅登堡(Maiden Castle)遗址参加发掘,惠勒使用小探方并保留隔梁和关键柱来显示地层堆积情况,后来夏先生将这套发掘方法带回中国①。但从现在了解到的资料来看,这种看法可能不完全正确。因为笔者并没有找到夏鼐在 40 年代到 50 年代初期使用"惠勒方格"法主持发掘的资料,反倒是这期间由夏鼐主持的几次考古发掘基本都是用开探沟的方法进行工作。例如,1945 年 4 月底夏鼐先生发掘了甘肃临洮寺洼遗址,当时在 A 区开了一条 19×3 米的探沟,在 B 区发掘了一条 4×2 米的探沟②。1951 年夏鼐主持的河南成皋广武区点军台和青台的发掘工作用的是 30 米长的探沟③。1951 年 6 月在河南渑池的史前遗址的发掘中夏鼐先生仍然采用开探沟的方法,分别开了一条长 20、宽 2 米和一条长 10、宽 2 米的探沟④。

　　从笔者收集的资料来看,石兴邦先生主持的半坡遗址应该是我国最早使用惠勒方格法发掘遗址的事例。王仲殊先生曾称"(1954 年底的半坡遗址第一次发掘)为大面积揭露新石器时代遗址开创了良好的先例"⑤。张忠培先生也提到"新石器时代考古中以揭示聚落为目标而采用探方法发掘始于 1954—1957 年的半坡的工作"⑥。半坡遗址建成博物馆后还有少量关键柱被保留下来⑦。可见"全面发掘,小方揭露"发掘法(即"惠勒方格"法)应该是受前苏联影响为主,以夏鼐为代表的中国考古学界主要领导人的正确引导和以石兴邦为代表的一线田野考古工作者付诸实践,这几方面的综合原因才在较短的时间内被学界广泛接受和使用的。

---

① 姜波:《夏鼐先生的学术思想》,《华夏考古》2003 年第 1 期。
② 夏鼐:《临洮寺洼山发掘记》,《中国考古学报》第四册,1949 年。
③ 考古研究所河南调查团:《河南成皋广武区考古纪略》,《科学通报》1951 年第 7 期。
④ 考古研究所河南省调查团:《河南渑池的史前遗址》,《科学通报》1951 年第 9 期。
⑤ 王仲殊:《夏鼐先生传略》,《考古》1985 年第 8 期。
⑥ 张忠培:《20 世纪后半期中国新石器时代考古的历程》,《文物季刊》1999 年第 3 期。
⑦ 严文明:《考古遗址的发掘方法》,《考古学研究(二)》,北京大学出版社,1994 年。

海洋考古理论与江苏实践

张　敏

扬州市文物考古研究所　助理馆员

内容提要：海洋考古学是对古代人类海洋活动后留存的文化遗产的调查、发掘和研究。与陆地考古学一样，海洋考古学是一门多学科交叉的新兴学科，其关注海洋交通、海洋技术、海洋活动之物质文化遗存的调查与历史复原。海洋物质文化遗存的内涵非常广泛、多样，可以是古代沉船，也可以是拦潮坝、捕鱼工具、港口、海防建设、海滨聚落、淹没地等各种不同的人类文化遗存。水下考古作为海洋考古所特有的技术手段，在海洋考古中发挥着不可替代的作用。又因水下环境的特殊性，水下考古工作的开展有一套自身的组织实施方法。本文通过概述海洋考古和水下考古相关理论、技术规范，结合近期开展的江苏水下文化遗产工作，对江苏海洋（水下）文化遗产进行初步探讨。

关键词：海洋考古　江苏　水下文化遗产　实践

我国海岸线长达 1.8 万公里，管辖海域面积 300 万平方公里。先民们在东南沿海创造了丰富的海洋文化，给我们留下了重要的文化遗产。他们在与海洋长期互动的过程中总结出"水密隔舱板"、"船行八面风"、"指南针法"、"过洋牵星"等造船与航行技术，创造出与航海活动密切相关的龙王、妈祖、临水夫人等海神信仰，航海者的远行形成了一个跨越地区的海神信仰文化圈。在构建广泛联系的航线网络与海洋社会经济体系上先后形成了合浦、广州、扬州、泉州、明州等一串沟通四洋的商业聚落，促成了以中国为中心，太平洋西岸和印度洋诸番广泛参与的"环中国海"世界海洋商贸网络。自汉唐以来兴衰更替但从未间断的海上交通成为中外经济文化交流的大动脉，这条航线相对于路上沟通西方的丝绸之路被称为"海上丝绸之路"、"陶瓷之路"、"香料之路"、"茶叶之路"等。这一经济带所创造出的发达的物质文化和多样的精神文化是中华文明的重要组成部分，是构成中国文明"多元一体"格局中不可替代的一极。而作为通过对人类的物质遗存进行研究以复原古代人类社会的考古学则可视作海洋文化的天然研究者。随着学科的细化发展，海洋考古学自然成为研究海洋文化遗产的专门学科。

一、什么是海洋考古学

海洋考古与陆地考古在根本目标上是一致的。但鉴于海洋环境形成的特殊性，在研究理论、研究内涵、技术手段上有自身的特性,下文将从此三方面作一简述。

(一)海洋考古研究的理论基础

虽然海洋考古的不同领域内涵差别很大,但以海洋为基础的生计、贸易、手工业、防卫、开发、交通等方面的研究是其共同特征①。英国海洋考古学者基思·麦克洛利(Keith Muckelroy)在其著作《海洋考古学》中就指出"海洋考古学是对人类在海上活动物质文化遗存的科学研究。她涉及海洋文化的所有方面,不仅仅意味着船舶等航海技术的遗存"②,有学者将水下考古学作为指导海洋(水下)考古学的理论。日本学者小江庆雄先生对水下考古学的解释是"以水底的资料为研究对象,运用考古学所特有的观点和研究方法作为认识问题的手段并使其发挥应有的作用……除了古代的沉船、沉没的货物、贸易、航线之外,沉没的城市、建筑及港湾设施,甚至被人们作为圣地的水域中的祭品都是水下考古学调查研究的对象"。西澳大利亚海洋博物馆馆长、东南亚与大洋洲海洋考古的开创者吉米·格林(Jeremy Green)在《海洋考古:技术手册》中指出:"陆地上发现的古代沉船虽不出于海洋环境,也不属于水下考古,但却无疑属于航海或海洋考古学。"美国《历史考古学百科全书》则认为"海洋考古学是多学科交叉中的一门新兴学科,关注海洋交通、海洋技术、海洋活动之物质文化遗存的调查与历史复原。海洋物质文化遗存的内涵非常广泛、多样,可以是古代沉船,也可以是拦潮坝、捕鱼工具、港口、海防建设、海滨聚落、淹没地等各种不同的人类文化遗存。不像航海考古学家仅仅关心船舶的形态、建造与使用技术,海洋考古学家对海洋活动的各方面予以全面的考察,也由于它的系统性,海洋考古学不仅仅是'水下考古'的代名词。"

海洋考古学是对古代人类海洋活动后留存的文化遗存的调查、发掘、研究,在人类的古史重建中扮演重要角色。南安普顿大学考古学部海洋考古中心的乔纳森·亚当斯(Jonathan Adams)在《作为考古学研究资源的船舶》一书中对于海洋考古学的意义有一个较为直观的阐释:"很多具有固有价值的船舶依然可以为考古学所用。在同样的环境因素中,失事船只能保存平稳的序列,这需要非凡的条件,同样也是非常偶然的现象,特别是对于融合进海床、湖床、河床的厌氧沉积环境中的文化材料。许多学者也特别强调:保存在干燥环境中的遗迹与保存在潮湿环境中的遗迹是不同的,尤其是有机材料能在潮湿环境中保存得更为完好,这点使人惊讶不已。这种特殊的水下保存方式重要的意外收获是:在水下被发现的材料常常可以与陆地遗址发现的材料互补,因此对综合研究陆地与水下资料相关的地点问题具有重要的意义。"

(二)海洋考古学的研究内涵

海洋文化相对于大陆性文化,是人类在海洋活动中所创造的凌驾于海洋自然环境

---

① Charles E.Oser(ed.). *Encyclopedia of Historical Archaeology*. Taylor & Francis Group ,2002.
② Keith Muckelroy. "Maritime Archaeology".In *New Studies in Archaeology*. Cambridge ,1978.

之上的一个新的、派生的环境,主要研究对象是海洋活动的工具,如船舶、港口、码头、栈桥等,以及文化结果,如反映不同区域间文化海路交流的贸易或宗教物品、海路殖民等。海洋文化研究不仅局限于考古学、历史学、社会人类学这些人文研究的主体学科,还涉及海洋学等自然科学,生产、贸易学等经济科学,船舶、建筑、航海等工程科学内容。作为研究海洋文化的分支学科之一,海洋考古仅涉及古代人类海洋文化的遗存部分,如古代船舶遗存及其所体现的造船、行船技术,港口与码头遗迹及其所体现的航海文化、技术,古外销物品、舶来品及其所体现的海上文化交流等。因此,海洋考古学的学术领域也是多方面、多层次的,不同于历史学、社会人类学等学科在海洋文化研究中的作为。

　　人类的海洋活动是多方面的,除了直接的航海活动外,还包括沿海居民间接的海洋文化活动;由于海陆变迁等原因,人类的海洋文化遗存不仅发现于水下,还见于陆上。正因此,海洋考古所包含的相关研究领域就需要一个较为清晰的概念进行界定。就目前海洋考古的学科内涵来看主要包括研究人类历史上航海活动之遗存的航海考古(Nautical Archaeology),也包括船舶考古、海港考古等重要领域;调查、发掘、研究历史上各类船舶实物及相关的遗存,复原古代船舶形态、造船技术及船货物质文化发展史的船舶考古(Boat Archaeology),包括不同埋藏环境(水下、淤积陆地等)中的沉船、船货、用具等遗存;对古代港口、码头、锚地等泊船设施及相关遗迹的调查、发掘与研究的海港考古;对海洋性聚落的考古发现与研究;以及对海岸沿线线性海防遗址的调查研究。

(三) 海洋考古(水下考古)的技术手段

　　海洋考古学和考古学一样萌生于近代欧洲。在诞生之初,受制于技术装备水平,考古学者很难深入到水下去从事考古学调查。直到 20 世纪 40 年代法国海军军官库斯托发明了水肺后,潜水技术壁垒逐渐消失,考古学家也得以亲手触摸埋藏在海底的那些文化遗产。不过潜水员的沉船及船货打捞并不能算作真正意义上的海洋考古。在近代考古学在欧洲形成后,考古学家们将相关理念引入海洋。1960 年美国宾夕法尼亚大学的乔治·巴斯(George Bass)在土耳其格里多亚角(Cape Gelidonya)海域开创性地将考古学测绘、记录技术用于雅典时代的沉船遗址调查、发掘,标志着水下考古技术的诞生。从此海洋考古以及水下考古工作在世界各国陆续开展。

1. 我国水下考古的诞生

　　我国有着广阔的海域面积、丰富的水下文化遗产资源,但最早开始的海洋考古却是在陆地上进行的。建国后,一些沿海省份陆续发现了因海陆变迁而淤积在陆地上的古代沉船,如福建泉州后渚港的宋代海船、浙江宁波东门口的宋元海船、上海嘉定和南汇的两处宋船、扬州施桥镇发现的唐代大型木船与独木舟等。但受制于水下考古技术在国内的空白和资金的匮乏,尽管老一辈考古学家夏鼐先生早在"文革"时期就曾试图在西沙开展水下文物的调查,但未能成功,所以我国的考古学一直未能从陆地走向海洋。1985 年,英国职业捞宝人米歇尔·哈彻(Michael Hartcher)在中国南海海域盗捞起一艘清乾隆年间的中国帆船。哈彻从船上获得 15 万件瓷器和 125 块金锭,并将所获船货在荷兰阿姆斯特丹拍卖,为抬高拍卖价格,哈彻砸碎了其中许多瓷器,震惊了考古界。这大大刺激了中国开展水下考古工作的进程。时任中国历史博物馆馆长的俞伟超先生敏锐地意识到考古学不仅要在理论上有所突破,具体实践上也要向新的领域进行拓展,随后中国历史博物馆受国家文物局委托与澳大利亚阿德莱德大学东南亚陶瓷研究中心在青岛培养了中国第一批水下考古专业人员,11 名受训学员获得了国际水下联合会(CMAS)二星专业证书。这些经过潜水专门培训的水下考古队员成为种子,宣告了中国水下考古队伍的诞生。随后中国依托这批种子队员,依靠自己的力量又先后培养了六批水下考古(文化遗产保护)队员。在这几批队员的共同努力下,先后在我国渤海、黄海、东海、南海开展了多项水下考古工作,形成了一套较为完善的水下考古操作规范。

2. 特定环境下多学科合作的水下考古

从理论上讲,海洋考古的遗迹和遗物埋藏于陆上和水中两种不同的环境中,因此海洋考古工作既需要水下考古技术,又离不开陆上考古中的一般理论、方法与技术。但在实践上,海洋考古学与水下考古技术确实存在非常特殊的关系,从某种意义上说,水下考古已成为海洋考古的专门技术。

先进的技术装备助力水下考古工作的开展。每向下潜 10 米增加一个大气压,加上复杂危险的水底环境,只有借助于必需的器材和科学的潜水规程,才能使水下考古人员得以在有限的时间停留水下进行水下考古作业,如果没有科技手段的支持人类根本不可能在水下长时间停留,所以说设备决定了水下考古的发展一点也不过分。自负式压缩空气潜(Selfish Cottained Underwater Breathing Apparatus,简称 SCUBA)的发明使潜水技术相对简单化,让考古学者能够摆脱对职业潜水者的依赖,使考古学者亲自在水下对文物、遗址进行考察、发掘的愿望成为现实。从那时起,潜水技术的点滴进步都离不开相关科学技术的发展。熟悉水下考古的人都知道,水下考古队工作时携带的器材是多么繁杂,并且这些设备又与每一个队员的生命安全息息相关。维护、保养这些设备是考古队员每日必不可少的工作,这也要求水下考古队员具备一定程度的机械、电气常识,处理常规的故障。除了基本的潜水设备外,一些测绘仪器诸如浅地层剖面仪、旁测声呐、磁力计、GPS 卫星定位系统等仪器也是水下考古工作中必不可少的。

特殊复杂的工作环境要求水下考古具备比陆地考古更完善更精细的工作计划。水下考古的水下停留时间最直接的决定因素就是潜水深度,无减压条件时两者间的关系呈反比,水越深潜水人员水下工作时间越短。在超过 18 米水深时氧麻醉和氮麻醉随时随地威胁着潜水人员的生命。水底停留时间过长、上升过快都有引起减压病的可能。在没有减压仓的条件下,采用保守的减压方案、制订尽可能详细的工作预案、保留预备应急潜水员是保障水下考古工作顺利开展的必要制度。另外一个阻力来自水流与潮汐,沉船、水下遗址通常是位于情况比较恶劣的海底。在我国已进行过的各项调查和发掘中,实际工作时间往往受制于海况,每天允许下水工作的时间非常短暂,这就需要在工作前制定好周密的方案。水下遗址一旦开始布设探方,每日变化的潮汐与潜水员的活动肯定会对遗址的原貌有所破坏,稍不留意即会造成不可挽回的损失,所以说完善的工作计划、详细准确的绘图、完整的水下摄像录像是水下考古工作必不可少的措施。

为解决水下调查、发掘、记录、文物出水问题,以及随之而来的出水文物保护问题,就产生了许多专门的技术。主要体现在三个方面,即考古潜水技术、水下调查发掘技术、出水文物保护技术。这些技术环节不仅需要考古学本身的知识,还不同程度地涉及自然科学、工程技术的许多学科,如潜水物理、潜水生理与医学、海洋物理、化学、生物学、遥感技术与空间技术等。

3. 水下考古的操作

水下考古的目标是对一切水域遗留下来的古代人类文化遗存进行调查、发掘和研究。实际上可以看作是田野考古向水域的延伸。作为田野考古的有机组成部分,它与一般考古学一样要求考古学者必须亲临水下从事调查和发掘。按照工作顺序,水下考古的作业流程可以分为调查、遗址定位和发掘三项。

（1）调查分为传统调查和遥感探测。传统调查是指不借助电子和电子感应手段,通过考古学家在水中潜航、目测观察寻找遗址的调查方法。其受水中环境限制较多,要求能见度较好、水深适宜、水流不急和水底起伏不剧烈、遗址内涵有一定的水下暴露等。依据各国的工作经验,水下遗址的人工搜寻大体可以采取水面牵引、水下平行搜寻、水下洄游搜寻、单人潜艇搜索法等。遥感探测则是借助声、光、磁等感应媒介对水底和水底以下一定深度地层堆积状况进行远距离感应并以一定符号、图像、数据反映出来供考古学家分析水下遗址位置的电子探寻技术。

（2）遗址定位分为近岸遗址定位法和远岸遗址定位法。近岸遗址可以利用岸上的各种参照点或可以在岸上设立永久定位参照点,所以只要借助简单的测角、测距仪器,即可找到水下遗址定位方法并确定坐标、参照。依据岸上参照物的分布特点,可以有参照坐标法、人工标基法、水上测角法、岸上测角法。由于远岸遗址无法利用岸上的各种永久坐标为定位参照物,只得借助于雷达导航和卫星导航装置。

（3）水下考古发掘与陆地考古的探方对于平、剖面关系和遗迹、遗物地层关系的控制一样,水下考古发掘同样需要基线、探方或称发掘网格的控制。由于我国沿海大部分地区水下的能见度都比较差,主要以基线与小探方形式发掘,这样能较好地控制发掘。水下探方以 2×2 米为宜。这样能容下两人工作,一人发掘,另一人记录和测量。

水下探方的建立有两种方式,一种是硬探方,另一种是软探方。硬探方的建立颇有难度,但适合长期的水下工作。硬探方就是水下框架,一般用金属材料制作,每个框架即是一个编号的探方,这种探方的优点是可长期使用直到整个遗址发掘结束。软探方的建立相对容易些,就是用绳子按照探方的位置拉上方格,每一格即是一个编号的探方,软探方的缺点是在进行三维测量时不太准确。

二、江苏海洋考古的开展与展望

江苏东临黄海,海岸线全长 953.9 公里;地处中国东南沿海海岸线中部,位于长江下游,历史上著名的京杭大运河也以江苏扬州为中转节点。由于江苏自然环境优越、经济开发较早,历代作为中央财赋重地,又作为一个东西辐辏、水陆交通十分发达的地区,拥有众多优良的河海港口,再加之顺长江而上可至湘楚巴蜀等农业、手工业发达地区,自古以来"以舟楫之便",海洋商贸运输活动异常发达,是海洋考古研究的重要地区。随着国家"一带一路"战略的推进实施,江苏也先后开始进行水下文化遗产及相关遗迹的调查。在2015 年进行的太湖水下考古项目即围绕太湖水域进行陆地与水下遗存的专项调查,开启了江苏水下考古事业的新征程。

同期进行的还有江苏明清海防遗址调查。系统地对南京、镇江、常州、张家港、江阴、常熟、太仓、仪征、靖江、盐城等市县海防遗址进行全面普查。在调查过程中不仅对明清时期的遗址进行记录,同时针对民国抗日时期的相关遗存也做了登记。目前调查遗址点总计 155 处。调查综合考古、古建、海洋史等多方面专业背景,对遗址的结构与保存现状做了初步测绘和分析,为今后进一步的文物保护与研究奠定了基础。江苏地理位置跨江靠海,历代都是海防重镇,因此此次海防遗址调查为研究江苏明清时期海防部署及相关海防思想提供了物质材料。

作为汉至隋唐以来中国与海外沟通交流的重镇,扬州保留有大量的东西方文化交流的遗迹。时至今日,扬州在长期的文物考古工作中也发现有大量相关资料,如阿拉伯人普哈丁墓,早在 20 世纪 60 年代在扬州施桥镇发现的唐代大型木船与独木舟①。扬州地区与海洋考古相关的工作包括运河及沿线漕运码头的调查,同时还可以对扬州地区文献资料进行整理,为今后水下考古调查和发掘进行基础准备。

江苏由北至南漫长的海岸线与水运线上,除了上述工作之外还可以找出许多重要城市作为研究切入点,如以"淮口巨镇"、"东海名郡"著称的连云港,是唐宋时期著名的海州港;繁荣于元代,作为南粮北运时海运漕运周转地的江苏太仓刘家港;还有六朝古都、郑和下西洋出发站的南京。以上几个地点有的靠海,有的临江,但它们有一个共同的特点就是以港口为依托,面向海洋,以海上贸易、海上运输作为重要经济模式存在的海洋性聚落,可见以江苏为中心的海洋考古(水下考古)具有广阔的学术前景。

---

① 江苏省文物工作队:《扬州施桥发现了古代木船》,《文物》1961 年第 10 期。

三、小　结

在中国水下考古诞生的近三十年时间里,全国范围内开展了卓有成效的水下考古工作。这些工作和成果开启了我国海洋(水下)考古学术发展之路,虽然其揭示的只是难以计数的海洋文化遗产中的极少部分,但这些开拓性的工作所获得的沉船文物已经充分显示了该学科的无限魅力,也初步展示了海洋社会史和海洋考古学在整个人文学科研究中的巨大潜力。

在看到成绩的同时,大批学者也开始反思中国水下考古的未来发展。以往的工作,基本上是把所有目光都集中在沉船上,这在学科开创之初无疑是正确的,也是水下考古学科发展的必经之路,但在积累了二十多年成果的基础上,对于水下考古的学科建构以及今后开展工作的思路,我们或许可以开始进一步的思考。

水下考古的发展方向或许可以表述为:从沉船考古走向海洋考古①。以沉船为中心,对围绕在沉船周围的海洋贸易、海上针路导航、造船技术、船货、海防体系等方面开展充分的调查与研究,像中国的陆地区域一样,建立起海洋考古的区系类型和学科体系。在这个目标中,沉船的发掘不是工作的目的而是一个起点,要实现这一目标,除了沉船考古外,就必须对沉船及其航路附近的岛屿开展充分全面的田野调查与文献搜集工作。

在兴起的文化遗产保护体系中,也同样存在向陆地文化遗产倾斜的现状,抛开海洋文化遗产保存环境恶劣、从业人员较少等客观因素外,对海洋文化遗产的调查、研究与保护与其面临的被破坏的命运而言,不可否认处于严重滞后地位。尤其是近一二十年来在沿海地区高速推进的现代化过程中,海洋文化遗产,尤其是海洋性非物质文化遗产正快速灭绝,在大规模的旧城改造、新港建设浪潮中传统港市面目全非,在大小轮船的轰鸣声中老帆船不见了、帆船匠师相继离世、传统造船法式迅速"失忆",老船家代代相传的"指南正法"、"过洋牵星"无人承继,海洋性物质与非物质文化遗产全面"濒危"②。因此通过对沉船、船货、海洋聚落等物质文化进行调查、记录、研究与保护,进行考古学、民族学等多学科研究,成为继承、发扬中华传统海洋文化的一项十分重大而紧迫的任务。

作为海洋考古起步阶段的江苏拥有后发优势,可以在吸收周边兄弟省市工作经验教训的情况下开创出符合江苏实际的海洋考古局面。

---

① 部分学者认为这一定义不足以包括江、河、湖泊等区域内的水下考古工作,因此这定名还有可商之处。但从目前的实践看,海域范围内的水下考古工作无疑是重中之重。

② 吴春明:《环中国海海洋文化遗产调查研究》,国家社科基金重大项目,2010 年。

宿迁青墩遗址的保护和利用

王宣波

宿迁市博物馆　助理馆员

内容提要：古遗址是人类共同的文化遗产。青墩遗址是宿迁一处重要的古遗址，具有重大的历史文化价值。如何保护和利用该遗址，是目前研究的一个重要课题。本文就宿迁青墩遗址的发现和考古情况进行了梳理，对遗址的保护现状及存在的问题进行了阐述，就遗址保护原则和可采取的有效措施等方面展开论述，以便合理保护和利用该遗址，获得更大的社会效益和经济效益。

关键词：青墩遗址　保护　利用

联合国教科文组织在《保护世界文化和自然遗产公约》中对遗址下的定义为："从历史、审美、人种学或人类学角度看，具有突出的普遍价值的人类工程或自然与人联合工程及考古遗址等地方。"古遗址是人类共同的文化遗产。青墩遗址是宿迁一处重要的古遗址，具有重大历史文化价值，如何保护和利用该遗址，是目前研究的一个重要课题。本文试图对该遗址的保护和利用做一初步探讨。

一、遗址文化背景和内涵

宿迁青墩遗址地处苏北沂沭河下游，位于宿迁市湖滨新区晓店镇晓店居委会八组东 50 米处。遗址北至白杨路，南至青桐路，东至 S249 省道，西至三台山大道，总面积约为 60 公顷。

1961 年冬季，南京博物院在淮阴地区考古调查时，曾对宿迁青墩遗址这一带地区做了重点调查，发现遗址上有 60 厘米厚的汉代文化层，下有 1 米厚的周代文化层，判断其为西周—汉代的古遗址①。1963 年，宿迁县人民政府公布青墩遗址为县级重点文物保护单位。1988 年 8 月，为配合淮阴市《文物分布图集》的编写工作，淮阴市博物馆、宿迁市图书馆联合组织了一支调查队，着重对骆马湖以东地区进行考古调查，对该遗址进行了复查②。

2000 年，宿迁市人民政府公布晓店青墩遗址为第一批市级文物保护单位。2006 年，江苏省人民政府公布宿迁青墩遗址为第六批省级文物保护单位。2006—2009 年，青墩遗

---

① 尹焕章、赵青芳：《淮阴地区考古调查》，《考古》1963 年第 1 期。
② 淮阴市博物馆、宿迁市图书馆：《宿迁市骆马湖以东的考古调查》，《东南文化》1990 年第 4 期。

址作为南京大学考古实习基地,经文物主管部门批准,对该遗址进行考古发掘,发现房屋、灰坑、水井、墓葬、灰沟、窑、器物堆积等大量遗迹,出土有铜箭头、铁剑、石刀、石斧、泥质灰陶罐、夹砂红陶鬲足等西周遗物和铜镜、铜带钩、铜车马器、铜镞、陶豆、陶盆、陶甑、陶樽、陶纺轮、筒瓦、板瓦、铁锄、石臼、钱币等汉代遗物①。

经过历年考古调查、发掘和研究,判断该遗址是一处重要的汉代聚落遗址。《汉书·沟洫志》中有"稍筑室宅,遂成聚落"的记载。汉代以后,聚落发展迅速。聚落居址内及周围都有生活必备的设施,如灶、灰坑、水井、厕所等②。宿迁青墩遗址发现的生活设施较为简单,而与冶铁有关的窑炉、水井、水池、围沟等生产设施颇为丰富。这种布局反映的是与汉代冶铁生产有关的一类较为特殊的聚落形态,为研究汉代手工业发展提供了宝贵的资料。2013 年 3 月,国务院公布晓店青墩遗址为第七批全国重点文物保护单位。

二、遗址的保护现状

（一）文物保护宣传力度不够,群众文物保护意识淡薄

由于政府部门对于古遗址保护的宣传力度不够,导致群众对于古遗址的价值缺乏有效认识,保护大遗址的积极性不高。晓店青墩遗址范围内以农田为主,有多个水塘,农业耕作等生产与生活活动以及雨水冲刷对遗址保护造成一定影响。

（二）文物保护与城乡建设、经济发展之间的矛盾日益加剧

随着生活水平的提高、城镇化的推进,遗址范围内村民盖房占压遗址,并出现模仿现代城市建筑式样的现象,对古人类生活遗址整体氛围保护不利。遗址范围内村镇建设缺乏对遗址的保护措施,已对遗址造成破坏。沈蔡庄、养殖场、小作坊等覆盖在青墩遗址上,破坏了遗址的整体风貌。

（三）遗址保护机构力量单薄,管理保护力度薄弱

青墩遗址管理机构是宿迁市龙王庙行宫文物管理所。宿迁市龙王庙行宫文物管理所编制 2 名,负责管理及安全工作,从上到下形成安全保护网络,遗址范围内村民负责日常看护和安全联络工作。保护力量较薄弱,遗址被偷盗和破坏的风险较大。

三、保护利用原则

为了正确处理好经济发展与文化遗址保护的关系,青墩遗址的保护和利用应坚持以

① 付龙腾：《宿迁青墩遗址的遗迹及相关问题研究》,南京大学 2013 年硕士学位论文,第 71—74 页。
② 韩国河、张继华：《汉代聚落考古的几个问题》,《中原文物》2015 年第 6 期。

下原则：

（一）保护第一原则

贯彻国家文物局"保护为主，抢救第一，合理利用，加强管理"的十六字方针。在保护工作中必须遵循文物保护的真实性原则、可识别性原则、最小干预原则和整体性原则。以遗址保护为主线，正确处理保护与利用的关系，坚持"保护为主，利用为辅"的指导思想。

（二）整体保护原则

遗址景观不是孤立存在的。所有的遗址都与其所在的环境共存，割裂环境来看待遗址景观，会造成片面性。我们不仅要保护青墩遗址，也要保护积淀其中的历史文化，同时保护周边的自然遗产和当地的文化遗产。按照实事求是的原则，客观、合理地确定保护目标、保护区范围与保护措施。

（三）可持续发展原则

遗址保护是一项长期的事业。遗址具有不可再生性，但其价值随着时间的推移会越来越大。要既注重遗址的保护，也兼顾遗址的展示利用，在展示利用措施上考虑与社会经济发展相协调，使遗址资源世代相承，实现永续利用。

（四）法治原则

依法保护，遵循法律程序进行保护工作。广泛宣传《中华人民共和国文物保护法》、《江苏省文物保护条例》、《国务院关于加强和改善文物工作的通知》等法律和文件，并强化监督机制，加大打击破坏文化遗址的违法违规行为的力度，不断提高广大群众的遗址保护观念，形成全市范围内自觉保护遗址的良好氛围。

（五）遗址保护与考古研究密切配合原则

考古研究是遗址保护的基础与依据，遗址保护为考古研究提供了保证。工作过程中要将遗址保护与环境保护、科学研究相结合。

四、基本保护措施

（一）建立晓店青墩遗址博物馆，加强管理，健全管理机制

管理是以保护这一遗址为首要目标协调相关工作。可以建立晓店青墩遗址博物馆负责遗址管理工作。遗址博物馆是遗址保护的一种传统模式，它集遗产保护、展示、管理三位于一体。遗址博物馆是在遗址原址基础上建立的公共性建筑，收藏、陈列遗址出土文

物。建立针对该遗址进行陈列、保护、研究的专门性博物馆,适应现代文物管理的要求,实现信息化、人性化、程序法制化的管理原则。做到切实保护,帮助化解矛盾,实现长效管理;继续深化青墩遗址的研究工作,并以此作为管理工作的基础。

（二）加强保养、维护及监测工作

在建设控制地带设置监控用房、文物用房及必要的设备用房等。加强对遗址本体的保护,采取局部覆土等方式,遗址表面植草绿化,防止风化及水土流失。加强监控,配置专人看护,建立定期巡查制度。根据青墩遗址自身的特点量身定制高效、隐蔽性强、可遥控的自动化监控体系。

（三）加大迁建工作力度,加强环境整治,避免生活、生产活动对遗址的破坏

对遗址范围内居民实施逐步搬迁计划,拆除遗址范围内破坏性较严重的小作坊、养殖场等,并对现有沟渠等进行整治,远期实现居民全部迁离,防止人为破坏。加强环境整治,改善水污染、生活垃圾污染等现象,提高整体环境风貌,形成良好的景观视廊。根据遗址的埋藏深度,选择根系适当的树种,避免植物根系过深对遗址造成破坏。

（四）加强遗址公园建设,开发历史文化旅游区

遗址公园以遗址和其依附的自然环境为景观,利用自身承载的历史文化内涵为公园的主题。它除了具备遗址保护和研究的功能之外,还具有娱乐、休闲等城市公园的功能。针对该遗址处于市区近郊、南邻三台山公园景区的特点,可以采用遗址公园的保护模式。围绕遗址保护范围设立标示牌,在其上应有文字、简明示意图等,明确遗址构成和相关历史文化信息,配合三台山景区建设打造成以宿迁汉代文化品牌为依托的观光休闲文化旅游区,承担起公共服务教育的职能,扩大社会影响,实现文化价值、社会价值和经济价值的协调统一。

（五）加强考古勘探研究,加强公共考古力度

建设公众考古区,提升公众对遗址的关注度,与学校、企事业单位之间建立联系,定期开展公众考古实践活动。充分传播遗址及相关文化遗产的丰富、久远、珍贵等特征,采用时间性的、多维的展示内容,全面反映青墩遗址的生产与生活场景。

五、结　语

文化是一座城市的灵魂,历史文化是城市文化的根基,而见证这些历史文化的载体主要是物质文化遗产。历史文化遗产是城市的记忆,是历史的见证,是人类的财富,应加强

保护和利用。

　　考古遗址公园是在我国现阶段经济迅速发展、城市化不断推进的背景下探索出的一种遗址保护模式,一定程度上缓解了长期以来遗址保护工作中的种种难题,实现了考古研究、区域经济发展、遗址区环境改善、居民生活水平提升与遗址保护之间的和谐局面。青墩遗址应避免过去静态的保护模式,而要以考古遗址公园模式进行保护和利用,以增加公众对其内涵的理解,提升城市形象,使文化遗产的公益性质得到进一步体现,这是针对该遗址环境现状特点在遗址保护工作方面进行的有益尝试。

当前大遗址保护面临的问题及解决方法

孙 研

镇江博物馆 馆员

内容提要： 大遗址保护是我国目前文物保护工作中的重要一环,我国的大遗址概念虽然提出较早,但是对大遗址的保护和利用相对滞后。随着我国经济水平和社会生活的提高,大遗址保护的意识逐渐增强。同时,根据多年来大遗址保护工作凸显出的问题,分析大遗址面临的自然和人为破坏威胁,必然要求我们各级政府和文物部门对大遗址保护的经验进行总结,并根据大遗址保护过程中新出现的问题,动员各方面积极因素,采取法律、经费、机构、人才、考古等多方面手段,制定科学的、行之有效的大遗址保护规划,并将其长期推进。只有这样,才能促进我国大遗址保护工作的持续发展,也只有这样,才能在大遗址保护工作已经取得的成绩的基础上,将大遗址保护工作推向新的高度。

关键词： 大遗址 考古遗址公园 破坏 措施 保护规划

我国经济的飞速发展,给文物考古工作带来了难得的发展机遇。与此同时,作为文物考古工作中的重要一环,文物保护工作的重视程度也上升到了前所未有的高度,而文物保护工作的实施对象——大遗址,也就成了文物保护的重中之重。

遗址,是"从历史、审美、人种学或人类学角度看具有突出的普遍价值的人类工程或自然与人联合工程以及考古遗址等地方"①。这里所说的遗址主要是指人类活动的遗迹,属于考古学的概念,既包括人类为不同用途所营建的建筑群,也包括人类对自然环境利用和加工而遗留的一些场所。此类遗址大多具有一定的区域范围,并深埋地下。从以上关于遗址的定义可以看出,这里所说的遗址,是不加区分的所有人类活动的遗迹,但是遗物不包含在内。

大遗址的特征突出在"大"字上,但是除了应具备规模宏大、价值重大、影响深远等特点外,大遗址还应包括那些在人类文明和地区文化中具有代表性的、重要历史时期或标志性历史事件的、社会群众普遍接受的规模较"小"的遗址。

正因为大遗址是遗址本身和与其相关遗存共同构成的综合体,所以大遗址具有内容丰富、信息含量大、脆弱不可再生、独特无法替代的价值和地位。而随着我国经济建设的

① 世界遗产委员会：《保护世界文化和自然遗产公约》,1972 年,第一条。

快速扩张,大遗址保护和经济建设的矛盾问题日益突出地摆在各级政府及文物部门面前。在借鉴国外大遗址保护经验的基础上,结合我国大遗址的特点,国家文物局和各地文物部门及时调整思路,通过各种实践手段,最终提出了建设"考古遗址公园"这一解决方法,作为我国大遗址保护和展示的最主要模式。

"国家考古遗址公园,是指以重要考古遗址及其背景环境为主体,具有科研、教育、游憩等功能,在考古遗址保护和展示方面具有全国性示范意义的特定公共空间"①。考古遗址公园建设是对大遗址保护的新探索,是中国大遗址保护实践和国内外文化遗产保护理论相结合的产物,是加强大遗址保护、深化大遗址综合利用和展示的最有效途径,是中国特色文化遗产保护模式,是目前在我国最具有现实意义和操作性的大遗址保护途径,是文化遗产保护理念的重要创新。

一、我国大遗址面临的威胁

文物保护单位是大遗址比较常见的表现形式。目前,全国重点文物保护单位已有4 000多处,其中属于大遗址的有1 000 余处,众多的大遗址如不进行合理保护,将面临严重破坏。

(一) 自然环境对大遗址的破坏

1. 气候和灾害对大遗址的破坏

大遗址由于分布和自身规模等原因,多直接裸露在野外自然环境中,受到风吹、雨淋、冰冻、日晒等影响,日积月累,导致水土流失和岩石崩塌,这些破坏速度缓慢且不甚明显。其次,由于突发的火山、地震、泥石流、海啸等自然灾害,尚无法有效、准确预测,因此往往瞬间对遗址造成剧烈的、大规模的破坏,这些对大遗址的破坏是无法补救的。

2. 环境污染对大遗址的破坏

由于环境污染,气候变化,空气中的硫化物、氮氧化物增多,导致酸雨的产生,并且渗入地下水中,此类污染对大遗址中的石质遗迹造成破坏,致其分解。另外,由于碱、盐等化合物产生结晶,造成一些大遗址土壤的盐碱化和土质的风化,导致遗址外表变色变质,失去遗址自身的特征,这些酸性或者碱性物质对大遗址的破坏也不容小觑。

3. 生态破坏对大遗址的破坏

我国农业和畜牧业发展滞后,对自然环境的过度开垦和放牧,导致生态环境遭到破

---

① 国家文物局:《国家考古遗址公园管理办法(试行)》,2009 年,第二条。

江苏省考古学会文集（2015—2016）

坏,植被消失,从而使大遗址更容易受到生态环境改变而带来的影响。

（二）生产建设对大遗址的破坏

1. 经济建设对大遗址的破坏

由于我国经济的发展,城市化快速推进,使得一些大遗址周边人口快速增长,人口密度不断加大,对居住环境提出更高的要求,从而导致在大遗址范围内进行改造,此类对大遗址的破坏有越发严重之势。其次,由于大规模兴建各类工程,特别是交通、水利等基础设施,导致对大遗址的破坏,其破坏范围大、深度大、延续时间长,基本没有复原的可能性。

2. 群众生活对大遗址的破坏

由于较多的大遗址本身就是农业生产的耕地或者荒山,因此群众日常生活中,在大遗址上进行深耕、退耕种树等,必然对大遗址造成破坏。此类生产活动频繁密集,且对大遗址的重要部位和一般部位不加区分,其危害也是毁灭性的。

3. 旅游开发对大遗址的破坏

由于旅游业可以带来较好的经济效益,因此过度开发作为旅游业基础的大遗址,过分攫取大遗址旅游资源,轻视对大遗址的保护,忽视开发旅游要以有效保护为前提,造成对大遗址的破坏。此种破坏随着旅游经济的不断发展,不仅会对遗址造成破坏,而且也会对遗址周边环境造成负面影响。

（三）考古发掘对大遗址的破坏

由于很多大遗址规模宏大,延续时间长,具有较大的历史价值和科学研究意义,因此,考古工作者往往主观期望对这类大遗址进行考古发掘,在这种"挖宝"思想和"成名"导向的作用下,本可以用调查、勘探搞清楚的问题,却盲目进行考古发掘。考古发掘后又与保护脱节,从而造成了对大遗址的破坏,很多历史信息也随之消逝。

（四）落后规划对大遗址的破坏

我国大遗址保护工作尚处于摸索阶段,保护理念落后、保护理论方法匮乏,加之保护体系尚未健全,在实际工作中存在着良莠不齐的保护规划。这些不同层次的规划之间缺乏衔接,导致在实施大遗址保护时各自为战,未能反复多次调整规划,造成大遗址的间接破坏。

（五）盗掘盗挖对大遗址的破坏

大遗址之中往往埋藏着精美的文物,这些文物吸引着盗掘者的目光。此类对遗址的盗掘和盗挖,造成文物流失,同时导致大量遗迹的消失及大遗址整体性的割裂。而且,这些盗掘对大遗址造成的破坏是致命的,甚至会影响到对大遗址属性的判断。

二、加强大遗址保护的措施

(一) 健全大遗址保护的法律和法规

通过国家和各级政府的共同努力,将大遗址保护通过法律和法规的形式固定下来,建立内容完善、条理清晰的各项条款,明确大遗址保护的范围、程序、方法和责任部门。只有这样才有利于大遗址保护的全面推进,使得保护工作有法可依,并取得明显的效果。

(二) 建全大遗址保护财政保障机制

大遗址保护面临的最大难题就是保护资金的严重不足。没有资金,规划只是一纸空文,保护也只是一句空话。对大遗址保护的投入属于公益性质,应由各级政府承担责任;同时,以大遗址为旅游目的地的旅游收益,也应保留一定比例留作大遗址保护资金;另外,也可以建立大遗址保护专项资金,统筹安排大遗址保护经费。总之,只有建立稳定的投入和保障机制,大遗址保护才能落到实处。

(三) 做好大遗址保护的考古基础工作

各地大遗址保护工作的实践表明,科学的考古调查、勘探和发掘工作,是做好大遗址保护的前提和基础。只有通过考古工作,充分了解大遗址的范围、结构、时代等,才能对大遗址内涵、性质、价值有清晰的认识;也只有通过考古工作,明确遗址的重点区域、一般区域、建设控制地带,才能有根据地制定科学可靠的保护规划,为大遗址保护的实施提供帮助。

(四) 制定合理有效的大遗址保护规划

大遗址保护规划是指导大遗址保护和利用工作的操作手册,合理有效的规划,直接关系到大遗址保护的成功与否。只有严格按照国家文物局颁布的《全国重点文物保护单位规划编制要求》、《全国重点文物保护单位保护规划审批办法》的内容,从遗址的实际出发,把握其特点,准确评估保存状况,对大遗址保护规划的指导思想和基本原则、程序、技术标准、资质和权限等作出明确规定,才能保障大遗址保护规划的质量。

(五) 加强大遗址保护管理机构的建设

根据大遗址的级别和归属,建立相应的保护管理机构,配备足够的管理人员,设置固定的办公地点,向社会公开各种联系方式,为大遗址保护提供健全的组织保障。此外,应建立以当地领导为主,由各类专家学者组成的大遗址保护管理工作委员会,从事大遗址保护、管理、协调和征询等工作。

(六)加强大遗址保护的技术手段和人才培养

大遗址保护离不开科学技术的支撑和专业化的队伍。科学技术包括保护措施、保护技术和方法、保护工艺和材料等,为了加强大遗址保护,必须大力开展大遗址保护的技术研究和创新,为大遗址保护提供理论和技术支持。大遗址保护还迫切需要加强对大遗址保护专业人才的培养,建立专门的资格认证体系和行业标准。

(七)适度的开发利用大遗址

由于大遗址自身的脆弱性和不可再生性,就要求我们在大遗址保护过程中,尽可能减少人为的干预。这其中就包括遗址博物馆的建设、开发性项目和旅游活动,要在保护的前提下,充分考虑到大遗址的承受能力,合理规划,切忌盲目求大、求全,走可持续发展的开发利用大遗址的道路。

中国是具有几千年悠久历史的文明古国,祖先给我们留下了丰富的历史文化遗产,作为这些文化遗产的表现形式——大遗址,如何在我们这一代人手中保护好、利用好、传承好,是每一个人都需要思考的问题。当前我国经济发展迅猛,人民生活水平不断提高,对文化的追求也与日俱增,在这种背景下,就要求我们的各级政府和文物部门,切实地推进大遗址保护,针对大遗址保护工作中面临的各种问题,通过多样化的手段,争取广大群众的支持,集思广益,采取切实可行的方法,制定有针对性的、有区别的大遗址保护规划,并在经济建设和社会生活中贯彻执行,只有这样才能将大遗址保护工作做好,也只有这样才能真正地保护好大遗址。

苏南地区新石器至商周时期遗址的空间分布及其动因分析

司红伟

镇江博物馆　馆员

内容提要：本文通过对苏南地区新石器至商周时期遗址的地理空间位置进行绘制与标注，结合地理信息系统的空间叠置分析，观察遗存的空间分布情况，分析其空间分布演化规律。发现遗址的分布既与区域地形、地貌环境密切相关，也可能存在人类活动的主观能动性对自然环境的回应，以及不同区域文化的互动、变迁、行政干预等因素。

关键词：苏南地区　新石器至商周时期　遗址空间分布　动因分析

一、引　　言

苏南地区优越的古地理环境和适宜的气候条件使这一区域成为古代先民繁衍生息之地。在新石器时代，环太湖地区就有许多马家浜、崧泽、良渚文化遗址，而宁镇地区也有马家浜、崧泽、良渚文化时期的遗存，主要见于台形遗址的下层。到了青铜时代，宁镇地区主要有湖熟文化及土墩墓遗存，环太湖地区主要为马桥文化[①]。

经过近几十年的考古发掘工作，众多新石器至商周时期的文化遗址已呈现在我们面前。本文将以此为基础，尝试对苏南地区新石器至商周时代各遗址的时空分布进行分析，以期得出其发展动因。

随着地理信息系统（GIS）的发展，遗存点的空间特征数据与属性数据得以紧密结合，十分利于研究考古遗存的空间迁移、空间分布等。国家层面的文物普查、局部区域课题研究调查、考古调查等为研究对象提供了图片、数据来源，本部分在此基础上将遗址点的地理空间位置进行绘制与标注，结合地理信息系统的空间叠置、密度分析功能，用相关图片来直观地展示遗存空间分布的情况，研究其空间分布规律并从自然、人文等角度探究其影响因素，最后就动因进行深入探讨。

本文遗址点的数据资料主要根据《江苏省文物地图集》提供的考古遗址数据，以

---

① 刘树人、谈三平、陆九皋、肖梦龙：《江苏宁镇地区吴文化台形遗址及土墩墓的分布规律遥感考古研究》，《华东师范大学学报·遥感考古专辑（二）》，1992年，第87—100页。

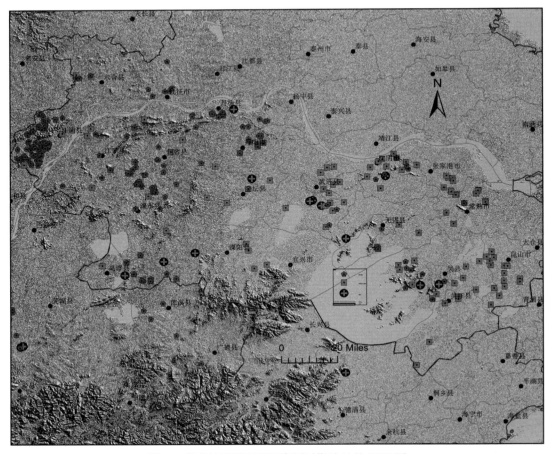

图一　苏南地区新石器至商周时期遗址的 DEM 图

及国家一普、二普、三普资料和专题调查,并结合相关已发表的考古发掘报告及研究论文等。截至目前,苏南地区境内新石器时代至商周时期遗址共计 283 处,其中新石器时代遗址 114 处,商周时期遗址 169 处(图一)。这里需要特别指出的是,苏南地区遗址多为复合型,一个遗址存在不同时期的多种文化类型,如绰墩遗址依次叠压马桥文化、崧泽文化、马家浜文化,凤凰山遗址上层是湖熟文化,下层是马家浜文化。

二、研究区域自然地理背景

本文涉及的自然地理背景在空间上属于长江三角洲,在行政区划上属于苏南地区,主要为宁镇地区、太湖地区(31°00′—32°20′N,118°—122°E)。该区域自然地理特征呈现多样性,地形、地貌、气候、水系等也存在历时性动态变化过程。从这一区域的卫星影像图和地形地貌图上不难看出(图二),这个区域在自然地理上是相对封闭的,北、西有长江天险、宁镇山脉,南有宜溧山地,东为大海,其间基本以低山丘陵和平原地貌为主。结合江苏省地形地势图,可明显看到地势西高东低,大致以丹阳、金坛、溧阳、宜兴一线为界。界线以东是太湖平原,水网密度较大;界线以西地势略高,多丘陵岗地,水网密度较小,据此地形地貌可划分为宁镇丘陵地区和环太湖平原区(图三、图四)。

图二　江南地区卫星影像图

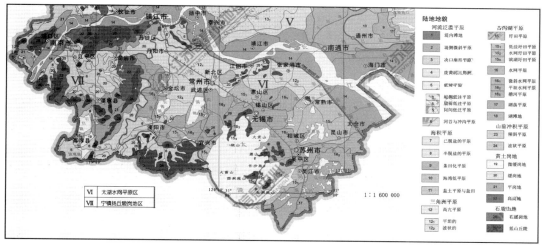

图三　苏南地区地貌图

　　宁镇地区在行政区划上包括南京市、镇江市,该地区多丘陵岗地,低山丘陵海拔多在400米以下,有宁镇山脉、茅山山脉等。黄土岗地海拔多在 10—50 米间,按切割程度不同分为高岗、缓岗和微缓岗。长江及其支流沿岸为河谷平原和冲沟。

　　太湖地区,在行政区划上包括苏州、无锡、常州及镇江丹阳南部,是由太湖水系联结的太湖周围地区。西界为茅山山脉及宁镇山脉的坡麓边缘,以水网平原为主。其次有天目山斜向东北延伸到低山丘陵地区,高度多在 300 米以下。太湖流域地形地貌的特点是:

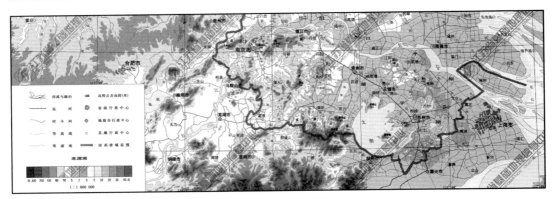

图四　苏南地区地势图

山少、水多、平原广阔,地势呈现南北高中间低,并自西向东倾斜①。

三、遗址的空间分布

(一) 新石器时代遗址的分布

由图五可知,新石器时代苏南地区遗址的平面分布范围为宁镇地区、环太湖地区。从遗址的分布特征看,遗址基本呈团状分布,遗址聚集度较高,尤其环太湖地区的密集度高于宁镇地区。由此可见,环太湖地区遗址分布密集且数量较多,而宁镇丘陵地带遗址点数量稍少,分布也较分散,不及环太湖地区发达。

从图六遗址分布的地貌类型上看,宁镇地区主要分布在河谷与冲沟平原、缓岗地、平岗地上,环太湖地区主要分布在平坦的高亢平原或水网平原,其次为低洼圩田平原。新石器时代,苏南地区70%以上的考古遗存都位于平原上,说明平原等土质肥沃、靠近水源地带,地势相对平坦开阔的地点开始成为人们生活居住的选择。

从图七遗址的高程分布特征看,新石器时代宁镇地区遗址的高程集聚在10—50米之间,环太湖地区遗址分布的高程也多在0—10米之间。

从时代发展分布来看,马家浜文化的分布范围仅仅到达宁镇地区的东部边缘,而崧泽—良渚文化则继续向西发展,影响范围到达宁镇地区的西部边缘(图八、图九)。两者主体部分都在环太湖地区,马家浜文化的主体部分又分为平底釜及圜底釜两类,两类呈月牙状围绕太湖分布,并在中间部分有交融。根据目前发掘的遗址来看,马家浜文化仅仅向宁镇地区的东北部延展了一小部分,如在凤凰山遗址还可看到马家浜遗址的原生堆积,但不是很丰富,到了镇江龙脉团山遗址则仅见次生堆积,再往西则较少发现马家浜文化的因素。崧泽—良渚文化遗存的主体部分也在环太湖地区,茅山山脉坡麓地带及宁镇山脉东

---

① 江苏省海洋与渔业局:《江苏省志·地理志》,江苏古籍出版社,1999年。

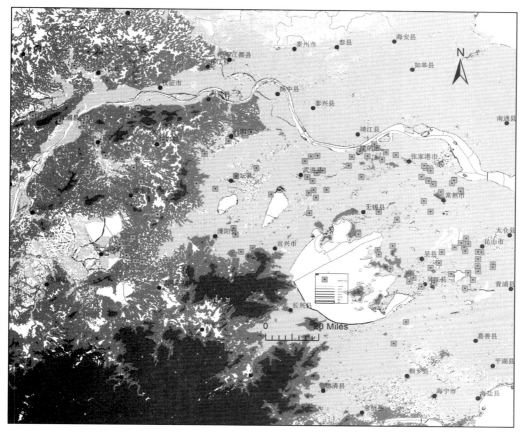

图五 新石器时代遗址的分布图

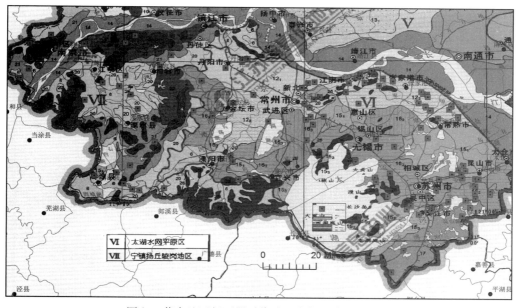

图六 苏南地区新石器时代遗址点与地貌图叠置图

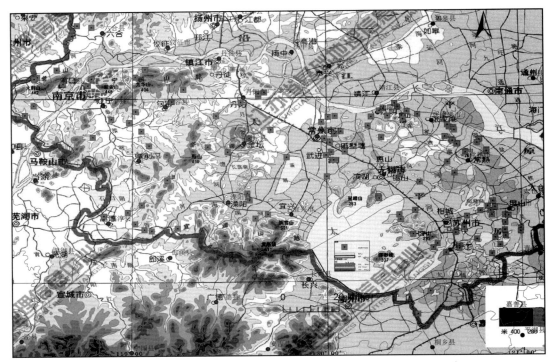

图七　苏南地区新石器时代遗址点与地势图叠置图

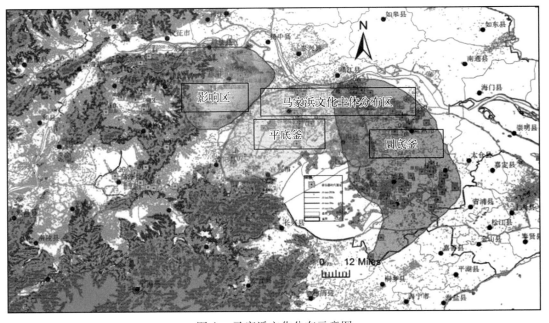

图八　马家浜文化分布示意图

部坡麓地带遗址的出土器物中多见崧泽、良渚文化遗物,少数湖熟遗址下层发现有崧泽、良渚文化地层,而宁镇山脉西部坡麓地带则仅在出土遗物中有崧泽、良渚的个别特征,因此本文将崧泽、良渚文化的分布根据已发掘遗址的情况分为主体分布区、边缘区、影响区。

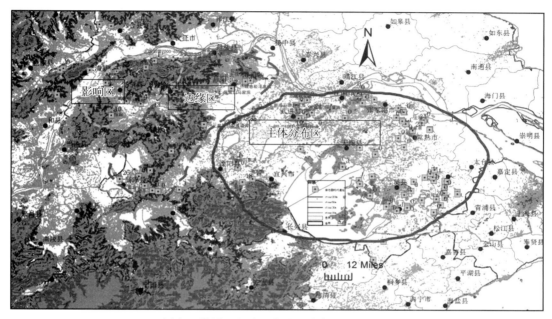

图九　崧泽—良渚文化遗址分布演变示意图

(二) 商周时期遗址的分布

由图一〇可知,商周时期苏南地区遗址的平面分布范围为宁镇地区的宁镇山脉及茅山山脉的坡麓地带、太湖西北部及太湖北沿江地带。从平面上可以分为宁镇区及环太湖区,两区之间无交叉,处于相离状态。从遗址的分布特征看,遗址基本呈团状分布,遗址聚集度较高,尤其宁镇地区的密集度高于环太湖区。

从图一一遗址的高程特征看,商周时期宁镇地区遗址高程集聚度最高,主要分布在低山丘陵地区,包括环太湖地区,遗址分布的高程也多在10—40米之间。尤其宁镇地区的高程聚集度高,太湖北部地区遗址海拔多为5—10米。

从图一二遗址的地貌特征看,商周时期宁镇地区遗址主要分布在丘陵岗地,环太湖地区遗址主要分布在低山丘陵地区。从遗址分布的地貌类型上看,商周时期苏南地区90%以上的遗址都分布于低山丘陵岗地上,多以"××墩"来命名,墩下周边多有一到数个水塘或低洼地,可能与人类生活用水有关,或者因取土筑墩而形成。

综上,从遗址平面分布及高程选择看,苏南地区商周时期人类活动的空间聚集程度与水平聚集程度相似,具有丘陵岗地指向性,从宁镇地区到太湖北部地区不具有渐次变疏特征,存在宁镇、环太湖两个聚集分布区域并列的格局,两区域间存在空白地带。苏南地区

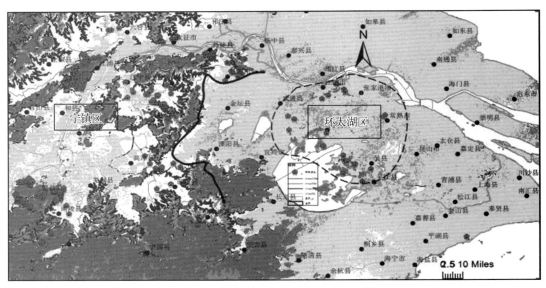

图一〇　苏南地区商周时期遗址分布图

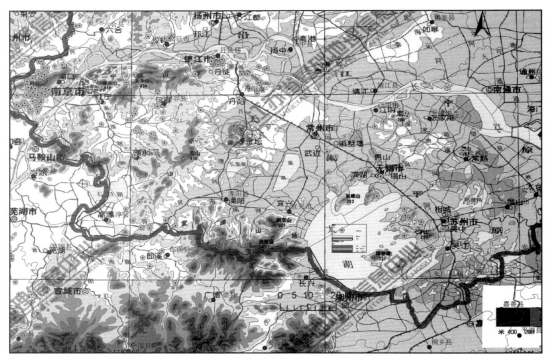

图一一　苏南地区商周时期遗址点与地势图叠置图

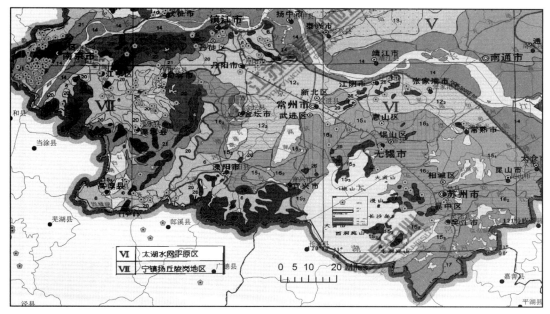

图一二　苏南地区商周时期遗址点与地貌图叠置图

商周时期人类遗址水平方向上的集聚度表现为西部丘陵区高于东部平原区,但从集聚度对比看,丘陵地带高于平原地带,推测与农业生产条件差异和社会因素有关。无疑,以上古人对遗址点的选择首先是人类适应环境的结果,在此基础上也要充分考虑商周时期社会因素的影响,如政权的出现和行政因素的干预等。

四、动 因 分 析

(一)顺应自然环境和遵循人地关系

江南地区西部的丘陵地带位于长江下游南岸,属低山丘陵区域,海拔多在200米以内,经过构造等内动力作用与气候变迁、海面升降、流水切割等外动力作用,形成了该区域多达四级的阶地地貌。如宁镇地区一级阶地高10—20米,主要分布在河流低谷中。二级阶地高30米左右,基本形成了宁镇地区黄土岗地地形。宁镇丘陵地区大部分的台墩遗址、土墩墓多分布在一、二级阶地上。三、四级阶地高40—70米,主要为宁镇和茅山山脉的坡麓处,这两级阶地分布的遗址、土墩墓较少①。东部的太湖地区以太湖为中心,地势多高出海平面2—4米,形成了典型的四周高中间低的蝶形洼地。这一带分布较多的为海拔高度约300米以内的低山,这里分布着大量的石室土墩。东部地区第四

_____

① 杨善群:《吴国在西周至春秋前期的发展》,《学术月刊》1990年第4期,第64—70页。

纪为沉降地区,接受大量物质沉积,形成大片沉积平原。在平原上有一些5—10米的高亢地形,往往成为台形遗址和土墩墓的坐落地点。这与该区域的地貌、土壤性质和水文状况等密切相关,体现出不同的自然地理环境影响人类对土地的选择、利用①。又如图一三所示,不同的地势分布有不同时期的文化,体现了人类活动地点的历时性变化及人对自然环境变迁的回应。

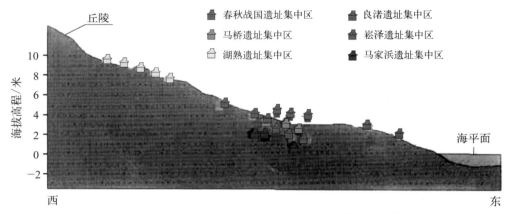

图一三　江南地区不同时期文化中心位置的高程变化②

　　发展到商周时期,人类的活动范围和规模均有所扩大。但环太湖地区夏商周时期的聚落数量大规模缩减。从聚落的延续性看,环太湖地区新石器晚期的遗址延续到商周时期的遗址几乎没有,存在文化发展上的断层。探其原因,首先是长时间的持续降温。它在上述新石器晚期的环境分析中已有明显趋势。而其后距今4 000年左右的降温在世界各地都有表现,是历史时期以来最具影响力的一次小冰期③。中国在距今4 000—3 500年和距今3 000年左右是全新世的低温期④。因而环太湖地区的农业生产和渔猎经济会逐渐变得比较困难,它可能会促使部分聚落向宁镇丘陵地区转移。其次是夏初的大洪水侵袭。《孟子·滕文公上》记载:“当尧之时,天下犹未平,洪水横流,泛滥于天下……”《史记·夏本纪》亦云:“禹之时,天下大雨,禹令民聚土积薪择丘陵而处之。”现代研究也表明,中国江南地区在距今3 500年前后有异常洪水事件⑤。同时期的宁镇地区因丘陵地貌而受洪灾较轻,灾后这些地区因热量条件较好使古聚落迅速发展起来。由于农业生产和躲避洪水的需要,商周时期的聚落大多位于海拔10—50米的河间平原与低缓丘陵区。环太湖地区则因地貌条件不利而使聚落发展受抑。

---

①　杨善群:《吴国在西周至春秋前期的发展》,《学术月刊》1990年第4期,第64—70页。
②　张立、吴健平、刘树人:《中国江南先秦时期人类活动与环境变化》,《地理学报》2000年第6期,第661—670页。
③　龚高法:《中国历史时期温度变化》,载《气候变化及其影响》,气象出版社,1993年,第57—69页。
④　施雅风、孔昭宸、王苏民等:《中国全新世大暖期的气候波动与重要事件》,《中国科学(B辑)》1992年第2期,第1300—1308页。
⑤　夏正楷、王赞红、赵青春:《我国中原地区3 500 a B. P.前后的异常洪水事件及其气候背景》,《中国科学(D辑)》,2003年第9期,第882—888页。

江苏、安徽等省丘陵、平原区域内的台形遗址与美国东南部的情况非常相像。凌纯声先生在《美国东南与中国华东的丘墩文化》①中指出:"中国华东长江三角洲是平原地区,很像美国东南部,洛杉矶之东,密西西比河流域和五大湖沿岸同样都是平原地区,两地都有丘墩文化特征的存在。"凌纯声先生提示,中美两国的平原地区由于地理环境的相似性,才表现出丘墩文化普遍性之间的必然联系。这也体现了古人类为了躲避水患而自然选择地势较高的台地居住,在长期居住的过程中,偶有台地居址被自然破坏,如洪水的冲刷,以致居民被迫迁移,待台形居址的有利条件恢复后居民重新修整台地而继续加以利用,这一过程在宁镇地区湖熟遗址的发掘资料中亦有所体现②。

(二)地缘因素影响减弱及行政干预增多

新石器时代聚落的选址主要取决于两个要素:一是有效便捷地利用自然资源,二是规避自然或社会风险。新石器时代人类社会生产工具相对落后,生产活动方式主要是采集和渔猎,因而苏南地区新石器时代人类聚落选址多位于资源丰富、濒河的一、二级平缓的阶地上。但这一地缘优势在商周时期是被行政干预所突破的。商周时期聚落密度高反映出政治因素对社会的控制管理,如在镇江西部的山区里也发现有聚落遗址分布,其海拔较高,背山面水,且相对封闭,从人类生存条件的便利性看是居劣势的。那这里是否存在国家行为呢?是否是从行政管理角度来安排据点,以警备或据守从北方来的侵扰?我想在动荡的商周时期这是不可排除的因素之一。

区域自然地理环境承载了该区域文化与社会的产生与发展,根据前文对苏南地区这一封闭性地理空间特征的描述,我们发现吴地在中国疆域图上居南北交汇的缓冲地带,同时又是大陆大洋的过渡区,是东南各族与中原接触的前沿,便于受到中原文化的影响。加之北枕长江作为天然屏障,在一定程度上阻隔了北方不安定因素的南下侵扰,这些有利的地理因素成为滋生区域文化的摇篮,并为新石器时代该区域文明的产生、发展提供了天然的保障。同时这种中间地带水陆交通发达的地缘优势对区域文化的传播发展也起到了积极作用,尤其是促进了多种文化的融合和兴衰③。

五、结　语

自然环境为人类社会提供了发展的平台,人类生产和生活方式很大程度上受制于或依赖于周围的自然环境,因此考古学文化分布探讨中文化分界多与地理分界重合或表现出较强的相关性,尤其是与区域地形、地貌环境密切相关。这并不是说分野仅倚重环境这

---

①　凌纯声:《美国东南与中国华东的丘墩文化》,中研院民族学研究所,1968年,第143页。
②　侯仰军:《考古学所见四千年前鲁西南地形地貌及自然环境》,《菏泽学院学报》2007年第6期,第132—137页。
③　钱智:《吴文化区域系统初步研究》,《地理学报》1998年第2期,第123—131页。

一单因,在这些文化遗存的时空分布中,也会存在人类社会的行政属性、人类活动的主观能动性、对自然环境的回应,以及不同区域文化的互动、变迁等因素,共同作用形成了苏南地区新石器至商周时期遗址的空间分布规律。

感谢林留根研究员在本文写作过程中的悉心指导,在此表示衷心的感谢!

专题研究

花厅墓地陶器分期及相关问题浅析

车亚风

苏州市考古研究所　助理馆员

内容提要： 由于受到黄淮下游的海岱文化区和长江下游的太湖文化区的双重影响，花厅墓地的文化面貌呈现出大汶口文化因素与良渚文化因素并存的特点。目前学术界对该墓地的分期、文化性质等问题仍存在一定的争议。本文通过对比大汶口文化和良渚文化等遗址的相关材料，采用层位学和类型学相结合的方法对花厅墓地进行重新分期，并在此基础上对墓地布局、社会分化等问题略作探讨。

关键词： 花厅墓地　大汶口文化　良渚文化　分期　墓地布局

一、绪　　言

花厅遗址位于江苏省新沂市西南 18 公里的马陵山风景区内，属黄淮下游的海岱文化区和长江下游的太湖文化区的交汇地带（图一）。遗址由墓葬区和居住区两部分组成，总面积达 50 万平方米，其中墓地面积约为 30 万平方米，根据发掘需要墓葬区又分为南、北两区。遗址发现于 1952 年，南京博物院于当年 12 月和翌年 11 月先后两次进行考古发

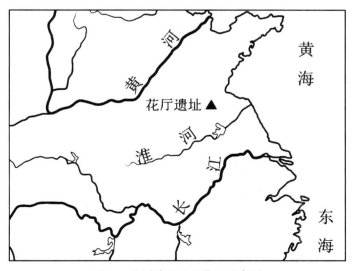

图一　花厅遗址地理位置示意图

掘①,1987 年②、1989 年③又分别进行第三、第四次发掘。2003 年,墓地发掘报告正式出版④(下文用《报告》指代)。

有关花厅墓地分期问题的观点主要有"三期说"⑤和"四期说"⑥,《报告》引用"三期说"。

目前,研究者多认为花厅南区墓地属大汶口文化范畴,而对于北区墓地的文化性质则存在不同意见。第一种观点认为北区墓地虽有较多良渚文化因素,但其仍以大汶口文化陶器群为主体⑦。第二种观点以殉人现象或玉琮、觚形杯等与精神信仰有关的标志物为出发点,主张北区墓地应属良渚文化⑧。第三种观点则指出花厅墓地是由大汶口文化和良渚文化甚或薛家岗文化共同组成的"文化边区"⑨。

本文试图在已有分期研究的基础之上,通过对已发表的墓葬材料进行梳理,重新提出花厅墓地的分期意见,并对墓地的文化性质再作讨论,最后就墓地布局结构、社会分化等问题略作分析。

二、墓地陶器分期与谱系

(一) 叠压打破关系分析

据《报告》北区墓葬分布图可知,M4、M9→M20,M47→M52、M54。

然而《报告》M4 平面图显示墓葬部分边框为虚线,M20 平面图显示墓葬边框全为实线;文字部分描述 M4 位于 T8 第二层,M20 位于 T8 表土层下并穿过第二层,且其层位关系为 M20→M4→M9。此外,M47、M52、M54 平面图显示 M52、M54→M47,文字描述亦为M52、M54→M47。

故本文关于上述两组墓葬的叠压打破关系皆以文字描述为准,即 M20→M4→M9,M52、M54→M47。

M21、M45 之间存在叠压打破关系,但是《报告》文字、图片资料都未具体注明,通过对

① 南京博物院新沂工作组:《新沂花厅村新石器时代遗址概况》,《文物参考资料》1956 年第 7 期。
② 南京博物院:《1987 年江苏新沂花厅遗址的发掘》,《文物》1990 年第 2 期。
③ 南京博物院花厅考古队:《江苏新沂花厅遗址 1989 年发掘纪要》,《东南文化》1990 年第 1、2 期。
④ 南京博物院:《花厅——新石器时代墓地发掘报告》,文物出版社,2003 年。
⑤ 栾丰实:《花厅墓地初论》,《东南文化》1992 年第 1 期。
⑥ 燕生东、春夏:《花厅墓地的分期与文化性质》,《刘敦愿先生纪念文集》,山东大学出版社,1998 年;黄建秋:《花厅墓地研究》,《华夏考古》2011 年第 3 期。
⑦ 栾丰实:《花厅墓地初论》,《东南文化》1992 年第 1 期;王根富:《花厅墓地初探》,《东南文化》1992 年第 2期;车广锦:《海岱地区文明起源初探》,《东南文化》1994 年第 4 期;燕生东、春夏:《花厅墓地的分期与文化性质》,《刘敦愿先生纪念文集》,山东大学出版社,1998 年;卢建英:《花厅墓地出土玉器浅析》,《华夏考古》2009 年第 3 期。
⑧ 严文明:《碰撞与征服——花厅墓地埋葬情况的思考》,《文物天地》1990 年第 6 期;张明华:《关于一批良渚型古玉的文化归属问题》,《考古》1994 年第 11 期;徐坚:《花厅墓地浅析》,《东南文化》1997 年第 3 期。
⑨ 高广仁:《花厅墓地"文化两合现象"的分析》,《东南文化》2000 年第 9 期;黄建秋:《花厅墓地研究》,《华夏考古》2011 年第 3 期。

比 M21、M45 出土的陶器,可知 M45→M21(详见下文)。

由此,得到以下三组打破关系:

1. M52、M54→M47

2. M45→M21

3. M20→M4→M9

第一组打破关系中,由于 M47、M52、M54 均未公布陶器线图,故该组关系失去分期意义。

第二组中,M21 出土有鼎、豆、盉等器物,M45 出土一件带鋬陶钵,两座墓虽未出土同型器物,但通过桥联法对整个墓地进行分期时是有年代早晚意义的。

第三组中,M9 无随葬品,M4、M20 均出土有豆、背壶、钵和罐等器物,可直接进行类比分析。

(二)典型陶器分期

本文在叠压打破关系基础之上,参考已有的关于大汶口文化[①]和良渚文化[②]典型器物的演化序列,从已公布线图的陶器中选取贯耳壶、高领壶、背壶、豆、鼎、鬶、缸和钵等作为标准器,尝试总结出花厅墓地典型陶器的演变序列。

在分型定式的基础上,通过横向对比分析,确认各典型器物间的对应关系,并划分不同的期段,由此编制出表一。

M20 打破 M4 证明背壶由Ⅲ式发展为Ⅳ式;M18 出 AⅢ式盘形豆,M61 出Ⅰ式钵,又因 M18、M61 同出Ⅲ式背壶,所以出Ⅱ式钵的 M45 要晚于出 AⅡ式盘形豆的 M21,与 M45 打破 M21 的事实相符。其他器物的变化也可从大汶口文化、良渚文化同类器的演化序列中得到印证。

结合大汶口文化和良渚文化的相关分期研究(图二、图三),可将花厅墓地分为三期(图四、图五):

第一期包括第 1、2 段,大致相当于大汶口文化第 4 段和良渚文化第 2、3 段,即大汶口文化的早期偏晚阶段、良渚文化早期偏晚至中期偏早阶段;

---

① 关于大汶口文化分期的研究,主要有山东省博物馆:《谈谈大汶口文化》,《文物》1978 年第 4 期;南京博物院:《长江下游新石器时代文化若干问题的探析》,《文物》1978 年第 4 期;高广仁:《试论大汶口文化的分期》,《考古学报》1978 年第 4 期;严文明:《论青莲岗文化和大汶口文化的关系》,《文物集刊(1)》,文物出版社,1980 年;蔡凤书:《试论大汶口文化在发展过程中的长期性与复杂性》,《文物集刊(1)》,文物出版社,1980 年;吴汝祚:《论大汶口文化的类型与分期》,《考古学报》1982 年第 3 期;栾丰实:《大汶口文化的分期和类型》,《海岱地区考古研究》,山东大学出版社,1997 年。本文主要以栾丰实先生的分期方案为依据,分别称早、中、晚三期。

② 关于良渚文化的分期研究,主要有张之恒:《略论良渚文化的分期》,《良渚文化》,1987 年;陈国庆:《良渚文化分期及相关问题》,《东南文化》1989 年第 6 期;杨晶:《论良渚文化分期》,《东南文化》1991 年第 6 期;栾丰实:《良渚文化的分期与年代》,《中原文物》1992 年第 3 期;李新伟:《良渚文化的分期研究》,《考古学刊(12)》,中国大百科全书出版社,1999 年;宋健:《论良渚文明的兴衰过程》,《良渚文化研究——纪念良渚文化发现六十周年国际学术讨论会文集》,科学出版社,1999 年;朔知:《良渚文化的初步分析》,《考古学报》2000 年第 4 期。本文主要以晚出的朔知先生的分期方案为依据。

表一　花厅墓地典型陶器共存关系表

期段＼器类	贯耳壶	高领壶	背壶	盘形豆 A型	盘形豆 B型	钵形豆 Aa型	钵形豆 Ab型	钵形豆 B型	盆形鼎	罐形鼎	袋足鬶	实足鬶	缸	钵
6		M23：40	M41：6、M20：49	M12：7		M20：59				M44：4				M45：8
5	M18：46	M34：49	M4：25、M18：42	M4：33、M18：45	M34：17	M34：13	M61：11		M34：18	M59：5、M34：34	M34：39			M46：36、M61：34
4		M16：38	M60：117	M21：19、M32：3	M50：48、M8：5	M60：49	M60：59		M27：7	M56：13、M42：19、M57：5	M50：65	M60：56	M50：56、M60：75	
3	M36：32				M30：11			M108：6、M118：8	M49：14		M26：12	M36：27、M48：20、M58：18	M5：15	
2	M19：12		M19：11	M19：15				M110：25						
1	M115：11、M105：4							M122：25						

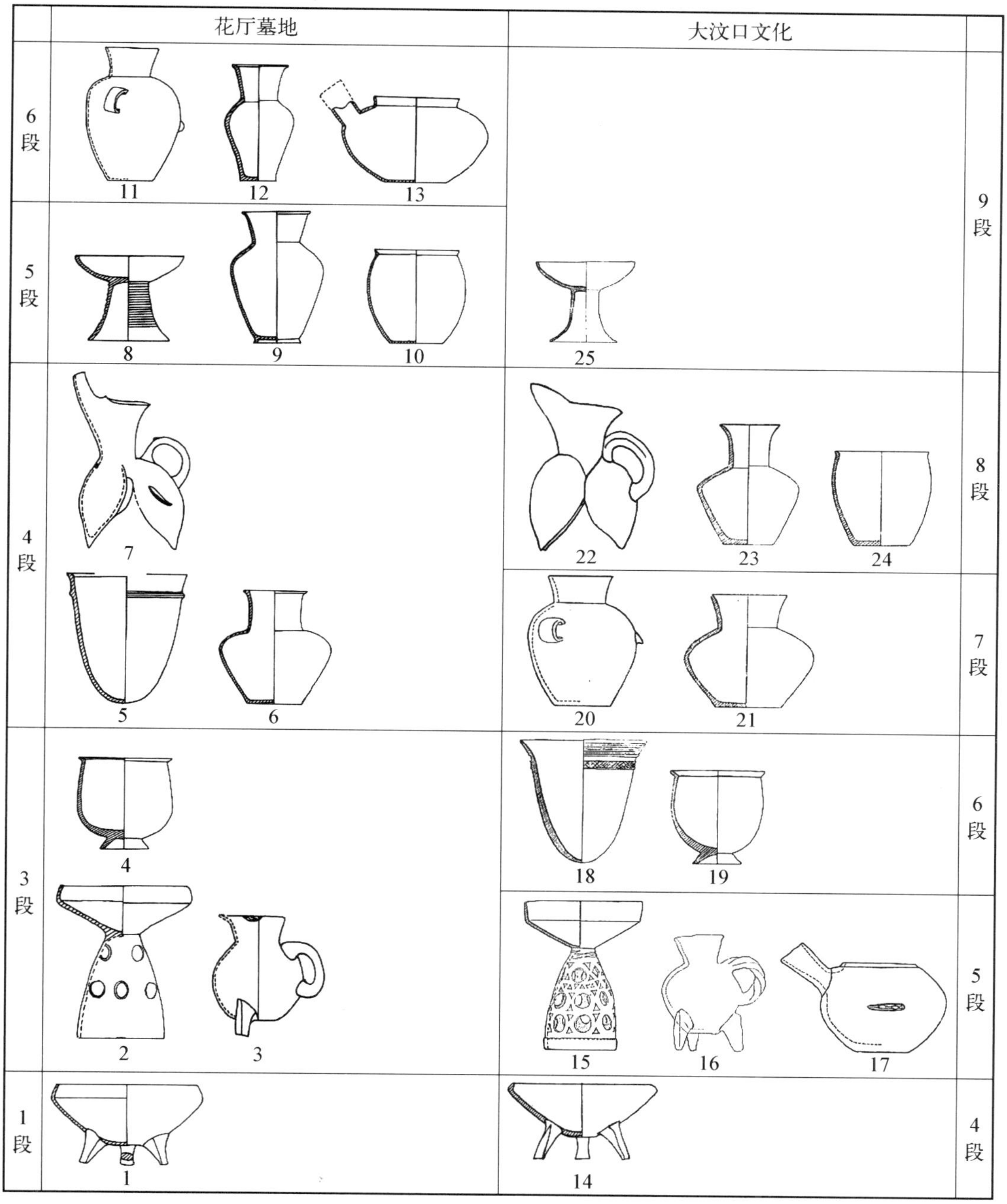

图二　花厅墓地与大汶口文化出土陶器对比图

1. M105：6　2. M108：6　3. M48：20　4. M31：8　5. M60：75　6. M16：38　7. M50：65　8. M34：13　9. M34：49　10. M4：30　11. M20：49　12. M23：40　13. M20：36　14. M44：21　15. M42：16　16. M129：6　17. M58：13　18. M13：21　19. M13：13　20. M98：13　21. M122：5　22. M116：1　23. M15：2　24. M17：29　25. M10：38

（1—14. 花厅　15、16. 大墩子　17—23、25—27. 大汶口　24. 三里河）

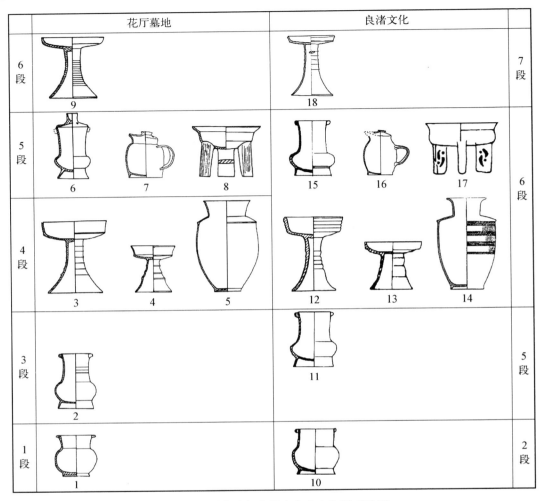

图三　花厅墓地与良渚文化出土陶器对比图

1. M115∶11　2. M36∶32　3. M60∶59　4. M50∶43　5. M35∶39　6. M18∶46　7. M18∶35　8. M34∶18
9. M61∶11　10. 87M1∶10　11. M7∶2　12. T27M2∶2　13. M3∶5　14. M198∶10　15. M198Ⅱ组∶3
16. M4∶10　17. T22M5∶90　18. M9∶9
(1—9. 花厅　10. 龙南　11. 千金角　12、17. 福泉山　13. 雀幕桥　14、15. 草鞋山　16. 马桥　18. 平邱墩)

　　第二期包括第3、4段,相当于大汶口文化第5—8段和良渚文化第4—6段,即大汶口
文化中期至晚期早段、良渚文化中期偏晚阶段至晚期早段;

　　第三期包括第5、6段,相当于大汶口文化第9段和良渚文化第6、7段,即大汶口文化
晚期、良渚文化晚期晚段。

　　由于未找到可供判断绝对年代的碳十四测定的理想标本,所以关于花厅墓地的绝对
年代尚不明确。参照已发表的大汶口文化碳十四测年数据,栾丰实先生与《报告》皆推定
在公元前3400—前2800年之间,前后延续约600年①。

────────────

① 栾丰实:《花厅墓地初论》,《东南文化》1992年第1期。

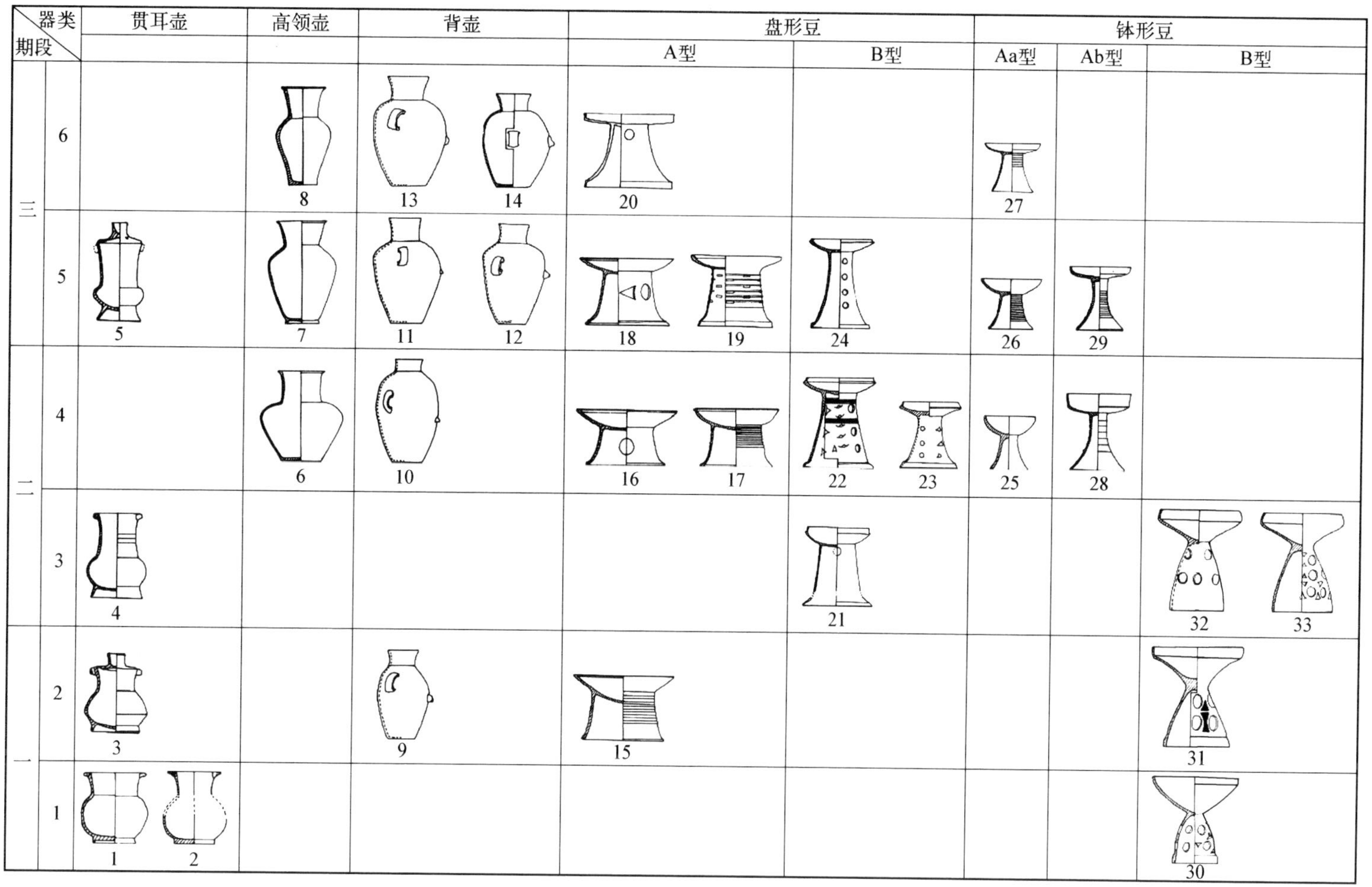

图四 花厅墓地陶器分期图（一）

1. M115：11 2. M105：4 3. M19：12 4. M36：32 5. M18：46 6. M16：38 7. M34：49 8. M23：40 9. M19：11 10. M60：117 11. M4：25
12. M18：42 13. M20：49 14. M41：6 15. M19：15 16. M32：3 17. M21：19 18. M18：45 19. M4：33 20. M12：7 21. M30：11 22. M50：48
23. M8：5 24. M34：17 25. M60：49 26. M34：13 27. M20：59 28. M20：59 29. M61：11 30. M122：25 31. M110：25 32. M108：6 33. M118：8

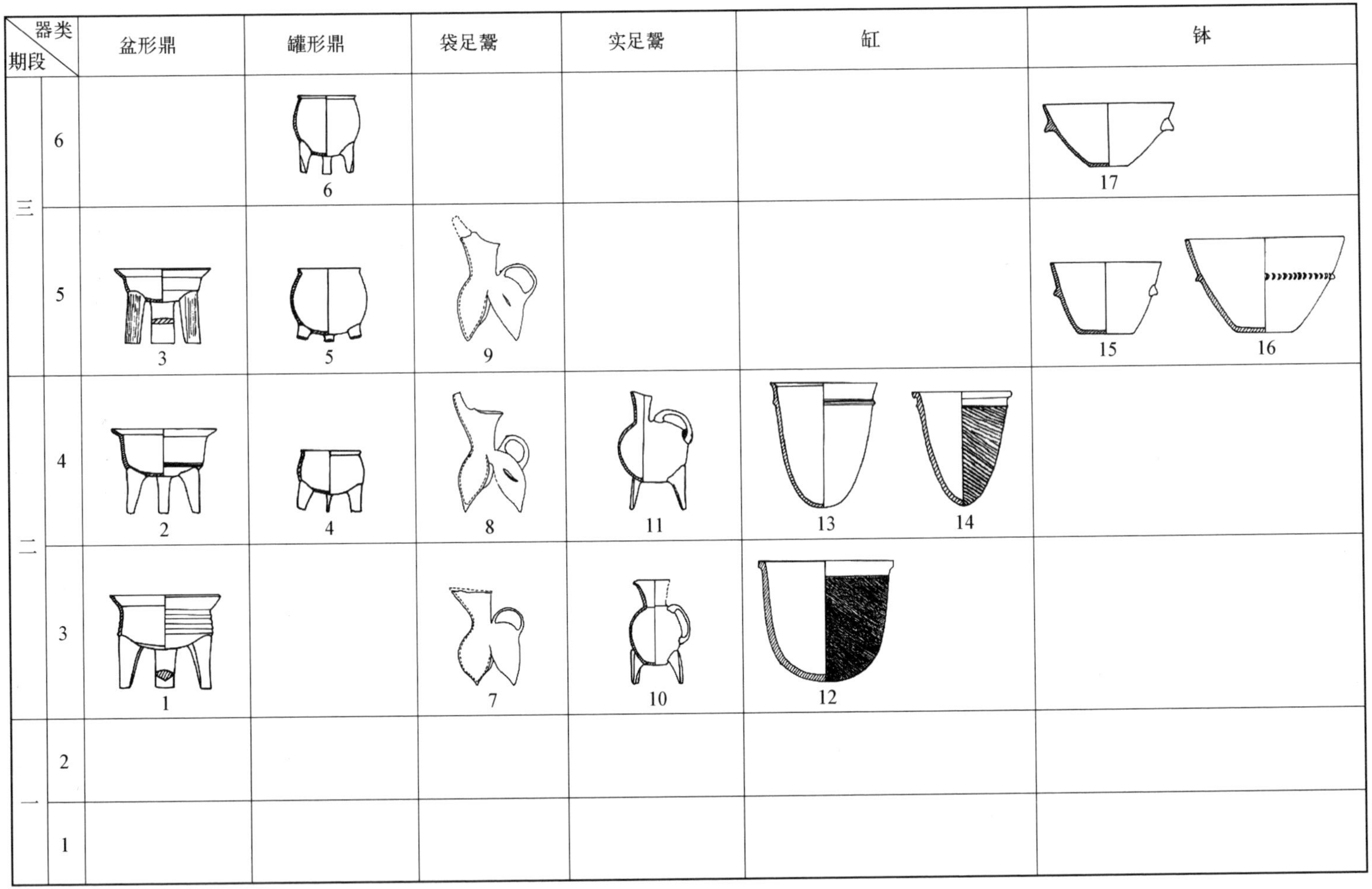

图五　花厅墓地陶器分期图（二）

1. M49：14　2. M27：7　3. M34：18　4. M56：13　5. M59：5　6. M44：4　7. M26：12　8. M50：65　9. M34：39　10. M36：27　11. M60：56　12. M5：15
13. M60：75　14. M50：56　15. M46：36　16. M61：34　17. M45：8

（三）各期遗存文化因素分析

花厅墓地一至三期延续时间较长,其形成和发展过程中,会不断受到周邻地区考古学文化的影响,产生不同程度的借鉴、吸收与互动。

花厅一至三期前后延续 600 余年,各期的文化面貌不尽相同,文化因素的传承与更替并存。

花厅墓地的大汶口文化因素陶器延续不断且数量众多,构成了花厅墓地的主体文化成分。第一期时,陶器主要为大汶口文化因素的器物,如 B 型钵形豆、背壶和 A 型盘形豆,具有良渚文化特征的陶器仅为贯耳壶。第二期时,大汶口文化因素、良渚文化因素陶器的种类在第一期的基础上都有所增多,如出现了具有大汶口文化因素的袋足鬶、大口缸和高领壶以及良渚文化特征明显的盆形鼎、折肩罐和 Ab 型钵形豆等器物;大汶口文化因素虽仍占主体,但除了良渚文化因素增多外,又新出现了薛家岗文化因素的陶器,如 B 型盘形豆、宽扁足盆形鼎。第三期时,各文化因素以传承为主,如背壶、A 型盘形豆、B 型盘形豆、Ab 型钵形豆、盆形鼎和袋足鬶等皆与第二期的同类器形制相近;但大汶口文化因素的 B 型钵形豆消失不见,新出现良渚文化特征的带流杯和薛家岗文化特征的圈足罐。

三、墓葬分类及特点

（一）等级划分

一般来说,墓葬大小和随葬品的多寡具有反映墓主人生前社会地位高低的指示作用。下文将以随葬玉器为切入点,并结合殉人现象和陶器等因素来对墓葬进行等级划分。

将出现殉人现象的墓葬定为一类墓,该类墓占地面积大,随葬品种类丰富,拥有玉琮、玉琮形管、玉琮形锥状器等玉礼器,随葬品总数多在 40—60 件之间,个别墓葬超过 100 件。

将无殉人现象但随葬较多玉锥、玉镯、玉环、玉瑗、玉佩等装饰性玉器的墓葬定为二类墓,该类墓随葬品数量多为 20—40 件。

将无殉人现象且未随葬或随葬个别玉器的墓葬定为三类墓,该类墓墓坑一般较小,随葬品种类较少且数量多在 20 件以下。

依据上述原则,花厅墓地各期墓葬种类分布情况如下:

花厅一期未发现一类墓,二类墓有 M19、M115,三类墓有 M105、M110、M119、M122、M123。

花厅二期一类墓有 M16、M35、M50、M60,二类墓有 M21、M32、M36、M42、M48、M56,三类墓有 M5、M8、M26、M27、M28、M30、M31、M37、M40、M49、M57、M58、M108、M118。值得

一提的是,M37 随葬较多骨器,还有用于加工骨器的砺石,推测墓主生前与制作骨器专长相关。据《报告》可知,M58 墓主为老年男性,出土较多的石器且种类单一,未见随葬玉器等,推测墓主生前与制作石器专长有关。

花厅三期一类墓有 M18、M20、M23、M34、M61,二类墓有 M4、M45、M46、M55,三类墓有 M12、M41、M44、M59。

通过对比分析可知,花厅一期和二期时,墓葬等级越高,数量越少,为金字塔型;花厅三期时,一类墓数量略多于二、三类墓(图六)。

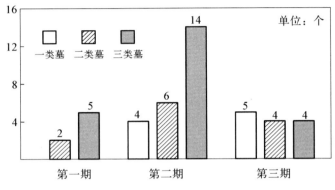

图六　花厅墓地各等级墓葬数量统计图

(二)埋葬特点

花厅墓地以仰身直肢葬式为主。在可辨别性别的多人葬墓中,埋葬位置皆为男左女右,如 M12、M18。M60 中居从属地位的两具中年个体安葬位置也为男左女右(图七)。

头向朝东为大汶口文化墓葬的典型特征。花厅墓地中,除 M122 头向南,M121 为南北向(头向不明)以外,其余墓葬头向均为东,这与江苏省兴化、东台两市交界处的蒋庄遗址良渚文化墓地绝大部分墓葬头向朝东的现象相同①。

南区墓地较少发现随葬猪、狗骨的现象。北区墓地则有 33 座墓葬随葬猪头骨或猪下颌骨,有 8 座墓葬随葬狗骨架,与大汶口文化的葬俗相符。花厅墓地绝大多数墓葬都多寡不一地随葬绿松石饰品,亦为大汶口文化的一个特点。

栾丰实先生提出大汶口文化中常见的骨牙雕筒与良渚文化中的玉琮一样,都是一种宗教礼器②。花厅墓地中则未见骨牙雕筒,而是出土了玉琮、玉琮形管等良渚文化特征鲜明的礼器(表二)。至于花厅一类墓中的殉人现象,在大汶口文化的墓地中尚未发现过。

①　林留根、甘恢元、闫龙:《跨越长江的良渚文明》,《中国文物报》2016 年 1 月 29 日。
②　栾丰实:《花厅墓地初论》,《东南文化》1992 年第 1 期。

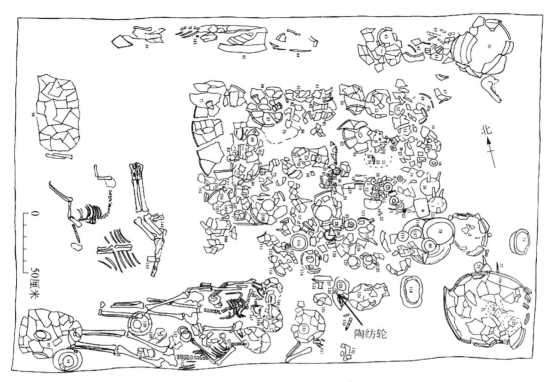

陶纺轮

图七　花厅墓地 M60 平面图①

表二　花厅墓地部分礼器统计表

单位	器类	玉钺	玉琮	玉琮形管②	玉琮形锥状器	大型玉项饰③	玉斧	玉锛	陶器座④	总计
三期	M4					1				17
	M18	1		2	1	1				
	M34			4(2)						
	M46						1			
	M61									
	M23			5(2)					1	

① 《报告》附表三中 M60 的头向与图五〇中的头向相反，而与文字描述相符，故本文以文字描述为准。笔者经过梳理发现，出现同样情况的还有 M34、M35、M36、M50、M56、M61，其实际头向皆朝东。

② 笔者发现《报告》统计的玉琮形管数量实际包含了普通的玉管，故用圆括号内的数字代表玉琮形管的实际数量，但做数量统计时仍以《报告》为准。

③ M22 出土的一件仅由 18 颗小玉珠、玉管组成的玉项饰，未包含琮形管、玉佩等配件，故未列入大型玉项饰。

④ 《报告》认为该类器物是礼器，笔者同意该观点。

续表

单位 \ 器类	玉钺	玉琮	玉琮形管	玉琮形锥状器	大型玉项饰	玉斧	玉锛	陶器座	总计
二期 M5				1					
二期 M16			3	1	1				
二期 M35			2				1		20
二期 M50	1①	1	3(2)		1	1	2	1	
二期 M60				1					

（三）随葬品的性别指征性

　　良渚文化的墓葬中,石钺、锛、凿与陶纺轮基本不共出,且随葬前者的墓主为男性,随葬后者的墓主为女性,反映了墓主性别与社会分工的差异。

　　花厅墓地中,除 M23、M60 中石锛和陶纺轮共出外,未发现石钺、石锛与陶纺轮共出的现象。但是通过分析可知,M23、M60 中的陶纺轮并非墓主人的随葬品。如 M23 的陶纺轮位于墓坑的边缘(图八),远离墓主人,前文提到 M23 中应有殉人存在,故该纺轮为殉葬者

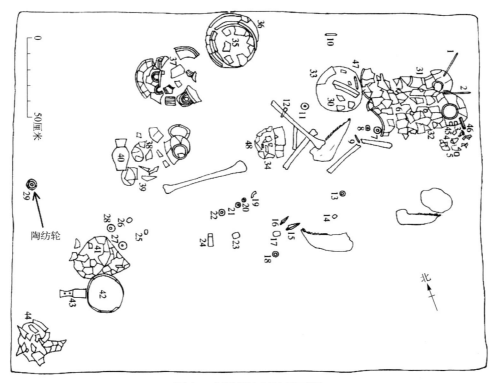

图八　花厅墓地 M23 平面图

---

　　① 《报告》文字描述中提到 M50 随葬有玉钺,但是出土器物统计表中未列出。

的可能性较大。M60 的石钺出在男性墓主人旁边(参见图七),且墓主人四周随葬品的边缘较整齐,该墓应有椁室;而陶纺轮则处于椁室之内,位置更接近殉葬的女性,故推测陶纺轮为该女性的陪葬品。

据《报告》可知,花厅墓地的石钺出土于 M18、M20 和 M101 三座墓中,除 M101 墓主性别无法鉴别外,M18、M20 中的石钺皆为男性墓主人的随葬品。出石锛的墓葬共有 18 座,除 M42、M55、M61 明确鉴定为女性墓外,尚未发现女性墓葬中出有石锛。出土陶纺轮的 8 座墓葬中,亦未发现明确属于男性随葬品的现象。

由此可见,花厅墓地中石钺、石锛与陶纺轮基本不共出,随葬石钺、石锛的墓主多为男性,随葬陶纺轮的墓主则多为女性。

四、墓地布局观察

(一)分期视角下的墓地布局

由于《报告》未公布南区墓地的平面分布图,部分陶器线图也未发表,故本文仅探讨北区墓地的相关布局。北区墓地共 62 座墓葬,纳入前文分期序列的有 36 座。

从埋葬位置来看,花厅北区墓地可以分为 5 个墓群(图九)。A、B、C 墓群处于北区北部,D、E 墓群在北区南部。一类墓大致呈南北向一字排开,与其他等级的墓葬稍有分离,但未完全区隔开。

A 墓群包含了除 M23 以外的其余 9 座一类墓(表三)。二期时,A 墓群各个等级的墓葬都有;三期时,A 墓群中的三类墓消失。B 墓群在二期时二、三类墓各 1 座,三期时新出现 1 座一类墓。C 墓群二、三期时皆为二、三类墓,只是三期时各剩 1 座。D、E 墓群二期时都有二、三类墓,三期时二类墓皆消失,仅各剩 1 座三类墓。

表三　花厅墓地墓葬分群统计表

期段＼墓群	A 群			B 群			C 群		D 群		E 群	
	一类墓	二类墓	三类墓	一类墓	二类墓	三类墓	二类墓	三类墓	二类墓	三类墓	二类墓	三类墓
三期	M18、M20、M34、M61	M4		M23	M45、M46	M44	M55	M59		M41		M12
二期	M16、M35、M50、M60	M36	M26、M30、M37、M49		M21	M27	M48、M56	M31、M57、M58	M42	M28、M40	M32	M5、M8

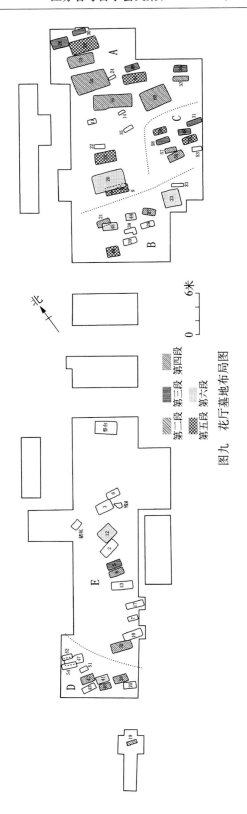

图九 花厅墓地布局图

从随葬品来看,花厅一期时良渚文化因素的陶器仅为贯耳壶,数量亦较少。二期时,良渚文化因素、薛家岗文化因素等非本地文化因素的陶器主要出土于 A 墓群,如盆形鼎、折肩罐、贯耳壶、B 型盘形豆、瓦形宽扁足盆形鼎等。三期时,良渚文化因素和薛家岗文化因素的陶器依然主要出土于 A 墓群,且以一类墓居多。如盆形鼎、Ab 型钵形豆、贯耳壶、B 型盘形豆和瓦形宽扁足盆形鼎、圈足罐等。

琮、琮形管、琮形锥状器和项饰等良渚式玉器也主要发现于 A 墓群。综合上述分析,推测 A 墓群为良渚文化等外来居民的埋葬地,其余墓群则为土著的大汶口文化居民的埋葬地。不同的墓群代表着不同的聚落群,也印证了花厅居民由不同的聚落群组成。

(二)社会分化

按照 5 万平方米以上的聚落可见中小型墓葬的差别,10 万平方米以上的大型聚落才见大型墓葬的标准[1],总面积达 50 万平方米的花厅遗址显然是一处大型聚落遗址。

花厅一期时未发现殉人现象,仅 M101 随葬石钺,但随葬品的质量和数量与其他墓葬差异较小。整体来看,花厅一期墓内随葬品多数为陶器,且种类并不丰富,仅 M19 随葬一具狗骨架,其余墓葬皆不见随葬猪、狗,三类墓未随葬玉器,贫富差异较小。

从花厅二期开始,贫富分化日趋明显,社会财富向大墓主人集中,而贫穷者则接近一无所有,如随葬品最多的 M60 有 149 件,最少的 M118 仅 4 件。殉人现象与玉琮、大型玉项饰、嵌玉漆木器等器物的出现,预示着阶级分化的加剧。同时,出现了专门从事手工业制作的人员,表明劳动分工的产生。M16 随葬有玉琮形管、琮形锥状器、项饰等礼器,未发现钺等象征军权的器物,故推测 M16 主人生前与神权有关。M50 随葬有玉琮、玉斧、玉锛等多种礼器,此外《报告》提到 M50 中还发现有玉钺。张忠培先生指出"玉钺直接象征的当仅是军权,在什么情况下同时又象征王权?这个问题还得进一步研究",而"祭祀用具的琮是掌握神权的象征"[2]。可见 M50 主人应是既掌握神权又控制军权的统治者。

三期时,贫富差异依然很大,随葬品最多的 M20 有 66 件,最少的 M44 仅 5 件。M20 出土石钺、石镞、骨镞各一件,未随葬礼器,推测其主人应掌握军权。M18 同时出土玉琮、石钺等器物,生前应同时掌握神权和军权。不排除 M18 和 M50 是花厅前后两任统治者的可能性。

值得注意的是,在 B 墓群和 E 墓群之间发现一处"用大小不等且经过初步修整的石块铺成的长方形石台,石台下为黄黏土,台面较平"(参见图九),王根富先生结合石台在墓区的相对位置及方位分析,认为这很可能是"祭台"遗迹[3]。在 E 墓群附近还发现一座可能与祭祀有关的猪坑。上述种种迹象表明祭祀制度在花厅遗址的确立。

结合玉琮、玉琮形管等礼器与殉人现象主要发现于一类墓中(参见表二),由此推测,

---

① 张弛:《大汶口大型墓葬的葬仪》,《社会权力的起源——中国史前葬仪中的社会与观念》,文物出版社,2015 年。
② 张忠培:《良渚文化墓地与其表述的文明社会》,《考古学报》2012 年第 4 期。
③ 王根富:《花厅墓地初探》,《东南文化》1992 年第 2 期。

一类墓的主人是花厅地区的统治阶层,拥有大量的社会财富,以及掌握部分人的生杀权,包含的良渚文化因素最多。二类墓的随葬品种类和数量仅次于一类墓,部分墓葬还随葬礼器,推测其主人应为一类墓主人的后备军,在整个花厅文化社会中居于辅助地位。三类墓的人员构成较复杂,包括手工业制造者、农业生产者等,他们的随葬品数量、种类都较少,社会地位最为低下。

五、结　　语

本文在重新梳理《报告》中叠压打破关系的基础上,结合已有研究中相关陶器的形制演变规律及随葬品的共存关系,建立起了花厅墓地典型陶器的分期编年序列,将整个墓地分为三期六段。第一期相当于大汶口文化的早期偏晚阶段,第二期大体处于大汶口文化中期至晚期早段,第三期和大汶口文化晚期相当。

依据有无殉人现象及随葬玉器的差异,将纳入分期序列的墓葬划分为三类。一类墓即为殉人墓,随葬了绝大多数的玉礼器;二类墓虽无殉人,但随葬较多的装饰性玉器;三类墓未随葬或随葬少量玉器。

从横向发展阶段来看,殉人墓和良渚文化因素的玉器、陶器皆主要分布于 A 墓群,又以其中的一类墓为主。大汶口文化因素的器物则主要位于 B、C、D、E 墓群。可见,A 墓群是良渚文化等外来居民的埋葬地,而位于其中的一类墓应为统治阶层的墓地;其余墓群则主要埋葬着土著的大汶口文化居民。

从纵向发展阶段来看,花厅墓地的社会分化程度与良渚文化因素的扩张进度是一致的,即在良渚文化因素所占比例极小的花厅一期,花厅墓地的社会分化尚不明显;在良渚文化因素明显增多的二期,贫富分化加大,出现殉人并随葬玉琮、玉琮形器等礼器的一类墓,产生了专门的手工业生产者;花厅三期时,一类墓的数量达到最多,所占社会财富比重亦达到顶峰。

花厅一、二期时,社会结构为金字塔型,即一类墓数量最少,三类墓最多;到了花厅三期,一类墓数量多于二、三类墓,这种不稳定的社会结构与花厅遗址的最终消亡有着不可分割的关系。

至于良渚文化势力北上的具体线路、动因以及与其他文化的动态关系等问题仍值得继续探讨、研究。

本文写作过程中,得到了李伊萍教授的悉心指导,在此表示感谢!

从苏州几处墓地看商周土墩墓向
秦汉土墩墓的过渡

牛煜龙

苏州市考古研究所　馆员

内容提要：苏州西部的山地丘陵地带密集分布着大量土墩墓,这其中有几个墓地存在着一些先秦墓葬与汉代墓葬共处的现象。这些墓葬位于山顶或山脊,上有封土堆,墓室为岩坑墓或岩坑墓的变体形态。这些岩坑墓从春秋延续到汉代。这种现象包括新区真山、吴中区观音山、善山等,可能反映了传统称谓的商周土墩墓中的一种类型向"秦汉土墩墓"岗阜类型的转变过程,最终过渡到秦汉土墩墓的平地类型。

关键词：商周土墩墓　秦汉土墩墓　岩坑墓　过渡

土墩墓出现于商周时期,是广泛分布于江南地区的一种特殊的墓葬形式,学术界称为"土墩墓"或"商周土墩墓"。自汉以来,在平地上营建土墩,再在墩体上开挖土坑墓穴集中埋葬成为主流,是为"秦汉土墩墓"。它们都有其各自特定的内涵。

目前学术界根据墓葬形制、出土陶器和青铜器等对商周土墩墓的时代、分期、特征、文化属性、来源和去向进行了大量研究,取得了大量成果。而秦汉土墩墓是近年来新提出的课题和概念,它的命名、内涵、与商周土墩墓的传承演变等方面仍有不同提法和意见。

苏州几处墓地处于两个交汇的历史时期,本文以它们为代表,梳理其特点,总结其墓葬形制和变化过程,追寻其变化规律,探讨它们在特殊历史时期的位置。

一、土墩墓概念的演变和问题的提出

传统土墩墓的定义是"流行于江南地区的以封土成墩为特征的古墓遗存,其延续时间约当中原的夏商之际至战国前期"[①]。这其中包括没有石室的土墩墓和内部有石室空间结构的土墩石室墓。

长期以来,"土墩墓"成为"商周时期江南土墩墓"的简称或者代名词,也有学者称之为"商周土墩墓"。

---

① 杨楠：《江南土墩遗存研究》,民族出版社,1998 年,第 1 页。

　　20 世纪 80 年代以来,在浙江的杭嘉湖地区,江苏的苏南地区,安徽的东南部地区以及湖南北部沅江下游地区和山东省东南沿海等地发掘出一批类似商周土墩墓的秦汉时期墓葬,这些墓葬先堆土筑墩,再挖坑埋墓和以高温釉陶为主要随葬品的共同特点,具有鲜明的秦汉时期墓葬特征,但与已知秦汉时期墓葬的常见类型又有明显差异,学界称之为"秦汉土墩墓"①。

　　对秦汉土墩墓的命名、界定、性质、内涵,学界讨论颇多,有些方面并未完全达成一致。对比如其定名和内涵,有的学者就提出"秦汉台坑墓"、"台坑墓"、"群集墓"、"土墩型汉墓"等几种不同提法②。

　　这种"秦汉土墩墓"大致分为两种类型,一种是平地类型,它们是在平地上堆筑土墩,再开挖竖穴墓葬埋墓。土墩的堆筑有的是利用早期土墩加筑,有的是汉代新筑而成。第二种类型是岗阜类型,位于山坡岗地,外观上仍类似商周土墩墓,具有明显隆起的封土堆。此类遗存较第一类少③。

　　秦汉土墩墓这两种类型在外观上都是有高出地面的土墩或土台作为墓葬的载体,这是它们仍被冠以"土墩墓"名称的基础。但其实岗阜类型的地理位置、外观形态更接近商周土墩墓(图一)。

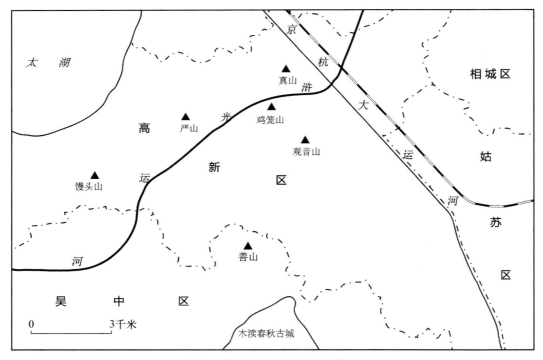

图一　苏州西部山区墓地示意图

　　① 游晓蕾:《"秦汉土墩墓国际学术研讨会"纪要》,《秦汉土墩墓国际学术研讨会论文集》,文物出版社,2013年,第 6 页。

　　② 游晓蕾:《"秦汉土墩墓国际学术研讨会"纪要》,《秦汉土墩墓国际学术研讨会论文集》,文物出版社,2013年,第 9、10 页。

　　③ 白云翔、李小宁:《秦汉土墩墓国际学术研讨会论文集》前言,文物出版社,2013 年,第 1 页。

笔者认为秦汉时期的山地岗阜是商周土墩墓和秦汉土墩墓在时空上的重要交集。这一时期苏州恰有不少此类遗存满足这个条件,近年来发现的吴中区观音山、善山和以前发现的新区真山等几个墓地中,有一批墓葬的基本形态是位于山顶或山脊,上有封土堆,外观上与商周土墩墓毫无二致,内涵却既有先秦墓葬,又包含汉代墓葬。追踪这些墓葬的形制发现,它们都是一批岩坑墓或岩坑墓的变体墓葬,并且墓葬形制有一个变化的过程,这批资料可能反映了商周土墩墓其中的一种形态在其消亡时期向秦汉土墩墓的转变,是这种类型向秦汉土墩墓的过渡。

二、岩坑墓在土墩墓中的存在

春秋晚期以后,商周土墩墓进入到衰落阶段。一方面墓葬形制发生了变化,以往的各种形制基本上被竖穴土坑所取代;另一方面随葬品和所反映的文化内涵也发生了巨大变化,以往的以原始瓷和印纹陶为特征的因素逐渐消失。对这一情况已有学者作过梳理[1]。

与此相反,在这个时期有一种形制的墓葬是逐渐发展的,就是岩坑墓。对于岩坑墓的归属,各位学者有不同的论述,有的略有提及,有的并未明确分类,有学者把江南土墩遗存分为土墩墓和石室土墩墓两种类型[2]。有学者按照墓葬的形制结构将商周土墩墓分成"石室土墩墓"、"无石室土墩墓"和"土坑形土墩墓"三种类型[3]。有的学者对土墩墓采取区别研究的方法,分为吴墓和越墓,再进行分类和分期研究[4]。在越国墓葬的研究中,把岩坑墓作为单独的一类墓葬类型,与土墩墓和石室土墩墓、独木棺墓并提[5]。

岩坑墓在商周土墩墓存续阶段的晚期出现,由于数量较少,分布范围较小,在大部分学者对土墩墓的研究定义中,未被明确划归。但岩坑墓横跨了商周和秦汉两个历史阶段,是一种特殊的墓葬类型,通常位于山地岗阜,外有封土墩,不论它们是商周土墩墓或是秦汉土墩墓的岗阜类型,都应该属于土墩墓的范畴。

就苏州的商周土墩墓而言,这些岩坑墓在春秋时期即已出现。秦汉土墩墓的岗阜类型中仍延续了下来,汉代以后基本不见。

(一)春秋时期的岩坑墓

在商周土墩墓的范畴内,苏州地区的春秋岩坑墓出现在真山墓地。墓葬规模宏大,但岩坑开凿较浅,有高出地表的高大封土(图二)。

真山墓地的D9M1,位于大真山主峰,外观有高大的覆斗状封土堆,是一座带墓道的

① 杨楠:《江南土墩遗存研究》,民族出版社,1998年,第142页。
② 杨楠:《江南土墩遗存研究》,民族出版社,1998年,第1页。
③ 田正标:《吴越土墩墓的形制结构及相关问题》,《百越文化研究——中国百越民族史学会第十二次年会暨百越文化国际学术研讨会论文集》,2004年,第320页。
④ 毛颖、张敏:《长江下游的徐舒和吴越》,湖北教育出版社,2005年,第142、292页。
⑤ 毛颖、张敏:《长江下游的徐舒和吴越》,湖北教育出版社,2005年,第308、311页。

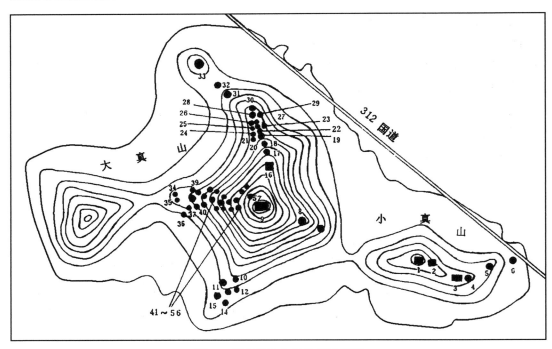

图二　真山墓地土墩分布示意图

浅岩坑墓,墓口东西长 13.8 米,南北最宽 8 米,墓坑深 1.8 米,墓道位于墓室东侧。发掘者
认为 D9M1 为春秋晚期吴王寿梦之墓①(图三)。

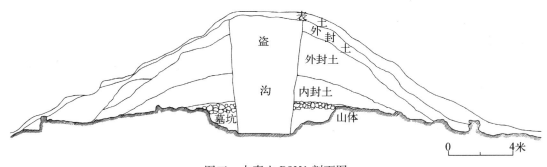

图三　大真山 D9M1 剖面图

(二)战国时期的岩坑墓

战国时期苏州没有大型岩坑墓葬,墓葬形制有所变化,在中小型墓葬中,墓室的特点
是竖穴较春秋时期突然变深,有的还带有长斜坡墓道。战国岩坑墓主要集中在小真山,其
墓葬形制有两种类型。

一种是带墓道的中型岩坑墓,如小真山 D1M1 和 D2M1。D1M1 位于小真山主峰,是

① 苏州博物馆:《真山东周墓地——吴楚贵族墓地的发掘与研究》,文物出版社,1999 年,第 15、72 页。

一座带墓道的甲字形竖穴岩坑墓,墓葬外观上具有明显的封土堆,墓道和墓室均打破基岩,斜坡墓道位于北部。墓底长 6.5 米,宽 5.45 米,墓葬自深 6.2 米。随葬的铜印经辨识为"上相邦玺",随葬有陶质郢爰冥币,是一座高等级的楚国贵族墓葬,发掘者认为墓主为春申君黄歇(图四)。D2M1 的墓葬外观形态、墓室结构和 D1M1 比较类似,具有封土堆,墓室也是凿山为穴的甲字形竖穴岩坑墓,但规模略小,墓底长 3.2 米,宽 3.3 米,墓葬自深 4.3 米,是级别低于 D1M1 的楚国贵族墓(图五)。

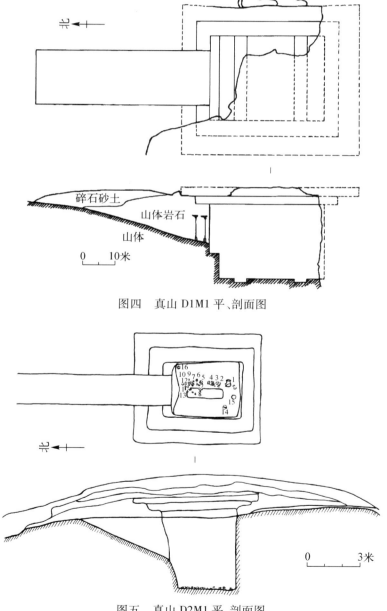

图四　真山 D1M1 平、剖面图

图五　真山 D2M1 平、剖面图

另一种是不带墓道的小型岩坑墓。小真山 D3M1 凿山为穴，形成深井式墓室，墓底长 3.53 米，宽 2.15 米，墓葬自深 5.05 米。出土遗物有鼎、敦、壶、瓿、香薰等，时代为战国晚期，发掘者认为是比 D2M1 级别更低的楚国贵族墓。

小真山 D4 内 D4M2 和 D4M3 也是小型岩坑墓，均为长方形竖穴，打破基岩，规模更小。墓室深分别为 2 米和 3.9 米。其所出的陶质器物组合钫、鼎、盒、壶、豆均与 D1M1 和 D2M1 楚墓基本一致，应当也为楚国贵族墓葬①。

（三）战国晚期和汉代的岩坑墓

这一时期岩坑墓延续了下来，但结构简单，基本是长方形竖穴墓，规模较春秋战国时期小，同时在这一时期新出现一种半土坑半岩坑的墓葬形制。

半土坑半岩坑的墓葬为数不多，但很特别，似是一种介于岩坑墓和秦汉时期竖穴土坑墓之间的形态，通过这种过渡，逐步转变为彻底的竖穴土坑墓，善山墓地提供了非常直观的例子。

善山位于吴中区木渎镇天池村旺山桥村西北，海拔高度约 50 米，是一座西南—东北走向山脉的东侧顶端，山脊东北为善山顶峰，整座山顶为一处大的土墩群。2012 年春季，苏州木渎古城联合考古队共发掘 D1、D2 和 D3 三座土墩，除 D2 内未发现墓葬，D1 和 D3 内均有数座墓葬，共发掘墓葬十余座。

善山这些墓葬基本都是竖穴墓，开口在②层下，打破下方地层。根据其是否打破基岩，可以分为 3 种类型。

Ⅰ 型　墓底为基岩的竖穴土坑墓。此种墓葬正好到达基岩面，并将基岩稍加处理成为墓底。如 M7（图六）。

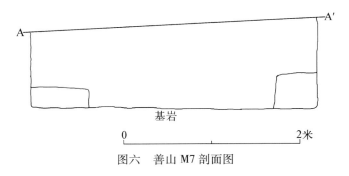

基岩

0　　　　　　　　　　　　2米

图六　善山 M7 剖面图

M7 位于土墩中心的外围，打破下方地层形成墓穴，墓穴中部为棺床位置，正好达到基岩面，棺周边则为熟土二层台。墓坑南北长 3.26 米，东西宽 1.7 米，深 0.86 米。出土红陶器物有鼎、钫、豆以及陶俑等，为楚式典型器物，时代为战国晚期②。

---

① 苏州博物馆：《苏州真山四号墩发掘报告》，《东南文化》2001 年第 7 期。
② 苏州古城联合考古队：《苏州木渎古城 2011—2014 年考古报告》，《考古学报》2016 年第 2 期。

Ⅱ型　墓穴上半部打破土墩封土,下部打破基岩形成的竖穴墓。如汉墓M5、M12都是这种情况。

M5位于墓地南侧,墓口呈东西向,东西长3.4米,南北宽2.8米,深2.72米。墓壁竖直,较为平整,方向65°。此墓下部打破基岩约1.5米(图七)。

M12位于M5东侧,为一座南北向竖穴汉墓,墓口南北长3.18米,东西宽2米,深约4—4.6米,墓壁略斜内收,口大底小。墓底为基岩,基岩面处理得不甚平整。墓葬先打破土墩封土,再打破下部基岩,自墓口向下约2.3—2.7米均为基岩,基岩高度在1.57—1.8米左右。北侧因近山脊处而略高[1](图八)。

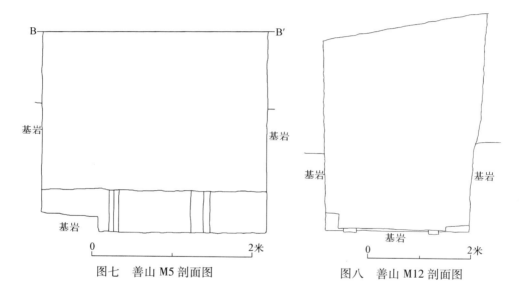

图七　善山M5剖面图　　　　图八　善山M12剖面图

Ⅲ型　典型的竖穴土坑墓。善山墓地多数墓葬均为这种情况。

这种在山脊开凿基岩构筑墓室的墓葬形制跨越了商周和秦汉两个历史阶段,在整个土墩墓的历史演进过程中有重要的位置,反映了某些共同的文化心态。通过苏州几个墓地并结合别的一些资料的梳理可以追寻到一些线索。

商周土墩墓中,苏州本地的竖穴岩坑墓出现在春秋中晚期。如果把视野扩大到宁镇地区,也有这种情况。如镇江谏壁青龙山墓,带斜坡墓道,墓道和墓室都是开凿基岩而成[2]。这种开凿基岩的岩坑墓形制是江南土墩墓的地方文化因素。

战国时期岩坑墓的形制有所变化,原因是楚文化的介入。苏州小真山战国墓D1M1、D2M1均为带墓道的甲字形竖穴岩坑墓。而春秋战国湖北、湖南楚文化中心地带的大中型楚墓为竖穴土坑木椁墓,有着巨大的土坑墓圹,墓壁向下开挖成多级台阶。

①　徐良高、唐锦琼:《苏州地区汉代"土墩墓的两点观察"》,《秦汉土墩墓国际学术研讨会论文集》,文物出版社,2013年,第9页。
②　丹徒考古队:《丹徒青龙山春秋大墓及附葬墓发掘报告》,徐湖平主编《东方文明之韵:吴文化国际学术研讨会论文集》,岭南美术出版社,2000年,第10页。

小真山 D1M1 和 D2M1 这种楚墓建筑在独立山体之上开挖岩坑的方式并非楚地传统，但长斜坡墓道、口大底小的阶梯状墓室则是沿袭了楚式因素。这一时期楚文化对江南影响深远，江南本地土墩墓中的岩坑墓的文化因素和楚式文化因素相融合，产生了新的墓葬形式。

三、汉人对岗阜墓地的探索

汉代以降，出现了大量平地堆筑土墩埋葬的现象，墓地分布地点从山脊走向平地，但选择山巅山脊高爽地带埋葬的理念仍未消失，人们同时也在向岗阜地带进行最后的探索。

汉代人"借墩"埋墓现象是一种探索。

观音山 D1 的发掘中，展现了汉代人利用春秋时期的土墩和岩坑墓穴再次埋葬的情况。

D1 位于苏州新区观音山北端的山脊线上，是一座直径 20 米，海拔高度 114 米，相对高度 3 米的土墩。土墩中部开凿成竖穴岩坑的墓室，墓室外围构筑"石椁"，在石椁和墓室之间埋葬器物坑。

此墓的现代盗洞内和墓室底残留汉代遗存，但墓室西部的器物坑未被盗扰，所出遗物时代为东周。根据墓葬形制结构和营建方式来看，可以断定早期墓葬营建于东周①。从墓葬的东壁剖面看，可知汉人对春秋时期土墩墓葬的基本结构并未做大的改动，只是利用早期土墩的墓穴埋墓，他们从墩顶直接下挖，东壁剖面的早期盗洞正是汉代人进入墓室的通路②(图九)。

在善山墓地、真山墓地中，汉墓和战国墓葬共处一墩，有的汉墓还打破早期墓葬，是汉人对山岗地带继续探索的另一种表现。

善山墓地在 D1 和 D3 内，汉代墓葬与战国墓葬同处一墩，有一墩多墓现象。小真山 D4 中，西汉墓葬 D4M1 打破战国墓 D4M2。两墓均为竖穴岩坑墓，M2 的墓室底部比 M1 深 0.15 米，东、西、北三面有二层台，西面二层台被 M1 打破③。

汉人对高爽墓地的探索，完成了商周土

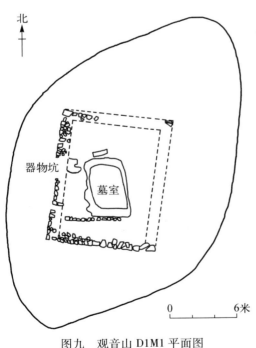

图九　观音山 D1M1 平面图

① 苏州市考古研究所：《江苏苏州观音山东周石室土墩墓 D1M1 发掘简报》，《东南文化》2015 年第 5 期。
② 丁金龙、陈军：《苏州地区周代土墩墓的发现与研究》，《东南文化》2012 年第 4 期。
③ 苏州博物馆：《苏州真山四号墩发掘报告》，《东南文化》2001 年第 7 期。

墩墓向秦汉土墩墓岗阜类型的过渡,但可能由于人口的膨胀性增加,使得墓地资源显得匮乏,"借墩"、打破、共存等探索难以为继,同时出于成本的考虑和社会文化的变化,又过渡到秦汉土墩墓的平地类型。这种过渡不仅体现在墓穴方面,还体现在以墩为载体的岗阜上的一墩多墓向平地上的另一种意义的一墩多墓的转变。最终土墩墓全面走向平原地带,汉人堆土成堆构筑墓地。这个过程也就是秦汉土墩墓岗阜类型和平地类型共存,但最终被平地类型取代的过程。

而平地类型的秦汉土墩墓和商周土墩墓相比有很多优点:

1. 工程量变小,节省了更多的社会资源和财力。后者基本都是在山下取土搬运上山,有石室或石棺床的土墩墓其石料也都从特定的采石点搬运上山。而前者就地取土,堆筑成墩,省时省力。

2. 便于规划。商周土墩墓多位于岗阜之上,不管是一墩一墓还是一墩多墓,受制于地貌和环境,所能容纳墓葬个体数量有限,相比而言,秦汉的土墩型墓地墓葬排列整齐,规划有序,能容纳更多的单个墓葬,更能体现族群的主动性和创造力。

3. 汉代实行土地私有制度,通常会家族聚居,死后也埋葬在一起,聚族而葬,从社会管理和家族凝聚的角度,更有利于社会稳定。

四、过渡时期的墓地

本文梳理苏州的几处墓地反映了商周土墩墓式微时期,其中一类墓葬消亡转化过程中的一些现象,并且这些现象和秦汉土墩墓有一些内在联系。这类墓葬既是商周土墩墓的延续,又对秦汉土墩墓产生影响,似可认为是一种中间过渡形态。作为过渡时期的这几个墓地,有如下几个特点:

1. 从时间上看,这些墓地时代在春秋和汉代之间。

2. 墓葬地点位于山坡岗地,地势高爽,具有隆起的封土堆,仅从外观难以真正了解其内涵。

3. 从墓室结构来看,均是与基岩相关的岩坑墓。由春秋时期的浅岩坑墓到战国时期较深的竖穴岩坑墓,再通过汉代半土坑半岩坑的过渡,被土坑墓取代,有一个逐步变化的过程。

4. 汉代以后,这种竖穴岩坑墓消亡不见。善山墓地中三种类型墓葬的共存,既显示了岩坑墓最后的孑遗,又展现了向纯粹的土坑墓的过渡。

5. 有一墩多墓现象,并且墩内墓葬有所规划,是平地类型的秦汉土墩墓一墩多墓现象的先声。

五、结　语

春秋战国时期,土墩墓分布的中心区域成了吴楚越反复交战的地带,各国疆域不断变化,各种文化因素反复拉锯和进退。由于战事频繁,社会动荡,到了战国,再也没有春秋时期那种大型的土墩墓。楚的东进带来了新的文化因素,和本地的文化因素相斗争、融合,最终促进了商周土墩墓的转变和消亡。由于社会动荡,制度文化处于激烈的碰撞和变化之中,具体到此时的埋葬方式,可能还没有形成规范一致的形式,不同族群所对应的墓葬,其墓地分布排列和墓室营建都因地制宜,所以呈现出多样化的特点。"岩坑墓是在土墩墓、石室土墩、竖穴土坑墓的多重影响下产生的一种墓葬形制"正是这一复杂过程的准确论述①。

本文梳理了一些工作中的思考与困惑,对有些问题得出一些粗浅的认识,试图厘清一些模糊地带,但仍有很多疑惑尚需破解。这里仅提出一个不成熟的想法,在此希望抛砖引玉,请各位师长专家不吝赐教予以斧正和帮助。

---

① 　毛颖、张敏:《长江下游的徐舒和吴越》,湖北教育出版社,2005 年,第 308 页。

南方地区龙窑发掘相关问题讨论

马永强

南京博物院考古研究所　副研究馆员

内容提要： 在我国古陶瓷、紫砂等器物烧制过程中，龙窑发挥着重要的作用，在选址、建构方式及烧制形式等方面具有典型的特点。本文通过总结已发掘的龙窑资料，结合现今龙窑的特点，对龙窑的选址、结构特点及工作方式进行了较为详细的说明，并以宜兴蜀山龙窑的考古发掘为基础，对龙窑发掘中的布方、发掘方法及地层堆积等相关问题进行了讨论，以期促进龙窑的科学考古发掘。

关键词： 南方地区　龙窑　结构　发掘　倾倒点

龙窑，我国窑炉的一种形式，多建筑在江南地区的坡地上，亦有少量在平地垒筑高台建就。窑呈长条形，由下而上，依山势砌筑成直焰式筒形穹状隧道，取其倾斜顺应火势，是一种长隧道形的窑炉，因如龙似蛇，故名，亦称蛇窑、蜈蚣窑。因建在山坡上，火焰抽力大，升温快，同时装烧面积大，产量高，故自战国至明清时期南方地区多有砌筑。1986 年 10 月在江西清江县山前乡吴城商代遗址中发现的 4 座商代晚期的长条状窑炉①，是迄今发现时代最早的龙窑。

由于龙窑遗址所处地形、地势、环境的影响和制约，龙窑的考古工作具有其独特性，发掘方法也与以往有较大的不同，而现今还未见龙窑遗址考古发掘方法的研究。近年来，笔者曾参与江苏宜兴蜀山紫砂龙窑遗址的考古发掘和整理工作，对龙窑有了较为深刻的了解，并对此类遗址的发掘方法有了较为系统的认识。对于龙窑的研究，多着眼于单个龙窑结构、产品形制等方面的研究，而对其进行宏观概念的研究很少。朱伯谦先生所撰《试论我国古代的龙窑》②、熊海堂所著《东亚窑业技术发展与交流史研究》③可作为这一方面研究的代表。为了较为全面地了解龙窑、认识龙窑，本文拟在前人对龙窑研究的基础上，对龙窑作一宏观方面的概括和研究，并对龙窑遗址的发掘方法作论述。

新中国成立以来，经过调查、发掘的龙窑遗址有 700 余处，窑炉约 2 500 座，占中国各种窑炉总数的一半以上，尤以江苏、浙江、广东、广西等地的龙窑最多，龙窑遗址的考古调

---

① 江西省博物馆等：《江西清江吴城商代遗址发掘简报》，《文物》1975 年第 7 期。

② 朱伯谦：《试论我国古代的龙窑》，《文物》1984 年第 3 期。

③ 熊海堂：《东亚窑业技术发展与交流史研究》，南京大学出版社，1995 年，第 81 页。

查、发掘工作取得了巨大的成绩,尤为重要的是发表和出版了较多的龙窑考古调查、发掘报告。其中,有浙江绍兴富盛窑址的调查和发掘①、江苏宜兴涧潩窑发掘②、宜兴羊角山古窑址调查③、江西丰城罗湖窑发掘④、福建建阳芦花坪窑址发掘⑤、广西藤县宋代中和窑发掘⑥、广西永福窑田岭宋代窑址发掘⑦、四川灌县罗家窑何家窑遗址发掘⑧、浙江寺龙口越窑发掘⑨、龙泉东区窑址发掘报告⑩等。

一、龙窑的结构特点和工作流程

龙窑由火塘、窑体、鳞眼、窑门、烟道等部分组成,还有为龙窑作业而设的匠台和房屋工棚等(图一)。

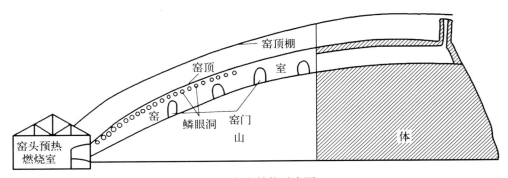

图一　龙窑结构示意图

龙窑多依山坡或土堆倾斜建筑,一般与地面成 10°—20° 角。窑头角度较大约 20°,中部约 15°,后部约 11°。窑头有预热室,窑尾通常不设烟囱或设置很矮小的烟囱,因为龙窑本身就起着烟囱的作用。早期龙窑一般长几米到二十几米,到了宋代龙窑长达五六十米,

①　绍兴县文物管理委员会:《浙江绍兴富盛战国窑址》,《考古》1979 年第 3 期。

②　邹厚本:《江苏宜兴涧潩窑》,文物编辑委员会编《中国古代窑址调查发掘报告集》,文物出版社,1984 年,第 51 页。

③　宜兴陶瓷公司《陶瓷史》编写组:《宜兴羊角山古窑址调查报告》,文物编辑委员会编《中国古代窑址调查发掘报告集》,文物出版社,1984 年,第 59 页。

④　江西省历史博物馆、丰城县文物陈列室:《江西丰城罗湖窑发掘简报》,文物编辑委员会编《中国古代窑址调查发掘报告集》,文物出版社,1984 年,第 73 页。

⑤　福建省博物馆、厦门大学、建阳县文化馆:《福建建阳芦花坪窑址发掘简报》,文物编辑委员会编《中国古代窑址调查发掘报告集》,文物出版社,1984 年,第 137 页。

⑥　韦仁义:《广西藤县宋代中和窑》,文物编辑委员会编《中国古代窑址调查发掘报告集》,文物出版社,1984 年,第 179 页。

⑦　广西壮族自治区文物工作队:《广西永福窑田岭宋代窑址发掘简报》,文物编辑委员会编《中国古代窑址调查发掘报告集》,文物出版社,1984 年,第 201 页。

⑧　四川省文物管理委员会、灌县文物管理所:《四川灌县古瓷窑遗址试掘简报》,文物编辑委员会编《中国古代窑址调查发掘报告集》,文物出版社,1984 年,第 276 页。

⑨　浙江省文物考古研究所、北京大学考古文博学院、慈溪市文物管理委员会:《浙江寺龙口越窑》,文物出版社,2002 年。

⑩　浙江省文物考古研究所:《龙泉东区窑址发掘报告》,文物出版社,2005 年。

个别地区甚至达到七八十米。宽约 1.5—2.5、高约 1.6—2 米。横断面积以窑头最小,便于烧窑开始时热量集中,利于燃烧。窑中部最大,窑尾大于窑头而小于中部。拱顶成弧形,两侧上部或窑顶有左右对称的多排直径约 0.15 米的椭圆形孔,即鳞眼洞,该洞是投放燃料和观察火焰温度的窗口。沿窑长方向两孔间距约为 0.8—1 米,烧制时用椭圆形鳞眼塞封堵。窑身一侧有一排窑门,供烧制坯件和烧成品进出窑所用。

龙窑是半连续性的窑炉。采用自然通风方式,以杂柴、松枝等植物为燃料,窑内火焰多平行窑底流动。由于窑身倾斜,窑尾较小,烟气流速又增大,可造成几何压头,形成一定的抽力,有利于排烟。而且这个抽力能克服窑内气体流动时的阻力,使窑内温度、气氛较均匀地分布。在窑头点火,从窑尾排出废气,并将窑后段制品预热。随后烧成带往窑尾移动,窑前段制品冷却,将空气预热,预热的空气进入烧成带。从而有效利用废气热量,减少燃料消耗,提高窑热效率。

龙窑最大的优点是升温快,降温也快;可以快烧,烧成温度最高达 1 300℃,所谓千度成陶,并可控制还原焰,维持烧造青瓷的还原焰,故有说龙窑是青瓷的摇篮。影青、黑釉瓷等大都是在龙窑里烧成的。现中国长江以南及东南亚部分地区仍保留有少量龙窑。全窑结构简单,建筑费用较低,不需尺寸严格的砖块即可砌筑。

龙窑作业时,在窑室内码装坯体后,将所有窑门、鳞眼封闭。先在窑头点火烧窑,从窑尾排出废气,并将窑后段制品预热。前段烧成后,烧成带往窑尾移动,窑前段制品冷却,再由前向后依次投柴,逐排烧成。这样窑尾还在烧,窑头就可以出窑了,空出的窑位又可放入新的泥坯,利用余热进行干燥加热。对于烧造过程中产生的残次品等垃圾,一般会就近处理,倾倒于附近地势低洼处,形成一条长条形残次品、残片的垃圾堆积。

二、龙窑的发掘方法

龙窑的使用开始于商代晚期,直到现在有的地区仍在使用。经过调查、发掘的古代龙窑数量较多,但经过正式考古发掘的龙窑遗址并不多,其中以浙江龙泉东区窑、浙江寺龙口越窑、江苏宜兴蜀山窑、宜兴涧㳇窑等龙窑遗址的发掘最具代表性。

龙窑遗址多位于山坡之上,地层堆积依据地势变化较大,文化堆积最薄处不足 1 米,最厚可达 10 米以上,这给龙窑遗址的考古工作造成了困难;且地层是由废弃之陶、瓷、紫砂等残片、修窑残砖瓦石块、生活垃圾等堆积而成,故此地层含土量较低,堆积疏松,直立性较差,容易塌方,探方发掘到最后面积已大大缩小,造成了龙窑遗址考古的独特性。本部分拟就所见资料和近年来的龙窑发掘经验所得,总结我国南方地区龙窑的发掘方法。

由于龙窑多建筑在江南地区的坡地上,亦有少量在平地垒筑高台建就,且表面堆积大量的陶、瓷器残片和较厚的残次品。在窑址考古调查期间,要特别注意残陶、瓷片的堆积情况。因为在龙窑烧制过程中,会产生大量的残次品和残片,以及在不定期对龙窑的修补中产生大量的残断砖块等垃圾,这些垃圾从龙窑的各窑门中搬出后就倾倒于龙窑窑门一侧不远的山坡上,随着时间的推移形成一层层独特的陶、瓷片堆积带,并向上隆起。因此,在龙窑遗址区发现大量的残陶、瓷片堆积,就可知龙窑的存在,且就位于堆积隆起的一侧,距离较近。通常由于堆积中多残片少泥土,日久就会局部坍塌滑坡,覆盖周围区域,在龙窑窑址顶部形成一层厚厚的残片堆积。

　　如此,由于人为因素的干预,原来平缓、等高线光滑的山坡就变得较为陡峭,其等高线也变化剧烈。也正因为这个原因,龙窑遗址通常位于山坡上等高线变化剧烈的位置,而等高线较为光滑的部分很少会发现龙窑遗迹。如在宜兴蜀山紫砂龙窑遗址的发掘过程中,根据地形、地势将发掘区划分为七个区(图二),而龙窑遗址集中发现于 A—F 区,其他发掘区中没有任何发现。

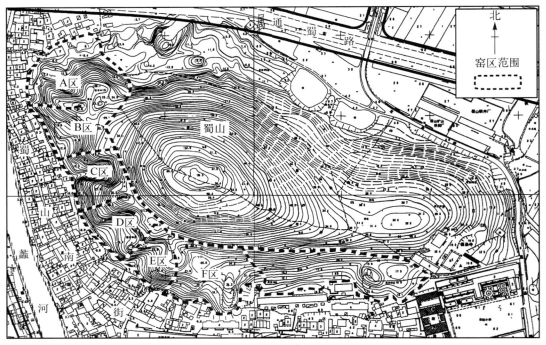

图二　蜀山紫砂龙窑遗址发掘区分布示意图

　　在确定了窑址的大致位置以后,由于窑址被较厚的残片堆积覆盖,所以确定窑址的具体位置就需要在堆积带两侧横向开挖一条探沟来确定。

　　龙窑窑址确定以后,要根据龙窑两壁的走势,以及山坡地形确定龙窑遗址发掘的布方方案。为了能较为全面地了解并掌握窑址及其附属构筑的具体情况,龙窑考古发掘的布方应科学、合理。

　　在近年来的龙窑遗址发掘工作中,尤以浙江寺龙口越窑遗址的考古发掘最具代表性,尤其是布方具有一定的借鉴性。在寺龙口越窑址的发掘中,探方布于窑址的两侧,并从下向上、从左向右分布,而在窑床的中间部位扩补一大的探方(图三),这样才能较为完整地揭露出龙窑窑址的全貌。在龙窑遗址的考古发掘中,要根据实际工作的需要进行布方,一般应该顺应山势,沿着龙窑从下而上,从左到右布方。为了能够更全面地揭露龙窑遗址的全貌,布方的区域应该大于窑址的总长,龙窑左右也应该有足够的布方区域来了解龙窑遗址的整体构筑,应至少布方三列。如浙江寺龙口越窑址,布方三列,中间为一超大完整的探方,左右分布较小的探方两列。但这种布方形式,在发掘工程中由于中间窑址区域探方太大,可能会丢失宝贵的窑址信息。因此,龙窑发掘探方应该在窑址左右各布一列,窑址中心区域布一列(图四)。

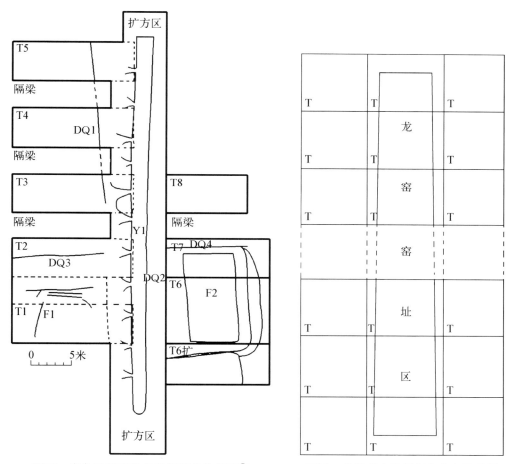

图三　寺龙口越窑考古发掘探方分布图①　　　　图四　龙窑考古发掘探方分布示意图

龙窑遗址地层随山势变化较大,堆积疏松,直立性较差,容易塌方,探方发掘到最后面积已大大缩小,故在具体的龙窑发掘中,应注意布方的大小。在地层堆积较薄的区域,探方的大小应该和一般的探方相同或接近,便于了解地层的堆积与连续性;而在地层较厚的区域发掘,就应该依据地层堆积的大致厚度、山势的坡度等实际情况来布方,探方应该尽

　　① 浙江省文物考古研究所、北京大学考古文博学院、慈溪市文物管理委员会:《浙江寺龙口越窑》,文物出版社,2002年,第22页,图九。

量大一些，为以后发掘过程中探方逐渐缩小留下空间。探方的布局可主要沿龙窑窑址分布，大小依据实际而定。

探方布局已定，发掘工作就要开始了。在发掘时，也要依据地形山势和地层的堆积情况而定。在山势较为平缓的地区，可按照基本的考古发掘方法进行发掘，所有探方可以同步发掘，局部可以保留隔梁；如果地层堆积较厚，最好先发掘窑尾的探方，在发掘到一定深度时发掘位置较低的探方，并对各探方四壁剖面及时进行绘图照相记录，并将隔梁降下，以防塌方，确保考古工作的安全性，如此直到发掘结束。在山势较陡的坡地，发掘工作与地层的厚度关系不大，在探方发掘到一定深度时都要将隔梁相应地降低。

由于龙窑具有一些附属构筑，如窑门、烟道、匠台、房址等，所以在发掘的过程中要特别注意这些附属构筑部分。在两边探方的发掘工作中，可能会出现窑门、匠台以及加盖于窑门上的房屋建筑基址遗迹等。如在浙江寺龙口越窑址中发现的用砖块砌筑的9号窑门（P26）、保护窑炉和通道的匣钵墙DQ1、作坊遗址F2以及其他建筑遗迹D1、D2等。如果局部遗迹横向涉及的范围较大，必要时应及时扩方，以免探方发掘较深时出现塌方，给发掘工作带来困难。

三、考古发掘中的倾倒点问题

在龙窑遗址考古发掘的过程中，可能会出现一些特殊的地层堆积，其中倾倒点及其形成的地层最具代表性。倾倒点就是在龙窑的烧制过程中向一侧倾倒垃圾所形成的馒头状地层堆积，堆积地层由内向外被一层层的陶、瓷片等垃圾包裹而成。龙窑长度数十米，窑门就有数十个，从窑门运出的垃圾倾倒形成的倾倒点也就更多，且倾倒点中心位置偏向于龙窑一侧，龙窑规模越大，产量越高，形成的倾倒点就越大，地层堆积也就越厚、越复杂。相反，通过对倾倒点的数量、大小和形状等方面的分析，可以推断、解决龙窑的有关问题。倾倒点都是向窑外一侧倾倒形成的，倾倒点的中心位置位于窑门一侧，故通过倾倒点的走向可知窑址的存在，并在倾倒点附近找到窑门。

在江苏宜兴蜀山紫砂龙窑址的发掘过程中，倾倒点地层颇具代表性，对于判断紫砂龙窑窑址的考古发掘起到了重要作用。考古工作首先要讲的是地层，现提取较为典型的堆积点地层综合绘制一剖面示意图（图五）作为解释之参照。

从剖面示意图来看，该区域文化层的堆积主要有四次重要的堆积，即倾倒点1—4，窑址（Y1）是建筑在山体之上的，后由于不同时期龙窑的烧制，以及自然和人类的长期活动作用形成了如图所示的地层堆积。倾倒点2紧靠窑址，且倾倒点的中心偏向于窑址，可认为是在Y1的烧制过程中形成的，窑门位于窑室的右侧。在其右侧有一从右向左的斜向地层堆积，中心偏离Y1，根据特征可作为倾倒点。但该倾倒点上半部分地层与倾倒点2地层交替叠压，下半部分压于倾倒点2地层下，根据地层堆积可将其分为两个倾倒点，即倾倒点3、4。在晚期的地层中，还有一倾倒点1，方向从左向右，中心偏离Y1。

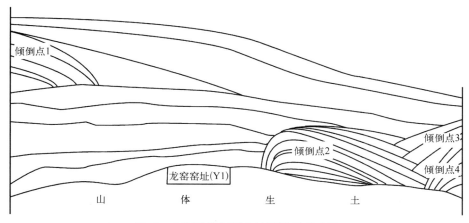

图五 龙窑遗址倾倒点地层堆积示意图

对于倾倒点的认识和分析,为窑址方位的确认提供了证据。根据考古地层学原理,倾倒点 2 地层叠压于倾倒点 4 的地层之上,倾倒点 4 的形成时间应该早于倾倒点 2,且倾倒点 4 的中心点偏离 Y1,故在 Y1 的右侧应有一龙窑,其时代较 Y1 早,窑门在窑室左侧。而倾倒点 3 的地层堆积与倾倒点 2 的地层交替叠压,可认为在 Y1 的右侧另有一龙窑,时代与 Y1 同时,窑门居左。同理,对于倾倒点 1,在 Y1 的左侧也有一龙窑,时代较晚,窑门居右。因此,根据发掘过程中的特殊地层堆积——倾倒点,可以推知在此区域除所发现的窑址(Y1)外,另有三处龙窑窑址。

吴越时期的非乐器类音乐文物

费玲伢

南京博物院　研究馆员

内容提要： 音乐文物包括乐器类音乐文物和非乐器类音乐文物，非乐器类音乐文物虽然不能用于演奏，但却是音乐文物不可或缺的重要组成部分，非乐器类音乐文物与乐器类音乐文物相辅相成，从而构成完整的音乐文物。在吴越音乐文物的研究中，往往重视乐器类音乐文物而忽略了非乐器类音乐文物。本文通过对簴虡①类、鼓座类、枹杖类非乐器类音乐文物的定性研究，为进一步研究乐器类音乐文物的悬挂、击奏有着积极的意义。

关键词： 吴越时期　音乐文物　非乐器类音乐文物

音乐文物包括乐器和与乐器有关的文物。

常见的音乐文物用于庙堂的有编钟、编镈、编磬和句镭等，用于军旅的有鼓（悬鼓、建鼓、晋鼓）、錞于、丁宁（又名钲）和铎等。

乐器是用于奏乐的，非音乐文物不能奏乐，显然不是乐器，但却是与乐器密切相关的文物。

河南信阳楚墓和湖北随县曾侯乙墓皆出土过簴虡，目前得到普遍共识的非音乐文物主要为簴虡。

在吴越地区的考古发掘中，大型墓葬常随葬一些造型奇特、用途不明的文物，对其定名和用途也往往产生歧义。

在这些造型奇特、用途不明的文物中，凡器形独特、纹饰繁缛、装饰精良者，皆有可能为非乐器类音乐文物。

吴越地区大致包括江苏、安徽的南部和浙江的北部。在吴越地区的考古工作中，曾出土过一些定名出现歧义的文物，现分类介绍如下：

一、与鼓有关的音乐文物

（一）鼓环

青铜悬鼓环是丹徒北山顶春秋晚期吴国贵族墓出土的，有人认为北山顶春秋墓为吴

---

① "簴"，古同"筍"、"笋"、"栒"、"簨"；"虡"，古同"簴"。

王余眜之墓。

北山顶春秋墓的墓道中出土了青铜编钟 12 件(镈钟 5 件、钮钟 7 件),石编磬 12 件,青铜镎于 3 件,青铜丁宁 1 件,鼓 1 件(鼓已朽,仅存红色漆皮和青铜悬鼓环),枹 1 件(柄已朽,仅存石质枹头),计 30 件,是出土乐器最多的吴国墓葬。

鼓环不是乐器,但是与乐器有关(图一)①。

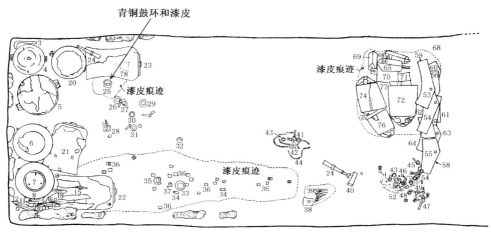

图一　丹徒北山顶吴国贵族墓乐器出土情况

悬鼓环　北山顶 M:25,青铜质。环作椭圆形,上饰云纹,环的下部有一垂直于环的圆箍,箍在环座上,可作 360°转动。环、座中部凸起,凸起部分近似正方形,中有一圆形凹槽,用以受箍,上部饰云雷纹,四角各有一跪坐的人形,人髻顶,耳垂上有饰孔,额前短发如刘海,身上和腿上饰云纹,下部有两个销孔,正方形环座的四边皆向内弧,上饰云纹。环外径 10.3×7.7、正方形环座边长 7.4、通高 9.6 厘米(图二)。

值得注意的是青铜悬鼓环中部凸起部分的四角各有一跪坐的人,这是第一次见到的吴人断发文身的形象。

《史记·吴太伯世家》载:"太伯、仲雍二人乃奔荆蛮,文身断发。"《吴越春秋·吴太伯传》载:"太伯、仲雍……遂之荆蛮,断发文身。"

(二)鼓座

春秋战国时期的鼓有悬鼓、建鼓、晋鼓之分。

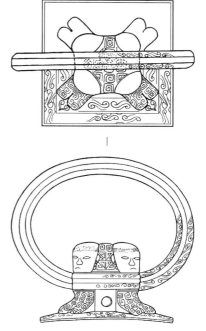

图二　青铜悬鼓环(北山顶 M:25)

---

① 江苏省丹徒考古队:《江苏丹徒北山顶春秋墓发掘报告》,《东南文化》1988 年第 3、4 合期;苏州博物馆:《真山东周墓地:吴楚贵族墓地的发掘与研究》,文物出版社,1999 年。

曾侯乙墓出土的为建鼓,舒城九里墩春秋墓出土的为晋鼓。但无论是建鼓还是晋鼓,其基本特征都是座身中部有一管状插孔。

绍兴坡塘 306 号战国墓出土的乐伎青铜屋,其鼓座的形态与鸿山出土的鼓座相同①。

乐伎青铜屋　绍兴 M306∶13,青铜质。通体碧绿,宛如玉雕。平面作长方形,三面有墙,阔、深均为三开间;四角尖顶,中有八面形立柱,柱顶立一大尾鸠;柱面为"S"形勾连云纹,屋顶、后墙及四阶均饰方形结构勾连回纹;室内跪 6 人,分前后两排,前排东一人面向西,右手执槌,左手前伸张指作节拍状,前置一鼓架,上悬一鼓,应是鼓师,敲击悬鼓,余有作吹笙、抚琴状。面宽 13、进深 11.5、通高 17 厘米(图三)。

图三　乐伎青铜屋(绍兴 M306∶13)内的鼓座和悬鼓

丹徒北山顶春秋墓出土的鼓环,环下有箍套在环座上,可作 360°旋转,表明其为悬鼓环。可见吴越流行悬鼓,而出土鼓座最多的当属鸿山越国贵族墓②。

鸿山越国贵族墓共出土青瓷悬鼓座 4 件、陶悬鼓座 1 件。

青瓷悬鼓座　WHDⅦM1∶1053,胎色灰白,釉色泛黄。座身为覆钵状,中有管状插孔,插孔上缘及上下两端饰细密的水波纹;座以数道凸起的弦纹分隔,内饰戳印的"C"形纹;座上贴九条堆塑的盘蛇,蛇张口圆目,身饰鳞纹。管径 9.6、座径 30.8、高 18.4 厘米(图四,1)。

青瓷悬鼓座　WHDⅦM1∶1011,胎色灰白,釉色泛青。座身为覆钵状,中有管状插

①　浙江省文物管理委员会、浙江省文物考古所、绍兴地区文化局、绍兴市文管会:《绍兴 306 号战国墓发掘简报》,《文物》1984 年第 1 期。

②　南京博物院、江苏省考古研究所、无锡市锡山区文物管理委员会:《鸿山越墓发掘报告》,文物出版社,2007 年。

孔,插孔上下凸起,上缘及座的上下两端饰戳印的"S"形纹;座以数道凸弦纹分隔,内饰戳印的"C"形或"S"形纹;座的上部有六条堆塑的双头蛇,两蛇一组,头向上昂,腹中部相交,蛇身满饰鳞纹,弯曲作游动状;座的边缘有四个衔环铺首。管径9、座径41.2、高17.6厘米(图四,2)。

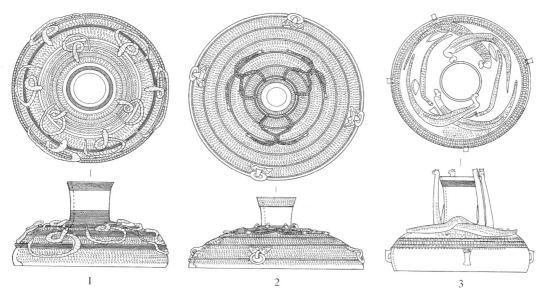

图四　鸿山越墓出土的青瓷和硬陶鼓座
1. WHDⅦM1∶1053　2. WHDⅦM1∶1011　3. WHDⅥM1∶169

硬陶悬鼓座　WHDⅦM1∶169,灰褐色硬陶。座身为覆钵状,中有管状插孔,插孔上部刻划水波纹和弦纹;座上部有六条堆塑的蛇,两蛇横卧座上,另外四蛇两蛇一组,腹部相交,颈部向上昂起,头如马首,有耳,两首相对,蛇身满饰鳞纹,弯曲作游动状,蛇与蛇之间有五个梭形镂孔;座身外侧以数道弦纹分隔,内饰戳印的"C"形纹、圆圈纹和"人"字纹;座的边缘有四个半环钮,钮上堆塑"S"形泥条。管径10.2、座径32、高26厘米(图四,3)。

浙江绍兴、萧山、德清等地均出土过青瓷鼓座,但皆称之为"插座"①。

在《鸿山越墓发掘报告》出版之后,浙江已将其改称为"鼓座"或"悬鼓座",如德清亭子桥战国窑址出土的"原始瓷鼓座"(T303⑤∶126、T403④∶61)②及德清县博物馆收藏的1件(2009年德清县弯头山战国窑址出土,器物号不详)③。

鼓座也不是乐器,但是与乐器有关。

①　浙江省博物馆:《越魂》,浙江人民美术出版社,2004年。
②　浙江省文物考古研究所、德清县博物馆:《浙江德清亭子桥战国窑址发掘简报》,《文物》2009年第12期。
③　浙江省文物考古研究所:《古越瓷韵——浙江出土商周原始瓷集粹》,文物出版社,2010年。

二、与枹有关的音乐文物

枹,又作桴,击鼓用的鼓槌。

《说文·木部》:"枹,击鼓杖也。"

《左传·成公二年》:"左并辔,右援枹而鼓。"

《汉书·李寻传》:"顺之以善政,则和气可立致,犹桴鼓之相应也。""桴鼓相应"今已为成语。

吴越乐器多为打击乐器,因此除击鼓的枹之外,还应有击钟、镈、磬、錞于、丁宁、句鑃的枹。

丹徒北山顶吴国贵族墓中出土过 1 件石枹。

石枹　北山顶 M:32,灰白色石灰石磨制而成。中有柄孔,桴头呈扁圆体。最大径 4.1、孔径 2.1、高 2.6 厘米(图五)。

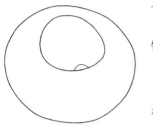

图五　石枹
(北山顶 M:32)

根据北山顶出土的石质枹头的形态,吴越地区一些定名有歧义的出土文物可能为"枹"。

除石枹外,浙江长兴还出土了 1 件球形"青铜镦"①。

青铜镦　长兴县博物馆藏,器物号不详。上部为球形,并有弧形斜棱;下部为管状圆銎,可纳木柄。通高 10 厘米(图六,1)。

镦用于兵器木柄的末端,一般为平底或尖底,从未见球形者,将其称为"青铜镦"显然不确。根据青铜器的形态,应称"青铜球首枹"。球形可"锤击",可能为击鼓或击青铜錞于之枹。

此外,1998 年 10 月,在安徽铜陵市西湖镇朝山村出土"人面形牌"7 件,为群众偶然发现,追缴所得。

人面形牌　铜陵朝山村出土,无器物号。青铜质。上部作人面,正面圆鼓,背面内凹,下部为方銎,可纳木柄。通高 10.7—12.2 厘米(图六,2、3)。

扁圆形的枹可拍击,亦可侧击,可能为击青铜句鑃或青铜悬铃之枹。根据青铜器的形态,应称"青铜人面枹"。

《国语·齐语》载:"执枹鼓立于军门,使百姓皆加勇焉。"《国语·吴语》载:"王乃秉枹,亲就鸣钟、鼓、丁宁、錞于、振铎。"

《史记·司马穰苴列传》载:"将受命之日则忘其家,临军约束则忘其亲,援枹鼓之急则忘其身。"

可见枹鼓在古代政治生活中的重要性。枹不是乐器,但是与乐器有着密切的关系。

---

①　浙江省博物馆:《越魂》,浙江人民美术出版社,2004 年。

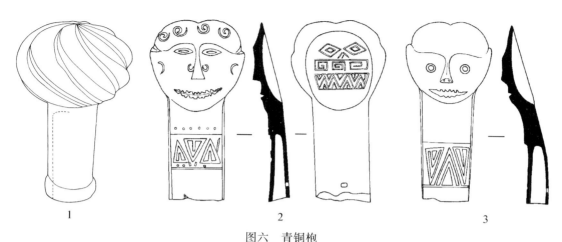

图六　青铜枹
1. 长兴出土的青铜球首枹　2、3. 铜陵朝山村出土的青铜人面枹

吴越系统的乐器多为打击乐器,因此"枹"的确认对于全面了解和深入研究吴越乐器有着重要的意义。

三、与簨虡有关的音乐文物

簨虡,为古代悬挂钟、磬的木架,上部的横梁为簨,两旁的立柱为虡。

《周礼·春官宗伯下·典庸器》载:"及祭祀,帅其属而设荀虡,陈庸器。"①《周礼·冬官考工记下》载:"梓人为简虡。"②

《释名》载:"所以悬鼓者,横曰簨,纵曰虡。"

与簨虡有关的音乐文物主要有钩、虡座或插座,钩、虡座或插座虽然不是乐器,但成组出土的吴越乐器必然有虡架、虡座和钩悬挂,因此钩、虡座或插座应为乐器的重要组成部分。

出土挂钩的墓葬有浙江绍兴印山越王陵,出土 2 件③;苏州真山东周墓地,出土 3 件④。

玉钩　印山 M1:4,白色夹灰黑色玉料,弯钩为半圆弧形,钩身截面呈方形,柄端呈凸榫状,通体抛光。钩头卷起呈龙首形,龙嘴微启,上唇上翘,造型生动;龙首和钩柄转折处阴刻简化兽面纹,钩身脊面和两侧阴刻短斜线羽状纹。宽 2.7、厚 1.9、通长 12.3 厘米。另一件 M1:14,质料、器形、大小、纹饰与之相同(图七,1)。

玉钩　真山 D9M1:19—21,均残。青灰或黄灰色玉料。形如弯钩,尾方折,头部卷起。大者宽 4.4、厚 1.9、长 12 厘米,小者宽 4.2、厚 1.6、长 11.4 厘米(图七,2)。

---

①　林尹注译:《周礼今注今译》,书目文献出版社,1985 年。
②　林尹注译:《周礼今注今译》,书目文献出版社,1985 年。
③　浙江省文物考古研究所、绍兴县文物保护管理局:《印山越王陵》,文物出版社,2002 年。
④　苏州博物馆:《江苏苏州浒墅关真山大墓的发掘》,《文物》1996 年第 2 期。

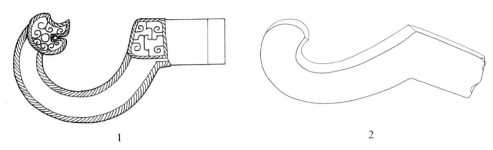

图七　玉钩

1. 绍兴印山 M1∶4　2. 苏州真山 D9M1∶20

钩是簴虡上的重要构件，将其末端横向插入簴侧面的方孔，用以悬挂钟、磬。

出土插座的墓葬有安徽屯溪奕棋村三号墓，其墓出土单孔插座 2 件①；此外，浙江绍兴 306 号墓也出土单孔插座 1 件②。

单孔插座　屯溪 M3∶12，青铜质。原报告称之为"单柱器"。器顶有一根圆柱，柱下为方座，座顶平面四方，上小下大，腹腔内空，形似方罩。圆柱中空，下端伸入腹腔。四角原饰有棱脊，已残。腹饰游蛇蟠绕，中蹲一兽。柄残高 5.5、足纵横 10.2—10.3、通高 17 厘米（图八，1）。

单孔插座　屯溪 M3∶13，青铜质。原报告也称之为"单柱器"。器顶也有一根圆柱，柱下为方座，座顶平面四方，上小下大，腹腔内空，形似方罩，柄上有箍，箍下有三角纹，圆柱中空，下端伸入腹腔。腹部四面均饰对鸟纹，围以三道绳纹，四面纹饰的尺寸大小和局部纹样稍异。柄高 4.7、足纵横 10.9—11、通高 14 厘米（图八，2）。

单孔插座　绍兴 M306∶18，青铜质。方形，盝顶，上有插孔柱，椭方形，中空，四周饰蟠螭纹；座体铜质外壳每面饰有镂空凤纹六组，原镶嵌绿松石，现已脱落；铜壳内灌铅，与插孔柱相接；座体四角有跪人做足，跪人身饰云雷纹，双手双膝着地，引颈昂首，目视前方，以榫卯结构与座体相连。边长 6、承插柱高 6.5、座体高 7、通高 16 厘米（图八，3）。

有人认为这是镇墓兽的基座③。

由于单孔插座不成对，往往单独出土，可能为插某种乐器或插悬挂乐器的木杆座。

此外，安徽屯溪奕棋村一号墓还出土五柱形座一对。

五柱形座　屯溪奕棋村 M1∶91、92，青铜质。上有五根圆柱，等距离横列于长方形的脊基上。下为空腔方座，四壁微鼓。四壁和脊基均饰变体蛇纹构成的勾连云纹。两件形制相同，只是腹部纹饰有分列和交连一体的区别。柱高 16.5—16.6、底径 19.4—21.5、通高 31 厘米（图九）。

---

①　李国梁主编：《屯溪土墩墓发掘报告》，安徽人民出版社，2006 年。

②　浙江省文物管理委员会、浙江省文物考古所、绍兴地区文化局、绍兴市文管会：《绍兴 306 号战国墓发掘简报》，《文物》1984 年第 1 期。

③　绍兴市文物管理局：《绍兴文物精华·下卷》，浙江人民美术出版社，2000 年。

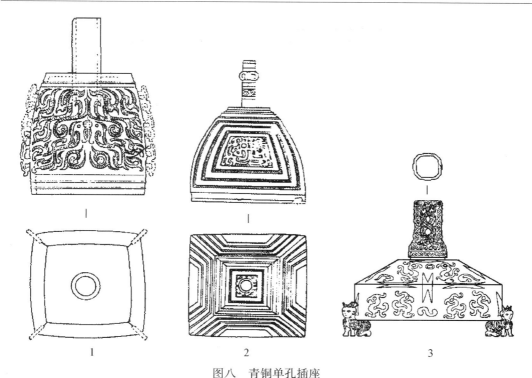

图八　青铜单孔插座

1. 屯溪奕棋村 M3∶12　2. 屯溪奕棋村 M3∶13　3. 绍兴 M306∶18

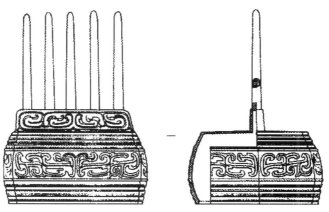

图九　青铜"五柱形座"（屯溪奕棋村 M1∶92）

原报告称之为"五柱器"，并说"此器，诸家著录未见，用途不明，实为不知名器"。

由于五柱形座不见著录，其名称和用途长期以来亦存在不同的见解。在发现之初即有学者认为是乐器，之后经过试验，由于五根柱子及腔部都不具有乐器的发音效果，因此推测此类器物为乐器的说法又遭到了否认。

五柱形座成对出土，应为木质虡架立柱的底座，"五柱"实为插入木质立柱的销钉（图一〇）。

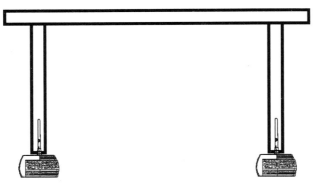

图一〇　五柱形虡座示意图

　　吴越乐器中,既有钟、镈、磬、越铎、錞于、悬铃等悬挂的乐器,亦有带插柄的句鑃等乐器,然无论是悬挂还是插入,乐器都应有虡架或器座,而装饰华丽精美是乐器重要的特征之一。

　　一般认为,音乐文物就是乐器,在以往的研究中,也往往重视乐器而忽略非乐器类音乐文物。

　　音乐文物事实上应包括乐器和非乐器文物,非乐器类音乐文物是音乐文物的重要构成,即乐器类文物和非乐器类音乐文物构成了音乐文物。

　　非乐器类音乐文物虽然没有乐器那样耀眼,那样光彩夺目,但是在音乐文物的研究中,非乐器类音乐文物是一个不可或缺的组成部分,它对于研究乐器如何悬挂和如何演奏有着极为重要的意义。

关于苏州高台汉墓的思考

——以虎丘宋家坟为例

张铁军

苏州市考古研究所　副研究馆员

内容提要：近几年，为配合基本建设，苏州地区发掘了一批高台汉墓，这些土墩各有特色，但是其基本情况比较相似。本文拟以虎丘宋家坟为例，对苏州地区高台汉墓的营造方式、营造原因、日后如何做好高台汉墓的发掘等问题进行探讨。

关键词：苏州地区　汉代墓葬　考古发掘

一、苏州近几年发掘的高台汉墓

近几年，为配合基本建设，苏州地区发掘了一批高台汉墓，主要有高坟墩、安家墩、螺蛳墩、宋家坟等（图一）。

1. 高坟墩

位于苏州市相城区黄埭镇古宫村。西临西塘河，北近望虞河。为配合绕城高速公路黄埭连接线建设，苏州博物馆与相城区文体局组成联合考古队对高坟墩进行考古发掘。高坟墩考古发掘共清理发现夯筑土台 1 个；墓葬 41 座，其中汉代墓葬 24 座、唐代墓葬 4 座、宋代墓葬 2 座、元代墓葬 2 座、清代墓葬 9 座；窑址共发现 6 座。出土了汉唐至明清时期的陶器、铜器、铁器、石器、玉器、琉璃等 262 件，以汉墓的随葬品为大宗。

2. 安家墩

为配合浒墅关经济开发区建设项目，苏州市考古研究所对安家墩进行了抢救性发掘。发现汉代墓葬 11 座，均为竖穴土坑墓。出土器物 70 余件（组），以陶器为主，另有少量玉器、铜器、石器等。

3. 螺蛳墩

位于苏州市相城区望亭镇四旺村黄泥岗东，土墩东北角紧邻京杭运河。为配合四旺村环境整治工程中的货运场用地平整工作，苏州市考古研究所对螺蛳墩现存区域进行局

图一　苏州地区高台汉墓位置示意图

部发掘。发现灰坑 1 个;墓葬 16 座,其中汉代墓葬 5 座、唐代墓葬 3 座、宋代墓葬 1 座、明代墓葬 6 座、清代墓葬 1 座。出土各类遗物 202 件。

4. 宋家坟

位于苏州虎丘山风景区西南约 600 米处,是一处南北残长约 42.5 米,东西残宽约 37.5 米,残高约 5.2 米的土墩。为配合虎丘地区综合改造工程建设,苏州市考古研究所对虎丘宋家坟进行了抢救性发掘。共发现战国到明清时期各类遗迹 82 处(图二),包括水井 2 口;灰坑 9 个;沟 3 条;墓葬 68 座,其中西汉墓葬 10 座、东汉墓葬 4 座、六朝墓葬 2 座、唐代墓葬 13 座、宋代墓葬 2 座、明代墓葬 16 座、清代墓葬 20 座、时代不确定 1 座。出土金、银、铜、铁、原始瓷、釉陶、瓷、陶、木、石等各种材质器物 471 件(组)。

纵观这些高台汉墓,在墓地选择、埋葬方式以及被后世墓葬打破等方面极为相似。

二、虎丘宋家坟的发掘

虎丘宋家坟发现了汉、六朝、唐、宋、明、清时期前后连续的墓葬遗存,部分展示了苏州地区自汉代至明清时期的丧葬文化面貌,是苏州地区一处较有特色的高台墓地。

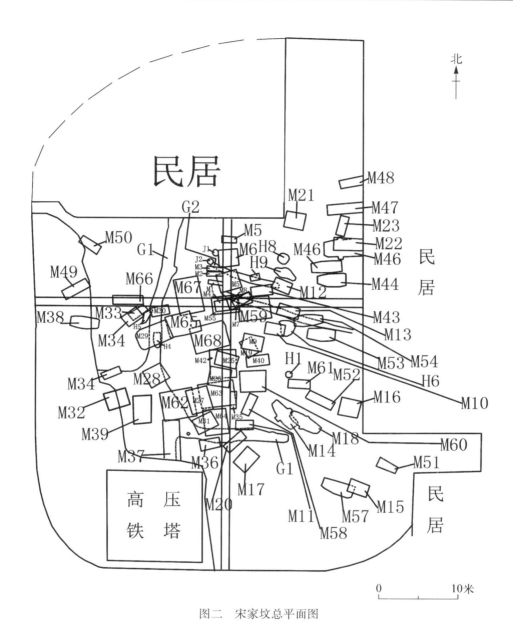

图二 宋家坟总平面图

（一）虎丘宋家坟的发掘情况

虎丘宋家坟的发掘采用四分法进行,首先在土墩中部保留南北向、东西向互相垂直的两条 1 米宽的隔梁,关键柱位于土墩现存最高点,两条隔梁将土墩分为西北、东北、东南、西南四部分,命名西北部分为 T1,按顺时针方向,依次命名为 T2、T3、T4,然后分区逐层发掘,发掘到生土结束。

（二）地层介绍

现以 T1T4 东壁剖面（图三）为例，介绍宋家坟的地层堆积情况。

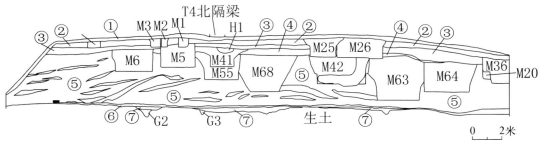

图三　T1T4 东壁剖面图

①层　表土　褐色，厚约 20—30 厘米，整个发掘区均有分布，叠压②层、③层、⑤层、清代浇浆墓，以及个别被打破严重的唐代砖室墓和明代砖室墓，为现代表土层。

②层　灰黄土夹有黑灰　厚约 20—40 厘米，大部分发掘区均有分布，被①层叠压，被清代浇浆墓打破，叠压③层、明代砖室墓，以及个别被打破严重的唐代砖室墓，为明清文化层。

③层　黄灰土，夹有砖块、红烧土　厚约 25—50 厘米，大部分发掘区均有分布，被①层、②层叠压，被清代浇浆墓和明代砖室墓打破，叠压④层、宋代砖室墓、唐代砖室墓、六朝砖室墓和⑤层，为唐宋时期文化层。

④层　黄灰褐花土　厚约 25—40 厘米，仅分布于土墩中部，被③层叠压，被清代浇浆墓、明代砖室墓、宋代砖室墓、六朝砖室墓打破，叠压⑤层、东汉墓葬和西汉土坑墓，为汉代文化层。

⑤层　灰黄褐白花土，夹有条状灰白土　厚约 340 厘米，为土墩主体部分，边缘处有夯筑的挡土墙，被①层、③层、④层叠压，被清代浇浆墓、明代砖室墓、宋代砖室墓、唐代砖室墓、六朝砖室墓、东汉墓葬和西汉土坑墓打破，叠压⑥层和生土，为西汉文化层。

⑥层　灰白土　被⑤层叠压，叠压⑦层和生土，厚约 5—20 厘米，大部分发掘区均有分布，为战国文化层。

⑦层　灰黄土　被⑥层叠压，叠压战国时期的沟、灰坑、水井以及生土，厚约 0—40 厘米，大部分发掘区均有分布，为战国文化层。

宋家坟文化内涵可分为上下两部分，下层文化内涵是由第⑥、⑦层及战国时期的沟、灰坑、水井组成的战国时期聚落遗址，上层文化内涵是由夯土高台和西汉、东汉、六朝、唐、宋、明、清各时期墓葬及相应文化层构成的墓葬遗存。

（三）战国时期聚落遗存

战国时期的聚落遗存由地层（即第⑥、⑦层）、灰坑、水井和沟组成（图四）。

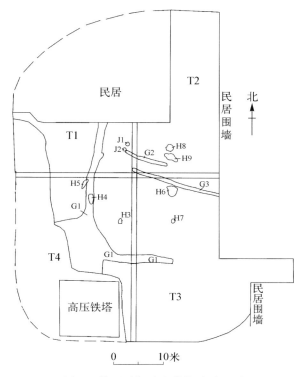

图四 战国时期遗迹单位总平面图

1. 灰坑

H3—H9,均开口于⑦层下,打破生土,多数为不规则形。

H3(图五) 位于T4中部偏东,不规则形,开口于⑦层下,打破生土,长100厘米,宽80厘米,深35厘米。出土泥质黑陶盆2件,选择标本17件;陶片以泥质陶为主,可分为泥质黑陶和泥质灰陶两类,均为素面,器形有罐口沿、盆口沿;其次为夹砂陶,分夹砂黑陶、橙红陶、橙黄陶三类,均为素面,器形有釜口、钵口、罐口;仅发现1块印纹硬陶罐口沿,饰小方格纹。H3为战国时期灰坑。

2. 水井

J1、J2,均开口于⑦层下,打破生土,均近似圆形。

J1(图六) 位于T1东部中间,开口于⑦层下,打破生土,直径130厘米,深160厘米。出土4件器物:泥质黑陶双耳罐1件、泥质黑陶盆2件、原始瓷盂1件;选择标本11件。陶片以泥质陶为主,可分为泥质黑陶和泥质灰陶两类,绝大多数为素面,仅有2块反"S"形戳印纹,器形有罐口沿、盆口沿、钵口沿;素面夹砂橙红陶足1块。素面原始瓷2块,器形有罐口沿和碗口沿;麻布纹印纹硬陶罐口沿1块。

图五　H3

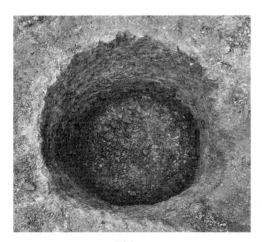

图六　J1

3. 沟

G1、G2、G3,均开口于⑦层下,打破生土。

G1　位于 T1 中部,向南延伸至 T4 中部,向东延伸至 T3 中部,曲尺形,开口于⑦层下,被 H4、H5 打破,打破生土,长 4 300 厘米,宽 150 厘米,深 60 厘米。出土 7 件器物:泥质黑陶盆 1 件、原始瓷盅 1 件、陶纺轮 3 件、陶支座 1 件、玉饰件 1 件;挑选 G1 标本 1 件。仅出土素面泥质黑陶 29 块,器形有盆口沿。

(四)墓葬遗存

1. 西汉墓

共发现 10 座,方形,均开口于④层下,打破⑤层(图七)。

M59(图八)　竖穴土坑墓,位于 T2 西南角、T3 东北角,开口于④层下,打破⑤层,双棺室,长方形,长 400 厘米,宽 310 厘米,深 304 厘米,方向 264°。出土铜镜、铜钱、剑饰、铜刷、釉陶壶等器物。

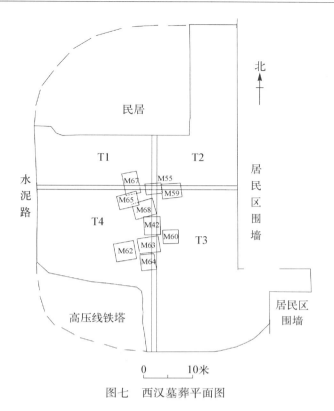

图七　西汉墓葬平面图

图八　M59

2. 东汉墓

共发现 4 座,长方形,均开口于④层下,打破⑤层,有竖穴土坑墓和砖室墓两种(图九)。

M40(图一〇) 竖穴土坑墓,位于 T3 西北部,开口于④层下,打破⑤层,长方形,长 280 厘米,宽 140 厘米,残深 30 厘米,方向 264°。出土铜镜、铜钱、削、带钩、釉陶罐、釉陶壶、研磨器等器物。

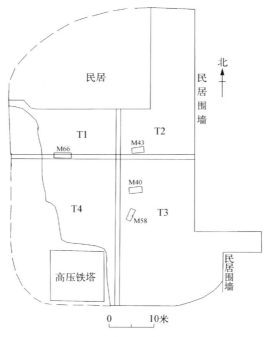

图九 东汉墓葬平面图

图一〇 M40

M43(图一一)　竖穴砖室墓,位于 T2 西南部,开口于④层下,打破 M59、⑤层,长方形,长 380 厘米,宽 140 厘米,残深 80 厘米,方向 263°。出土釉陶罐、釉陶壶、泥质红陶罐、泥质灰陶罐、泥质灰陶纺轮等器物。

图一一　M43

3. 六朝墓

共发现 2 座,单棺,均为砖室墓,均开口于③层下,打破④层、⑤层(图一二)。

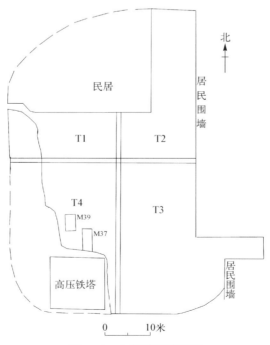

图一二　六朝墓葬平面图

M39(图一三)　竖穴砖室墓,位于 T4 中部,开口于③层下,打破④层、⑤层,长方形,长 370 厘米,宽 220 厘米,残深 46 厘米,方向 175°。出土瓷珠、铜钵、釉陶罐、泥质灰陶罐、铁削等器物。

图一三　M39

4. 唐代墓

共发现 13 座,砖室墓,多为船形,均开口于③层下,打破⑤层(图一四)。

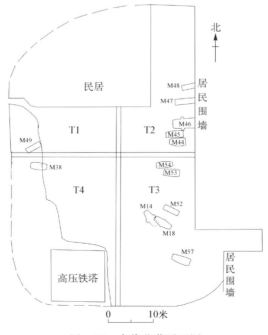

图一四　唐代墓葬平面图

M54(图一五) 竖穴砖室墓,位于 T3 北部中间,开口于③层下,打破⑤层,船形,长 220 厘米,宽 130—190 厘米,残深 60 厘米,方向 269°。出土泥质红陶俑、三彩粉盒、釉陶四系盘口壶等器物。

图一五　M54

5. 宋代墓

共发现 2 座,均为砖室墓,均开口于③层下,打破④层、⑤层(图一六)。

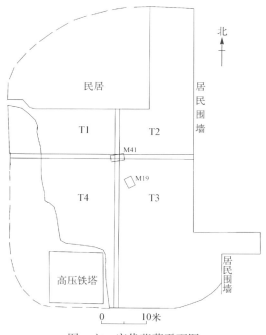

图一六　宋代墓葬平面图

M41(图一七)　竖穴砖室墓,位于T2西南角、T3西北角、T4东北角,开口于③层下,被H1、M8打破,打破④层、M55、⑤层,长方形,长330厘米,宽150厘米,残深40厘米,方向82°。出土元符通宝35枚。

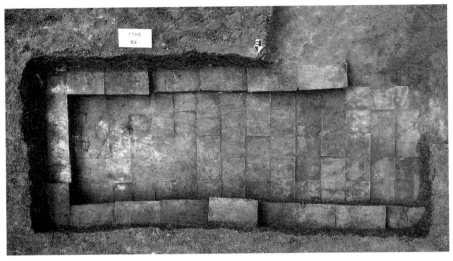

图一七　M41

6. 明墓

共发现16座,均为砖室墓,开口于②层下,打破③层、④层、⑤层(图一八)。

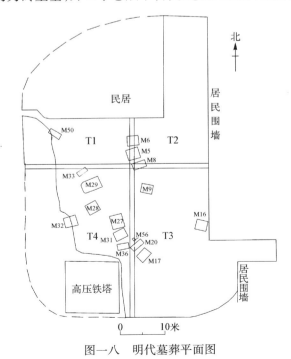

图一八　明代墓葬平面图

M6(图一九) 竖穴石板顶砖室墓,位于 T1 东部中间、T2 西部,开口于②层下,被 M3 打破,打破③层、④层、⑤层,长方形,墓室长 252 厘米,宽 220 厘米,深 114 厘米。方向 257°。出土铜镜、釉陶韩瓶等器物。

图一九 M6

7. 清墓

共发现 20 座,均为浇浆墓,开口于①层下,均打破②层,部分打破③层、④层、⑤层(图二〇)。

M11(图二一) 竖穴浇浆墓,位于 T3 西部中间,开口于①层下,打破②层,长方形,长 236 厘米,宽 152 厘米,残深 30 厘米,方向 276°。出土压发、玉饰、酒盅等器物。

(五)对宋家坟的认识

通过此次发掘工作,我们对宋家坟有了些初步的认识:

第一,虎丘宋家坟土墩最初是一处堆筑于战国聚落遗址之上的高台,西汉时期首批墓葬葬于宋家坟土墩之上,其分布方式与土墩走势相同,接下来东汉、六朝、唐、宋、明、清各时期又以宋家坟为墓地。如此,形成了宋家坟从西汉到清代的 68 座墓葬遗存。

第二,宋家坟上发现了西汉、东汉、六朝、唐、宋、明、清各时期的墓葬,说明了苏州地区自汉代至清代选择墓地的标准是相同的——择高地而筑。

第三,各时期墓葬的形式、方向等方面虽然各有不同,但是同时期墓葬的形式、布局等却是有一定规律的,且相互间极少有打破关系。说明这些墓葬布局是经过规划的,应该是家族墓地。

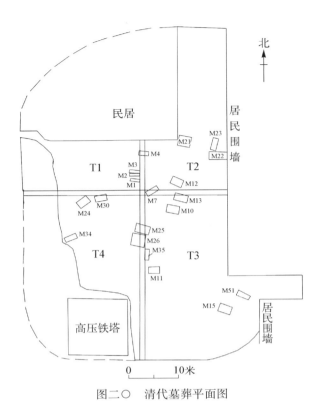

图二〇　清代墓葬平面图

图二一　M11

三、原 因 分 析

苏州地区自古以来的家族墓地择高地而筑当与苏州的地理条件和人们的传统观念密切相关。

被称为东方威尼斯的苏州,位于长江三角洲,境内有长江、娄江、吴淞江、胥江等河流,有太湖、阳澄湖、金鸡湖、独墅湖、澄湖、尹山湖等湖泊,河湖交错,织就了一张密集水网。苏州地表水资源丰富,地下水位高,年降雨量约为1 100毫米,平地浅挖即见水,雨天极易积水,平地自然不适宜做墓地。苏州地区的史前遗址,如草鞋山、赵陵山、绰墩山等也都是位于高台之上的。在高地生活、在高地筑墓是由苏州的水决定的。

四、对日后相关工作的思考

1. 虎丘宋家坟遗址发掘工作量较大,出土文物材质较多,如漆木器、金属器等,以后在开展类似工作时应做好多学科合作的准备,尽可能全面地提取文化遗存。

2. 此次工作了解了墓坑内部的情况,至于封土和墓上建筑的情况所知甚少,在日后的工作中要大胆设想,有意识地开展工作仔细求证,以求扩大工作成果。

3. 在做好单个墓葬材料收集工作的同时,要有家族墓地的意识,探索墓园的规划情况以及与周边环境的关系。

鲁南苏皖地区汉代木椁墓研究

姚文娟

宿迁市文物研究所　助理馆员

内容提要：汉代木椁墓,在中原地区主要流行于西汉前期至中期,在长江流域及南方和北方的边远地区则延续到西汉后期,甚至到东汉中期还有部分存留。鲁南苏皖地区汉代的木椁墓延续时间比较长,现已发现的数量较多,类型也较丰富,为该区木椁墓的研究提供了前提。本文主要是在对鲁南苏皖地区木椁墓进行基础分析的基础上,探讨该区木椁墓的特征、墓葬的等级,最后试图探寻木椁墓在汉代逐渐退出历史舞台的缘由。

关键词：鲁南苏皖地区　汉代　木椁墓　等级

木椁墓是古代墓葬构造形式之一。起源于新石器晚期,西汉中期以后逐渐走向衰落。木椁墓作为一种长久盛行的墓葬形式,在汉代中原地区主要流行于西汉前期至中期,在长江流域及南方和北方的边远地区则延续到西汉后期,甚至到东汉时期还有部分存留。

本文涉及的鲁南苏皖地区包括鲁南五市、江苏省和安徽省全境,涵盖汉代徐州刺史部及部分扬州刺史部,该地区汉代墓葬区域特征显著,木椁墓延续时间比较长,现已发现的木椁墓数量较多,墓葬类型也较为丰富(图一)。现已发表的 200 余座可以确认的汉代木椁墓中有不少已经分不清椁内构造,190 座椁内构造清晰明确。

一、木椁墓的类型学研究

现已发表的 190 座椁内构造清晰明确的木椁墓,根据木椁内的结构将木椁墓分为五型:

A 型　木椁内部仅能容棺,有的在木椁外部另筑器物箱摆放随葬品。按木椁平面形状和埋葬形式的不同分为二式。

Ⅰ式　木椁平面为细长方形,单人葬或二人同坟异穴合葬(图二,1、2)。

Ⅱ式　木椁平面长方形或近方形,二人或多人同穴同椁合葬,两木棺并列在木椁内(图二,3、4)。

演变规律：木椁平面形状由细长方形演变为长方形近方形,埋葬形式由单人葬或同坟异穴合葬发展为二人或多人同穴同椁合葬。

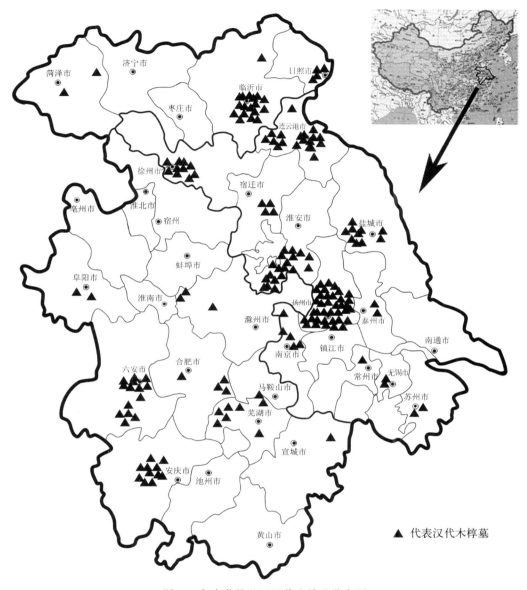

图一　鲁南苏皖地区汉代木椁墓分布图

　　B 型　设置头箱或足箱,或头箱与足箱兼备,用于放置随葬品。按木椁平面的形状和埋葬形式的不同分为二式。

　　Ⅰ式　木椁平面为细长方形,单人葬或二人同坟异穴合葬(图二,5—7)。

　　Ⅱ式　木椁平面长方形或近方形,二人或多人同穴同椁合葬,两木棺并列在木椁内(图三,1—3)。

　　演变规律:木椁平面形状由细长方形演变为长方形或近方形。埋葬形式由单人葬或同坟异穴合葬墓发展为二人或多人同穴同椁合葬。

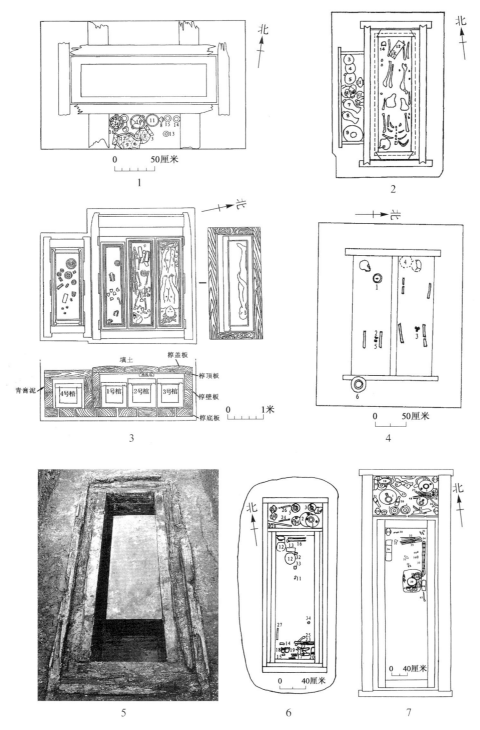

图二　A 型与 B 型 I 式墓墓葬形制

1、2. A 型 I 式(潜山彭岭 M15、临沂金雀山 M9)　3、4. A 型 II 式(连云港海州 M1、金雀山 M5)

5—7. B 型 I 式(海曲 M106、大古城 M1、大古城 M2)

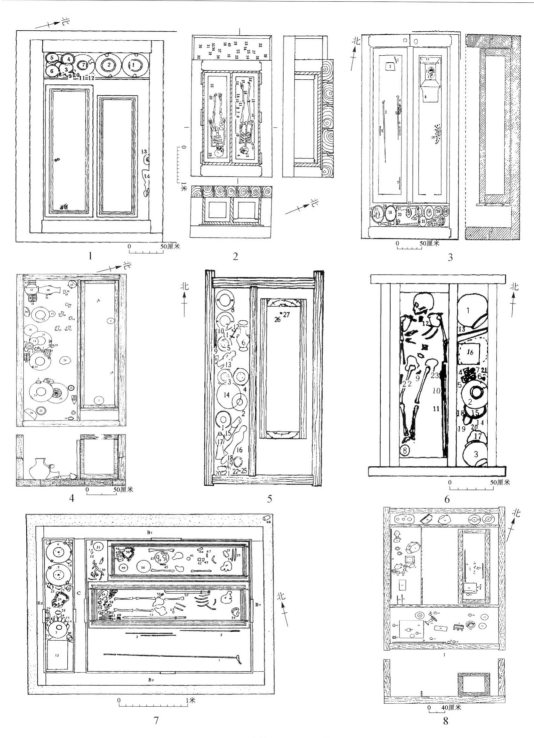

图三　B 型 Ⅱ 式与 C 型墓墓葬形制

1—3. B 型 Ⅱ 式（花果山唐庄砚台 M1、东海县尹湾汉墓 M6、扬州市郊新莽 M6）　4—6. C 型 Ⅰ 式（天长三角圩 M27、仪征张集团山 M2、银雀山西汉墓 M10）　7、8. C 型 Ⅱ 式（海州霍贺墓、仪征新集 M7）

C 型　　木椁内棺箱一侧设置边箱,有的有足箱或头箱,也有兼备头箱、足箱及边箱者,用于放置随葬品。按木椁平面的形状和埋葬形式的不同分为二式。

Ⅰ式　　木椁平面呈细长方形或长方形,单人葬或二人同坟异穴合葬(图三,4—6)。

Ⅱ式　　木椁平面呈长方形或近方形,二人或多人同穴同椁合葬(图三,7、8)。

演变规律:木椁平面形状由细长方形演变为长方形或近方形。埋葬形式由单人葬或同坟异穴合葬墓发展为二人或多人同穴同椁合葬。

D 型　　木椁内棺箱的两侧均设置边箱,有的也有头箱或足箱,也有兼备头箱、足箱及边箱者,用于放置随葬品。因两个边箱的存在加大了宽度,墓葬平面几乎都呈长方形近方形,所以 D 型墓仅按埋葬形式不同分为二式。

Ⅰ式　　单人葬或同坟异穴合葬(图四,1—3)。

Ⅱ式　　二人同穴同椁合葬(图四,4、5)。

演变规律:埋葬形式由单人或同坟异穴合葬发展为二人同穴同椁合葬。

E 型　　黄肠题凑墓

该地区现发现 5 座黄肠题凑制墓葬(盱眙大云山 M1、高邮天山 M1、定陶灵圣湖 M2、泗阳大青墩汉墓、六安双墩 M1),都是单人葬(图四,6)。

二、随葬器物的类型学分析

鲁南苏皖地区汉墓中随葬的陶器,根据陶质的不同主要分为软陶器(夹砂、泥质陶器)和硬釉陶器,软陶器多分布在安徽西部及鲁南徐州地区,硬釉陶器则多分布在江淮之间。两汉时期该区硬釉陶器及软陶器始终是并行发展的两套系统,因此本文同时选择了软陶器中的鼎、盒、壶、罐、井、仓、灶,硬釉陶中的鼎、盒、壶、钫、瓿、罐进行类型学研究,这些器物发现数量比较多,分布极其广泛,亦有演变规律可循,颇具代表性。

随葬器物在墓葬中多有比较稳定的器物组合关系,根据器物形制及其组合关系的变化可以将典型器物分为以下四组(表一):

第一组,随葬软陶器鼎有 Aa 型Ⅰ式、Ab 型Ⅰ式、Ba 型Ⅰ式、Bb 型Ⅰ式,盒有 A 型Ⅰ式、Ba 型Ⅰ式、Bb 型Ⅰ式,壶有 A 型Ⅰ式、B 型Ⅰ式,罐有 A 型Ⅰ式、A 型Ⅱ式、B 型Ⅰ式、C 型Ⅰ式。硬釉陶器鼎有 Aa 型Ⅰ式、Ab 型Ⅰ式,盒有 Aa 型Ⅰ式、Ab 型Ⅰ式,Ba 型Ⅰ式壶,Ⅰ式钫,瓿有 A 型Ⅰ式、B 型Ⅰ式、B 型Ⅱ式。

第二组,随葬软陶器器形演变为鼎有 Aa 型Ⅱ式、Ab 型Ⅱ式、Ba 型Ⅱ式、Bb 型Ⅱ式,盒有 Ba 型Ⅱ式、Bb 型Ⅱ式,壶有 A 型Ⅱ式、B 型Ⅱ式,罐有 A 型Ⅲ式、B 型Ⅱ式、C 型Ⅱ式。硬釉陶器器形演变为鼎有 Aa 型Ⅱ式、Aa 型Ⅲ式、Ab 型Ⅱ式,盒有 Aa 型Ⅱ式、Ab 型Ⅱ式,Ba 型Ⅱ式壶,Ⅱ式钫,瓿有 A 型Ⅱ式、B 型Ⅲ式、B 型Ⅳ式。硬釉陶器中 Ab 型Ⅰ式壶、Bb 型Ⅰ式壶、Ⅰ式罐为新出现器形。

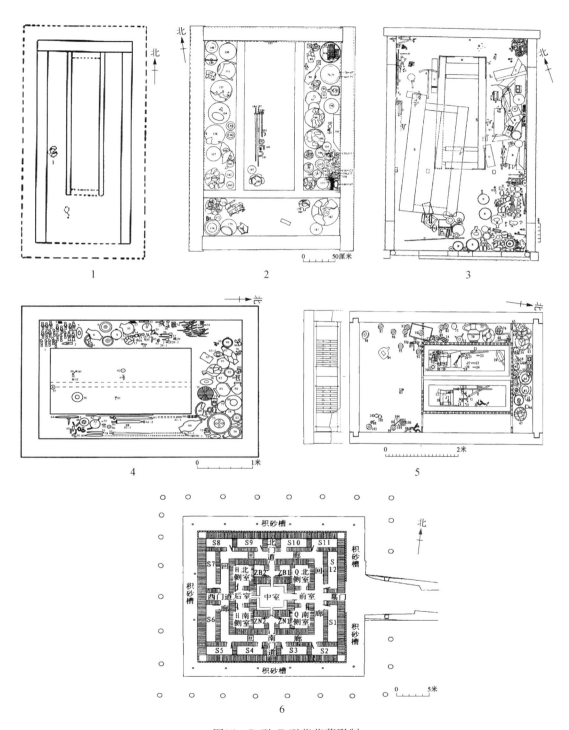

图四　D型、E型墓墓葬形制

1—3. D型Ⅰ式(天长三角圩 M11、东阳小云山 M1、双古堆汝阴侯墓 M1)
4、5. D型Ⅱ式(徐州黑头山刘慎墓、邗江姚庄 M102)　6. E型(定陶灵圣湖 M2)

表一　典型陶器分组与器物形制演变关系表

分组	软陶器												硬釉陶器									
	鼎				盒			壶		罐			鼎		盒		壶	钫	罐		瓿	
	Aa	Ab	Ba	Bb	A	Ba	Bb	A	B	A	B	C	Aa	Ab	Aa	Ab	Ba	Bb			A	B
1	I	I	I	I	I	I	I	I	I	I II	I	I	I	I			I		I		I	I II
2	II	II	II	II	II	II	II	II	II		II	II	II III	II	I	I	II	I		I	II	
3	III										III	III	IV	III	II	II	III	II	III	II	III	III IV
4							III									III	IV	III		III	IV	

第三组，随葬软陶器演变为 Aa 型Ⅲ式鼎，罐有 B 型Ⅲ式、C 型Ⅲ式。硬釉陶器器形演变为 Aa 型Ⅳ式鼎，Aa 型Ⅲ式盒，壶有 Ab 型Ⅱ式、Ba 型Ⅲ式、Bb 型Ⅱ式，Ⅲ式钫，Ⅱ式罐，A 型Ⅲ式瓿。新出现 Aa 型Ⅰ式釉陶壶。从该组起随葬陶器类型开始减少，随葬陶器组合中已开始不见软陶鼎、釉陶 Ab 型鼎、软陶盒、釉陶 Ab 型盒、软陶壶、软陶 A 型罐。

第四组，该组随葬陶器器形明显减少，随葬软陶器演变为 Bb 型Ⅲ式鼎，Bb 型Ⅲ式盒，C 型Ⅲ式灶。硬釉陶器器形演变为 Aa 型Ⅳ式盒，壶有 Aa 型Ⅱ式、Ab 型Ⅲ式、Ba 型Ⅳ式、Bb 型Ⅲ式，Ⅲ式罐，A 型Ⅳ式瓿。该组随葬陶器组合发生较大的变化，主要以釉陶壶为主。

三、分 期 与 编 年

（一）墓葬类型与典型陶器分组的对应关系

根据器物形制及组合关系的变化将典型器物划分为四组，而这四组较为稳定的器物组合与木椁墓的不同类型存在着一定的对应关系（表二）。

表二　典型陶器组别与墓葬类型对应表

典型陶器分组	墓 葬 类 型	备 注
第一组	A 型Ⅰ式、A 型Ⅱ式、C 型Ⅰ式、D 型Ⅰ式、D 型Ⅱ式	
第二组	A 型Ⅰ式、A 型Ⅱ式、B 型Ⅰ式、C 型Ⅰ式、D 型Ⅰ式、E 型	
第三组	A 型Ⅰ式、A 型Ⅱ式、B 型Ⅱ式、C 型Ⅰ式、C 型Ⅱ式、D 型Ⅰ式	
第四组	A 型Ⅱ式、B 型Ⅰ式、B 型Ⅱ式、C 型Ⅰ式、C 型Ⅱ式、D 型Ⅰ式	

（二）随葬纪年铭文器物墓葬的年代分析

阜阳双古堆汝阴侯墓 M1 为 D 型Ⅰ式木椁墓，出土随葬陶器不成组合，仅有编钟、编磬、编镈，该墓出土的漆器和铜器上有"女阴侯"铭文，再根据漆器铭文有"元年"、"四年"、"六年"、"七年"、"八年"、"九年"、"十一年"等，报告推测 M1 墓主人为第二代汝阴侯夏侯灶，墓葬年代为汉文帝十五年[1]（公元前 165 年）。

徐州刘执墓为 C 型Ⅰ式木椁墓，随葬典型陶器第一组器物。出土的龟纽金印"宛朐侯执"可知墓主人为西汉楚元王刘交之子刘执，刘执的死亡时间虽史书记载不同，但应距景帝三年不远[2]，约在公元前 154 年前后。

江苏盱眙大云山 M1、M2，M1 为 E 型木椁墓，简报未发表。M2 为 D 型Ⅰ式木椁墓，出

---

① 安徽省文物工作队等：《阜阳双古堆西汉汝阴侯墓发掘简报》，《文物》1978 年第 8 期，第 12—31 页。
② 徐州博物馆：《徐州西汉宛朐侯刘执墓》，《文物》1997 年第 2 期，第 4—21 页。

土典型陶器第二组器物。根据墓葬内出土有"江都食长"封泥、"江都宦者沐盘十七年受邸"银盘、"廿一年南工官造容三升"漆器、"廿二年南工官"漆器、"廿七年二月南工官"耳杯等，推测墓主人为刘非夫妇，M1 墓主人刘非死于公元前 127 年，M2 早于 M1①。

六安双墩 M1 为 E 型木椁墓，随葬典型陶器第二组部分器物。出土"六安饮丞"封泥、"共府"铜壶，推测墓主人为刘非，死于公元前 83 年②。

江苏邗江胡场 M5 为 C 型 I 式木椁墓，随葬典型陶器第二组器物。所出木牍记"卅七年十二月丙子朔辛"，死于宣帝本始三年十二月十六日，厉王胥四十八年（宣帝本始四年夏）下葬③。

江苏东海尹湾汉墓 M6 为 B 型 II 式木椁墓，随葬典型陶器的第三组器物。所出木牍中有明确纪年，赗赠名簿"永始二年十一月十六日"、武库兵车器集簿"永始四年"、木牍"元延三年三月十六日"，从《起居记》中可以得知下葬时间为元延三年（公元前 10 年）④。

仪征胥浦 M101 为 C 型 I 式木椁墓，随葬典型陶器第三组器物。所出"先令券书"为墓主朱凌临终遗嘱文书，时间为"元始五年九月壬辰朔辛丑亥"，墓主死亡时间当与其相近⑤。

（三）墓葬分期

通过以上分析可以初步确立鲁南苏皖地区汉代木椁墓的分期，结合典型陶器的对应关系大致可以分为以下 4 期。

第 1 期：相当于典型陶器第一组，随葬陶器组合为鼎、盒、壶、钫、罐，少数墓葬出现模制明器。墓葬形制以 C 型 I 式及 D 型 I 式为主，少量 A 型 I 式，单人葬或同坟异穴合葬为主，同椁合葬墓仅发现 A 型 II 式及 D 型 II 式各一。首先通过纪年墓葬西汉宛朐侯刘埶墓的年代；其次随葬铜镜多为蟠螭纹镜，少量草叶纹镜，根据《烧沟汉墓》、《中国古代铜镜》⑥关于汉代铜镜的年代分析；最后依据部分墓葬随葬铜钱，且多为半两。可知这一时期相当于西汉早期，即高祖至景帝末年。

第 2 期：相当于典型陶器第二组，随葬陶器中钫消失，模制明器较为普遍，陶器组合以鼎、盒、壶、罐为主。墓葬形制仍以 C 型 I 式及 D 型 I 式为主，新出现 B 型 I 式，B 型 I 式及 A 型 I 式发现各一，仍以单人葬或异穴合葬为主，同椁合葬也仅 A 型 II 式发现两座。首先通过纪年墓葬大云山汉墓 M2、六安双墩 M1、邗江胡场 M5 的年代；其次随葬铜镜为

① 南京博物院、盱眙县文广新局：《江苏盱眙大云山江都王陵二号墓发掘简报》，《文物》2013 年第 1 期，第 25—66 页；南京博物院、盱眙县文广新局：《江苏盱眙县大云山汉墓》，《考古》2012 年第 7 期，第 53—59 页。

② 安徽省文物考古研究所、安徽省六安市文物局：《安徽六安双墩一号汉墓发掘简报》，《文物研究》第 17 辑，第 107—123 页。

③ 扬州博物馆、邗江县图书馆：《江苏邗江胡场五号汉墓》，《文物》1981 年第 11 期，第 12—23 页。

④ 连云港市博物馆：《江苏东海县尹湾汉墓群发掘简报》，《文物》1996 年第 8 期，第 4—25 页。

⑤ 扬州博物馆：《江苏仪征胥浦 101 号西汉墓》，《文物》1987 年第 1 期，第 1—19 页。

⑥ 中国社会科学院考古研究所：《洛阳烧沟汉墓》，科学出版社，1959 年；孔祥星、刘一曼：《中国古代铜镜》，文物出版社，1984 年。

星云镜、日光镜及昭明镜,根据《烧沟汉墓》、《中国古代铜镜》①关于汉代铜镜的年代分析;最后依据墓葬多随葬五铢钱,钱文五字中间两笔都较直或略带微曲,铢字金字头如一带翼的镞,根据《烧沟汉墓》关于汉代铜钱的分析。可知这一时期相当于西汉中期,即武帝至宣帝时期。

第3期:相当于典型陶器第三组,随葬陶器中鼎及盒已不常见,形成以壶、罐、瓿为主的组合。新出现的 B 型 Ⅱ 式及 C 型 Ⅱ 式成为同椁合葬墓的主要形式,A 型 Ⅱ 式继续使用,同椁合葬已经兴起。首先通过纪年墓葬东海尹湾 M6、仪征胥浦 M101 的年代;其次随葬铜镜以日光镜、昭明镜、清白双圈铭文镜及四乳四虺纹镜为主,出现四神规矩镜,此期昭明镜的铭文多为方形字体,根据《烧沟汉墓》、《中国古代铜镜》②关于汉代铜镜的年代分析;最后依据墓葬随葬钱币多为五铢,五字如对头的"炮弹",出现磨轮五铢,根据《烧沟汉墓》关于汉代铜钱的分析。可知这一时期相当于西汉晚期,即元帝至孺子婴时期。

第4期:相当于典型陶器第四组,仿铜陶礼器组合已不存在,鼎、盒都已不见。随葬陶器主要是壶、罐。同椁合葬已经成为主流,出现 D 型 Ⅱ 式,单人葬或异穴合葬形式中 A 型 Ⅰ 式消失。铜镜主要有规矩镜、四乳禽兽镜,日光镜与昭明镜较少,根据《烧沟汉墓》、《中国古代铜镜》③关于汉代铜镜的年代分析;钱币有五铢钱及新莽时期的大泉五十、布泉、大布黄千,其中五铢钱金字如一三角形,四点较长,朱字字头圆折,根据《烧沟汉墓》关于汉代铜钱的分析。可知这一时期相当于新莽至东汉早期,即新莽至和帝时期。

四、木椁墓等级讨论

(一)等级要素分析及墓葬等级划分

将墓葬形制及其随葬品用于对墓葬等级的研究,多以墓葬形制及其部分影响等级的随葬品作为分析的要素。对于安徽南部西汉早期墓葬的多元统计分析方法的运用可知墓葬规模、棺椁数量、椁内分箱数量、陶鼎和随葬品总数这几个变量与墓葬等级之间有一定关联④。乐浪汉代木椁墓研究墓葬等级的相关要素有重椁、重棺、漆器、青铜器、车马器、武器⑤。

鲁南苏皖地区,墓葬用鼎现象从西汉中期开始消失,而之后二人或多人合葬墓使得墓

① 中国社会科学院考古研究所:《洛阳烧沟汉墓》,科学出版社,1959 年;孔祥星、刘一曼:《中国古代铜镜》,文物出版社,1984 年。

② 中国社会科学院考古研究所:《洛阳烧沟汉墓》,科学出版社,1959 年;孔祥星、刘一曼:《中国古代铜镜》,文物出版社,1984 年。

③ 中国社会科学院考古研究所:《洛阳烧沟汉墓》,科学出版社,1959 年;孔祥星、刘一曼:《中国古代铜镜》,文物出版社,1984 年。

④ 余静:《多元统计分析方法在汉墓等级划分中的应用——以安徽南部西汉早期墓为例》,《考古》2011 年第 12 期,第 74—82 页。

⑤ 王培新:《乐浪文化——以墓葬为中心的考古学研究》,科学出版社,2007 年,第 95 页。

葬规模(主要是墓葬的面积)跟墓葬人数也有了一定关系,本区汉代木椁墓的等级要素表现为:棺椁数量、青铜器、漆器、玉器、俑、武器。根据这些具有表征墓主人生前社会地位的要素来分析该地区的阶层结构(表三)。

表三　木椁墓类型等级要素统计(%)

墓葬类型	重椁	重棺	漆器	玉器	金银器	俑	车马器
A 型 I 式(11 座)	0	0	45	18	0	45	0
A 型 II 式(10 座)	0	0	60	30	10	30	10
B 型 I 式(9 座)	0	0	56	22	0	11	0
B 型 II 式(21 座)	0	0	67	29	5	29	0
C 型 I 式(86 座)	1	1	60	21	6	27	0
C 型 II 式(8 座)	0	0	88	25	0	38	0
D 型 I 式(40 座)	8	8	65	40	18	28	8
D 型 II 式(2 座)	0	0	100	100	50	100	50

上表所列为多重棺椁的使用,及随葬品中具有表征墓主人生前社会地位的各要素,凡占有项目越多、各等级要素所占比率越高的墓葬,其墓主人生前的社会地位越高,亦表示该墓葬等级越高。从上表可以看出:第一等级为 D 型 I 式墓葬,从重椁重棺及墓葬随葬品看等级都是最高的;第二等级为 D 型 II 式、C 型 I 式墓葬,从重椁重棺及随葬品两方面看其等级都较高;第三等级为 A 型 II 式、B 型 II 式、C 型 II 式墓葬;第四等级为 A 型 I 式、B 型 I 式墓葬。

(二)墓葬等级与墓主人身份分析

通过对墓主人身份比较明确的墓葬进行分析,发现其基本涵括了本区墓主人的等级状况,大体可以将那些墓主人身份不明的墓葬划归到以下这四个墓葬等级中。结合该区墓葬的形制基本可以推测出该墓主人大致所属的等级类别:

第一等级墓葬以 E 型和 D 型 I 式木椁墓为代表。这些墓葬墓主人身份较为明确,都是诸侯王及王后级别人物,葬具有重椁重棺,埋葬形式为单人葬或同坟异穴合葬。墓坑面积都在 200 平方米以上,规模宏大,盱眙大云山 M2 及巨野红土山汉墓有发表详细的简报,巨野红土山随葬品中已修复的器物达千件,而大云山 M2 虽被盗掘但仍发现 200 多件随葬品。种类丰富,不乏精品。大云山 M2 还出土了金缕玉衣及玉棺金饰,这很清晰地表明墓主人生前为诸侯王或王后。两座墓葬时代均为西汉中期,随葬品中以车马器、金属容器、武器及工具为大宗,而陶器、漆器及竹木器较少。

第二等级墓葬其墓主人生前主要是列侯及诸侯亲属,以 C 型 I 式及 D 型 II 式木椁墓为代表,有部分 D 型 I 式墓葬。虽然 C 型 I 式墓葬与 A 型 II 式及 B 型 II 式墓葬随葬品的占有率都极为相似,但 C 型Ⅰ式中明显有重棺重棺出现,表明墓主人等级高于 A 型Ⅱ式及 B 型Ⅱ式墓葬。D 型Ⅱ式墓葬的随葬品都占有了墓葬等级要素中的绝大多数。葬具部分有重椁重棺,西汉早期开始出现夫妻同椁合葬的埋葬形式,仍以单人葬或同坟异穴合葬为主。墓坑面积基本为数十平方米。早期随葬品中陶制品较为丰富,多为仿铜陶礼器,漆器、竹木器、金属容器、武器、工具及装饰品都有随葬,少见车马器;中期漆器数量大增,不见车马器;晚期陶制品中日用陶器较多。以徐州黑头山刘慎墓及扬州"妾莫书"墓为代表,出土随葬品达百余件。

第三等级墓葬其墓主人生前主要是郡县的高级官吏,以 A 型Ⅱ式、B 型Ⅱ式及 C 型Ⅱ式墓葬为代表,其中也有部分 C 型Ⅰ式及 D 型Ⅰ式墓葬。A 型Ⅱ式、B 型Ⅱ式及 C 型Ⅱ式墓葬从随葬品方面看都与第二等级墓葬 D 型Ⅱ式相似但占有比例没有 D 型Ⅱ式高,从墓葬形制看 C 型Ⅰ式的重棺重椁墓葬没有出现。因而认为 A 型Ⅱ式、B 型Ⅱ式及 C 型Ⅱ式墓葬等级略低。葬具为单棺单椁,西汉早期即出现夫妻同椁合葬的埋葬形式,单人葬或同坟异穴合葬与夫妻同椁合葬这两种埋葬形式并行。墓坑面积在十几至几十平方米之间,早期随葬品中以陶器数量最多,少量漆器、竹木器、金属容器、武器、工具及装饰品,不见车马器随葬;中期之后漆木竹器增多,而陶器种类明显减少,以壶、瓿为主,辅以仓、井、灶等生活明器。

第四等级墓葬其墓主人生前主要是一般贵族即有爵无官职的贵族或商贾,以 A 型Ⅰ式及 B 型Ⅰ式墓葬为代表,其中也有部分 C 型Ⅰ式及 D 型Ⅰ式墓葬。A 型Ⅰ式及 B 型Ⅰ式墓葬形制中没有出现重棺重椁,随葬品中也没有金银器及车马器的出现,玉器与漆器出现的比例也较其余形制墓葬低,可以明确判断出这两种类型的墓葬是鲁南苏皖地区木椁墓中最低等级的墓葬。葬具为单棺单椁,埋葬形式以单人葬或同坟异穴合葬为主。墓坑面积多在 10 平方米以内,早期随葬品多以陶器为主,偶见漆器、竹木器、金属容器、武器、工具及装饰品中的某几种;中期之后漆木竹器增多;晚期陶器以壶、瓿为主,辅以仓、井、灶等生活明器。

本区汉代木椁墓,从埋葬形式看,西汉早期时在第二等级及第三等级中出现夫妻同椁合葬,而在此后,夫妻同椁合葬在各等级墓葬中都有使用。墓坑面积从第一等级至第四等级逐渐减少。第一等级有详细简报的两座墓葬出土陶器数量都较少,而西汉早期第二等级、第三等级及第四等级随葬品中最多的仍为陶器,至西汉中期以后陶器数量相对减少,第三等级及第四等级自西汉中期开始出现日用陶器,而后日用陶器流行于各个等级墓葬之中,陶器也从最初的仿铜陶礼器过渡到日用陶器。漆器从西汉中期开始即大量出现在各不同等级的墓葬中,而金属容器、武器、工具及装饰品从西汉早期就较多地存在于高等级的墓葬中。

五、文化特征及源流

该区汉代木椁墓所表现出来的文化面貌显著,是其自身文化发展的同时与其他不同文化交流影响下发展起来的,各种不同性质的文化因素出现在墓葬中就是这一交流影响的具体表现。根据棺椁制作方式、合葬方式、随葬器物组合,以及陶器器形、纹饰、烧制工艺等各方面特征的不同,可以将形成鲁南苏皖地区汉代木椁墓特征的文化因素分为四大类:

(一)汉墓共性文化因素的表现形式

随葬品中仿铜陶礼器组合的使用明显表现出以汉文化因素为主体。仿铜陶礼器组合在鲁南苏皖西汉时期的木椁墓中十分常见,陶礼器组合包括鼎、盒、壶。这一陶礼器组合在战国晚期的中原地区已广为流行,西汉时期则流行全国[1]。

随葬品中的各类饮食器皿,主要以漆耳杯、漆案、钫最为常见,这些器物在全国各地的汉墓中均可见到,器形都较为相似,因而也将这类饮食器皿归为汉文化因素[2]。

随葬各类日用杂器,最为常见的是各类陶或铜灯、炉、漆盒、漆奁。这些日用杂器亦广泛地分布于全国范围内的汉墓中[3]。

随葬模型明器如井、仓、灶,该区在西汉早期就出现随葬模型明器,是模型明器出现最早的地区之一,虽然墓葬中出土的模型明器有时间早晚差异,器形各地有别,但井、仓、灶此类的模型明器也是各地汉墓中常见的随葬品[4]。

(二)楚文化要素的影响

该区就木椁墓的葬具而言,从整体上看几乎传承了楚文化的椁墓形制。鲁南苏皖地区汉代木椁墓多数深埋于地表3—5米处,部分墓葬墓坑与木椁之间填以青膏泥。在墓坑的底部垫2—3根枕木,椁室一般由底板、四壁板、顶板和盖板组成,底板为木板平铺而成,四壁板沿椁底板四边垒筑。部分木椁盖或棺盖下有天花板,并有朱绘图案[5]。分箱型木椁内各箱各盖一块顶板,其上放置平铺而成的盖板。四椁壁中可能有一壁上有双扇对开门,木椁内往往用木板分隔为棺室、边箱、头箱或足箱,各箱之间还有模制门窗。木棺大体呈长方盒形,部分为整木制成,断面呈"U"形,首尾两端内壁削成榫槽,插入木板,与棺匣之间凿刻成上下凹凸对称的槽[6]。在该地区有些木棺上发现棺身绑缚草绳,如连云港市海州西汉侍其繇墓,南棺上缠绕四道绳索,每道四匝,在棺的两端各约四分之一处还有两

① 中国社会科学院考古研究所:《中国考古学·秦汉卷》,中国社会科学出版社,2010年,第380—551页。这类文化因素以西汉关中和洛阳地区所出最为典型,且广泛见于中央政权统治疆域内,故称为汉文化因素。
② 宋蓉:《汉代郡国分制的考古学观察——以关东地区汉代墓葬为中心》,吉林大学2009年博士学位论文,第79、109、145页,将这些都归为汉代墓葬中的共同文化因素。
③ 宋蓉:《汉代郡国分制的考古学观察——以关东地区汉代墓葬为中心》,吉林大学2009年博士学位论文,第81、110、146页,将这些都归为汉代墓葬中的共同文化因素。
④ 中国社会科学院考古研究所:《中国考古学·秦汉卷》,中国社会科学出版社,2010年,第380—551页。这类文化因素以西汉关中和洛阳地区所出最为典型,且广泛见于中央政权统治疆域内,故称为汉文化因素。
⑤ 连云港市博物馆:《江苏东海县尹湾汉墓》,《文物》1996年第8期,在扬州和连云港地区较多墓葬中都发现有"天花板"。
⑥ 南京博物院:《江苏连云港海州网疃庄汉木椁墓》,《考古》1963年第6期,第287—290页。

道绳索兜住底帮,上部结成四个环状绳绊,可能是吊抬棺木时使用①。这些在营建葬具时的细节不可否认都是受到楚系文化影响而成的。

从随葬陶器看,漆衣陶源于楚系文化,在该区临沂、徐州、霍山、连云港、潜山等地西汉早中期墓葬中流行,以陶礼器为主。仿铜陶礼器组合中出现的镳壶及匜同样也是在楚文化因素的影响下使用的。部分鼎应该来源于楚文化中的子口鼎,出土的鼎不论是陶质还是青铜质都具有明显的楚系风格②。该区木质随葬品特征与战国时期楚墓极为相似,如漆木器在随葬品数量中占据绝对的优势③,漆器的制作及装饰和随葬木俑无疑都是楚文化的继续。

(三)本地文化因素的传承

本区南部战国时期文化,从埋葬形式看,该区部分木椁墓有出现一墩多墓的现象④,想必这应该是受到江南土墩墓一墩多墓的影响。

该区部分陶器以高岭土为胎,高温烧成,在吴越地区自新石器时代以来就已经存在,夏、商时期沿用,后被越文化继承并发展成釉陶、原始瓷器烧制技术,在器表装饰水波纹及弦纹等无可厚非是受吴越文化的影响⑤。

该区北部地区为鲁故地,在丧葬习俗上也传承了鲁文化传统。该区 A 型木椁,在椁外设置壁龛使得器物箱用以放置陪葬品⑥,这种形制木椁的出现,应是受鲁地东周时期墓葬中的壁龛影响而成。

(四)秦文化因素的短暂介入

该区发现的一些木椁墓椁盖上、棺盖上及棺下铺芦席或蒲草,虽用途不明,但这种方式可能是受秦文化的影响⑦。

在随葬品方面,茧形壶及蒜头壶这两类器形也偶见于该区墓葬中,其造型与战国时期秦墓中的茧形壶及蒜头壶如出一辙,如徐州凤凰山 M1∶6 的茧形壶⑧、霍山县西汉墓M4∶11 蒜头壶⑨,想必应该是受到秦文化影响的结果。

该区汉代木椁墓主要在汉墓共性文化因素、楚文化、本地传统文化及秦文化这四种文化因素共同作用下形成的。虽该区文化面貌大体上是相似的,但在一些细小的方面还是

---

① 南波:《江苏连云港市海州西汉侍其繇墓》,《考古》1973 年第 3 期,第 169 页。
② 王玉主:《楚文化对皖中地区西汉墓葬影响研究》,安徽大学 2012 年硕士学位论文,第 33 页。
③ 安徽省文物考古研究所、巢湖市文物管理所:《巢湖汉墓》,文物出版社,2007 年。
④ 王秀伟:《山东东南沿海汉墓的初步研究》,山东大学 2012 年硕士论文,第 23 页;胡欣民:《合肥西郊刘郢胡大墩汉墓》,《文物研究》第四辑,第 137—144 页。
⑤ 安徽省文物考古研究所:《庐江汉墓》,科学出版社,2013 年。
⑥ 金雀山考古发掘队:《临沂金雀山 1997 年发现的四座西汉墓》,《文物》1998 年第 12 期,A 型木椁应是受该报告中的 M4 影响而形成。
⑦ 叶小燕:《秦墓初探》,《考古》1982 年第 1 期,第 67 页。
⑧ 徐州市博物馆:《江苏徐州市凤凰山西汉墓的发掘》,《考古》2007 年第 4 期,第 39 页。
⑨ 安徽省文物考古研究所、霍山县文物管理所:《安徽霍山县西汉木椁墓》,《文物》1991 年第 9 期。

有细微差异的,如软陶器和硬釉陶器使用的程度不同,俑类随葬是木俑还是陶俑,模型明器中随葬仓还是猪圈,这种差异应该是由地域及年代早晚影响而出现的。

六、相关问题讨论

本部分首先论述本区的木椁墓文化特征。其次探讨本区木椁墓消失的原因,这是一个旧事物消亡,被新事物代替的问题。事物的变化发展一般都是由内部因素和外部因素共同作用影响的,木椁墓被取代也不例外。就这个问题而言,木椁墓消失的内部因素是其自身缺陷,外部因素是砖室墓大规模兴建取代各种形制的墓葬,本文拟从上述两个方面探讨木椁墓消失的原因。

(一) 本区木椁墓文化特征

从葬具方面看,该区木椁墓椁箱构造主要有单箱型木椁及分箱式木椁两种,临沂单箱型木椁的使用较为常见,而其他地方则以分箱式木椁为主。西汉早期开始,木椁隔板或椁壁上出现有双扇对开门,木椁内往往用木板分隔为棺室、边箱、头箱或足箱,各箱之间还有模制门窗。多数墓葬在墓坑与木椁之间填以木炭及青膏泥,墓底铺木炭。木棺有两种:一种为整木制,一种四壁为薄木板。部分木棺还有鎏金柿蒂形装饰,有少量墓葬的木棺底部还铺满钱币。棺多髹漆,为内朱外黑。

从随葬品方面看,该区木椁墓随葬器物按质地和功能可以划分为陶器、漆器、青铜器、铁器、车马器、竹木器、装饰品等种类。以陶器、漆器及竹木器为主是随葬品种类上最大的特征。在该区东南部,随葬的陶器从西汉早期起即以硬釉陶器为主,之后逐渐影响至该区其他地方。模制明器在西汉早期已用于随葬,是最早出现模制明器仓、井、灶的区域。漆面罩是西汉晚期至东汉初期出现在该区沿海地区木椁墓中特有的随葬品,应该是由先前玉覆面一类的敛具发展而来的①。

(二) 本区木椁墓的衰落

木椁墓自新石器时代出现以来,至西汉早期发展为一种主要的墓葬形制,西汉早期出现的黄肠题凑更是将木椁墓的发展推至了一个新的顶峰,其后便盛极而衰。该区木椁墓在消退时也有一定的规律,本区北部木椁墓在西汉晚期即已消失殆尽,而本区北部的徐州至今都未发现西汉中期木椁墓;本区西部在王莽至东汉初以后未见木椁墓;本区南部则在东汉时期还残存有零星木椁墓。木椁墓在西汉时期开始消失的内部因素应该是其自身缺陷,这种缺陷在同穴合葬、用材及汉墓宅第化的限制方面体现得最为明显。

---

① 高伟、高海燕:《汉代漆面罩探源》,《东南文化》1997 年第 4 期,第 39 页。

1. 同室合葬习俗的流行

由同坟异穴合葬向同椁、同室合葬的转变发生在汉代。虽然在汉代之前合葬墓已经流行,但未广为普及。汉武帝统治的后半期(西汉中期)以后,埋葬风气为之一变,除帝、后陵以外,一般官僚、地主均采用夫妇同穴(墓)合葬,自此以迄东汉,成为定制,再未更改[1]。"决定古代墓地形态的因素,主要有两方面:一是人们的血缘和亲属关系的形态,一是土地所有制或财产关系的形态。此外,风俗习惯或信仰方面的因素,在其表现形式上当然要起极大作用"[2]。想必这三个方面的原因使得西汉中期以来夫妻同穴合葬逐渐流行并普及。夫妻同时死亡后埋葬的事情毕竟较少,对于密封性很强的木椁墓来说,先后两次的开启必是多有不便。

多数汉代木椁墓属于竖穴式土坑墓,竖穴式木椁墓的构造是在竖穴式墓圹内先组立木椁,然后按顺序下葬墓主人棺及随葬品,由上部加盖,再填土深埋以达到封闭效果[3]。深埋,也是木椁墓的一个特点,该区域内发现的木椁墓都大多位于地表1米以下,更甚者达5米之深,将木棺及随葬品放置在如此之深的墓坑中绝非易事,部分墓葬发现有墓道,虽可能不能直达墓底,大致也能在下葬木棺及随葬品时助一臂之力,在该区也发现载柩车[4],大概是在棺运至墓地时就用它来将棺木从墓道送至椁内。然而更多的墓葬没有墓道,没有载柩车,如扬州平山养殖场M3,墓顶距地表4.5米,为夫妻合葬的木椁墓,棺室南北置两棺,南为甲棺,北为乙棺。甲棺外用五道草绳绑缚,草绳径约7厘米,每道草绳绑四圈或五圈不等;乙棺中间用草绳绑缚一道[5],想必这就是当时下葬棺木时留下的痕迹。将整木制成的棺木及大量的随葬品下葬至深埋地下数米的地方,这也是竖穴木椁墓在先后两次下葬时明显的不便。

在鲁南苏皖地区徐州是最早出现同穴合葬墓的,大约在西汉早期偏早阶段,这也是在全国范围内发现的比较早的同穴合葬墓,在徐州西汉早期偏晚阶段同穴合葬即已流行,到西汉中期已经成为主流的合葬形式。而徐州的木椁墓在西汉中期已不见踪影,由此可见,同室合葬的流行影响了椁墓的发展。

2. 埋葬设施的宅第化趋势

汉墓宅第化应该也是木椁墓消失的缘由之一。汉代事死如生,人死后的生活环境也尽量与活着的时候相同,这使得汉墓的宅第化不断发展。宅第化的发展不仅仅表现在随

① 李如森:《从汉墓合葬习俗看汉代社会变化轨迹》,《史林》1996年第5期,第21页。
② 俞伟超:《古史分期问题的考古学观察》,《先秦两汉考古学论集》,文物出版社,1985年,第24页。
③ 黄晓芬:《汉墓形制的变革——试析竖穴式椁墓向横穴式室墓的演变过程》,《考古与文物》1996年第1期,第58页。
④ 安徽省文物考古研究所、巢湖市文物管理所:《巢湖汉墓》中王岗一号墓出土载柩车,文物出版社,2007年,第18页。
⑤ 印志华:《扬州平山养殖场汉墓清理简报》,《文物》1987年第1期,第26页。

葬品方面,尸体的盛放场所也不例外,鲁南苏皖地区木椁墓内各室之间先是开有小孔,到模制门窗及椁内分层的出现都是其不断宅第化的表现。从汉代出土的一些陶楼可以看出当时已经出现了亭台楼阁、前庭后院之类的建筑,然而一个封闭的矩形木椁,椁内仅能达到有模制门窗使各室之间开通而已。更大规模的椁墓宅第化当属黄肠题凑,但当时无论是政治身份还是经济条件能使用黄肠题凑制的人还是少之又少,这也就使得在数量上占绝大多数的中小型墓葬的宅第化进程进入了瓶颈,不能更大限度地模仿生前居住的场所。

3. 室墓的快速发展

汉墓最引人注目的是汉代初期以后,代表传统形制的竖穴木椁墓明显趋于衰落,而汉以前不曾存在的横穴室墓迅速兴起,并以其强大的势力向帝国各地域渗透。室墓能很好地满足同穴合葬和汉墓宅第化的要求,同时,汉代室墓较为常见的材料为小砖,汉代窑业的发展也为汉代室墓的大量盛行到最后逐步取代竖穴木椁墓提供了必不可少的技术支持。

在汉代,北方地区常见的窑型是馒头窑,南方地区为龙窑。总的来看,汉代陶窑与战国陶窑相比,不仅窑室的体积增大,火道加长,烟道的设计有了改善,而且在当时制陶业有明显的分工,已经有专门烧造建筑材料、陶俑等的专业作坊[1]。烧窑所用的燃料不仅有木柴,更是出现了煤饼,窑温已能生产砖瓦[2],由此可见,砖瓦等建筑材料的取材甚是便捷。

因而室墓的快速发展应该也是竖穴式椁墓消失殆尽的一个重要的外部因素。

---

①　中国社会科学院考古研究所:《中国考古学·秦汉卷》,中国社会科学出版社,2010 年。
②　孙机:《汉代物质文化资料图说》,上海古籍出版社,2011 年,第 39 页。

连云港汉画像石概述

骆 琳

连云港市重点文物保护研究所 副研究馆员

内容提要： 连云港汉画像石主要分布在东海、灌云、海州、赣榆4个县区。连云港汉画像石墓主要有石结构墓、砖石结构墓两型。连云港汉画像石的年代大抵在西汉晚期至东汉末期，题材大致可以分为：现实生活、神话传说、历史故事、祥禽瑞兽、装饰图案等，其艺术风格主要是写实与夸张、疏简与繁密相结合。

关键词： 连云港 汉画像石 汉墓

一、连云港汉画像石的分布

连云港市位于江苏省北部，滨临黄海，北接山东日照、临沂，西、南分别与江苏的徐州、盐城、淮安接壤。连云港市辖海州、连云、赣榆3个区及东海、灌云、灌南3个县。连云港市的汉画像石主要分布在海州区、赣榆区以及东海县、灌云县。据不完全统计，截至2015年发表的连云港地区汉画像石墓有：刘顶汉墓①、桃花涧画像石墓②、酒店汉画像石墓③、白鸽涧画像石墓④、金山汉画像石墓⑤、昌梨水库汉墓群⑥、岗西汉墓⑦、吴圩汉墓⑧，出土汉画像石80块左右。

二、连云港汉画像石墓的形制

根据墓葬构筑材料的不同，连云港汉画像石墓分为石结构墓、砖石结构墓两型。

A型 石结构墓。整个墓室用石板、石块砌筑而成。连云港市的石结构墓可以分为单室墓和三室墓两式。

---

① 李洪甫：《连云港市锦屏山汉画像石墓》，《考古》1983年第10期。
② 李洪甫：《连云港市锦屏山汉画像石墓》，《考古》1983年第10期。
③ 李洪甫：《连云港市锦屏山汉画像石墓》，《考古》1983年第10期。
④ 李洪甫：《连云港市锦屏山汉画像石墓》，《考古》1983年第10期。
⑤ 徐州博物馆、赣榆县图书馆：《江苏赣榆金山汉画像石》，《考古》1985年第9期。
⑥ 南京博物院：《昌梨水库汉墓群发掘简报》，《文物参考资料》1957年第12期。
⑦ 国家文物局主编：《中国文物地图集——江苏分册》，中国地图出版社，2008年，第692页。
⑧ 国家文物局主编：《中国文物地图集——江苏分册》，中国地图出版社，2008年，第692页。

Ⅰ式　单室墓。其构筑方法是先挖长方形竖穴土坑，然后用画像石砌成墓壁，墓底用石板铺地。此类单室墓见于海州区白鸽涧画像石墓和桃花涧画像石墓。桃花涧画像石墓，原有封土，墓坑为竖穴土圹，平面呈长方形。墓壁用4块画像石砌成，墓底用7块不规则的石板铺成。墓室顶部未见有覆盖材料。

Ⅱ式　三室墓。有三个墓室，发现时形制保存较完整的仅见于东海县昌梨水库汉墓群M1。整个墓用石灰岩石块建成，墓的方向为185°，墓道为斜坡式，水平长6.7、宽2.8米。墓室长4.93、宽3.91米，由前室、后室和侧室三个部分组成。前室、后室的位置为南北向，均在同一主轴线上。侧室为东西向，附在前室的西边，与主轴垂直，前室和侧室各附有壁龛。

B型　砖石结构墓。此类墓的墓室主体一般是砖结构，石件主要用于墓门、墓顶以及各室相连部位。连云港砖石结构画像石墓见于赣榆区金山汉画像石墓M1。M1原有封土，墓室为南北向，墓道居北，残存有主室后部和耳室，后室用石板盖顶，后壁及顶皆为画像石。墓底横铺石板，原来东、西耳室由青砖砌筑。昌梨水库汉墓群M3，平面呈长方形，墓门用红砂石砌筑而成，墓室用砖块发券、砌拱而成，长4.84、宽3.7、高1.86米。前室长1.06、宽3.54、高1.86米；后室分3间，长3.06米，每间各宽0.84、0.84、0.92米，每间各高1.26、1.25、1.16米。该墓是一个三棺合葬墓。

三、连云港汉画像石的年代

连云港汉画像石的年代可以从出土的几座汉画像石墓来做基本分析。锦屏山汉画像石墓的画像石皆采用阴线刻，底部粗糙，未经磨平，图像简略，线条率直，与鲁南、苏北出土的画像石相比，显然属于早期作品，年代在西汉晚期。其中，白鸽涧汉画像石中的铺首图形有海州西汉戴盛墓中出土的铜器铺首可资对照，墓中出土的西汉五铢，应属于西汉晚期①。赣榆区金山汉画像石墓，为砖石结构画像石墓，画像石的主要内容是人物和珍禽异兽，边饰主要是宽带纹，次为连弧纹、垂幛纹及"S"纹等。雕刻技法多为浅浮雕和平面阴线刻，也有减地平面阴线雕刻。从汉画像石墓残留的墓形、画像内容、雕刻技法及边饰考察，金山汉画像石应为东汉晚期作品②。另外，东海昌梨水库汉画像石墓M1，它是以石材为主要材料装配而成的画像石墓。画像石的主要内容有神仙人物、珍禽异兽，边饰主要是花纹、菱形纹、"S"纹等。雕刻技法多为浅浮雕和平面阴线刻，也有高浮雕等。从墓中出土的铜镜及釉陶器等文物来看，此墓为东汉时期末叶③。

从上述连云港地区汉画像石墓出土资料来看，连云港汉画像石大抵流行在西汉晚期至东汉末期。

---

①　李洪甫：《连云港市锦屏山汉画像石墓》，《考古》1983年第10期。

②　徐州博物馆、赣榆县图书馆：《江苏赣榆金山汉画像石》，《考古》1985年第9期。

③　南京博物院：《昌梨水库汉墓群发掘简报》，《文物参考资料》1957年第12期。

四、连云港汉画像石的题材

连云港汉画像石题材大致可以分为：现实生活、神话传说、历史故事、祥禽瑞兽、装饰图案等。现实生活题材主要有：建筑图、拜谒图、日常生活场景等。建筑图是非常常见的汉画像石题材，它对研究汉代建筑类型、风格提供了重要实物资料。如桃花涧画像石墓北壁画像石，阴线刻三个立阙。左、右两阙对称，中间的立阙为主人活动之主楼，楼上两侧各有斗拱。顶端立一凤鸟。阙右边刻一老者，腰佩剑，手扶杖。拜谒图，如刘顶汉画像石三，该画像石刻有4个人物，中间两人对立，戴冠，着长衣，双手举名帖前伸，似拜谒图。日常生活场景画像石是反映汉代生活最真实的写照。昌梨水库 M1 有一汉画像石，左边刻着一株树，树枝上挂着一物，树下有一人，坐在矮榻上。其次是一着短服的人，肩扛一物。再次是一着短服的人，双手握车把，右肩背着拉绳，右足前迈，在拉一车。此图将汉代人的日常生活刻划得栩栩如生。

神话传说类题材主要有羽人戏猿图、东王公、西王母、伏羲、女娲等。羽人戏猿图在赣榆金山汉画像石墓中有发现：右侧一猿，蹲于地，似拿一桃形物。左侧一羽人，面猿而立，作戏逗状。左下角有一鸟卧地。昌梨水库汉墓群 M1 前室南立面立柱上部刻有东王公。昌梨水库汉墓群 M1 后室藻井盖上雕刻有伏羲、女娲，都是两手捧着日月。

历史故事类题材画像石比较少见，目前仅在昌梨水库汉墓群汉画像石中发现一块，描述的是"周公辅成王"的历史故事。"周公辅成王"是常见的汉画像石题材。周公是周武王的弟弟。武王病死后，周公辅佐周成王。从成王十三岁到二十岁，他代理天子职权，一心朝政，忠心不二，排内忧，除外患，巩固了周王朝的统治，并为"成康之治"奠定了基础。

祥禽瑞兽类题材主要有铺首衔环、凤鸟、禽兽戏舞、祥龙、麒麟、鹿、兔、鱼等。铺首衔环是汉画像石常见的题材，桃花涧画像石墓墓门东壁画像石刻铺首衔环三，左侧的铺首仅存右腮和耳部，中间的铺首，眼呈杏核状，眉线上挑至额下与鼻相连，鼻呈长方形，下接一附环。昌梨水库汉墓群 M1 前室西立面横额上有以凤鸟为主的雕刻带，左右是一对称的长冠、张翅、翘尾的凤鸟，凤鸟间有一昂首的小雀和一位手执花枝的戏凤人。另外，昌梨水库汉墓群 M1 前室东立面横额上有兽类雕刻装饰带，共有五兽，包括：一回首的兔，一回首的龙，一扭身的虎，一正面的虎，一回首的虎。

装饰图案类题材主要有十字连环纹、花纹饰带、"S"形卷云纹、蕉叶纹、穿环纹和齿纹等。

五、连云港汉画像石的雕刻技法和艺术风格

（一）雕刻技法

连云港汉画像石主要有线刻、浅浮雕、高浮雕三种雕刻技法。

1. 线刻

线刻类汉画像石,因不需要表现物象的质感,物象直接用线条表现出来。连云港汉画像石线刻又可分为平面阴线刻和减地阴线刻两种技法。

平面线刻即直接在石面上用线条刻出图像,此类画像没有凹凸,缺乏层次感,但石刻整体显得古朴豪放。如刘顶画像石墓1号画像石。属于西汉晚期作品,线条细腻,刚劲准确,图案简洁古朴。

减地线刻即在石面上沿物象轮廓线将物象面削低,使物象面呈略低于余白面的凹面,物象细部以阴线刻来表现。如赣榆金山汉画像石后壁人物故事汉画像石,线条洗练,造型优美,极为规整。

2. 浅浮雕

浅浮雕是连云港汉画像石主要的雕刻技法之一。所谓浮雕是在平面上雕刻出凹凸起伏形象的一种雕塑技法,而浅浮雕是一种物象轮廓外减地,物象起位较低,物象细部用阴线刻来表现的浮雕技法。如赣榆金山汉画像石第十五石,刻一抱戟而坐的门吏就是采用此种雕刻手法。

3. 高浮雕

这是一种铲地较深,物象浮起很高,物象细部也是根据立体表现原则用不同的凹凸来刻画的浮雕技法。这类作品,具有较强的立体感,昌梨水库汉墓群M1,熊汉画像石采用的就是高浮雕雕刻手法,狗熊是蹲坐的样子,前肢上举,轻巧的托着头,熊腹部浑圆,四肢舒坦,显得轻巧自然。整个熊的躯体都是用流畅、柔和的曲线和隐约的直线表现的,这种简练、对比的手法,强调了动态的悠闲自若。

(二)艺术风格

连云港汉画像石的艺术风格主要是写实与夸张、疏简与繁密相结合。

1. 写实与夸张

所谓写实就是尽可能地追求真实。连云港汉画像石主要采用写实手法,生动逼真地刻画了社会生活、建筑景物、人物、动物等景象。然而连云港汉画像石不拘泥于单纯的模仿,而是从现实生活中加以提炼、加工,创造性地运用夸张、变形等艺术手法,寓巧于拙,寓美于朴,再现了汉代社会生活雄强古拙、豪迈奔放的时代精神。如金山汉画像石第二十石,一人立于半球体上,球上刻有山峦、河流。人大球小,这种想象力决定了浪漫主义的艺术夸张手法,增强了艺术效果。还有对于野兽猛虎的刻画,更是运用夸张手法,将张牙舞爪的猛虎、扑食的猛虎、飞腾云际的翼虎生动准确表现出来,将老虎的凶残暴躁、狡黠神秘的特点也刻画得淋漓尽致。

2. 疏 简 与 繁 密

所谓疏简就是画面构图简练、疏朗、明快。如桃花涧西壁画像石,为阴线刻,画面左右对称,刻有十字连环纹,环纹用两个同心圆组成。画面中间刻一常青树,树上栖一凤鸟。作品线条的表现力极为简练准确,优美而富有动感。线和形巧妙结合,寓静于动之中,将凤鸟的形体凝聚在几根简单的线条里,生动传神。繁密就是整个画面铺天盖地,少有空间,似乎让人感到透不过气来。但是这种繁密虽然画面很满,但刻画者却别具匠心,刻得主次分明,补白与辅助图案都是主题的呼应,起到重要衬托作用。金山画像石一禽兽戏舞图,所有景物都互为联系,或缠绕,或扭动,或顾盼,或呼应,或对抗。虽然视觉上感觉很满,但是效果却恰恰相反,反而使人觉得透气、舒坦和赏心悦目。

连云港地区的汉画像石内容包罗万象,雕刻技法灵活多样,风格粗犷古朴,具有明显的汉代造型艺术特点,为研究该地区的两汉文明提供了重要的实物资料。

扬州地区西汉墓葬出土漆器楚文化因素浅析①

刘松林

扬州市文物考古研究所　馆员

内容提要：通过对该区西汉墓葬与楚墓出土漆器特征异同的概述及典型器的分析，我们得知：该区西汉漆器在器形、纹饰及胎质等方面，均深受楚文化影响，但继承中亦有创新，并形成一定的地域特色，最终融入汉文化体系，成为其中的一分子。

关键词：扬州地区　西汉墓葬　漆器　楚文化因素

前　　言

　　扬州地区处于江淮东部，东南襟江带海，西近滁州，北与淮安等地接壤。春秋战国时期，吴、越、楚先后占领该地，周敬王二十五年（前 495 年），吴王夫差击败越王勾践，十年后筑邗城。之后越军又击败吴军，吴国一蹶不振，最终被越国所灭。又《史记·越王句践世家第十一》记载："……于是越遂释齐而伐楚。楚威王兴兵而伐之，大败越，杀王无疆，尽取故吴地至浙江，北破齐于徐州。"（据考证为周显王四十六年，前 323 年）。至此，楚取越之地，邗沟尽归楚，楚建广陵城。可见，吴越文化与楚文化都对广陵产生了一定的影响，但楚文化较为强势，对该区影响较深，西汉早期该区仍有楚陶郢爰出现（图一）。

　　西汉时期该区先后属荆国、吴国、江都国、广陵国，其间有数次国除归于广陵郡。在荆国、吴国、江都国封国期间，其国境大致包括东阳郡、鄣郡及吴郡，但至江都王建因罪自杀，国除。元狩六年（前 117 年）四月，汉武帝立王子胥为广陵王，国境便收缩了。据《汉志》记载，广陵国仅有广陵、江都、高邮、平安 4 县。汉昭帝主政期间，广陵国益封九江郡全椒县、庐江郡寻阳县②（图二）。由此可见，西汉时期该区范围不是一成不变的，而是存在一个削减的过程，但其核心区域一直没变，与现代行政区划范围大致相同。

---

① 论文所提扬州地区是指西汉时期除扬州市、高邮市、江都市、仪征市、宝应县及所辖乡镇外，亦包括天长市及所属乡镇。这是由于天长市在西汉时与现扬州地区为一个体系，即为荆国、吴国、江都国等的一部分，其墓葬形制及随葬品特征与现扬州地区同。该区西汉中小型墓葬与诸侯王墓等大型墓葬不同，在墓葬形制及随葬品特征方面应归于另一体系。本文所指楚文化特指楚漆器文化。

② 王冰：《西汉广陵历王的封域与昭帝益之邑考略》，《中国历史地理论丛》2011 年第 4 期。

图一　陶郢爰

（摘自扬州市文物考古研究所：《江苏扬州西汉刘毋智墓发掘简报》，《文物》2010 年第 3 期）

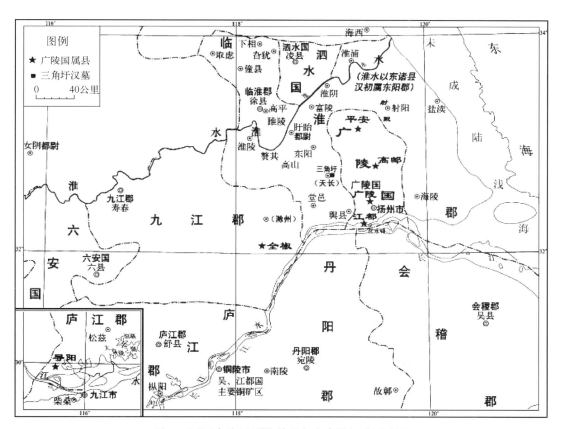

图二　西汉广陵国（郡）辖县与东南沿江政区略图

（王冰改绘自《中国历史地图集》第 2 册，中国地图出版社，1996 年，第 24—25 页）

　　该区地形多为平原,部分为低矮丘陵,地势相对较低,河道纵横,水网密布,水运较为发达,而且可以煮盐铸钱,因而封国经济极为发达。如西汉吴王刘濞据于广陵,修筑广陵城以为都城,他充分利用前人修筑的邗沟进行水上交通,向东开邗沟通海陵仓,扩大了运河的辐射面,再加上煮盐铸钱,从而使吴国广陵城成为江淮间的一大都会。秦汉时期,安徽铜陵先后为鄣郡和丹阳郡管辖地,处于汉吴王濞封地内,这里的铜矿当属"章山之铜"的产地之一①,据《汉书》记载:"吴有豫章郡铜山,即招致天下亡命者盗铸钱,东煮海水为盐,以故无赋,国用饶足。"凭借吴国经济的强盛,刘濞发动叛乱,公然对抗朝廷。另一方面,封国经济的强盛客观上带动了社会各阶层生活水平的提高,从该区平民墓葬的规模、随葬品的品类及数量即可见端倪②。在随葬品的品类方面,尤以漆器最为精美,在形制、纹饰及胎质方面均极为讲究,受楚文化的影响较深,并具有一定的地域特色,下文对此进行详述。

一、该区西汉漆器特征

　　该区漆器品种繁多、质地多样、工艺精湛、纹饰精美,地方特色尤为明显。其品种涉及较广,既包含生活用具,亦包含丧葬明器。生活用具可分为食器(奁盒、耳杯、笥、案、几、箱、盘、勺、碗、壶、扁壶、樽、卮)、水器(匜、魁)、宴饮(案、几、俎)、卧榻(榻、枕、杖)、兵器(剑鞘、刀鞘、削鞘、弓箭架、弓、弩、矛、盾、木插)、文具(砚、黛板盒)、梳妆具(梳、篦)、度量工具(量、尺)、博戏(博盘、瑟)及车马构件等,丧葬明器主要有:面罩、镇子、虎子、木刻板画、木板彩画、笭床、俑、木方、木牍(木签)、封泥匣等。

　　质地有木胎、夹纻胎、竹胎、铜胎、陶胎等,其中木胎有厚木胎、薄木片卷胎、木片拼合胎三种。厚木胎以斫削的手法制作,主要用于耳杯、盘、盆、壶等器。薄木片卷胎用于樽、卮、奁、盒等圆形器。木片拼合胎主要用于笥、案等稍大型器。夹纻胎工艺较为讲究,主要用于杯、盘、卮、奁、盒、碗等小型器皿。竹胎不多见,多用于枕、杖之类。铜胎、陶胎漆器较为少见,其工艺是指在铜、陶胎质表面进行髹漆,俗称漆衣陶,主要有罐、壶等。

　　漆胎工艺主要有斫制、旋制、卷制及雕刻,一些也采用胶粘合方法,钿器工艺极为发达,器表装饰手法主要有单彩绘、多彩绘、针刻、雕刻、镶贴、金银箔等工艺,单彩绘多饰小型器皿,如碗、小耳杯等,有黑地朱绘、朱地黑绘,或褐红地朱红绘;多彩绘一般多用于大型器皿,如奁、案、几等,有朱红、赫红、土黄、金黄等;针刻多见于夹纻胎漆器,如耳杯、小型壶、罐;雕刻工艺多见于漆器柄、把等附件,如漆勺柄等。

　　漆器纹饰流畅、纤细,以云气纹和龙凤纹为主,动植物纹为辅。动物种类较多,如鹦鹉、孔雀、大雁、鸳鸯、天鹅、鹿、虎、豹、猪、猴、狐狸等,还有一些取材于神话故事,如天马、

---

　　①　杨立新:《铜陵古代铜业史略》,《文物研究》第11辑,黄山书社,1998年。
　　②　扬州地区西汉平民墓葬多为竖穴土坑木椁墓,稍讲究的或置头厢1,或置足厢1,或置边厢1,随葬器多为釉陶器、灰陶器及少许铜铁器等。

怪兽、羽人等。

二、楚漆器特征

楚墓随葬品中尤以漆器较为精美,特征鲜明。在当时来说漆器是最为发达的,亦是最为标志性的器类。战国时期,漆器品类增至 60 余种,其中有生活用具、家具、兵器、乐器、车马器及丧葬用具。丧葬用具最能反映楚文化的巫鬼文化与淫祀,如羽翣、镇墓兽、虎座飞鸟、鹿座飞鸟、卧鹿、笭床等。漆器胎骨春秋时仅有木胎一种,战国时已有木胎、竹胎、夹纻胎、陶胎、铜胎、骨胎、角胎、皮胎等,并以木胎的数量最多。工艺方面:木胎为斫制、挖制、雕刻;竹胎为锯制、编织及斫制。战国中晚期楚漆器出现一些精细的工艺,部分漆器采用分别制作构件,然后利用榫卯结构与粘合工艺,并与金工相结合。纹饰方面:分为写实与夸张两种,主要有龙纹、凤纹、虎纹、变形鸟纹、兽纹、窃曲纹、山字形纹、勾连云纹、卷云纹、菱形纹、方格纹、涡纹、三角形纹、变形鸟头纹、变形凤纹等,由此可见楚漆器纹饰精美、多样,代表了当时漆器工艺的最高水平①。

三、该区与楚漆器异同概述

楚漆器涉及社会生活的方方面面。首先,在品类方面,该区漆器与楚漆器相似性较大,两者均有耳杯、奁盒、壶、樽、盘、勺、碗、卮、梳(篦)、几、案、俎、枕及相应的文具、度量工具、兵器等生活用品,俑、虎子、笭床等丧葬明器。但承继中多有变化,如楚漆器生活工具(簋、盖豆、豆)、乐器(建鼓、虎座鸟架悬鼓、鸟架鼓)、丧葬明器(羽翣、镇墓兽、虎座飞鸟、鹿座飞鸟、卧鹿),在该区均未发现。反之,该区出现了新的品类,如生活用具(魁、扁壶)、丧葬明器(面罩、镇子)等,这些均在楚墓中极难发现(图三)。

其次,两者在胎质方面仍以相似性为主,均有木胎、夹纻胎、陶胎、铜胎、竹胎,且均以木胎为主,夹纻胎次之,竹胎等较少,只是楚漆器稍多了些许皮胎、骨胎、角胎。该区厚木胎相对减少,薄木胎与夹纻胎相应增多。

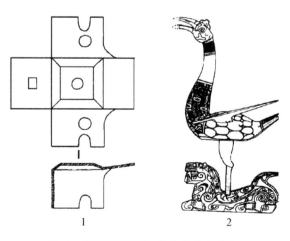

图三 扬州漆面罩与楚文化虎座飞鸟

1. 漆面罩(扬州平山养殖场 M1,摘自高伟等:《汉代漆面罩探源》,《东南文化》1997 年第 4 期) 2. 虎座飞鸟(湖北江陵李家台 M4,摘自陈振裕:《楚文化与漆器研究》,科学出版社,2003 年)

---

① 陈振裕:《楚文化与漆器研究》,科学出版社,2003 年。

再次,两者在工艺方面相似性较大,其木胎均用挖制、斫制、卷制、旋制,但楚漆器雕刻工艺较为发达,多雕刻器形较大、纹饰复杂的浮雕或镂空器具,这在该区未得到更多的继承。反之,该区出现了锥画纹(针刻纹)新工艺,纹饰细腻如游丝,其细微效果用彩绘是难以表达的(图四)。该区釦器、榫卯结构、粘合工艺、金银错等工艺亦较楚有较大发展。总之,两者均使用斫制、挖制、卷制、旋制、雕刻、釦器、金银错、编织等工艺,但各有轻重,表现出继承中有所创新。

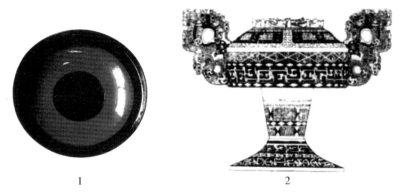

图四　扬州漆盘与楚文化漆盖豆
1. 针刻纹漆盘(扬州蚕桑砖瓦厂 M3)　　2. 透雕彩绘龙纹漆盖豆(湖北随州曾侯乙墓)

最后,楚墓在纹饰方面有夸张与写实性两种,夸张纹饰所占比例较大,一些纹饰带有商周时期的鬼神色彩,其原因有两个方面:一是楚文化具有强烈的巫术色彩,重淫礼,侍鬼神;二是楚文化更多地继承了商周文化,故有些纹饰较为繁复、神秘、森严,应与仿青铜纹饰有关,如窃曲纹、蟠螭纹、绚纹、勾连云纹、涡纹、三角云雷纹等,这在该区漆器中是极为少见的。但楚崇鬼神的巫术文化在该区没有绝迹,该区流行的云气纹、羽人升天、升仙及天马、云龙、怪兽等题材,便是楚巫术文化的创新式传承(图五)。该区漆器纹饰亦分为夸张与写实纹饰两类,但以写实纹饰所占比例较大,多为动植物纹饰,如鹦鹉、孔雀、大雁、鸳鸯、天鹅、鹿、虎、豹、猪、猴、狐狸等,纹饰更加简化,可见人的思维已有较大的改变,即从天上转向人间,由崇鬼神转向现实生活。在着色方面,该区以红、黑为主,而楚国较常见的蓝、绿、黄、金、银等色,在该区不见或少见。战国时期楚国不仅有专供王室贵族所用的官营漆器手工业作坊,同时亦有私营手工业作坊。相对楚漆器来说,该区墓葬出土的漆器,工艺更加高超、精细,线条流畅,行如流水,灵动而不拘谨,姜莫书汉墓与胡场汉墓都出土有针刻"工冬"、"工克"名款的耳杯,风格、制法、大小亦都完全相同①,由此推测,该区应有大规模的漆器手工业作坊。在漆器铭文方面,该区的很多漆器在生产上实行了"物勒工名"的责任制,其书写方式亦发生了变化。楚漆器在战国中晚期多烙印、刻划铭文,如战国

①　孙燕:《扬州汉墓漆器研究》,中国汉画学会第十二届年会论文集,2010 年。

中期湖北江陵二号楚墓①外棺上有多处烙印文字"佐王既正",中棺上有多处烙印文字"邵吕竹于"。湖北荆门郭店一号楚墓②出土的漆杯,有的外底刻有"东宫之杯"字样。该区漆器在西汉早期变化不大,但到了中晚期,烙印铭文基本不见,刻划铭文亦相应减少,出现了大量的印章或漆书铭文。如该区西汉早期刘毋智墓③出土的漆耳杯烙印"邰阳侯家"、刻划"吴

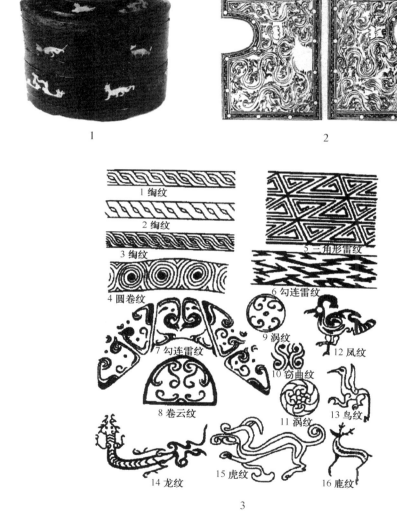

图五 扬州漆奁、漆面罩图案与楚漆器纹饰

1. 圆漆奁(扬州蚕桑砖瓦厂 M3)   2. 漆面罩图案(摘自张燕:《扬州漆器史》,江苏科技出版社,1995 年)

3. 楚漆器纹饰(摘自陈振裕:《楚文化与漆器研究》,科学出版社,2003 年)

①   湖北省文物考古研究所:《江陵望山沙塚楚墓》,文物出版社,1996 年。
②   湖北省荆州博物馆:《荆门郭店一号楚墓》,《文物》1997 年第 7 期。
③   扬州市文物考古研究所:《江苏扬州西汉刘毋智墓发掘简报》,《文物》2010 年第 3 期。

家"、"千二"铭文。该区西汉中晚期"姜莫书"木椁墓①出土的漆杯内底印有"仙"字。该区邗江区胡场一号墓②出土一件大漆案,案底中部朱漆隶书"千秋"二字,下刻"田长君"三字。

四、该区漆器与楚典型漆器特征分析

(一)生活用具类

耳杯　该区出土耳杯数量巨大,从高等级贵族至中下级官吏、地主阶层都有使用。耳杯多呈椭圆形口、月牙形耳。纹饰简洁,多饰几何云气纹,聊聊数笔即就,如扬州西湖蚕桑砖瓦厂 M15 出土的漆耳杯,仅在耳部饰简洁流畅的几何云气纹。而楚早期耳杯胎厚,近圆口,半方半圆或弧形平耳,后来近圆口变成椭圆形,平身变成上翘,弧形耳变成月牙形耳。楚耳杯纹饰繁复,大多满饰彩绘纹,如湖北江陵马山 M1 出土的耳杯外表满饰彩绘纹,即外底饰对称的头尾衔接双凤飞舞纹,外壁及耳部饰几何纹、变形鸟纹,整幅画面舒展而不拘谨,形象生动(图六)。

图六　漆耳杯
1. 彩绘双凤纹漆耳杯(湖北江陵马山 M1)　2. 几何云气纹漆耳杯(扬州蚕桑砖瓦厂 M15)

盘　两者形制相似,多为敞口、斜平沿、鼓腹(折腹)、平底,但工艺、纹饰有一定的差别,楚盘纹饰繁复,往往内外壁满饰彩绘纹,而该区纹饰简洁。如湖北江陵马山 M1 出土的漆盘除局部髹漆外均满饰变形凤鸟纹,对称典雅。扬州西湖蚕桑砖瓦厂 M3 出土的漆盘,仅在内底及口沿处饰以数笔针刻纹,简洁流畅,继承中不乏创新(图七)。

盒　两者形制相似,均出土有圆盒、方盒、矩形盒等,以圆盒为主,盖与器身子母口套合。但其功效有别,楚盒多为战国时期仿铜陶礼器,与鼎、壶等组合成相配套的礼器群。一些具有奁盒、耳杯盒、酒具盒之功能。相比而言,该区多出土带有多个子奁的圆形奁盒,层层扣合,做工精致。纹饰亦有一定区别,楚盒往往外表满饰彩绘纹,其中有变形鸟纹、几

---

① 扬州市博物馆:《扬州西汉"姜莫书"木椁墓》,《文物》1980 年第 12 期。
② 扬州博物馆等:《扬州邗江县胡场汉墓》,《文物》1980 年第 3 期。

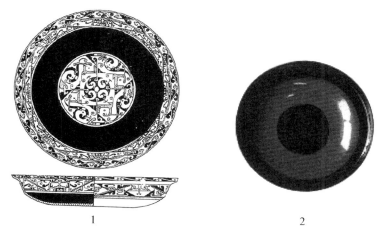

图七　楚文化漆盘与扬州漆耳杯

1. 彩绘变形凤鸟纹漆盘(湖北江陵马山 M1)　2. 针刻纹漆耳盘(扬州蚕桑砖瓦厂 M3)

何纹、云气纹、龙凤纹等,极为鲜艳夺目,而该区一般奁盒所饰纹饰较为简洁,即几何纹、云气纹、羽人升仙,较为讲究的饰针刻纹,贴金银箔、金银釦,尽奢侈之能事,如扬州西湖蚕桑砖瓦厂 M15 出土的一件圆奁盒盖,由三圈凹棱将盖面分为四区(从顶部至边缘分为一至四区),一区中心饰贴金箔柿蒂纹,其旁饰对称贴金箔神兽四个,似鹿、虎、豹、狐,暗纹为一圈彩绘云气纹;二区饰一圈几何变形鸟纹;三区饰对称贴金箔禽兽类纹饰六个,似大雁、天鹅、鹿、虎、豹、狐狸,暗纹为一圈云气纹;四区饰一圈几何变形鸟纹,惜器身已朽,若在,或有羽人升仙,或有龙凤飞舞,或有纤细流畅的针刻纹(图八)。

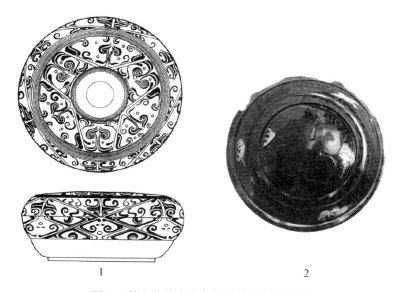

图八　楚文化漆扁壶与扬州漆奁(盖顶面)

1. 彩绘卷云凤鸟纹漆扁壶(湖北江陵雨花台楚墓,摘自陈振裕:《楚文化与漆器研究》,科学出版社,2003 年)
2. 圆漆奁盖顶面(扬州蚕桑砖瓦厂 M15)

（二）丧葬明器类

俑　楚俑的工艺手法主要有三种：雕刻、彩绘、着衣，而该区主要有雕刻与彩绘两种，着衣俑少见，或与衣饰腐烂有关（图九）。两者木俑种类均有仪仗俑、侍俑、舞乐俑等，楚俑之中的武士俑在该区少见，而该区新增了说唱俑、杂耍俑等贴近生活的俑类，如湖南省长沙近郊楚墓出土了一件男性武士俑，表现了一名着战袍持剑的武士临阵状态，现藏于湖南省博物馆①。扬州邗江区胡场汉墓出土的说唱俑形象逼真，富有生活情趣②（图一〇）。

1　　　　　　　　　　　　　　　　　　　　　2

图九　漆俑

1. 着衣侍俑（湖北江陵马山楚墓 M1）　2. 侍俑（扬州邗江区胡场西汉墓）

1　　　　　　　　　2　　　　　　　　　　3

图一〇　漆俑

1. 武士俑（湖北近郊楚墓）　2、3. 说唱俑（扬州邗江区胡场西汉墓）

---

① 于保田：《楚俑研究》，《东南文化》1998 年第 4 期。
② 扬州博物馆、邗江县文化馆：《扬州邗江县胡场汉墓》，《文物》1980 年第 3 期。

楚俑源于春秋晚期,在战国中晚期大量出现,其变化趋势由矮胖向瘦高发展,形象向抽象、简化发展,彩绘由复杂变简省,俑的数量由少变多。然该区西汉早期木俑均呈瘦高型,形象简化,更加生活化,数量较多,往往一些平民墓中亦有木俑出土,造型比楚俑更加匀称、协调,刀刻干练、简洁流畅,有着"汉八刀"的风韵,彩绘亦不繁复,自然和谐,但总体与楚俑风格无异。到了西汉中晚期,该区木俑渐失。

笭床 战国中晚期楚墓中多出土笭床①,如1988年湖北荆门十里砖厂楚墓M1,其内棺所出笭床,"饰几何透雕花纹,并插入内棺两侧墙板之浅凹槽内"②,1975年江陵雨花台M183,棺作弧形悬底,笭床嵌入木棺四周浅槽内③。笭床的功效主要有三点:其一是可以起到尸床的作用,其二笭床本身雕刻有龙或凤纹图案,在古人心目中,龙和凤是登天入地的神物,可导引人的灵魂飞向天界,其三则是由雕刻的笭孔所产生的隔水防湿的功效④。第三点之缘由,主要是楚墓处于南方,雨水较多,土地潮湿,其居民所用卧具,皆采用木制架床的形式。加之,楚民重巫俗、崇鬼神,悬空而卧的习俗自然带入棺内。随着悬底棺渐变平底棺,棺底放置笭床渐多,并加速了悬底棺的退化。到了西汉,这种葬俗在该区虽然存在,亦已接近尾声,不可与楚俗同日而语。如1994年扬州仪征赵庄M1出土的双龙穿璧纹笭床,甚是精美⑤,在该区极为罕见。

(三)其他

还有一些两者相似的漆器风格,既存于生活器具中,亦存于丧葬明器中,楚人尚凤习俗较甚,雕刻工艺精湛,在墓葬中常出现雕刻、绘制凤鸟形象的器物,如虎座飞鸟、鹿座飞鸟、彩绘木雕凤鸟小座屏、彩绘卷云凤鸟纹漆扁盒、彩绘变形凤鸟纹漆盘、彩绘虎座凤架鼓、彩绘双凤纹漆耳杯、彩绘木雕莽凤纹座屏、木雕鸳鸯形漆盒等,这种工艺亦被该区所继承,但不可与楚墓相提并论,该区仅在部分小型器物上有所体现,如扬州雷塘M1出土的一件鸠形漆杖,其头部凤鸟雕饰形象逼真⑥。1975年扬州市东风砖瓦厂西汉墓出土了一件鸠形杖首,运用深雕、浅雕两种刀法,简洁纯朴⑦。

五、结　　语

通过对该区西汉中小型墓葬与楚墓出土漆器特征的分析,我们可以看出该区漆器种类、胎质、工艺及纹饰等均受楚文化强势影响,延续时间较长,西汉晚期仍可见楚文化的印

---

① 贺刚:《"笭床"正义》,《江汉考古》1991年第4期。
② 湖北省文物考古研究所:《荆门十里砖厂一号楚墓》,《江汉考古》1989年第4期。
③ 湖北省荆州地区博物馆:《江陵雨台山楚墓》,文物出版社,1984年,第42页。
④ 湖北省荆州地区博物馆:《江陵雨台山楚墓》,文物出版社,1984年,第42页。
⑤ 扬州博物馆:《汉广陵国漆器》,文物出版社,2004年。
⑥ 考古资料在扬州市文物考古研究所。
⑦ 扬州博物馆:《汉广陵国漆器》,文物出版社,2004年。

迹。但该区漆器有着鲜明的地域特色,如漆面罩作为殓具在楚墓中难以发现,而在该区较为流行。锥画纹(针刻纹)在该区漆器中发现较多,其纹饰形为游丝,做工极其讲究,楚墓中同样少见,由此可见,该区漆器是动态继承楚文化的,而不是一成不变、故步自封的,即继承中有所创新与发展。总之,该区西汉先民在吸取楚文化精粹的同时,渐进性地加入自身的文化因素并融入汉文化,最终在东汉初完全纳入汉文化体系,成为汉文化的一分子。

江苏境内西汉时期分封的
侯国与列侯葬地

刘光亮

淮安市博物馆　馆员

内容提要：本文试图依据《史记》、《汉书》等关于列侯的记载，并结合后人的考释，如《史记地名考》、《西汉侯国地理》、《西汉政区地理》等，归纳和厘清西汉时期分封在江苏境内的侯国，并对其地望做些梳理与考证，再结合列侯冢地的安置方式，探讨和推测江苏境内可能埋葬有哪些列侯墓葬。

关键词：西汉　江苏　侯国　列侯葬地

西汉时期，今江苏境内除分封有楚、荆、吴、江都、广陵、泗水等王国外，还分封有很多侯国。江苏在楚王陵、广陵王陵、泗水王陵、江都王陵的考古与研究工作中都取得过很多重大成果，但列侯级别的墓葬目前仅在徐州发掘有宛朐侯刘埶墓、丙长翁主墓、刘婞墓等，在扬州发掘有董汉夫妻合葬墓。

本文试图依据《史记》、《汉书》等关于列侯的记载，并结合后人的考释，如《史记地名考》、《西汉侯国地理》、《西汉政区地理》等，归纳和厘清西汉时期分封在江苏境内的侯国，对其地望做些梳理与考证，再结合列侯冢地的安置方式，探讨和推测江苏境内可能埋葬有哪些列侯墓葬。

列侯在等级上仅次于皇帝和诸侯王，是二十等爵制中唯一的贵族爵，在汉代的社会中占据着显赫的地位。西汉一朝，分封的列侯约有八百余人，《汉书补注·高惠高后文功臣表》云："汉列侯八百余人，及光武时在者，平阳、富平二侯耳。"列侯大者数万户，小者仅一乡之地，只有几百户。关于列侯的类别，《汉书》中分为功臣侯、外戚恩泽侯、王子侯三大类。

一、江苏境内的西汉侯国

据马孟龙在《西汉侯国地理》一书中的统计，西汉在全国境内分封的侯国有 787 个①。今江苏境内大概能确认的侯国约为 32 个，还有一些侯国无法确认地望，实际数量当高于

---

① 马孟龙：《西汉侯国地理》，上海古籍出版社，2013 年，第 367—520 页。

此数。

依据《汉书》等关于列侯的分类,并结合历史地理研究者的考证,本人将江苏省境内西汉时期分封的侯国作了归纳与整理,现分述如下:

(一) 功臣侯国

刘邦发迹于江苏徐州,老家在沛县丰邑中阳里(今丰县)。跟随刘邦从沛县起兵的丰沛故人,在反秦战争和楚汉战争中立下了卓越功勋,是刘邦政权的核心,也是汉初功臣侯的主体。在汉高祖分封的143个侯中,功臣侯占到了137个。

廖伯源在《试论西汉时期列侯与政治之关系》一文中论述了列侯在汉初的政治势力:"汉初四朝之三公几全部是功臣列侯,九卿则大部分是功臣列侯。可考之郡太守、王国相60%是功臣列侯。又汉初至文帝十五年,领兵将军几全部是功臣列侯。"[①]

文帝二年(前178年)朝廷遣列侯就国,三年冬十月下诏重申列侯就国,并先遣丞相绛侯周勃就国,高祖功臣列侯及其家族遂始就国于关东地区。景帝后二年,"省列侯遣之国"。

1. 堂邑

第一代堂邑侯陈婴为秦末东阳令史,起义后率军投奔项梁、项羽,后归降刘邦。汉高祖六年(前201年)十二月甲申陈婴被封为堂邑侯,封地仅六百户,后因其做了楚元王的丞相,封地增加至一千八百户。堂邑侯传四代至陈须(季须),至元鼎元年(前116年)国除。

据《汉书·外戚传》,堂邑侯陈婴为武帝孝武陈皇后(陈阿娇)的曾祖父,其孙陈午尚馆陶长公主刘嫖,家世较为显赫。

堂邑侯国在今南京市六合区雄州镇冶浦村一带。景帝中元六年(前144年),迁出江都国,徙地不详。

2. 留

留侯张良,为兴汉三杰。《史记·留侯世家》记载:"始臣起下邳,与上会留,此天以臣授陛下。陛下用臣计,幸而时中,臣愿封留足矣,不敢当三万户。……后八年卒,谥为文成侯。子不疑代侯。子房始所见下邳圯上老父与《太公书》者,后十三年从高帝过济北,果见谷城山下黄石,取而葆祠之。留侯死,并葬黄石(冢)。每上冢伏腊,祠黄石。留侯不疑,孝文帝五年坐不敬,国除。"

《长安志》:"留侯陪葬长陵,与高祖长陵相去五里。"《括地志》云:"故留城在徐州沛县东南五十五里。"唐代张守节在《史记正义》中引《括地志》云:"汉张良墓在徐州沛县东六十五里,与留城相近也。"

元代骆天骧在《类编长安志》卷之八《山陵冢墓》中记载:"张良墓,在咸阳县东北三十

---

① 廖伯源:《历史与制度——汉代政治制度试释》,香港教育图书公司,1997年。

六里。《汉书》留侯陪葬长陵与高祖陵相去五里。"刘庆柱、李毓芳的《西汉十一陵》持陪葬长陵说①。

留城地望有说在今铜山、沛县交界处的微山湖中,另徐州铜山区柳新镇境内有"留城"遗址。

3. 射阳

射阳侯项伯,名缠,字伯,战国末期的楚国贵族,下相人。下相在今江苏宿迁县西南。项伯在鸿门宴上助刘邦逃脱。高祖六年,因功被封为射阳侯。惠帝三年(前192年),项伯卒。其子刘睢(即项睢)因"有罪,不得代"侯,国除。

射阳侯国约在今宝应县射阳湖镇东南。

4. 淮阴

《史记·高祖功臣侯者年表》:"兵初起,以卒从项梁,梁死属项羽为郎中,至咸阳,亡从入汉,为连敖典客,萧何言为大将军,别定魏、齐,为王,徙楚,坐擅发兵,废为淮阴侯。六年四月,侯韩信元年。十一年,信谋反关中,吕后诛信,夷三族,国除。"

韩信所封淮阴在其家乡,即现在的淮安市西南,淮阴区码头镇一带。韩信墓有西安灞桥说和山西灵石说。

5. 武原

汉高祖八年,刘邦封功臣卫肱为武原侯。武原侯国传三世,靖侯卫肱,共侯卫寄,侯卫不害。景帝中元六年,迁出楚国,徙地不详。汉景帝后元二年(前142年),侯卫不害有罪入狱,武原侯国除为县。

武原在今邳州市西北㕘口镇。

6. 下相

西汉将军冷耳,"以客从起沛,用兵从击破齐田解军,以楚丞相坚守彭城,距布军"等功劳,在高祖十二年被封为下相侯。下相侯国传二世,庄侯冷耳和侯冷慎。景帝前元三年(前154年),侯慎反,国除。

下相城址在今宿迁市区,义务商贸城一带。

7. 睢陵

文帝封张偃为南宫侯,张偃传位给其子张生。武帝时,张生因罪免侯,但在元光三年(前198年)封张偃的孙子张广国为睢陵侯,官至太常。张广国子张昌继承侯爵,后因犯

---

① 刘庆柱、李毓芳:《西汉十一陵》,西安人民出版社,1987年。

法,国除。

睢陵在今睢宁县北。传世有"睢陵家臣"官印。

8. 葛绎

公孙贺,北地郡义渠人。元朔六年(前123年),公孙贺以车骑将军随从卫青出战有功,封南窌侯。元鼎五年(前112年)九月,因酎金失侯。太初二年,武帝让公孙贺代石庆为相,封葛绎侯。征和二年(前91年)他受其子公孙敬声案牵连,因巫蛊之祸冤死狱中。

葛绎在今邳州境内。据《彬县志》记载:"汉公孙贺故宅,在县西二十五里,今呼孙村。"现陕西彬县祁家崖村有公孙贺墓。

9. 商利

《史记·建元以来侯者年表第八》:"王山,齐人也。故为丞相史,会骑将军上官安谋反,山说安与俱入丞相,斩安。山以军功为侯,三千户。上书愿治民,为代太守。为人所上书言,系狱当死,会赦,出为庶人,国除。"《索隐》曰:表在徐郡。

商利,乡邑名,故地约在今泗洪境。

表一 江苏境内西汉时期分封的功臣侯国

序号	侯国	始置年代	废除年代	世袭沿革	今地望
1	堂邑	高祖六年十二月(前201年)	武帝元鼎元年(前116年)	安侯陈婴→恭侯禄→夷侯午→侯须	南京六合区雄州镇治浦村
2	留	高祖六年正月(前201年)	文帝五年(前175年)	文成侯张良→侯不疑	徐州铜山区柳新镇境内有"留城"遗址
3	射阳	高祖六年正月(前201年)	惠帝三年(前192年)	项伯	宝应县射阳湖镇东南
4	淮阴	高祖六年四月(前201年)	高帝十一年(前196年)	韩信	淮安市淮阴区码头镇
5	武原	高祖八年十二月(前199年)	景帝后元二年(前142年)	靖侯卫胠→共侯卫寄→侯卫不害	邳州泇口镇
6	下相	高祖十二年十月(前195年)	景帝前元三年(前154年)	庄侯冷耳→侯冷慎	宿迁市宿城区西南
7	睢陵	武帝元光三年五月(前132年)	太初二年(前103年)	张广国→张昌	睢宁县北
8	葛绎	太初二年(前103年)	征和二年(前91年)	公孙贺	邳州境内
9	商利	元凤元年十月(前80年)	元康元年(前65年)	王山(寿)	泗洪县东南大徐台子

（二）外戚恩泽侯国

汉初,外戚恩泽侯以吕后家族居多,吕后死后,诸吕因"叛乱"被灭族。昭帝以后,功臣侯和王子侯的势力衰落,外戚恩泽侯的数量逐渐增加,实力再次膨胀。

1. 临泗

《汉书·外戚恩泽侯表》:"临泗侯吕公,以汉王后父赐号。元年封,四年薨,高后元年追尊曰吕宣王。"吕公为吕后之父,史失其名,于高祖元年封临泗侯,高祖四年卒。高后元年(前187年)被吕后追尊为吕宣王。

据《魏书·地形志》记载,沛县有吕母冢。

2. 周吕

吕泽,吕公的长子、吕后的兄长,他跟随刘邦在单父起兵,为汉将有功,高祖六年封周吕侯,高祖八年卒(死于战争),谥"令武",称周吕令武侯。高后二年被吕后追尊为王,谥曰"悼武王"。

钱穆在《史记地名考》中认为周吕当在彭城吕县,故城今铜山县北,春秋宋邑①。今徐州铜山区伊庄镇吕梁村有吕城遗址。

3. 沛

吕后元年四月,封兄康侯少子吕种为沛侯,奉吕宣王寝园。高后七年,沛侯吕种改封为不其侯,沛侯国复为县,属楚国彭城郡。前180年,吕后死后,吕氏一族被诛杀殆尽,吕种即在此次事件中自杀,国除。

4. 无锡

《史记·东越列传》记载:"东越将多军,汉兵至,弃其军降,封为无锡侯。于是天子曰东越狭多阻,闽越悍,数反覆。诏军吏皆将其民徙处江淮间。东越地遂虚。"

征和四年,废无锡侯国,还设无锡县。无锡侯国在今无锡市区。

5. 赘其

《史记·惠景间侯者年表》:"吕后昆弟子,用淮阳丞相侯。吕后四年四月丙申,侯吕胜元年。八年,侯胜坐吕氏事诛,国除。"《索隐》曰:县名,属临淮。

---

① 钱穆:《史记地名考》,商务印书馆,2001年,第1081—1082页。

　　吕后四年四月,吕后封兄弟子淮阳王国丞相吕胜为赘其侯,置赘其侯国。吕后八年,侯吕胜坐吕氏事诛,国除。

　　赘其在今盱眙县西南。

6. 吕成

　　吕后四年,封兄弟子吕忿为吕成侯,置吕成侯国。八年,侯吕忿坐吕氏事诛,国除。

　　今徐州铜山区伊庄镇吕梁村有吕城遗址。

7. 术阳

　　《史记·建元以来侯者年表第八》:"以南越王兄越高昌侯。(元鼎)四年,侯建德元年。五年,侯建德有罪,国除。"术当为述,又与沭通。《索隐》曰:《表》在下邳。《汉表》误作元鼎五年封。

　　元鼎五年,汉武帝找借口说赵建德有罪,将其在长安问斩,国除。《汉书·地理志》琅琊郡东莞注有"术水南至下邳入泗"。术阳侯国当在下邳县境内之术水沿岸,今睢宁古邳镇北。

8. 乐通

　　乐通侯栾大,西汉方士,本胶东王刘寄家臣。武帝好神仙之术,元鼎四年,栾大得见武帝,自称"黄金可成,河决可塞,不死之药可得,仙人可致",武帝信以为真,封他为五利将军,又封为乐通侯,并将长女卫长公主嫁给他。第二年,武帝发觉受骗,将其腰斩,乐通侯国除。

　　据《中国历史地图集·释文》,乐通侯国约在今泗洪县南城头,亦有观点认为其在今山东莱州西南部。

9. 海西

　　公元前101年,置海西侯国,为贰师将军李广利的封邑。今灌南县大圈乡龙沟村北,有海西城址。尹湾汉简有"海西",可证《汉书·地理志》东海郡之"海曲"实为"海西"之误。李广利投降匈奴,国除。一年后,其在匈奴被杀,当葬于匈奴。

10. 高平

　　高平侯国有三个。《汉书·外戚恩泽侯表》:"高平戴侯逢时,(河平二年)六月乙亥,以皇太后弟关内侯,三千户,十八年薨。元延四年,侯置嗣,王莽败,绝。临淮。"《汉书·地理志》:"高平,侯国。莽曰成丘。"

　　《中国历史地图集·释文》认为其地望在今泗洪县南城头。

表二 江苏境内西汉时期分封的外戚恩泽等侯国

序号	侯国	始封时间	废除时间	列侯类别	世袭沿革	今地望
1	临泗侯	高祖元年（前 206 年）	高祖四年（前 203 年）	外戚	吕公	沛县
2	周吕	高祖六年（前 201 年）	高祖九年（前 198 年）	外戚	侯吕泽 → 侯吕台	徐州铜山区伊庄镇吕梁村
3	沛	高后元年四月（前 188 年）	高后八年（前 180 年）	外戚恩泽	吕种	沛县
4	无锡	元封元年（前 110 年）	征和四年（前 89 年）	恩泽	侯多军	无锡市区
5	赘其	高后四年四月（前 184 年）	高后八年（前 180 年）	外戚	吕胜	盱眙西南
6	吕成	高后四年四月（前 184 年）	高后八年（前 180 年）	外戚	侯吕忿	徐州铜山区伊庄镇吕梁村
7	术阳	元鼎四年（前 113 年）	元鼎五年（前 112 年）	恩泽	侯建德	睢宁县古邳镇北
8	乐通	元鼎四年四月（前 113 年）	元鼎五年（前 112 年）	方士	栾大	泗洪县南城头
9	海西	太初四年（前 101 年）	征和三年（前 90 年）	外戚	李广利	灌南县大圈乡龙沟村北
10	高平	河平二年（前 27 年）	莽绝(23 年)	外戚	戴侯逢时 → 侯置	泗洪县南城头

（三）王子侯国

武帝为削弱诸侯王国的实力,采纳主父偃的建议,实行"推恩令","令诸侯得推恩分子弟",出现了"王子毕侯"的局面,导致王子侯国的数量激增,元朔二年至元朔四年竟分封了 104 人为侯。武帝时期,王子侯的分封人数曾达 178 人,元鼎五年,大部分侯国因"酎金案"被夺爵除国。

1. 句容

《史记·建元已来王子侯者年表》:"句容(侯),长沙定王子。元光六年七月乙巳,哀侯刘党元年。元朔元年,哀侯党薨,无后,国除。"《史表》误作长沙王子,实为江都王子。清代王荣商在《汉书补注》中有考证。

刘党在位不到一年就因病亡而除封国,此后设置句容县。

2. 盱台

《史记·建元已来王子侯者年表》:"江都易王子。元朔元年十二月甲辰,侯刘象之元年(《索隐》曰:《表》作'蒙之')。元鼎五年,侯象之坐酎金,国除。"

秦置盱台县,故治在今盱眙县的圣人山、甘泉山一带。

3. 胡孰

《史记·建元已来王子侯者年表》:"江都易王子。元朔元年正月丁亥(卯),顷侯刘胥元年(《索隐》曰:《表》作'胥行')。元鼎五年,今侯圣元年。"《史表》作湖孰。南京湖熟镇东汉朱建墓出土木牍作"胡孰"。

胡孰故城遗址在今南京市江宁区湖熟街道梁台、城岗头一带。《读史方舆纪要》载:"湖熟县,汉县,属丹阳郡,武帝封江都易王子胥行为侯邑。后汉仍为湖熟县。"《元和郡国志》云:"(湖熟县)在旧江宁县东南七十里,今在上元县丹阳乡,去县五十里,淮水北古城犹在。"

4. 秣陵

《史记·建元已来王子侯者年表》:"江都易王子。元朔元年正月丁卯,终侯刘涟元年(《索隐》曰表名缠)。元鼎四年,终侯涟薨,无后,国除。"《史表》误作秩阳。《索隐》曰:《表》作"秣陵"。

汉武帝元朔元年,江都易王子刘缠被封为秣陵侯,置秣陵侯国,在今南京市江宁区秣陵街道。刘缠死后,因其无子,秣陵侯国于元鼎四年被除。

5. 容丘

"容丘戴侯方山,鲁安王子,始元五年六月辛丑封。顷侯未央嗣,侯昭嗣,绝"。

容丘侯国传三世。8 年,王莽篡位,侯国废除为县。容丘侯国地望在今邳州市北约五十里。

6. 良成

西汉鲁安王子刘文德,昭帝始元五年(前 82 年)六月封良成侯,置良成侯国。良成侯国传四世。公元 8 年,王莽篡位,良成侯国废除为县。

良成地望约在今邳州市西北戴庄镇良城村一带。

7. 平曲

西汉平曲侯国分封有 3 个,此叙述的为广陵王子侯国。《汉书·王子侯表第三》:"平曲节侯曾,广陵厉王子,本始元年七月壬子封,十九年,五凤四年,坐父祝诅上,免,后复封。鳌侯临嗣。侯农嗣,免。"《中国历史地图集·释文》认为其地望为连云港市西南房山镇;周运中称其在东海郡平曲县附近,在今沭阳、灌云一带①。《史记地名考》:"东海平曲,今沭阳县东北。"

此外,公孙昆邪(《汉书・景武昭宣元成功臣表》作"公孙浑邪")所封平曲侯国,在今黄骅市旧城镇大贾象村,另有周勃之子周坚所封平曲侯国。

8. 襄平

《汉书・王子侯表》:"襄平侯嚞,广阳厉王子,五年三月封,四十七年免。"《表》误作广阳王子,当为广陵王子。

另有纪信所封襄平侯国。《汉书・地理志》有"临淮郡襄平县"注,司马贞在《史记索引》中认为汉初襄平侯所封襄平为临淮郡襄平县。

9. 兰陵

《汉书・王子侯表》:"兰陵节侯宜,广陵孝王子,五年十二月封。共侯谭嗣。侯便强嗣,免。"北侯国即《汉书・地理志》临淮郡之兰阳侯国。

10. 广平

《汉书・王子侯表》:"广平节侯德,广陵孝王子,十二月封,侯德嗣,免。"

另有高祖六年,薛欧所封广平侯国,在今河北鸡泽县东南旧城营。

11. 干乡

《汉书・地理志》、《汉书・王子侯者年表》均误作于乡。据尹湾汉墓简牍,当作"干乡"。在尹湾汉简中,六号汉墓出土四号木牍有"干乡侯家丞"。此侯国当裂泗水国干县所封。

12. 就乡

《汉书・王子侯表》:"就乡节侯玮,泗水勤王子,三月封,七年薨,亡后。"

13. 昌阳

《汉书・王子侯表》:"昌阳侯霸,泗水戾王子,五月戊申封,二十一年免。"

李晓杰称昌阳在取虑、下相之间②,约在今睢宁县境内。

另有建陵侯国,西汉一朝先后分封过3个建陵侯国。吕后八年,封中大谒者张释为建陵侯;汉景帝前元六年封卫绾为建陵哀侯;宣帝甘露四年(前50年),封鲁孝王子刘遂为建陵靖侯。其地望有山东枣庄峄城说和江苏新沂说,有待细考。

---

① 周运中:《汉代县治考・江淮篇》,《秦汉研究》第4辑,陕西人民出版社,2010年,第161页。
② 李晓杰:《东汉政区地理》,山东教育出版社,1999年,第76页。

表三　江苏境内西汉时期分封的王子侯国

序号	侯国	始封时间	废除时间	列侯类别	世袭沿革	今地望
1	句容	元光六年七月（前129年）	元朔元年（前128年）	江都王子	哀侯党	句容一带
2	盱台	元朔元年十二月（前128年）	元鼎五年（前112年）	江都王子	刘蒙之（象之）	盱眙县官滩镇甘泉村甘泉山西麓
3	胡孰	元朔元年正月（前128年）	元鼎五年（前112年）	江都王子	顷侯胥行→侯圣	南京江宁区东南湖熟镇
4	秣陵	元朔元年正月（前128年）	元鼎四年（前113年）	江都王子	终侯缠	南京江宁区南秣陵街道
5	容丘	始元五年六月（前82年）	莽绝（23年）	鲁安王子	戴侯方山→顷侯未央→侯昭	邳州市北
6	良成	始元五年六月（前82年）	莽绝（8年）	鲁安王子	顷侯文德→共侯舜→鳌侯原→戴侯元→侯闵	邳州市戴庄镇良城村
7	平曲	本始元年七月（前73年）	莽绝（23年）	广陵王子	节侯→曾鳌侯临→侯农	连云港市房山镇或沭阳东北
8	襄平	永光五年三月（前39年）	初始元年（8年）	广陵王子	侯譻	扬州市境内
9	兰陵	建昭五年十二月（前34年）	莽绝（23年）	广陵王子	节侯宜→共侯谭→侯便强	扬州市境内
10	广平	建昭五年十二月（前34年）	莽绝（23年）	广陵王子	节侯德→侯德	扬州市境内
11	于（干）乡	永光三年三月（前41年）	莽绝（23年）	泗水王子	节侯定→侯圣	沭阳县境内
12	就乡	永光三年三月（前41年）	建昭五年（前34年）	泗水王子	节侯玮	沭阳县境内
13	昌阳	永始四年五月（前13年）	初始元年（8年）	泗水王子	侯霸	睢宁县境内

二、列侯葬地的类型

目前经考古发掘的西汉列侯墓约有24处，相对于总数来说所占比例很小。列侯级别的墓葬，除了列侯本人，还包括列侯夫人以及仪同列侯的帝王之女（公主）或诸侯王之女（翁主）。

关于列侯葬地的问题，李银德先生在《西汉列侯葬制研究》一文中认为："列侯既有食邑，又可任职于朝廷或郡国，甚至可以位列九卿。这种特殊的双重身份使列侯既不像诸侯王那样必须葬于封国，也非必归葬故里，很多墓地选择在任职的地方。"①

列侯或陪葬帝陵，或葬于帝都长安周围，各诸侯王国都城附近也有较多的列侯墓葬，其余的则分布在列侯的封地内，抑或有列侯归葬故里。本人将全国范围内已发掘的列侯墓葬材料作了一些梳理，其葬地归类如下表：

表四 西汉列侯墓葬统计表

序号	列侯墓	列侯类别	墓葬年代	封地	葬地及墓号	葬地类别
1	轪侯利苍及夫人辛追墓	功臣侯	前者吕后二年；后者文帝初元十二年之后	今河南光山	长沙马王堆M2、M1	任职地（长沙国都城）
2	汝阴侯夏侯灶及夫人墓	功臣侯（二代）	文帝十五年（其夫人墓）早于此年	今安徽阜阳	阜阳双古堆M1、M2	封地
3	沅陵侯吴阳墓	功臣侯（沅陵侯一代，长沙王吴芮子）	文帝后元二年	今湖南沅陵	湖南沅陵县虎溪山M1	封地
4	广共侯召嘉墓	功臣侯（三代）	文帝后元七年	今山东青州	山东青州	封地
5	绛侯周勃或条侯周亚夫墓	功臣侯（一代或二代）	汉文帝十一年或景帝后元元年	今山西侯马（一说在今河北景县）	咸阳杨家湾M4、M5	陪葬帝陵
6	宛朐侯刘执墓	楚王子	景帝三年或稍后	今山东菏泽西南	徐州簸箕山M3	居住地（楚国都城）
7	郸侯周应墓	功臣侯（一代）	景帝至武帝时期	今安徽涡阳县丹城镇	咸阳阳陵陪葬墓园M130	陪葬阳陵
8	高宛制侯丙武墓	功臣侯（三代）	武帝建元元年	山东邹平高宛镇	咸阳阳陵陪葬墓园M750	陪葬阳陵
9	利成（乡）侯刘婴墓	城阳王子	武帝元狩元年至五年	山东临沭蛟龙镇前利城村东	西安市新安机砖厂（俗称五女坟）	任职地（都城长安）
10	安成侯刘苍墓	长沙王子	武帝元鼎六年	江西安福县安成	江西莲花县罗汉山	封地
11	象氏思侯刘安意墓	赵王子	昭帝始元六年	今河北邢台隆尧县西北固城	邯郸西北五里郎村汉墓（插剑岭墓群M4）	居住地（赵国都城）

① 李银德：《湖南省博物馆馆刊》2005年第2期，第165页。

序号	列侯墓	列侯类别	墓葬年代	封地	葬地及墓号	葬地类别
12	富平侯张安世家族墓	恩泽侯	宣帝元康四年至新莽	河南尉氏县或山东阳信县	西安南郊凤栖原 M8、M25 等	任职地(都城长安)
13	海昏侯贺	帝、王、侯	宣帝神爵三年	南昌新建区铁河乡紫金城遗址	南昌新建区大塘坪乡墩墩山	封地
14	南曲炀侯刘迁墓	清河王子(南曲侯一代)	宣帝甘露三年	河北邯郸邱县西北古城营	河北邢台南郊(北陈村)	封地
15	泉陵侯刘庆及夫人墓	长沙王子(三代)	宣帝黄龙元年至西汉末期	湖南永州市	湖南永州鹞子岭 M1、M2	封地
16	东昌侯刘祖墓	清河王子(四代)	西汉末期	河北吴桥、景县或武邑县	山东五莲张家仲崮 M4	
17		列侯夫人	西汉早期		济南腊山 M1	
18		南越国列侯级别	西汉早期		广西贵县罗泊湾 M1、M2	
19	楚国丙长翁主墓	楚国翁主	西汉中期		徐州龟山一号墓	居住地(楚国都城)
20	刘(女宰)墓	楚国王室成员	西汉早期		徐州韩山西汉墓 M1	居住地(楚国都城)
21	刘和墓	楚国王室成员	西汉		徐州火山	居住地(楚国都城)
22	刘疵墓	王室成员	西汉早期(武帝元狩五年前)		山东临沂	
23	刘娇墓	长沙国王室成员	西汉中期		长沙近郊第四〇一汉墓	居住地(长沙国都城)
24	董汉夫妻合葬墓	广陵国王室成员	西汉		扬州西湖镇蚕桑砖瓦厂汉墓	居住地(广陵国都城)

三、结　　语

　　以上所列功臣侯国中,堂邑、射阳、武原、下相、睢陵或有列侯埋葬于封地的可能。淮阴侯韩信、术阳侯赵建德、乐通侯栾大被斩于长安,海西侯李广利投敌后在匈奴被杀,不会归葬封国。外戚侯中沛侯吕种、赘其侯吕胜、吕成侯吕忿,因"谋反罪"被灭族,商利侯王山生前因罪被废为庶人,死后当不享受列侯之仪。表三所列王子侯,其所从属的江都、广陵、泗水等王国均在今江苏境内,自己的封地也在江苏,故葬于江苏境内的概率最高。当然,最终有待于以后的考古发掘来证实。目前列侯墓葬的材料总体占比较小,徐州、扬州、宿迁是江苏列侯墓葬考古的重点区域。

梳理和考证侯国的地望和变迁还有助于解决西汉城址和墓葬的归属问题。

(一)侯国与县邑治所的问题

侯国的置废与县级治所及行政区划密切相关,或割县置侯国,或除侯国而设县。此外,也有乡侯、亭侯。杜佑在《历代王侯封爵》一章中就曾记道:"凡列侯,金印紫绶,大者食县,小者食乡、亭,得臣其所食吏民。"①南京博物院、徐州博物馆、连云港市重点文物保护研究所联合开展过"苏北汉代城址调查"的课题②。其中石户城、湖陵城等汉代城址的归属问题,是属于某县邑或某个侯国,还不清楚,尚待分析和考证。

(二)鱣与涟水三里墩墓葬的问题

涟水三里墩发掘于1965年,关于墓葬的年代和墓主,报告认为:"这座墓葬是西汉时期的墓葬。……关于墓主人的身份,我们初步推测可能与鱣侯应或其家族成员有关。……襄贲,即今涟水境。这座墓葬从地理位置和时代来看,与鱣侯应封地和分封时间基本一致。"③

鱣,《史记·建元已来王子侯者年表》:"城阳顷王子。元狩元年四月戊寅,侯刘应元年。元鼎五年,侯应坐酎金,国除。"《索隐》曰:《表》在襄贲。贲音奔,又音肥,县名。

西汉襄贲县治所在今山东兰陵县长城镇。436年南朝刘宋政权将北东海郡襄贲县治所迁到厚丘(今江苏沭阳北),易厚丘县为襄贲县。480年南齐将淮浦县(今涟水县)北境划归襄贲县,495年废淮浦县(今涟水县),易名襄贲县,属侨置郡县。

涟水历史上曾称安东县,三里墩报告受《安东县志》中涟水西汉属东海郡襄贲县错误记载的误导,因而得出三里墩墓可能与鱣侯应或其家族成员有关的错误认识。

关于三里墩的年代问题,王恩田曾撰文指出:"实际上三里墩的墓葬形制,以及除五铢钱以外的其他遗物的年代都是属于战国时期的,这是一座年代明确的战国墓。五铢钱系由于某种原因混入的。"④当年发掘的参与者,南京博物院邹厚本先生2016年1月在淮安举办的江苏省考古学会年会上,也认同三里墩为战国墓,并说当年发掘前现场经村民挖土,破坏严重,原始地层扰动很大,西汉五铢钱可能是混进去的。

目前很多材料中仍沿用涟水三里墩为西汉墓的错误结论,一些研究者不知其情,仍将其作为西汉的墓葬形制,当予以纠正。

①《通典》卷三一《历代王侯封爵》。
② 南京博物院、徐州博物馆、连云港市重点文物保护研究所:《江苏徐海地区汉代城址调查简报》,《东南文化》2014年第5期,第50—56页。
③ 南京博物院:《江苏涟水三里墩西汉墓》,《考古》1973年第2期,第87页。
④ 王恩田:《对三里墩出土齐小刀币铸行年代的讨论》,《中国钱币》1993年第3期,第66页。

南京灵山梁代萧子恪墓的发现与研究

邵 磊

南京市文化遗产保护研究所　研究馆员

内容提要： 2008 年在南京仙林灵山发掘的南朝萧梁吴郡太守萧子恪墓，是迄今所见有文字材料可证的第四座墓主确凿无疑的南朝齐梁宗室墓。萧子恪一门济济多士，而据出土墓志，可知萧子恪本人亦曾对南齐"永明体"的发展产生过举足轻重的影响。而出自彼时第一流高门王、谢子弟手笔的萧子恪墓志，也为澄清南北朝时期由两人分工合撰同一篇碑志文字这一客观存在的文化现象，提供了又一件弥足珍贵的实物材料。作为墓主明确的纪年墓所彰显出的标型意义，萧子恪墓的发现，对于探讨南齐宗室墓在京师建康的分布、南朝墓葬的形制构造与所对应的品秩爵位乃至分期断代，都具有重要的参考价值。通过对萧子恪墓出土文物与有关现象的分析，对于重新审视早年发掘的南京灵山南朝大墓与尧化门老米荡南朝梁墓的具体时代与墓主身份等问题，也不无启示。

关键词： 仙林灵山　萧齐宗室　萧子恪与"永明体"　葬地与墓制

2008 年 3 月上旬，有市民发现不法分子在南京仙林灵山盗掘古墓，经南京市博物馆调查，发现被盗古墓位于灵山西北麓的密林中，其地北距清代民族英雄邓廷桢墓仅 100 余米，西距梁武帝萧衍六弟、临川靖惠王萧宏墓神道石刻约 1 500 米，向南千余米处的灵山西南麓，旧有人民解放军驻宁某部射击靶场。南京市文物保管委员会（南京市博物馆前身）曾于 1972 年在该靶场附近的一对小型石辟邪后发掘过一座大型南朝墓葬，以墓中出土有高达 0.85 米、被誉为"六朝青瓷之王"的青瓷莲花尊而广为人知①。

为了防止被盗古墓遭到更严重的破坏，南京市博物馆对此墓进行了抢救性发掘，并于 2010 年完成了考古资料的初步整理工作②。此后，通过对出土墓志文字进一步的清理辨识，得以确认此墓的墓主即为南齐豫章文献王萧嶷次子、南齐永明年间一度授封南康县侯、入梁后降为子爵的萧子恪。鉴于萧子恪墓是继前述出土大型青瓷莲花尊的灵山南朝大墓之后，在南京仙林灵山所发掘的第二座南朝墓葬，故先行刊布的考古简报中将萧子恪墓编号为 08NQXLM2，简称 M2。

---

① 马砚祥：《南京灵山梁墓青瓷莲花尊浅议》，《江苏省考古学会第四、五次年会论文选集》，江苏省考古学会编印，1986 年，第 118—122 页。本文所引灵山大墓的相关材料，皆据此文出，不另注。

② 南京市博物馆（邵磊执笔）：《南京仙林灵山梁墓发掘简报》，《考古》2012 年第 11 期。

　　墓主确凿无疑的南朝齐梁宗室墓葬,此前所见不过三例而已,墓主分别是齐东阳太守、梁武帝萧衍的叔父萧崇之侧室夫人王宝玉与梁桂阳简王萧融夫妇及其嗣子桂阳敦王萧象夫妇,而萧子恪的传记材料远较上述三例详备,故萧子恪墓以其墓主明确的纪年墓所彰显出的不寻常的标型意义,不仅给南朝墓葬的断代与相关的制度研究树立了重要标尺,为庞杂的南朝墓葬资料的归纳与整合提供了契机,对于考察彼时的社会变迁、经济发展、审美情趣的变化提供了不可多得的实物佐证。仅此而言,萧子恪墓的考古发掘可称得上是近年来南朝考古的重要发现,值得作更全面深入的比较研究。

一、萧子恪墓的地理位置、
形制结构与出土文物

　　萧子恪墓依山势之逶迤构建于灵山西北麓中段,北倚海拔155米的灵山主峰,前临豁敞平缓的坡地,与灵山主峰相连的岗阜丘峦绵亘左右,其形胜与南京栖霞区甘家巷及其附近的萧梁王侯墓相仿佛,合乎六朝卜筮图墓者流的堪舆之道(图一)。与同时期的大型砖室墓一样,萧子恪的营建也经历了开凿墓坑、砌建墓室与甬道及排水沟等附属设施、开挖墓道、移棺入藏并"下器圹中"、封塞墓门、填土起坟等步骤。

图一　萧子恪墓位置示意图

　　萧子恪墓的墓坑平面略呈"吕"字形,总长 19.5 米,宽 2.4—3.9 米,墓坑内以封门墙为界,分为斜坡墓道与砖室两部分。

　　斜坡墓道宽 1.6—3.24 米,坡度 12°。砖室平面呈"凸"字形(图二),内长 8.94 米,方向 320°。砖室底部共有 4 层铺地砖,其铺墁方法自下至上依次为:底部第 1 层为错缝平铺;第 2 层为端面侧立砌法,相对于墓葬的方向,位于墓室与甬道的主体中心部位均作侧立横砌,其两侧皆作侧立纵砌;第 3 层亦为错缝平铺;第 4 层平铺作席纹,铺墁范围仅限于棺床前后的地面。在第 4 层铺地砖的周边分别承砌封门墙和墓壁。封门墙嵌砌于甬道口内,甬道口外分别砌有两翼挡土墙。甬道平面呈长方形,内长 3.14、内宽 1.4 米。墓室平面则介于长方形与长椭圆形之间,内长 5.8、内宽 2.75—2.9 米。墓室前部与甬道抹角相连,左右两壁略向外弧,后壁呈半圆形向外弧突。墓室内地表亦即第 4 层铺地砖,仅分布于与甬道相连的墓室前部、墓室后壁与左右两壁交割形成的半圆弧形的平面区域内,在第 4 层铺地砖前后相夹的墓室中部,即为砖砌棺床所在。棺床长 3.7 米,与墓室等宽,棺床以上下两层砖铺砌而成,上层平铺成斜"人"字形,惟前后两端以纵平砖锁口,下层侧立纵砌于第 3 层铺地砖上。棺床前后的第 4 层铺地砖上分别辟有 0.2 米见方的阴井。墓室两壁砌法与甬道壁相同,惟右壁保存较好,其壁面在距棺床 1 米高处砌有间距 2 米的两个直棂假窗,假窗均为 5 棂,宽 0.54、高 0.38 米。假窗上皆辟有"凸"字形灯龛,灯龛底宽 0.14、高 0.12 米。后壁正中残存一直棂假窗的右下角部分。

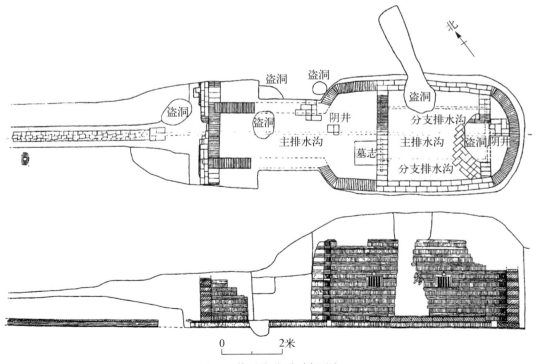

图二　萧子恪墓平、剖面图

砌墓用砖既有在侧面模印莲花与斜网格纹的组合纹饰,也有在端面模印以方胜的形态组合在一起的莲花纹、钱纹或对拼的半朵五瓣莲花纹。花纹砖主要用于砌建封门墙、墓壁、棺床等。部分端面模印莲花纹或钱纹的砖侧,尚模印有较粗拙的"李"字或形似"五"的文字(图三)。此外,素面砖也有不少,主要用于铺地或砌建挡土墙。

萧子恪墓早年遭盗毁,墓主骨殖散落,仅于墓室前部及棺床部位清理出人牙数颗与零星肢骨。出土遗物也多已脱离原有位置且残损不堪。经清理,能够分辨器形的尚有陶碟 1 件、陶钵 1 件、陶盘 1 件、陶果盒 1 件、陶托盘 3 件、陶唾壶 2 件、陶灯 2 件、陶奁盒 2 件、陶香熏 2 件、陶凭几 2 件、陶井 1 件、陶女俑 4 件、陶男俑 4 件、陶仓 2 件、陶马 1 件、陶牛车 2 件、青瓷盘口壶 2 件、铜钱 30 枚、铜泡钉 7 枚、铁钱 50 枚、铁钉若干、滑石猪 1 件、石墓志 1 件。

野外考古发掘工作结束后,考古人员出于文物保护的目的,经向馆领导再三陈述其重要性,始得以将萧子恪墓较为完整且保存有"凸"字形灯龛的一段右侧墓壁整体切割运回,现陈列于南京市博物馆"龙蟠虎踞——南京历史文化展"中。

3

0   5厘米

图三 萧子恪墓墓砖纹饰与铭文拓本
1. 对拼莲花纹
2. 四出莲花纹
3. 钱文与斜网格纹组合

二、萧子恪生平行实及其对"永明体"的贡献

出土于萧子恪墓棺床前部偏左侧的石墓志,是解秘墓主身份的关键,堪称此次考古发掘最为重要的收获。石墓志长 90.3、宽 70.5、厚 9 厘米。墓志首题"梁故侍中中书令宁远将军吴郡太守□",次刻题名"五兵尚书南昌县开国侯琅玡王规□"和"仁威将军晋陵太守陈郡谢举制铭",其后即为墓志正文。志文由于漫漶极甚,具体行数不清,满行 38 字,逐录如下:

"君讳子恪,字景冲,南兰陵郡兰陵县都乡中都里人也。祖□□□□□□神武睿哲,□明为□,□功/超□,□为君则,威加四海。父丞相、文献王,□真体道,含章怀秀,□□陶甄,□邵好善,□□归遂/□已备昭□□□□版牒。君禀气中和,迹邻□善。韶容令德,□□□□之□;清徽淑□,风播□追之/□。……礼□著于□□就辞敕□□也□□□□散札含裳蔚云□而竞缘。司徒文献王/雅好篇什,锡馆礼贤,开阁求士,唐染来趋,邹枚竞凑。□制《高松》之□,□者成群。君乃斐然□□,□□/便就,新声逸

□，贯沧时流。文□辞□，咸加叹□。君雅□□□，闲于进止，从容□□，观者相趋。
□□□/端正之声□多惭色□□得风□之□不能迈也。及世□嗣□特驾宴爱□建永
家禅代□□既□/□□□□□□礼乐驾□□□□愍懃起家，为宁朔将军、淮陵太守，仍遭
天□毁瘠□基□□□□□/军……以大吴□震□□肩髀首萧贤救莫或居之，遂□组昌
□分……/政□□弼□也讼息烦赏……/……齐储□□乐……/太原□除太子中□
官……季……/……虽时过道……/□□代所□入……/……以……/□中□□□司
从……石……/……王交文……/□□□道……/……开□□□□之疑……/……之
□□历□求□出……/……转□选部□□□君……/……古许□□□还□
次……怠所以嘉□允……/……吴郡太守仕官……/……不其宣室遘……/……
死□□□春秋五十有二，其年秋八月□成……/……君□□□举检□和平奄……/
□□以……惠事□行……/生而……之□□昔……
氏……/……年……/……佐郎……/……"

据墓志正文首行起始所述"君讳子恪，字景冲"，即可知墓主当为齐高帝萧道成孙、
豫章文献王萧嶷次子萧子恪无疑，至于残存志文所透露出来的其他关于墓主籍贯、历官
等方面的信息，如"南兰陵郡兰陵县都乡中都里人"、"为宁朔将军、淮陵太守"以及墓志
首题谓其"梁故侍中、中书令、宁远将军、吴郡太守"的终官，正文第 27 行"春秋五十有
二"的享年，也无不与《梁书》与《南史》中的萧子恪本传相合①。至于墓主的祖、父即萧
道成至萧嶷这一世系，当亦即墓志正文第 1、2 行所谓的"祖□□□□□□神武睿哲，□
明为□，□功超□，□为君则，威加四海。父丞相、文献王，□真体道，含章怀秀……"
云云。

史载，萧子恪于齐武帝永明十年（492 年）封南康县侯，初为宁朔将军、淮陵太守，明帝
建武年间迁为辅国将军、吴郡太守。按，齐明帝萧鸾为齐高帝萧道成兄长萧道生之子，以
早孤而由高帝萧道成抚育成人，历事高、武二朝，爵通侯、官仆射，及郁林王萧昭业登基辅
政。未几，以郁林王无道而弑之，改立海陵王萧昭文，旋亦废弑而夺其位。自以得不以正，
遂大肆屠戮高武子孙以杜后患。其时，高武旧臣、大司马王敬则震怖于齐明帝杀害高武子
孙之残酷，遂奉外迁吴郡太守萧子恪的名号，自会稽举兵向阙。出于报复，齐明帝萧鸾亦
拟将萧子恪的兄弟及其他高武子孙亲从七十余人尽数杀害，会萧子恪仓皇逃回台城自白
情状，其亲族始得于命悬一线之际死里逃生。

梁台初建，萧子恪及其诸弟循例皆被降为子爵。为了安定人心以巩固自身统治，梁武
帝萧衍对于萧齐宗室成员采取了分化瓦解的策略。由于萧子恪兄弟既因乃父萧嶷之死而

① 萧子恪的籍贯、历官、表字与年寿，参见：《梁书》卷三五《萧子恪传》，中华书局，1973 年，第 507—509 页；《南
史》卷四二《齐高帝诸子上》，中华书局，1975 年，第 1068—1070 页。又，本文所引萧子恪兄弟佺入梁后的史事，亦据
此二书出，不另注。

与齐文惠太子乃至齐武帝萧赜夙有嫌隙①,又因王敬则起兵向阙几罹灭门之祸,故对于齐文惠太子一系与齐明帝萧鸾皆无好感,故而梁武帝萧衍也就不吝在毫无威胁的萧子恪兄弟身上展现其厚待前朝宗室的宽宏大量。他先是利用与子恪兄弟有旧的阉人赵叔祖释放了自己的善意,继而又乘萧子恪及弟萧子范等入谒之际,与之进行了一番推心置腹、晓以利害的长谈,并希望得到萧子恪兄弟的尽节报效。未几,萧子恪兄弟十六人并皆仕梁,其中萧子恪出为永嘉太守,还除光禄卿、秘书监,又出为明威将军、零陵太守。天监十七年(518年),入为散骑常侍、辅国将军。普通三年(522年)迁宗正卿,四年转吏部尚书,六年迁太子詹事。大通二年(528年)出为宁远将军、吴郡太守,并于次年卒于郡舍,诏赠侍中、中书令,谥曰"恭"。值得一提的是,前引墓志正文第27行所云"春秋五十有二",与史籍所载大通三年萧子恪卒于吴郡的年寿相合,而后继"其年秋八月……"云云,显然是萧子恪下葬之期,据此可推知南京灵山萧子恪墓构建完工的时间下限正在梁大通三年八月。

萧子恪诸弟才学出众,而尤以萧子范、萧子显、萧子云等成就斐然。六弟萧子范入梁后为南平王萧伟从事,王府文牍率出其手笔,尝制千字文,令蔡薳作注。"侯景之乱"后,受诏命制简皇后王灵宾哀策文,深得上意,有前、后文集三十卷。八弟萧子显于经史之学尤为专擅,尝著《鸿序赋》,沈约见之而倾倒,又采众家《后汉书》,考证同异,作《后汉书》一百卷,复撰《齐书》六十卷、《普通北伐记》五卷、《贵俭传》三卷,特别是《齐书》(即二十四史中的《南齐书》)流传至今,列入正史,成为传世史籍的经典,别有文集二十卷。九弟萧子云亦博学藻文,年二十六而成《晋书》百余卷,另有《东宫新记》二十卷。萧子云尤擅书法,且为世楷则,自谓规模钟繇、王羲之而又出乎意向之外,不仅为梁武帝所激赏,且名闻海外。

与诸弟所负一代文学之望不同的是,史载萧子恪尽管"少亦涉学,颇属文",年仅十二岁之际即赋诗奉和从兄、竟陵文宣王萧子良《高松赋》,竟致时有"儒宗"之誉的尚书仆射王俭见而奇之,表现出了很高的天分和才情,但却终以"文史之事,诸弟备之矣,不烦吾复牵率,但退食自公,无过足矣"自况,以是竟无文集传世。

今所见萧子恪墓志正文第4行至第6行有云:"司徒文献王雅好篇什,餝馆礼贤,开阁求士,唐染来趋,邹枚竞湮。□制《高松》之□,□者成群。君乃斐然□□,□□便就,新声逸□,贯沧时流。文□辞□,咸加叹□。"志文虽略有泐损,但不难推知其所述应即史传所载萧子恪在年方十二岁之际奉和从兄萧子良《高松赋》之事。然墓志此处所述,非惟可补益史载,对于探究南齐文学风尚的发展亦是不可多得的重要史料。

南朝文风的丕变,因永明年间"盛为文章,吴兴沈约、陈郡谢朓、琅琊王融以气类相推

---

① 齐豫章文献王萧嶷与其胞兄齐武帝萧赜以及文惠太子萧长懋之间的关系,可能并没有表面上那样友爱融洽。萧嶷才能出众,深得齐高帝萧道成赏识,几乎一度将取代萧赜而为皇位继承人。因此,当萧赜登基后,萧嶷为求自保,刻意表现出谦抑的姿态,不仅事萧赜父子恭悌尽礼,甚至一再请求解职,然据《南史·齐高帝诸王上》载:"(萧)嶷薨后,忽见形于沈文季曰:'我未应便死,皇太子加膏中十一种药,使我癅不差,汤中复加药一种,使利不断。吾已诉先帝,先帝许还东邸,当判此事。'因胸中出青纸文书示文季曰:'与卿少日,因卿呈上。'俄失所在。文季秘而不传,甚惧此事,少时太子薨。"以是借志异暗示萧嶷终不见容于萧赜父子、终遭毒杀之事。

毅，汝南周颙善识声韵。（沈）约等文皆用宫商，将平上去入四声，以此制韵，有平头、上尾、蜂腰、鹤膝。五字之中，音韵悉异，两句之内，角徵不同，不可增减，世呼为‘永明体’”。“永明体”强调声律，要求：“辞既美矣，理又善焉”，其“大旨欲‘宫商相变，低昂互节，若前有浮声，则后须切响，一简之内，音韵尽殊；两句之中，轻重悉异’。”①而“永明体”生发之前的文风，往往好搬弄典故以及阐述玄理，凤多古奥之意，由于“永明体”的生发，使得声调平仄在士林中得到普遍认同，此后又历经发展，这才出现唐以后的近体诗。

　　“永明体”的生发，与齐武帝萧赜次子、竟陵文宣王萧子良有直接关系，这不仅因为“永明体”身体力行的实践者如沈约、谢朓、王融等皆是游艺出入萧子良西邸的“竟陵八友”之一，也因为萧子良本人在西邸“招致名僧，讲语佛法，造经呗新声”②，对于催生乃至完善“永明体”在韵声上做足了准备。佛教传入中国以后，佛经既由梵文转译为汉语，音调也发生变化，僧人诵经颇苦于声调的难于和谐，是以东晋、刘宋以来，陆续有不少僧侣在探索江南“吴声”、“西曲”等。巷中歌谣的音调而为诵经参考等方面做出了有益的尝试，其中，安乐寺僧辩尤以其“哀婉折衷”的诵经“独步齐初”。在僧辩的影响下，“永明七年二月十九日，司徒、竟陵文宣王梦于佛前咏《维摩》一契，因声发而觉，即起至佛堂中，还如梦中法，更咏《古维摩》一契，便觉韵声流好，有工恒日。明旦即集京师善声沙门……集第作声”。此即萧子良“造经呗新声”的过程③。这一记载本身虽有一定的虚幻色彩，但对于理解“造经呗新声”与“永明体”诗歌之间的关系仍有很重要的启示。

　　揆以上述“永明体”发生的背景及其影响，并参考文献中的相关记载，则墓志着意刻画的萧子恪奉和竟陵文宣王萧子良《高松赋》这一文坛佳话本身，也就被赋予了特殊的意蕴，归纳起来，主要表现在如下三点：其一，齐竟陵文宣王萧子良作《高松赋》在永明七年（489 年），其时奉和者，史载仅及王俭《和竟陵王高松赋》、谢朓《高松赋奉竟陵王教作》以及沈约与少年萧子恪等人的奉和之作而已，而据萧子恪墓志所载，可知萧子良《高松赋》撰成后，唱和者众多，当远不止此四人，亦即墓志所谓“司徒文献王雅好篇什，餝馆礼贤，开阁求士，唐染来趋，邹枚竞湮。□制《高松》之□，□者成群”。这种一呼百应的状况，显然是与萧子良作为彼时文坛盟主的身份相符合的，只不过在这些酬和之作中，惟少年萧子恪所作脱颖而出；其二，彼时诸家酬和萧子良《高松赋》之作既多，其中更不乏名家佳作，何以少年萧子恪却能独步时贤，引起极大关注？对此，史籍并未置一辞，据萧子恪墓志残存志文推知，萧子恪“□□便就”之作所以能“贯沧时流”，乃是由于“新声逸□”，显然颇得益于萧子良在西邸“造经呗新声”与“永明体”主将沈约等人倡导的“四声”之说，可见萧子恪的唱和之作是一篇讲究声律并可归诸于“永明体”范畴下、代表了上流社会正在悄然转变的审美趣味的篇章。萧子恪其时尚为孺子，甫有此作，适可为永明新

---

① 《南史》卷四八《陆慧晓传》，第 1195 页。
② 《南齐书》卷四〇《武十七王·竟陵文宣王子良传》，中华书局，1972 年，第 698 页。
③ 慧皎撰，汤用彤校注：《高僧传》卷一三《齐安乐寺释僧辩传》，《中国佛教典籍选刊》本，中华书局，1992 年，第 503 页。

体流被之广泛乃至深入人心之佐证,对于"永明体"这一新兴文学流派的发展具有举足轻重的影响,故尔会受到彼时不同文学主张人士的普遍关注,如面对少年萧子恪唱和《高松赋》之作,同撰《和竟陵王高松赋》而有"儒宗"之谓且审美趣味明显趋于保守的"卫军王俭见而奇之",当即是这一客观情形的生动反映;其三,永明年间,以文坛盟主自居的竟陵文宣王萧子良"礼才好士,居不疑之地,倾意宾客,天下才学皆游集",其时出入萧子良西邸的文士,最负盛名者有沈约、谢朓、王融、萧琛、范云、任昉、陆倕以及后来登基为梁武帝的萧衍八人,即所谓"竟陵八友",而从墓志谓萧子恪斐然唱和《高松赋》之前关于萧子良"饷馆礼贤,开阁求士"等内容揣度,其时尚孺幼的萧子恪亦或是从容出入西邸参与酬答唱和的常客。

此外,墓志中还见有大量赞诵传主萧子恪德望行止、文章尺牍的内容,虽说不无谀墓之嫌,但揆诸其人十二岁唱和萧子良《高松赋》而为世人深受瞩目一事来看,也并非全然没有可以采信之处。以此而言,萧子恪最终的荒疏学业,或不免归诸"江郎才尽"乃至"少时了了,大未必佳"之谶,但也不能排除是萧子恪入梁后作为齐豫章文献王萧嶷一支的代表人物,为求得家族自全而刻意表现出来的谦抑姿态。如果是这样,入梁后的萧子恪放弃学艺上的追求,与乃父萧嶷在齐永明年间力避齐武帝萧赜与文惠太子萧长懋父子的猜忌而一味谦退,可谓如出一辙了。

三、萧子恪墓志的撰造体例与作者生平考察

南北朝时期的墓志(也包括地面植立的碑版),其序文与铭辞两部分内容,既有同一人独力撰成,也有两人(多人)分别撰述序、铭,再合为完整的一篇。关于后一种即分别撰述碑志序、铭的情形,前贤颇有误会唐人为始作俑者①,曩见李兆洛在《骈体文钞》所辑江文通《宋安成王右常侍刘乔墓志铭》的按语中认为:"当时志与铭,或出两人手,故诸家集,或有铭无志,或有志无铭,不尽关缺佚也。"②客观上将多人分别撰述碑志序、铭的情形上推至南朝刘宋时期,则至为允当。

此外,据文献记载,梁太常卿陆倕墓志系其从子陆襄撰序,湘东王萧绎作铭③;陈朝五兵尚书孙场"及卒,尚书令江总为其志铭,后主又题铭后四十字,遣左民尚书蔡徵宣敕就宅镌之",是谓孙场墓志的作者至少应包括江总与陈后主二人④;另如《北史·樊逊传》亦述

① 立于唐武德九年(626年)的《大唐宗圣观记》为给事中、骑都尉欧阳询撰序并书,侍中、江国公陈叔达"奋兹宏笔,为制嘉铭",清人王昶《金石萃编》按语:"一碑而序、铭两人分撰,创见此碑。"详见国家图书馆善本金石组编:《隋唐五代石刻文献全编》第2册,北京图书馆出版社,2003年,第607、609页。
② 李兆洛选辑:《骈体文钞》卷二五《志状类·江文通宋安成王右常侍刘乔墓志铭》,世界书局,1936年,第555页。
③ 陈思纂:《宝刻丛编》卷一四:"梁太常卿陆倕墓志,从子襄序,湘东王萧绎铭。"文渊阁《四库全书》本。
④ 《陈书》卷二五《孙场传》,中华书局,1972年,第321页。

及《魏书》的作者魏收撰《库狄干碑》序，而令樊孝谦作铭一事①。

　　出土实物对于上述文献记载也做出了有力的回应，但由于大多数南北朝时期的墓志例皆不题署作者姓名，使得这一现象长期被忽视，至如南京出土的齐东阳太守萧崇之侧室夫人王宝玉墓志与梁桂阳简王萧融墓志，仅署记了铭辞作者鲍行卿与任昉②，而皆忽略了序文作者。分别明确题署序、铭作者的墓志，向仅见有北齐太尉中郎元洪敬墓志与北齐时期的梁宣城内史蔡深妻袁月玑墓志③、陈义阳郡公黄法氍墓志④。此外，孟国栋先生新近检出的北魏王诵墓志、郑使君夫人李晖仪墓志等亦属此列⑤。今所见萧子恪墓志首题后有"五兵尚书南昌县开国侯琅玡王规□"和"仁威将军晋陵太守陈郡谢举制铭"两列题名，可证其墓志亦系出王规与谢举二人合作而成，其中，铭辞既出谢举手笔，则王规所承担的无疑是以传主行实为主体的序文了。因此，萧子恪墓志的出土，为澄清南北朝时期由两人（多人）分工撰写同一篇墓志这一客观存在的文化现象，又提供了一份确凿无疑的实证，弥足珍贵。

　　为萧子恪墓志撰写序文的王规，字威明，《梁书》《南史》俱有传⑥。王规的祖父王俭是南朝宋齐之际琅玡王氏官高位显、首屈一指的人物，少年萧子恪奉和萧子良《高松赋》之作，即是因为得到像王俭这样的士族首领的关注而为世所瞩目。在重儒向学的家风熏染下，王规自幼通晓《五经》大义，好学有口辩，行止以礼，而被叔父王暕誉为"吾家千里驹"。梁天监十二年（513 年）改造太极殿毕工，王规献《新殿赋》，以辞采工丽，敕与殷芸、王锡、张缅同侍东宫，俱为昭明太子所礼。梁武帝于普通六年在文德殿为广州刺史元景隆践行，席间令群臣同用五十韵赋诗，王规援笔立就，且文辞藻丽，以是深为梁武帝嘉赏，即

　　①　《北史》卷八三《樊逊传》，中华书局，1974 年，第 2790 页。
　　②　王宝玉墓志与萧融墓志的撰人题名皆位于墓志的序与铭辞之间，其中，王宝玉墓志的撰人题名作"铭文大司马参军事东海鲍行卿造"，明示鲍行卿只是"铭"这一部分的作者；萧融墓志的撰人题名作"长兼尚书吏部郎中臣任昉奉敕撰"，但《艺文类聚·职官部一·诸王》所录《梁任昉〈抚军桂阳王萧融墓志铭〉》亦仅见有铭辞部分的内容，此或即李兆洛所谓"当时志与铭，或出两人之手，故诸家集，或有铭无志，或有志无铭，不尽关缺佚也"。详见邵磊：《南齐〈王宝玉墓志〉考释——兼论南朝墓志的体例》，《文献》2003 年第 4 期。
　　③　北齐（梁）袁月玑墓志的序文作者为袁奭、铭辞作者为刘仲威；北齐元洪敬墓志的序文作者为桓柚、铭辞作者为袁奭。参见邵磊：《略论北齐袁月玑墓志》，《南京晓庄学院学报》2007 年第 4 期。
　　④　陈义阳郡公黄法氍墓志由太子率更令领大著作、东宫舍人顾野王与左民尚书江总合作完成，但由于志文泐损剥蚀，难以确认孰为序文作者，孰为铭辞作者。中华书局 2005 年出版的罗新、叶炜撰《新出魏晋南北朝墓志疏证》一书第 46 页所谓黄法氍墓志"为江总撰志文，顾野王撰铭辞"的认识，可能只是依据江总题名在前、顾野王题名在后的次序，并结合古代墓志先序后铭的常例作出的推断。然据黄法氍墓志拓片，其实可以较清晰分明地辨识出"江总制铭"与"顾野王撰序"的两段题名，庶几可知，展示黄法氍生平的墓志序文系顾野王撰，墓志铭辞则出自江总手笔。详见邵磊：《陈朝名将黄法氍墓志辨析》，《东南文化》2015 年第 2 期。
　　⑤　孟国栋撰：《碑志所见唐人合作撰文现象研究》一文检出《魏故使持节侍中司空尚书左仆射骠骑大将军徐州刺史王公（诵）墓志》（528 年）为王诵弟王衍撰序、抚军将军李奖作铭，《魏故假节督南徐州诸军事征虏将军南徐州刺史郑使君夫人李氏（晖仪）墓志铭》（533 年）为李晖仪之子郑伯猷撰序、《魏书》的作者魏收作铭，《北齐朱岱林墓志》（571 年）为朱岱林第四子朱敬脩撰序、朱岱林侄朱敬范作铭，载《唐研究》第十七卷，北京大学出版社，2011 年，第 145—158 页。又，孟国栋先生大作论列唐人碑志合作撰文现象颇称详备，惟所谓"唐人合撰墓志文还出现了新的方式——重铭和后赞"云云，恐未必尽然，正如孟先生归纳的"所谓重铭，即由另外一人在原铭文的后面再续作一首，从而造成一篇墓志铭有二首铭辞的特殊情形"，然据前注所引陈朝五兵尚书孙场"及卒，尚书令江总为其志铭，后主又题铭后四十字"事，可证这一情形至迟在南朝后期即已出现。
　　⑥　王规事行、历官，详见《梁书》卷四一《王规传》，第 581—584 页；《南史》卷二○《王昙首传附王规传》，第 597、598 页。

日而拜侍中。王规门宗贵盛,既袭父封南康县侯,恒思减退,终于钟山宋熙寺筑室以居,大同二年(536 年)卒,时年四十五岁。尝注《续汉书》二百卷,并有文集二十卷,惜皆不传。今据墓志题名可知,王规于普通六年在文德殿与群臣同步五十韵赋诗为广州刺史元景隆践行之后不过四年光景,又为萧子恪撰述了墓志序文。《梁书》本传谓王规于"大通三年迁五兵尚书,俄领步兵校尉",而王规在萧子恪墓志上的题名署"五兵尚书、南昌县开国侯"。萧子恪墓志至迟在大通三年八月间已书刻完成,据此可进一步推知,王规迁五兵尚书必在大通三年八月之前。

为萧子恪墓志撰写铭辞的谢举,字言扬,《梁书》、《南史》亦有传①。谢举的六世祖谢万,与东晋中兴名臣、"淝水之战"的决策者谢安为从兄弟,其曾祖谢弘微、祖谢庄、父谢瀹、兄谢览以至谢举本人,率多文采灿然却淡泊简约之士,因而在晋末以至南朝的陈郡谢氏家族中,谢弘微及其子嗣几乎是唯一没有遭受重大政治打击而长期保持兴盛的一支。

谢举能诗善文,博涉多通,著名文士江淹曾以"驭二龙于长涂"称赞谢览、谢举兄弟,时人更是将他们与王筠、王泰兄弟并称,将其分别作为陈郡谢氏与琅玡王氏新一代的代表人物而大加赏誉。梁武帝曾向谢览打听谢举的学艺,谢览应以"识艺过臣甚远,惟饮酒不及于臣"。梁武闻而大喜,遂转谢举太子中庶子,深为昭明太子赏接。谢举尝注《净名经》,并有文集二十卷,惜皆亡佚,存世惟乐府《凌云台》一诗,曰:"绮甍悬桂栋,隐映傍乔柯。势高陵玉井,临迥度金波。易觉凉风至,早飞秋雁过。高台相思曲,望远骚人歌。幸属此迢递,知承云雾多。"其音节晓畅,笔调清丽,隐见其祖谢庄"气候清雅"之风范。此外,谢举尚撰有《答释法云难范缜〈神灭论〉》一文,大同三年出知吴郡亦尝题《虎丘山赋》于寺,以答前任郡守、有"何吴郡"美誉的何敬容,惜皆仅存目。今据萧子恪墓志题名可知,谢举尝于四十七岁之际为萧子恪撰造墓志铭辞,当可补史载之阙。

谢举仕历,时论颇以其三度出任吏部尚书为荣。吏部尚书为中枢要职,南朝多以望族居之,谢举祖辈谢尚、父谢瀹、兄谢览在刘宋以迄梁初,曾四度典选吏部尚书,至谢举又三任此职,可谓前所未有的荣耀了。不过,谢举第三次迁掌吏部尚书的时间,《梁书》本传系于大通二年,下文继云"四年,加侍中。五年,迁尚书右仆射,侍中如故"。校记云:"上文既是'大通二年,入为侍中',则此四年、五年当为大通四年、五年。但大通只二年,大通三年十月改元中大通。据本书《武帝纪》,吏部尚书谢举为尚书右仆射在中大通五年。则'四年'上当有'中大通'三字,否则上文之'大通二年'乃'中大通二年'之讹。"②此两可之说,适可借萧子恪墓志上的谢举题名以覈其实。按《梁书》本传,谢举于普通六年第二次徙任吏部尚书,继任为仁威将军、晋陵太守,则未书明年份,当亦在普通六年或稍晚。史载,谢举出知晋陵之际,"在郡清静,百姓化其德,境内肃然。罢郡还,吏民诣阙请立碑"。其治绩如此,当非短短一二年间能臻。而据萧子恪墓志正文前所题"仁威将军晋陵太守陈

---

① 谢举事行、历官,详见《梁书》卷三七《谢举传》,第 529、530 页;《南史》卷二〇《谢弘微传附谢举传》,第 563、564 页。
② 《梁书》卷三七《谢举本传校勘记》,第 535 页。

郡谢举制铭"云云,可证至迟在大通三年八月,谢举仍出知晋陵郡。萧梁外任以三年为小满,则谢举知晋陵当为连任,故《梁书》云谢举大通二年迁掌吏部有误,所谓"大通二年"当为"中大通二年"之讹。

四、萧齐宗室墓葬在建康东北郊的分布

萧子恪墓的考古发现,对于拓展南朝齐、梁陵墓分布规律与范围既有认识,亦颇多启益。

丹阳于东晋为南兰陵,系南朝齐、梁二代的发祥地,以桑梓本乡、王业旧基,是故齐、梁帝后陵寝例皆营建于此。然具体而微,又稍有区别,在齐而言,凡帝后与未及登基的太子乃至众多的皇子,都可以入葬丹阳陵区[①];在梁而言,则除了帝后外,包括未及登基而早殇的太子与众多皇子亲从在内,都只卜葬于都城建康周围,不得归葬丹阳[②]。是故南京现存萧梁宗室墓甚多,殊少见萧齐宗亲墓。当然,这也仅是就大的方面而言,如南京博物院于1988年夏在栖霞区甘家巷以北约3公里、张家库以西约1.5公里的包山,发掘了卒于齐永明六年四月的故冠军将军、东阳太守萧崇之侧室夫人王宝玉墓,即可证萧齐宗亲墓在京师的葬地也并非完全无迹可寻。萧崇之为齐高帝萧道成族弟,也是梁武帝萧衍的叔父,入梁后追谥忠简侯[③],结合萧崇之长子、梁吴平忠侯萧景墓亦位于甘家巷的情形,则可推断萧崇之本人亦卜葬于这一区域。此外,中兴元年（501年）十一月卒,归葬于萧崇之及其家族墓区以东的栖霞寺侧,为齐和帝诏赠侍中、丞相的萧颖胄,亦齐室宗亲,其墓前石碑至宋代尚存[④],以归从祖葬之固有习俗推断,则萧颖胄之父、齐高帝萧道成从祖弟萧赤斧及其家族成员或亦聚葬于此。值得一提的是,由于梁桂阳简王萧融、桂阳敦王萧象、安成康王萧秀、始兴忠武王萧憺、新渝宽侯萧暎与临川靖惠王萧宏等人的墓葬皆位于甘家巷及其附近[⑤],故以往的认识多将甘家巷及其附近地区视为萧梁皇室宗亲的一处聚葬墓区。今由上述分析可知,这一所谓萧梁贵族墓区的形成,至少可溯源至萧齐。而萧子恪其人,无论在齐、在梁都忝为宗室,因此,他的墓葬营建于东距梁临川靖惠王萧宏墓神道千余米的灵山西北麓,是并不让人感到意外的。按,萧子恪兄弟计十六人,除死于

①　据《南齐书》卷四〇《武十七王·竟陵文宣王子良传》:"初,豫章王嶷葬金牛山,文惠太子葬夹石,子良临送,望祖硎山,悲感叹曰:北瞻吾叔,前望吾兄,死而有知,请葬兹地。既薨,遂葬焉。"结合顾野王《舆地志》与《乾隆丹阳县志》卷二《山川》的相关记载来分析,齐豫章王萧嶷所葬的金牛山,当即为今丹阳东北三十五里的经山,至于齐武帝次子竟陵文宣王萧子良所葬的祖硎山,与其兄长、被后世追尊为文帝的文惠太子萧长懋位于夹石的崇安陵,固皆与经山毗邻。而丹阳现存标识明显的七处南齐帝陵,亦皆分布于丹阳东北的经山周围。
②　综合考古发现与文献记载来看,梁武帝的兄弟子侄多营葬于京师建康郊野,这其中也包括生前未及登基、却两度被后世追尊为皇帝的昭明太子萧统。事详许嵩撰,张枕石点校:《建康实录》卷一八《梁下·太子诸王传略》,中华书局,1986年,第722页。
③　详见《南齐书》卷四四《沈文季传》,第777页;《梁书》卷二四《萧景传》,第367页;《南史》卷五一《梁宗室上·吴平侯景》,第1260页。
④　张敦颐撰,王进珊校点:《六朝事迹编类》卷一三《坟陵门》,南京出版社,第102、103页。
⑤　此处所列建康东北郊萧梁王侯墓的墓主身份,皆有墓上神道碑及华表或出土墓志可征。

"侯景之乱"者,余者如文誉甚著的萧子显、萧子范及其家属亲从,或亦卜葬于萧子恪墓附近。

揆以萧子恪齐室贵胄的独特身份及其墓葬位置,对于重新认识齐明帝皇后刘惠端初葬旧墓的位置与20世纪70年代发掘的所谓灵山大墓的年代等问题,也都不无启益。旦载,西昌侯萧鸾妃刘惠端于南齐永明七年卒葬于江乘县张山,至萧鸾入篡为齐高帝萧道成第三子继皇帝位的次月己卯,遂追尊刘氏为敬皇后,卒得以改祔丹阳,号陵曰"兴安"①。关于江乘县张山,旧志有二说,一说位于城东南三十里、淳化镇之北②,今更有将其确指为南京江宁区淳化街道新庄村西北一座名叫"东山"的小山③;一说位于城东北六十里章桥西④,今栖霞区仙林灵山东侧有龙王山,山巅有天然洞窟,村民率以其为龙穴所在,并于明正统年间建庙礼拜,今仍存明嘉靖十二年(1533年)仲秋八月江乘社沈氏兄弟所立《重建张山龙王庙碑记》⑤,以此而言,当不排除江乘县张山即龙王山或与龙王山相连属的附近诸山丘在内的群山总称。但论及齐明帝刘皇后位于江乘县张山的旧墓,历来则多归诸南京城东南三十里、淳化镇之北⑥,然据前揭卜葬建康的齐室疏宗例皆营葬于南京东北郊,特别是萧子恪墓所傍依的灵山亦位于龙王山附近而言,则齐明帝刘皇后以西昌侯妃初葬的旧墓,当仍以位于南京城东北六十里章桥西的张山的可能性更大一些。

20世纪70年代发掘的灵山南朝大墓,位于萧子恪墓以南约1 000米的灵山西南麓,而在这座灵山大墓前方不远处,1956年与1972年文物部门还先后调查发现过2件东、西相对的小型石辟邪,除了形制较小外,两件石辟邪的造型风格大致与南朝王侯墓前的神道石兽相类属。关于灵山大墓及其墓前石兽,曾有学者推断为系陈文帝陈蒨永宁陵所在⑦,也有观点认为,灵山大墓及墓前石兽的规制与南朝中后期宗室王侯墓相当,可能只是陈代某一宗室王侯墓,并认为今灵山地区系围绕陈文帝永宁陵所形成的一个陈代陵区⑧。然而上述关于灵山大墓为陈文帝永宁陵以至灵山地区为陈代陵区的推断,皆建立在《建康实录》等文献记载陈文帝永宁陵位于"县东北四十里"的"陵山"与今灵山谐音的推测上,以及南宋《六朝事迹编类》、《景定建康志》、明代《万历上元县志》等晚出文献对陈文帝永宁陵的位置愈来愈"明确"的记载,缺乏对实物材料的具体

① 《南齐书》卷二〇《明敬刘皇后传》,第393页。
② 周应合纂:《景定建康志》卷一七《山川志·张山》,《南京稀见文献丛刊》本,南京出版社,第407页。
③ 中国人民政治协商会议南京市江宁区委员会编:《江宁历史文化大观》,南京出版社,2008年,第129页。
④ 所谓"章桥西",即章桥西侧,据《景定建康志》卷一六《疆域志二·桥梁·钱公桥》:章桥,以西接张山,亦名张桥。宋淳熙十一年(1184年),留守钱良臣易为石桥,遂称"钱公桥"。桥在府城东北五十七里,跨七乡河,上元、句容二县以此桥为界。第381页。
⑤ 明嘉靖十二年(1533年),江乘社沈氏兄弟七人所立《重建张山龙王庙碑记》现已移置南京栖霞区仙林大学城管委会院内,碑记拓片与录文刊于南京市文化广播新闻出版局(文物局)编著:《南京历代碑刻集成》,上海书画出版社,2011年,第158、388页。
⑥ 《景定建康志》卷四三《风土志二·古陵》,第1044页;《六朝事迹编类》卷一三《坟陵门》,南京出版社,第102页。
⑦ 朱偰:《修复南京六朝陵墓古迹中重要的发现》,《文物参考资料》1957年第3期。
⑧ 王志高:《梁昭明太子陵墓考》,《东南文化》2006年第4期。

分析。

灵山大墓出土的文物当中，尤以两件青瓷莲花尊最为引人瞩目。两件青瓷莲花尊造型皆细长，施青黄色釉；通体装饰以飞天、忍冬、宝相花、仰覆莲瓣等凹凸分明的高浮雕，繁缛富丽，并附有方钮莲瓣纹器盖。与灵山大墓青瓷莲花尊造型、纹饰相近似的考古出土品尚有多件，而有纪年可考最早的一件为湖北武昌何家大湾南齐永明三年刘觊墓所出①。相较而言，刘觊墓的青瓷莲花尊在装饰上主要表现为以刻花或剔花的手法所营造出来的浅浮雕莲瓣与忍冬纹，展现出相对尚属初始、发展阶段的工艺特征。但如果考虑到南齐末世如东昏侯萧宝卷这样的恶童天子穷奢极欲、肆意妄为的物质追求，以及建康都城作为政治、经济、文化中心而在文化传播上所特有的先声意义，也就不能排除如灵山大墓青瓷莲花尊这样繁缛富丽的奢侈品，终齐之世得以在供给皇室权贵的用作中迅速发展成熟的可能性②。在此认知基础上，揆以萧子恪墓的考古发现，则不难推绎出距萧子恪墓仅千米的灵山大墓的墓主系萧齐宗亲的身份来。从灵山大墓甬道中设有一道石门的情形看，其墓主下葬之际身份颇贵显，或与齐明帝刘皇后以西昌侯夫人初葬江乘县张山之际相类，断非萧子恪兄弟以齐宗遗民仕梁之后骤降身份可比。

通过对齐明帝刘皇后在江乘县张山初葬旧墓位置与灵山大墓年代的辨析，并结合其他的考古发现，可揭示出南齐宗室成员在都城建康的墓区主要位于东北郊，大体分布于从今仙鹤门到江滨、从燕子矶到摄山镇与仙林的地域范围内，几乎与位于南京东北郊的萧梁宗室墓区相叠合。其中，围绕仙林至摄山镇一线则可能是这一片萧齐宗室贵族墓区里最为显要的地段，卜葬其间的萧齐宗室，在品秩上更高于埋骨于尧化门至甘家巷一线类如梁武帝叔父萧崇之家族等相对于齐室而言的疏宗。

五、萧子恪墓的葬制与构造——以石质葬具与排水设施为着眼点

萧子恪墓墓室连同封门墙与后壁的厚度都计算在内，全长几乎达到 10 米，其规模仅次于墓主被推断为南朝皇帝的丹阳鹤仙坳大墓、丹阳金家村大墓、丹阳吴家村大墓、南京西善桥罐子山大墓以及南京栖霞区白龙山梁临川靖惠王萧宏家族墓③，与墓主被推测为梁安成康王萧秀、梁南平元襄王萧伟、梁始兴忠武王萧憺或萧憺之子萧晔的甘家巷 M6、尧化门老米荡南朝墓（此墓神道上的华表位于尧化门北家边，故有部分出版物亦称之为"尧

①　湖北省博物馆（王善才执笔）：《武汉地区四座南朝纪年墓》，《考古》1965 年第 4 期。
②　据《南史》与《南齐书》本传，齐东昏侯萧宝卷早"在东宫，便好弄"，至登基后，对于物力的靡费更是达到了令人难以理喻的程度，而"性暴急，所作便欲速成"，其造作"系役工匠，自夜达晓，犹不副速"。凡此种种，都可视作繁缛富丽如灵山大墓青瓷莲花尊这样的奢侈品，终齐之世得以迅速发展成熟的重要前提。
③　南京博物院：《江苏丹阳胡桥南朝大墓及砖刻壁画》，《文物》1974 年第 2 期；南京博物院（尤振尧执笔）：《江苏丹阳县胡桥、建山两座南朝墓葬》，《文物》1980 年第 2 期；罗宗真：《南京西善桥油坊村南朝大墓的发掘》，《考古》1963 年第 6 期；南京市博物馆等（王志高等执笔）：《江苏南京市白龙山南朝墓》，《考古》1998 年第 8 期。

化门北家边南朝墓")、蔡家塘 M1、梁桂阳简王萧融墓、萧融嗣子桂阳敦王萧象墓在伯仲之间①,而明显大于装饰有"竹林七贤"镶拼砖画的南京西善桥宫山南朝墓和陈朝名黄法氍墓②。显而易见,萧子恪墓的重要价值决不仅仅在于其规模的宏大,更因为墓主身份的确凿无疑,当然,如果再进一步考虑到墓主以南齐宗室降格仕梁的身份与经历,并借此关照其墓葬的建筑结构与随葬品的形制特征,则不仅有助于进一步揭示出南朝丧葬礼制与习俗的变迁,对于完善以建康都城为中心的南朝墓葬的年代学研究,也有其不可替代的标型学意义。

通常认为,南朝时期仅次于帝陵规制的大中型墓葬,须具备如下几个特点:首先,其总长度多在 7—10 米③,也有将其细划为 9—10 米和 7—8 米两个层次,并推断前者系皇家宗室王侯墓,后者系高级士族官员墓④;其次,墓室后壁弧形外凸或左、右、后三壁皆向外弧凸,墓壁除西善桥宫山墓装饰有规范完整的"竹林七贤"镶拼砖画外,多以莲花、忍冬、钱胜与菱格纹以及表现相对独立的人物、动物形象的花纹砖组合砌筑;第三,甬道内例皆设置一道石门,在石门与棺床之间摆放围屏石榻⑤,围绕石榻四角张挂帷帐(由于帷帐易朽,故考古发现往往仅存用于插置帐竿的四个圆形或半圆形的石帐座),墓室砖砌棺床上铺置石棺座。

萧子恪墓从墓葬规模上看,已经完全达到了上述所谓南朝王侯大墓的等级标准,但另一方面,萧子恪墓甬道内既无石门,墓室前部亦无围屏石榻及石帷帐座,且棺床上亦未铺陈石棺座,这些似乎又都表明萧子恪墓在规模上的臻于王侯之礼,实有僭越之嫌。不过,像这样的情形在当时亦非鲜见,如武昌何家大湾南齐永明三年刘觊墓⑥,墓葬全长达 7.4米,但墓主生前只不过是秩六百石、品列七级的宋武陵王前军参军,其墓葬规模不仅远远超越了刘宋初年的豫宁伯、海陵太守谢珫墓,且与梁普通二年的辅国将军墓相埒⑦。再如墓主被认为是梁临川靖惠王萧宏或其家族成员的南京栖霞区白龙山南朝墓⑧,总长达13.4 米,几乎臻于南朝帝陵的规模。

窃以为,凡此种种与既有认识的抵牾之处,实际上也引出了一个如何从规制上划分

①　南京博物院等:《南京栖霞山甘家巷六朝墓群》,《考古》1976 年第 5 期;南京博物院(霍华执笔):《南京尧化门南朝梁墓发掘简报》,《文物》1981 年第 12 期;金琦:《南京甘家巷和童家山六朝墓》,《考古》1963 年第 6 期;南京市博物馆(阮国林):《南京梁桂阳王萧融夫妇墓》,《文物》1981 年第 12 期;南京博物院(陆建方等执笔):《梁朝桂阳王萧象墓》,《文物》1990 年第 8 期。

②　南京博物院(罗宗真执笔):《南京西善桥南朝墓及砖刻壁画》,《文物》1960 年第 8、9 期合刊;南京市博物馆(姜林海执笔):《南京西善桥南朝墓》,《文物》1993 年第 11 期。

③　冯普仁:《南朝墓葬的类型与分期》,《考古》1985 年第 3 期。

④　周裕兴:《南京南朝墓制研究》,《南京大学历史系考古专业成立三十周年纪念文集》,天津人民出版社,2002年,第 325—327 页。

⑤　设置于南朝墓棺床前的围屏石榻,其榻面上的围屏例由五块下端出榫的石屏构成,但以往所见考古简报如前注所引《江苏南京市白龙山南朝墓》等,却不乏有将此种石围屏指认为龟趺墓志残存志石或小石碑之类的误会。

⑥　湖北省博物馆:《武汉地区四座南朝纪年墓》,《考古》1965 年第 4 期。

⑦　南京市博物馆(华国荣执笔):《南京南郊六朝谢珫墓》,《文物》1998 年第 5 期;南京市文物保管委员会(魏正瑾、阮国林执笔):《南京郊区两座南朝墓清理简报》,《文物》1980 年第 2 期。

⑧　南京市博物馆:《江苏南京市白龙山南朝墓》,《考古》1998 年第 8 期。

南朝墓葬等级的问题。显而易见,以是否具备石门、石榻围屏、石棺座等系列石葬具为着眼点,较诸墓室长度与墓葬规模这类更可能与家族财势密切相关的因素,无疑更令人信服。但刘宋中期以迄齐、梁、陈三朝,包括石门等在内的石葬具,究竟被限定在哪一阶层以上使用,以往的学者及其相关论述都未能解释清楚,至于通常意义上的所谓"王侯等级墓制"之说,实际上也只是停留在一个很笼统的说法中,毕竟已发掘的南朝墓中,除帝陵外,设置石门的墓葬仅见有郡王与郡公二级,尚无一例可以被确认系侯爵身份的墓主。不过,如果考虑到梁吴平忠侯萧景与建安敏侯萧正立两墓的神道石刻组合皆堪与诸王之制相匹,则笔者倾向于其墓中设置石门或亦情理中事①。入梁后由侯爵降封为子爵的萧子恪,其墓虽规模超大,但甬道内不仅不设石门,亦无石榻围屏、石帷帐座与石棺座。据此可证,南朝中后期设置包括石门等系列石葬具在内的墓葬,其墓主身份当限定在侯爵与伯爵之间,其中,伯爵以下的子爵或无爵位的官员,其墓葬内于例皆不得配置石门等石葬具。

六朝墓葬的功能设施随时间的推移,有愈来愈完善的发展趋势。结合萧子恪墓及以往的考古发现看,这一发展趋向在墓室内部的排水设施的构筑上表现得较为突出。

萧子恪墓的排水设施以封门墙为界,分为内外两部分。封门墙前的一段排水沟,系在墓道底部开挖沟槽,沟槽底部的排水沟用砖砌成,具体砌法为:上、下各以二层砖横向平铺,其间铺两列纵平砖,共铺三层,在两列三层纵平砖之间,留出宽8厘米的孔隙,即为排水孔道。在最上层横平砖顶部中间,再增铺一层半砖,推测其用意是为了在排水沟上部形成坡面以分散来自封土对排水沟的压力。

封门墙内的排水沟位于第一、三层铺地砖之间,系铺墁侧立的第二层铺地砖时预留而出,其排水路径较为复杂。从平面上看,在墓室内共辟有三条排水暗沟,总体布局呈"中"字形。其中,位于砖室正中的主排水沟系以墓室后壁正中为起点,在流经棺床前后的两个阴井以及棺床、甬道的底部之后,与封门墙外的排水沟直接连通。位于主排水沟两侧的两条分支排水沟,皆以位于棺床后部的阴井为起点,分别向墓室左右两壁延伸,再分别呈直角纵向拐折、沿左右两壁的走向穿过棺床底部后,再呈直角横向内拐,与主排水沟在棺床前部阴井处交汇合流。通过对排水沟所在的第二层铺地砖的全面揭露,发现凡排水沟流经处的两侧铺地砖,皆为侧立横砌,借以使砖缝尽可能多的与水道垂直相交,以利于渗漏积水的汇聚排放。

六朝砖室墓普遍设有排水沟以泄墓内积水。其中,六朝早期通常只是将墓室底部铺砌成前低后高的格局,俾便将积水自然疏导入墓前的排水沟内。但这样的排水效果显然并不好,故东晋以后,结合高出墓室地面的砖砌棺床的渐趋流行,出现了在甬道地面或甬道铺地砖下辟置与墓外排水沟连通的或明或暗的阴井的做法,从而起到汇聚积水以集中排导而出的功用。其中,在地面上辟置的阴井口还会覆以陶制或铜、铅质地的漏水板。约

---

① 梁吴平忠侯萧景与建安敏侯萧正立墓上今犹存石兽、华表,而据《景定建康志》卷三三《文籍志一·石刻》所记,此二墓旧亦有神道碑,分别题为《吴平侯萧公碑》和《建安敏侯碑》,第859页。

在东晋末至刘宋早期,又新出现了一种将砖砌棺床的左、右、后三边与墓室对应的左、右、后三壁之间隔出浅沟罅隙以分流疏导积水的做法①,这一排水路径系以棺床后部与墓室后壁相夹的沟隙为起点,由高及低分别流向墓室左右两壁、继而折拐向墓室前部,直至交汇于棺床前的阴井口,而据萧子恪墓棺床前后的阴井及与之连通的排水沟的平面布局,则墓葬经营者预设的排水线路或亦源出于此,只不过像萧子恪墓这样在棺床前后皆辟置阴井以分段蓄积墓室积水,同时在棺床部位的铺地砖下增铺一条纵贯墓室前后阴井的主排水沟,从而在墓室铺地砖下形成纵横相通的排水管网的做法,不仅不易造成墓室积水的潴留,而且最大限度地保存了墓室分割布局的空间完整性,在视觉上显得更为简洁美观,确属较先进的工程设计理念。

值得一提的是,就公开发表的考古资料而言,类如萧子恪墓这样先进的排水线路,此前仅见诸被推测为齐景帝萧道生修安陵的丹阳胡桥鹤仙坳南朝大墓(图四)②。而针对这一其时尚属独一无二的发现,日本学者曾布川宽认为:"(丹阳胡桥鹤仙坳南齐大墓)作为南朝陵墓的一个重要特点,对排水问题都有特殊的考虑,如在山的斜坡修筑墓室,在长9.4、宽4.9米的墓室中央和四周都修筑排水沟,墓室中的积水通过墓室前后的阴井口、甬道下方,再通过墓外190米长的排水沟,最后流入一池中。"③这一表述显然是更多地着眼于墓主身份或者说墓葬等级的特殊性所体现出来的制度因素,而萧子恪墓的考古发现,则表明这种构造先进、完善的排水系统的运用,并不意味着墓主之间身份的悬隔,充其量只是反映了墓葬建筑在设计建造上的合理与使用功能上的完备而已,显然具有相对的普遍性。因此,从墓葬的结构功能着眼,可以断言,但凡在棺床前、后的铺地砖上各辟置一眼阴井的南朝墓葬,例皆铺筑了类如萧子恪墓或丹阳胡桥鹤仙

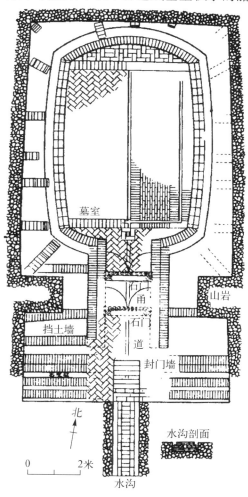

图四 丹阳胡桥鹤仙坳南齐墓(墓主被推断为齐景帝萧道生)平面图

① 在棺床与墓室左、右、后三壁之间隔出沟隙排导积水的六朝墓葬,主要出现在东晋晚期至南朝早期,而相对广泛地分布于长江中、下游地区,甚至对北朝墓葬也有所影响。刘宋永初二年(421年)海陵太守谢球墓,是迄今所见南京地区这一构造的墓葬中唯一的纪年墓。
② 南京博物院:《江苏丹阳胡桥南朝大墓及砖刻壁画》,《文物》1974年第2期。
③ 曾布川宽著,傅江译:《六朝帝陵——以石兽和砖画为中心》,南京出版社,2004年,第22页。

坳南朝帝陵这样平面布局呈"中"字形的排水沟，只是由于以往发掘的规模稍大些的南朝墓葬多遭严重盗毁，往往铺地砖以下的结构也难以幸免，加之考古发掘工作进行得可能也不够细致，以至这一构造长期被忽略之故。

六、对萧子恪墓其他出土文物及其相关问题的认识

萧子恪墓历经盗毁，随葬品除石墓志外，多已失去了原有的位置与组合关系，且已残破不堪，但以其出自墓主明确的纪年墓所彰显出的不寻常的标型意义，仍然值得重视。

萧子恪墓出土的两件青瓷盘口壶，皆仅残存口沿部分，盘口深而外撇似喇叭状，颈部以下缺失，其中一件在盘口下部贴附一对半环形横系，这一做法此前也曾见于南京铁心桥马家店南朝墓、望江矶南朝墓各出土的一件盘口壶与对门山南朝墓出土的青瓷莲花尊①，此外在镇江出土南朝晚期的青瓷莲花尊残件口沿上也曾发现过②。结合胎釉特征分析，可初步推断上述诸器多属南朝江西洪州窑系的产品，鉴于采用此种装饰手法的青瓷器迄未在南朝京师建康及其附近京口以外的地区发现，故不排除是出于定制或窑场为了迎合彼时官宦显贵的审美趣味而专门烧制的。

萧子恪墓出土陶牛车的厢舆造型除形制稍小之外，与南京铁心桥马家店南朝墓几乎完全相同，由此可证两墓的年代应极为接近。从马家店南朝墓甬道内设一重石门、墓室内置围屏石榻及石帐座、棺床上铺石棺座等石制葬具来看，其墓主身份应高于萧子恪③。车舆在舆服制度中的示范意义，也提示了萧子恪墓出土车舆在形制上小于马家店南朝墓车舆所特有的礼制因素。

萧子恪墓出土的4件陶女侍俑，两鬓挽出椭圆形发髻，面貌丰满肥腴，与众多偏于清秀纤丽的南朝陶女俑迥异其趣（图五）。与之造型面目相同的陶女俑，仅见墓主被推定为梁南平元襄王萧伟的尧化门老米荡南朝梁墓以及早年发掘的张家库南朝墓两例④，且由于萧子恪墓与尧化门老米荡梁墓皆出土了形制同样肥胖粗短的滑石猪（图六），则此三墓在年代上应极为相近。从形制结构上看，尧化门老米荡梁墓在甬道内建有一重石门，在墓室前部摆放了围屏石榻，在棺床上陈置有石棺座，其等级规格无疑高于萧子恪墓，但是否即如考古简报判断的那样达到郡王一级或者直接推定墓主为梁南平元襄王萧伟，值得商榷。

① 南京市博物馆等（王志高等执笔）：《南京铁心桥镇马家店村南朝墓清理简报》，《南京文物考古新发现》，江苏人民出版社，2006年，第105—111页；南京市博物馆等（马涛等执笔）：《南京市麒麟镇西晋墓、望江矶南朝墓》，《南方文物》2002年第3期；南京市文物保管委员会（魏正瑾、阮国林执笔）：《南京郊区两座南朝墓清理简报》，《文物》1980年第2期。
② 此承镇江市博物馆考古部霍强先生见告。
③ 南京市博物馆等：《南京铁心桥镇马家店村南朝墓清理简报》，《南京文物考古新发现》，江苏人民出版社，2006年，第105—111页。
④ 南京博物院：《南京尧化门南朝梁墓发掘简报》，《文物》1981年第12期；王志敏等编：《南京六朝陶俑》，中国古典艺术出版社，1958年，第31页。

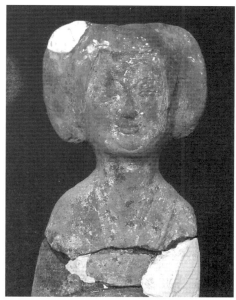

图五　萧子恪墓出土陶女俑

图六　萧子恪墓出土滑石猪

　　史载,萧梁"(天监)六年,申明葬制,凡墓不得造石人兽碑,唯听作石柱,记名位而已"[1],但这一规定并未得到严格执行。纵观有碑表或墓志等文字材料可以确认墓主的萧梁墓葬,凡属郡王等级者,其神道石刻例皆为石兽、石柱、石碑的组合,概无例外。甚至在齐梁嬗替过程中有推戴之功并在梁世膺受重寄的吴平忠侯萧景以及因表现得谦让友于而为梁武帝嘉许的建安敏侯萧正立,其墓葬的神道石刻在组合上也几乎得以拥有与郡王相同的礼遇。惟有梁始兴忠武王萧憺之子萧暎墓的神道上仅建有一对"记名位"的石柱,而

　　①　《隋书》卷八《礼仪三》,中华书局,1973 年,第 153 页。

萧暎爵封新渝宽侯，由此可推知，尧化门老米荡梁墓的墓主身份等级充其量只是臻于侯爵，不可能达到郡王级别，更不可能是萧伟墓。并且，从老米荡梁墓东依梁武帝叔父萧崇之侧室王宝玉墓所在的包山、墓前的神道石柱南邻萧崇之长子梁吴平忠侯萧景墓这一地理位置来作进一步的分析，则尧化门老米荡梁墓的墓主亦应与萧崇之家族有关，也就是说，卒于齐永明六年、入梁后追谥忠简侯的萧崇之及其萧景以外的诸子孙，都有可能是尧化门老米荡梁墓的墓主。

萧子恪墓随葬五铢钱有铜、铁两种，殊值留意。梁代铁五铢钱存世虽众，但出自墓葬者并不多，在国内仅见于浙江瑞安县芦蒲与湖北武昌吴家湾的两座南朝墓，亦皆与铜钱伴出①，这一点与萧子恪墓相同。史载，萧梁铁五铢钱系由于普通四年十二月给事中王子云的提议，始得以公开铸行，但前提则是废止铜钱流通，可是让当政者始料未及的是，在五铢铁钱投入流通市场后，民间交易却仍然在广泛使用铜钱②。铜钱的屡禁不绝，使得政府也不得不采取放任态度，默许这一违法现象的公然存在。以至其时以文才见长的名流任昉在《赠到溉诗》中吟咏道："铁钱两当一，百代易名实。为惠当及时，无待凉秋日。"③可证当时流通领域不仅铜、铁钱混用，而且铁钱与铜钱之比一度相对稳定地达到2∶1。萧子恪墓及浙江瑞安县芦蒲与湖北武昌吴家湾的两座南朝墓兼以铜、铁钱随葬，更是为任昉"铁钱两当一"的诗句提供了生动的注脚。

值得一提的是，20世纪70年代发掘的位于韩国忠清南道公州宋山里、时代相当于萧梁时期的百济武宁王陵，其随葬钱币中倒是只见有一串萧梁铸造的铁五铢钱。不过，根据当时的时代背景并结合钱币出土的遗痕，不难察觉百济武宁王陵随葬的萧梁铁五铢钱，其实乃出自萧梁特赐、而非正常经贸交流的产物④。从这个意义上来说，韩国百济武宁王陵随葬的这一串萧梁铁五铢钱，与包括萧子恪墓在内的中国南朝墓随葬的萧梁铁五铢钱相比较，其性质又是不尽相同的。

---

① 浙江省文物管理委员会：《浙江瑞安桐溪与芦蒲古墓清理》，《考古》1960年第10期；武昌市革委会文化局文物工作组：《武昌吴家湾发掘一座古墓》，《文物》1975年第6期。
② 《南史》卷七《梁本纪中第七》，第203页；《隋书》卷二四《食货志》，第689、690页。
③ 《南史》卷二五《到彦之传》引任昉：《赠到溉诗》，第678页。
④ 中韩学界关于百济武宁王陵随葬萧梁铁五铢钱特征与性质的讨论，参见大韩民国文化财管理局编：《武宁王陵——发掘调查报告书》（日本语版），学生社，1974年，第40、113、114页；邵磊：《百济武宁王陵随葬萧梁铁五铢钱考察》，《中国钱币》2009年第3期。

常州出土宋元泥塑像研究

彭　辉

常州博物馆　馆员

内容提要：文章针对常州博物馆旧藏的一批宋元时期泥塑像材料的定名、考释、出土地点及宋元时期"磨喝乐"泥塑的发展状况等方面进行了详细论述，并对原发表材料进行了阐释和补充。

关键词：常州　宋元泥塑　磨喝乐

20 世纪 80 年代，常州博物馆发掘出土了一批宋元时期的泥塑像（《江苏常州出土宋元时期泥塑》一文已发表于《考古与文物》2014 年第 4 期）。因篇幅限制，前文未能充分展开，本文将对涉及这些泥塑像的若干问题进行论述。

一、塑像定名

常州出土的这批泥塑偶像，就其功能用途来讲，应与流行于宋元时期的七夕"磨喝乐"风俗有关。

磨喝乐，又写作摩睺罗、魔合罗等，源出于佛典中的"摩睺罗迦"，是梵文 Mahoraga 的音译。自唐代时传入我国，经过一番中土化的过程而被赋予了新的定义，其形象由本生故事中的人身蛇首变为孩童的形象，而供奉磨喝乐的风俗也在宋元时期达到鼎盛。宋人孟元老在《东京梦华录》中描述道："七月七夕，潘楼街东宋门外瓦子、州西梁门外瓦子、北门外、南朱雀门外街及马行街内，皆卖磨喝乐，乃小塑土偶耳。悉以雕木彩装栏座，或用红纱碧笼，或饰以金珠牙翠，有一对直数千者，禁中及贵家与士庶为时物追陪。"金盈之《新编醉翁谈录》卷四"京城风俗记"之"七月"条云："七夕，京师是日多博泥孩儿，端正细腻，京语谓之摩睺罗，小大甚不一，价亦不廉，或加饰以男女衣服，有及于华侈者，南人目为巧儿。"①对磨喝乐的崇拜，最初与生育有关。相传妇女不能生育者，于七夕之日买磨喝乐回家供养，即可得孕产子。唐人《辇下岁时记》云："七夕俗以蜡作婴儿形，浮水中以为戏，为妇人宜子之祥，谓之'化生'。"从出土的泥偶中也证实了这一点。这些泥偶中孩童造型的占有相当数量，男女皆有，大小不一，正与文献所载相合。

---

① 扬之水：《摩睺罗与化生》，《古诗文名物新证·一》，紫禁城出版社，2004 年，第 274—281 页。

另外,泥塑中还有相当数量的麒麟偶像,而麒麟在古代也与生殖崇拜有着重要联系。古人称孩童为"麒麟儿"或"麟儿"的说法屡见之于笔端。杜甫《徐卿二子歌》:"君不见徐卿二子多绝奇。感应吉梦相追随。孔子释氏亲抱送,并是天上麒麟儿。""麒麟送子"也是古代绘画中比较常见的题材。可见,这类泥塑偶像确实如文献所言,在当时承担了许愿祈福的作用。

磨喝乐的概念,至迟到北宋时,已经不再限于童子像的单一表现方式,其题材和内容都发生了显著变化。儒释道及民间诸神的造像在陶塑中均有体现。磨喝乐"已不再作为单纯的偶像崇拜,已逐渐演化成为兼有娱乐游戏功能的模印玩具"。而成人们也利用这类神佛偶像,寓教于乐,在客观上对儿童起到了启蒙教育的作用①。这也可以用来解释常州出土的磨喝乐塑像中,有着相当一部分三教人物、神佛造像的原因。从这个意义上来讲,常州出土泥塑中,人形的偶像应称为"泥孩儿"或"磨喝乐"。

宋人话本《万秀娘仇报山亭儿》中提到:"合哥挑着两个土袋,撅着二三百钱,来焦吉庄里,问焦吉上行些个山亭儿,拣几个物事,唤作:山亭儿,庵儿,宝塔儿,石桥儿,屏风儿,人物儿。"可见当时这类泥塑玩具已有别称"山亭儿"②。常州出土泥塑中有宝塔、楼阁等物,或可称其为"山亭儿"。

此外,这批泥塑中还有一些显然为儿童玩具之类,如陶铺满、陶杯盘、陶瓶等物,宋元之际就有商家迎合儿童的天性,制作出一大批儿童喜闻乐见的玩具。故宫博物院藏李嵩《货郎图》所反映的,正是此类场景(图一)。直到明清时期,江南地区制作土偶玩具的风

图一　故宫藏李嵩《货郎图》局部

① 魏跃进:《磨喝乐的演变与宋代陶模风俗》,《开封教育学院学报》2008年第1期;《宋代陶模艺术的启蒙教化功能》,《艺术教育》2008年第1期。

② 扬之水:《从孩儿诗到百家衣》,《古诗文名物新证·一》,紫禁城出版社,2004年,第259—260页。

气仍未消减。清顾禄《桐桥倚棹录》卷一一曰：虎丘耍货之"头等泥货在山门以内,其法始
于宋时袁遇昌,专做泥美人、泥婴孩及人物故事","他如泥神、泥佛、泥仙、泥鬼、泥花、泥
树、泥果、泥禽、泥兽、泥虫、泥鳞、泥介……精粗不等"①(图二)。常州所出泥塑中三教人
物、扑满、楼阁、宝塔、狮猴、麒麟无一不在此列,正是此类玩物的实证。从这个角度来讲,
则这些泥塑都可以归入当时的儿童玩具"耍货"之列。

图二　故宫藏《风俗人物图册·耍货铺》

二、人 物 考 释

关于泥塑中诸人物的考证落实,因为有其他地点所出的同类器物及绘画材料的对照
研究,所以比较明确。

---

① 扬之水:《望野博物馆藏红绿彩人物丛考》,《精彩——金元红绿彩瓷中的神祇与世相》,文物出版社,2009
年,第292—300页。

　　金明昌元年(1190年),金章宗对全真教进行了改革,此后道教奉吕洞宾、钟离权为"二祖",所以留下众多的关于二人的绘画和造像资料。常州出土的两种吕洞宾像与其他地点出土的吕洞宾像完全一致,应是当时的一种标准造像①(图三)。

图三　各种吕洞宾像的比较

1. 吕洞宾残像(北京故宫博物院藏)　2. 南宋《吕祖过洞庭图》(美国波士顿博物馆藏)
3、4. 吕洞宾像(传山东德州出土,私人藏)　5. 吕洞宾像(常州博物馆藏)

---

　　①　郭学雷:《从红绿彩瓷器看金代宗教与社会生活》,《精彩——金元红绿彩瓷中的神祇与世相》,文物出版社,2009年。

钟离权的造型也有其特点。据《宣和书谱》载，"神仙钟离先生，名权，不知何时人自谓生于汉"，"或虬髯蓬鬟，不冠巾而顶双髻"。常州出土的钟离权像与其他地点出土的钟离权像均头顶双髻，虬髯，应是钟离权的形象特点(图四)①。

图四　各种钟离权像的比较
1. 永乐宫纯阳殿钟离权像　2. 元《事林广记》所见钟离权像
3. 钟离权像(深圳望野博物馆藏)　4. 钟离权像(常州博物馆藏)

---

①　郭学雷：《从红绿彩瓷器看金代宗教与社会生活》，《精彩——金元红绿彩瓷中的神祇与世相》，文物出版社，2009年。

铁拐李与元代颜辉所绘《李仙像》相似（图五）。其他一些八仙像，可以通过其各持宝物得出，如韩湘子的洞箫、张果老的渔鼓等。

图五　铁拐李像的比较

1. 铁拐李像（常州博物馆藏）　2. 元　颜辉《李仙像》局部（北京故宫博物院藏）

值得一说的是徐神翁像。"徐神翁"之名在元代杂剧中多次出现，是元八仙的主要人物之一①。徐神翁在历史上也确有其人，其本名徐守信，泰州海陵人，仁宗明道二年（1033年）生，年十九入天庆观为道士，发运使蒋之奇以"神翁"呼之。徽宗崇宁二年（1103年）赐号"虚静冲和先生"，大观二年卒，年七十六，赐大中大夫。宋苗希颐所著《徐神公语录》和王禹锡所撰《海陵三仙传》对其均有记载。关于徐神翁的形象特点，在元杂剧中似乎可以找到些蛛丝马迹。马致远的杂剧《吕洞宾三醉岳阳楼》第四折末《水仙子》，以吕洞宾的口吻，依次介绍八仙道："第一个是汉钟离，现掌着群仙箓；这一个是铁拐李，发乱梳；这一个是蓝采和，板撒云阳木；这一个是张果老，赵州桥骑倒驴；这一个是徐神翁，身背着葫芦；这一个是韩湘子，韩愈的亲侄；这一个是曹国舅，宋朝的眷属；则我是吕纯阳，爱打的简子愚鼓。"其中提到的徐神翁"身背着葫芦"，正与常州所出偶像特征相符。再结合山西芮城县永乐宫纯阳殿《八仙过海图》壁画所绘"徐神翁"图像，基本可以确定其身份。

---

①　在元代八仙人物尚未定型，个别人物常有变动，元杂剧中常将"徐神翁"列入八仙之一。如谷子敬杂剧《吕洞宾三度城南柳》第四折《得胜令》："……这七人是汉钟离、铁拐李、张果老、蓝采和、徐神翁、韩湘子、曹国舅。"郑振铎藏《元曲选图》第36《吕洞宾三醉岳阳楼》插图题为："徐神翁斜揽钓鱼舟，汉钟离翻作抱宫囚，郭上灶双赴灵虚殿，吕洞宾三醉岳阳楼。"范子安：《陈季卿误上竹叶舟》第四折《十二月》前，叙述八仙登场道："张果、汉钟离、吕洞宾、李铁拐、徐神翁、蓝采和、韩湘子、何仙姑上。"

寒山与拾得是佛教史上著名的诗僧。唐代天台山国清寺隐僧寒山与拾得,行迹怪诞,言语非常,相传是文殊菩萨与普贤菩萨的化身。民间珍视他俩情同手足的情谊,把他俩推崇为和睦友爱的民间爱神。至清代雍正年间,雍正皇帝正式封寒山为"和圣"、拾得为"合圣","和合二仙"之名由此得来。常州出土的"寒山拾得"像与深圳望野博物馆藏一尊红绿彩寒山拾得瓷像和镇江出土两尊陶井神像造型特征十分相似(图六)。足见当时对于此类人物形象已经有了比较固定的蓝本。

1 2 3

图六 寒山拾得像的比较
1. 寒山拾得像(常州博物馆藏) 2. 寒山拾得像(深圳望野博物馆藏)
3. "井神"(寒山拾得)像(镇江博物馆藏)

关于"毛女"的故事,扬之水先生有专门文章对其进行细致研究①。毛女故事最早见于《列仙传》:"毛女者,字玉姜,在华阴山中。猎师世世见之,形体生毛,自言秦始皇宫人也。秦坏流亡,入山避难。遇道士谷春,教食松叶,遂不饥寒,身轻如飞,百七十余年。所止岩中,有鼓琴声云。"据扬之水先生考证,宋元时期有多位画家以擅画毛女见长,如宋人孙觉、元人钱选等。钱选的毛女图,"或披翠羽,或遮锦裈,或编瑶草,或挂桂叶",手所持者"为铲,为筐,为画卷,为云母",肩所负者"为琴,为扇,为书帙,为药物,为花果",鲜明地点出了宋元毛女形象的主要特征。常州出土的两尊女仙形象,均披木叶,着道袍,手中或持药锄,或拈花束,均与前述记载相合,应为"毛女像"无疑。无独有偶的是,河南郑州某私人藏品中,也有一尊宋金时期红绿彩瓷的"毛女"像(图七)②,不但形象与常州泥塑接近,也从一个侧面证明毛女确实是当时磨合乐玩具比较常见的塑造题材之一。

---

① 扬之水:《工艺品中的人物故事图》,《终朝采蓝——古名物寻微》,三联书店,2008年,第97—104页。
② 刘涛:《金代红绿彩寒山拾得像小识》,《精彩——金元红绿彩瓷中的神祇与世相》,文物出版社,2009年,第284页。

1　　　　　　　　　　2　　　　　　　　　　3

图七　各种毛女像的比较

1. 毛女像(常州博物馆藏)　2. 毛女像(河南私人藏)　3. 毛女像壁画(山西应县佛宫寺释迦塔出土)

三、出　土　地　点

常州泥塑的出土地点,位于新坊桥附近。宋代史能之的《毗陵志》卷三"坊市"条载:"大市在罗城东南二里","孝仁东坊自大市鱼行以东至通吴和政门","孝仁西坊自大市鱼行以西至武进双桂坊","定仁坊在新坊桥西","慈孝坊在新坊桥北"。从文献来看,常州泥塑的出土地可能即位于宋代常州城内的"大市鱼行"内。关于坊市的详细情况,仍需今后城市考古的继续研究。

四、余　　论

宋室南迁后,江南成为"磨喝乐"制作的中心地区。宋代祝穆的《方舆揽胜》卷二"平江府"之"风俗"一项有"七夕摩睺罗"条,其下引《吴郡志》云:"土人工于泥塑,所造摩睺罗尤为精巧。"明王鏊《姑苏志》卷五六"人物"项下,记宋人袁遇昌"居吴县木渎,善塑化生摩睺罗,每搏埴一对,价三数十缗"。江南地区宋元时期专门生产儿童玩具的手工业作坊已发现多处:1975年苏州市大石头巷出土了18件陶范以及熔炼金属的坩埚等,研究者认定其为宋代平江城平权坊遗址;1980年,镇江大市口五条街小学后骆驼岭附近发现宋代泥塑作坊遗址,出土一批神像、人物及泥塑儿童造像①。杭州至今存有"孩儿巷",即是作坊集中地的孑遗。从目前流传于世的"磨喝乐"泥塑来看,其主要有两种形式:手工捏塑和陶模模制。手工捏塑因为没有固定的蓝本,完全依赖泥塑艺人自身的创作技法,有很强的艺术性,镇江大市口出土的多尊泥孩儿就属于手工捏塑;而陶模模制则要简单得多,以现成的模具翻制出泥塑像,以满足泥塑商品化的需要,常州、苏州出土者均为此例。此外,在北方一些地区,如河南、山西、河北等地,还出土有加化妆土和红绿彩的"磨喝乐"彩瓷塑像,则是将"磨喝乐"这种商品形式推到了一个更高的高度,宋代商品经济的繁盛可见一斑。

明清以来,无锡惠山一带以塑造泥人像著称。"惠山泥人"制作技术更是于 2006 年被列入首批国家级非物质文化遗产名录。可见,江南地区制作泥塑的历史和传统千年不绝,薪火相传。从这个角度来说,常州出土的这批泥塑,对于研究中国古代泥塑史特别是对研究江南泥塑的制作工艺和发展历史而言,是一个重要的完善和补充。

---

① 刘兴:《镇江市区出土的宋代苏州陶捏像》,《文物》1981 年第 3 期。

黑水城遗址西夏文献纸样的分析研究

谢云峰

连云港市重点文物保护研究所　馆员

内容提要：本文利用赫兹伯格染色法和显微分析方法，分析了内蒙古黑水城出土的西夏时期文书纸样，初步结论如下：（1）纸样的造纸原料为构（桑）皮纤维和麦草纤维，其中麦草纤维为纸张研究领域的首次发现。（2）纸张原料可能经生石灰和草木灰处理过，纸张表面可能用高岭土、方解石、滑石等做过涂布工艺处理，纸张在抄造过程中似曾用石膏作为填料。

关键词：西夏文献　纤维染色　显微分析

一、引　　言

黑水城，始建于西夏时期。该古城遗址位于内蒙古自治区额济纳旗境内的黑水地区。1983—1984 年，内蒙古文物考古研究所的专家先后两次对黑水城遗址做了较为全面的发掘，出土了大量纸质文献，其中以西夏文和汉文的文献为主。此外，尚有少量的藏文、蒙古文、回鹘文等文献。这是继敦煌文献之后我国发现的宋元时期最丰富的文献与文物遗存①。

本文采用赫兹伯格染色法（Herzberg Staining）及显微分析方法（Micro-analysis），对黑水城出土的若干西夏文献纸样进行相关分析，以了解纸张的纤维原料组成以及纸张表面元素分布等信息。

二、实　验　部　分

（一）测试样品

测试样品由内蒙古考古所提供，取自黑水城遗址出土的西夏文献、汉文文书等边角残

---

① 白滨：《黑水城文献的考证与还原》，《河北学刊》2007 年第 4 期；李华瑞：《黑水城出土文献与西夏史研究》，《中国史研究》2008 年第 4 期，第 11—16 页；胡玉冰：《考古发现的西夏文献资料及其研究价值》，《人文杂志》2004 年第 3 期，第 153—159 页。

片,共 6 个样品,外观形貌见图一。

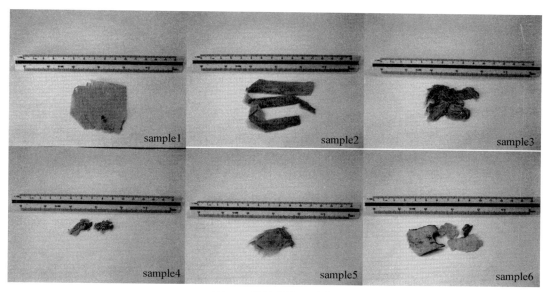

图一　样品的外观形貌

(二)测试方法

1. 赫兹伯格(Herzberg)染色法

Herzberg 染色剂的制备方法如下:

(1)将 100 g $ZnCl_2$ 溶于 50 ml 的去离子水中制成饱和溶液。

(2)将 0.5 g I 和 11.5 g KI 溶于 25 ml 去离子水中。

(3)将步骤(1)和步骤(2)溶液混合均匀,于黑暗环境下静置 24 小时,取表面清液置于深色瓶中,避光保存以备用。

样品玻片的制备:

(1)用去离子水微润湿样品,用镊子和解剖针取润湿部分纤维若干置于载玻片上。

(2)滴约 0.05 ml 的 Herzberg 试剂于载玻片上,用解剖针将纤维轻轻分散,使其均匀分散于试剂中。

(3)压上盖玻片。

观察显微镜采用 OLYMPUS – BX51 偏光显微镜。

2. 扫描电镜——能谱(SEM – EDS)分析法

采用日本电子 JSM – 6610LA 分析型扫描电子显微镜,并配有元素分析仪(EDS,日本电子株式会社)。测试条件为低真空,加速电压 10—20 kV,背散射电子成像。

三、结 果 与 讨 论

(一) 纸样的纤维染色分析

纸样的纤维染色照片见图二,染色后的纤维在单偏光模式下进行观察、拍照,拍摄的放大倍数为×200 和×500。

根据以往学者对西夏文献的分析研究,西夏文献造纸纤维多为麻。中国制浆造纸工业研究所王菊华通过对贺兰拜寺沟方塔西夏文献的分析,发现造纸纤维有麻(苎麻、大麻、亚麻)、棉和构皮。而杜伟生先生指出,在 2003 年修复国家图书馆馆藏西夏文献时,发现了竹纸纤维①。

样品 1　构(桑)皮纤维,×200

样品 1　构(桑)皮纤维,×500

样品 2　构(桑)皮纤维,×200

样品 2　构(桑)皮纤维,×500

---

① 崔红芬:《俄藏西夏文佛经用纸与印刷》,《兰州学刊》2009 年第 2 期,第 1—4 页;王秋实、容丽:《国图修复百件西夏文献: 意外发现西夏社会生活的重要史料》,《京华时报》2004 年 4 月 6 日;牛达生、王菊华:《从贺兰拜寺沟方塔西夏文献纸样分析看西夏造纸业状况》,《中国历史博物馆馆刊》1999 年第 2 期,第 72—82 页。

样品 3　构(桑)皮纤维,×200

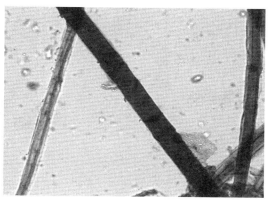

样品 3　构(桑)皮纤维,×500

样品 4　构(桑)皮纤维,×200

样品 4　构(桑)皮纤维,×500

样品 5　构(桑)皮纤维,×200

样品 5　构(桑)皮纤维,×500

样品 6　麦草纤维,×200　　　　　　　样品 6　麦草纤维,×500

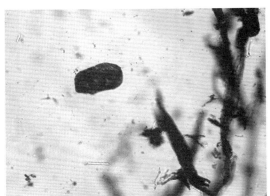

样品 6　麦草纤维,×500　　　　　　　样品 6　麦草纤维,×500

图二　西夏古纸样品的纤维染色照片

从图二中可看出,1—5 号样品纤维染色后呈酒红色,纤维外壁包有胶衣,其染色后显色为蓝色或蓝紫色,纤维表面的横向节纹清晰可见,纤维多呈柱状,部分呈带状,纤维间含有少量透明晶粒,与构(桑)皮纤维特征相符合。6 号样品纤维染色后呈蓝色,纤维较为细短,纤维间有长方形、枕形的薄壁细胞,其中大的薄壁细胞含有明显的网状纹孔,根据以上特征鉴定其为麦草纤维①。

需要指出的是,麦草纤维的发现为西夏文献纸张分析及西夏造纸技术史的研究提供

---

① 王菊华:《造纸纤维的鉴别》,《中国造纸技术通讯》1972 年第 4 期;王菊华、李玉华:《从几种汉纸的分析鉴定试论我国造纸术的发明》,《文物》1981 年第 1 期;中华人民共和国国家标准:《纸、纸板和纸浆纤维组成的分析(GB/T 4688‑2002)》;张晋平:《有机质地文物化学微量点滴分析测定方法》,http://blog.sina.com.cn/s/blog_48c58125010006mj.html,2006 年 12 月 18 日;刘义龙、王菊华、张志芬、聂勋载:《构皮纤维原料的形态、超微结构、原料组分及分布和表皮黑皮的性质及其脱除的研究》,《第八届造纸学术年会论文集》,中国造纸学会,1997 年,第 90—102 页;翟华敏、李忠正、邸瞧生:《麦草纤维细胞和薄壁细胞木质素特性》,《中国造纸》1992 年第 1 期,第 18—21 页;杨振寅、李昆、廖声熙、张忠和、孙永玉:《不同类型构树皮的纤维形态、化学组成与制浆性能研究》,《南京林业大学学报(自然科学版)》2007 年第 6 期,第 65—68 页;王西芳:《药用植物纤维的微观形态研究》,《现代中医药》2003 年第 4 期,第 65—66 页;牛建设、喻红芹、张之亮:《桑皮纤维性能与开发利用现状的研究》,《上海纺织科技》2008 年第 6 期,第 19—20 页;姚光裕、吴仲良:《用构树韧皮纤维生产引线砂纸试验》,《中国造纸》1993 年第 2 期,第 61—62 页。

了新的思路。

（二）扫描电镜——能谱（SEM – EDS）分析

样品的扫描电镜照片见图三。利用 EDS 对各样品表面的晶体颗粒进行分析,分析结果见图四和表一。

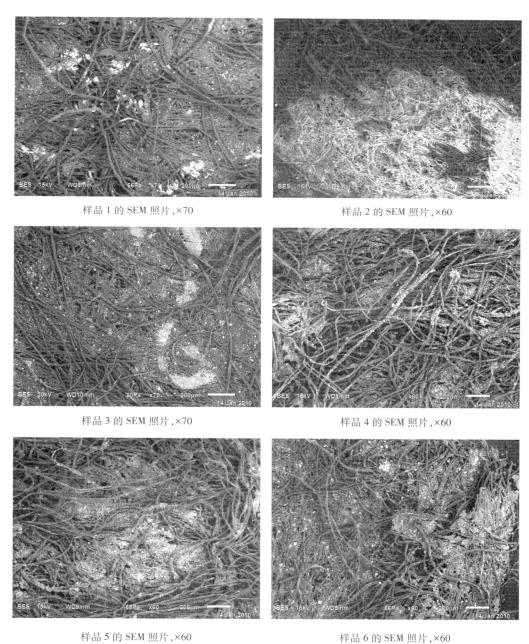

样品 1 的 SEM 照片,×70 　　　　　　样品 2 的 SEM 照片,×60

样品 3 的 SEM 照片,×70 　　　　　　样品 4 的 SEM 照片,×60

样品 5 的 SEM 照片,×60 　　　　　　样品 6 的 SEM 照片,×60

图三　样品的 SEM 照片

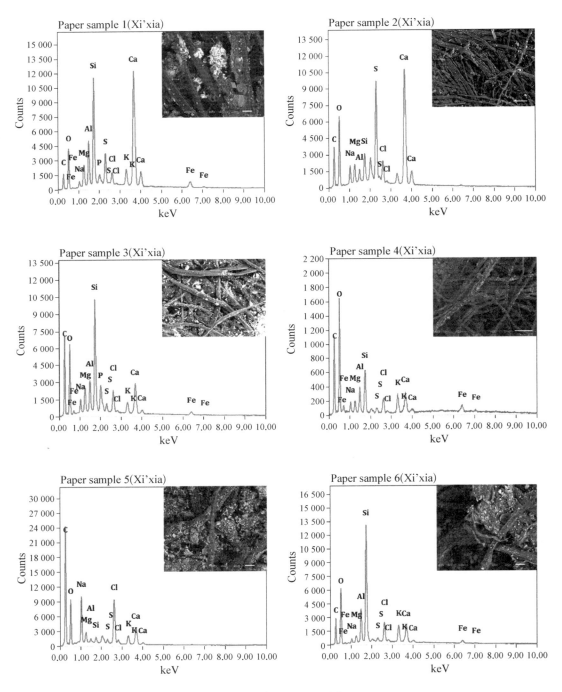

图四 样品的 EDS 照片

表一 样品的 EDS 元素含量

样品	C	O	Na	Mg	Al	Si	P	S	Cl	K	Ca	Fe	Total
S1	15.1	26.14	0.72	2.12	4	10.24	0.97	3.9	1.72	3.1	27	4.99	100
S2	16.57	31.11	0.55	1.92	3.06	4.71	—	11.65	0.93	1.73	23.04	4.73	100
S3	18.75	36.59	0.46	2.65	7.05	13.72	3.07	0.55	0.7	5.69	7.8	2.97	100
S4	37.47	41.17	1.07	1.03	2	3.58		0.58	1.76	3.19	3.65	4.5	100
S5	59.52	23.46	4.44	0.88	0.29	0.47	—	0.52	5.45	1.59	3.39	—	100
S6	30.65	32.76	0.66	0.84	3.81	14.4	—	0.61	3.65	4.44	5.03	3.14	100

从图三看,部分样品表面呈"硬块"状,显微镜下可观察到大量晶体颗粒,疑为表面涂布处理后残留的无机矿物。

我国古代手工纸张抄造过程中常用生石灰和草木灰处理原料,前者的主要成分为 CaO,后者的主要成分为 K_2CO_3,并含有 P、Ca、Mg 等微量元素,还常使用高岭土(主要成分为 $Al_4[Si_4O_{10}](OH)_8$)、方解石(主要成分为 $CaCO_3$)、滑石($Mg_3[Si_4O_{10}](OH)_2$)等作为纸张涂布材料。根据 1997 年造纸研究所王菊华等人对贺兰山拜寺沟方塔西夏文献《本续》正文纸能谱分析结果显示,发现 Ca、K 含量较高,表明纤维经过石灰和草木灰处理;而衬纸中 Ca、Si 的含量较正文纸更高,缘于构皮纸张中用作填料的矿物含有透明的草酸钙或硅酸钙晶粒。

从图四和表一中看,无机元素中样品 1 的 Ca、Si、Al、S、Mg 含量较高,样品 2 的 Ca、S、Si、Al 含量较高,样品 3 的 Si、Ca、Al、K、P 含量较高,样品 6 的 Si、Ca、K、Al 含量较高;而样品 4 主要为有机元素,无机元素含量较低,样品 5 主要含有 Cl、Na。测试结果表明:样品 1、3、6 可能经过涂布处理,其中样品 3 中 P 含量较高,可能其原料经过生石灰或草木灰处理;样品 2 的 Ca、S 含量非常高,可能使用石膏($CaSO_4 \cdot 2H_2O$)作为填料,用以改善纸样的某些性能(孔隙度、平滑度、弹性、韧性等),而样品中的 Cl、Na 等元素来源于样品的埋藏环境[①]。

四、结 论

利用纤维染色分析及扫描电子显微镜对本批西夏文献文书样品进行测试和分析,可以得到以下结论:

(一)1、2、3、4、5 号样品造纸原料为构(桑)皮纤维,6 号样品为麦草纤维。其中麦草

---

① 王进、陈克复、杨仁党、徐峻、于冬梅:《扫描电镜和 X 射线能谱应用于涂布纸涂层的分析》,《造纸科学与技术》2005 年第 2 期,第 9—12 页;叶惠连:《纸张涂布对白土颜料性能的要求及对国内白土的一些调研》,《上海造纸》1982 年,第 29—37 页;李涛:《古代纸张和手稿中的无机元素》,《北京印刷学院学报》2008 年第 2 期,第 9—13 页;徐伯森、杨静、刘军利:《扫描电镜技术在纤维开发研究中的应用》,《中国野生植物资源》2007 年第 6 期,第 49—51 页。

纤维的发现在以往的西夏文献的分析研究中未见报道。这对于我国古代造纸技术史的研究提供了非常重要的实物证据，值得进一步深入探讨。

（二）纸张原料可能经生石灰和草木灰处理过，纸张表面可能用高岭土、方解石、滑石等做过涂布工艺处理，纸张在抄造过程中似曾用石膏作为填料。

上博藏楚简《武王践阼》札记

石　峰

连云港市重点文物保护研究所　馆员

内容提要：《武王践阼》是马承源先生主编的《上海博物馆藏战国楚竹书（七）》中的一篇重要简文，其内容相当于《大戴礼记》的《武王践阼》篇。竹书共 15 支简，一般认为其可分为甲、乙两本，即简 1—10 为甲本，简 11—15 为乙本。本文旨在将学术界近年来对其的释读意见进行总结，并结合自己的考古学背景进行一些关于该简未来研究方向的思考。本文对竹书版本的问题进行了讨论，并且结合有关学者的考释意见，最后基本同意分为甲、乙两本的看法。写作过程中我运用了文献学的相关方法，阅读了相关学者的学术论文，并在这一过程中尝试使用训诂学的一些基本方法。全文的主体部分是按照简文的顺序，对一些在释读上有争议的文字的研究状况进行综述，从而基本涵盖了近年来学者对《武王践阼》的释读意见；具体情况主要是针对简文中的 22 个篆文的形态及其释读意见进行总结，并且对个别句子的句意进行了探讨。最后对研究的局限性进行了总结，即目前的释读不能结合考古学的出土材料，对简文中出现的器物器名的考证不能结合有关实物。

关键词：上博七　《武王践阼》　研究综述

上海博物馆公布的战国楚竹简一直是古文字学研究的热点之一，由马承源先生主编的《上海博物馆藏战国楚竹书（七）》（以下简称"上博七"）公布以来，学术界已有众多学者对其进行了研究并撰写了相关论文。上博七所公布的楚竹书材料包括：《武王践阼》、《郑子家丧（甲、乙本）》、《君人何必安哉（甲、乙本）》、《凡物流形（甲、乙本）》、《吴命（甲、乙本）》。其中《武王践阼》的内容相当于《大戴礼记》的《武王践阼》篇，记叙了周武王在践阼之初向师尚父请教先王治国之道，并且"为铭"以视警戒的过程。作为竹书文献，对校正各传本的讹误和判断诸家的得失具有十分重要的作用。本文写作的目的是将近年来学者对《武王践阼》的不同考释意见进行汇总，并试图在此基础上提出一些新的看法以供讨论。

本文拟对 15 支简中的 20 个字的研究释读状况进行总结，为了方便行文，便将这些字以英文字母代替在文章中出现，现汇总表格如下：

简　号	代　号	原　字	读书会隶定
简 1	A1		幾
简 2	B1		盉
简 2	B2		曼
简 2	B3		龛
简 2	B4		堂
简 2	B5		瞿
简 3	C1		柚
简 4	D1		凶
简 4	D2		筆
简 5	E1		偲
简 6	F1		戻
简 7	G1		机（几）
简 7	G2		为
简 8	H1		鎰
简 8	H2		宋
简 9	I1		祟
简 9	I2		枳

续表

简　号	代　号	原　字	读书会隶定
简 10	J1		卣
简 11	K1		以
简 14	L1		昌

一、《武王践阼》甲本（简 1—10）研究综述

（一）简 1 研究综述

简 1 释文：王䎽(问)帀(师)上(尚)父曰："不智(知)黄帝、端(颛)琞(顼)、光(尧)、坴(舜)之道才(存)辱(乎)，啻(意)A1 丧不可得而註(睹)辱(乎)？"①

A1 的释读

A1：

对于此字的释读，大致可以分为"幾"、"敓"两种观点。

复旦大学出土文献与古文字研究中心研究生读书会（以下简称复旦读书会）：简文"幾"，整理者原释"敓"，读为"微"，细审字形，此字当为"幾"，查下文第 7 简"機"字作 G1 可证。"幾"当读为"岂"，古书"意岂"多见，如《汉书·谷永传》："二者同日俱发，以丁宁陛下，厥咎不远，宜厚求诸身。意岂陛下志在闺门，未恤政事，不慎举错，娄失中与？"

高佑仁先生认为：A1 字释为"敓"较释"幾"妥当，"敓"字已在楚简中出现不少，释"幾"虽可将"殳"旁解释为"戈"的偏旁替换，但总是比较复杂，未若释"敓"直接。"微丧"原考释者解释成"衰亡"，我认为不如将"微丧"直接读作"微亡"②。

陈伟先生认为：整理者释读当是，与后字连读为"微茫"，隐约暗昧之意。《抱朴子·祛惑》："此妄语乃尔，而人犹有不觉其虚者，况其微茫欺诳，颇因事类之象似者而加益之，非至明者，仓卒安能辨哉！"今本作"意亦忽不可得见与"，意义相近③。

今按，各家在探讨文字释读时，多与简 2 的 G1 进行对比，从字体的构成上进行分析得出了"幾"、"敓"两种结论。个人认为释为"敓"更为合理。理由正如上文所引用的高佑仁

---

① 本文释文为综合了各方意见的基础上重新隶定的。
② 高佑仁：《也谈〈武王践阼〉简 1》。
③ 陈伟：《读〈武王践阼〉小札》，http://www.bsm.org.

先生的论据释"幾"虽可将"殳"旁解释为"戈"的偏旁替换,但总是比较复杂,未若释"敞"直接。

(二)简 2 研究综述

简 2 释文:"才(在)丹箸(书),王女(如)谷(欲)B5 之,盍 B1 膚(乎)? 牆(将)吕(以)书视(示)。"武王嚭(祈)三日,端(端)备(服)B2,B3 B4,敞(岂)南面而立,帀(师)上(尚)父

1. 对 B1 的释读

B1:

复旦读书会:嚭,整理者读为"斋",恐不确。此字从"祈"得声,或当读为"祈",下文简 12 类似的语境中有"君斋,将道之;君不祈,则弗道","祈"与"斋"大概是一类活动。下文"武王嚭三日"之"嚭"亦当读为"祈"。

侯乃峰先生认为:将"祈"与"斋"仅理解成同一类活动,而非同一个字且同时指代相同的一件事,则二字意义必有差别,所谓"对文则异"。那么简 12 就犹如说"君如果斋,我将告诉你;而君如果不做另一件类似斋的或与斋有关的活动'祈',我就不告诉你",这在意义理解上就变成了师尚父要求武王既要"斋"又要"祈",而这样表达显然是不合逻辑的,恐先秦文献中也很难找出类似的表述方式①。

今按,复旦读书会和侯乃峰先生都从文意的角度出发,得出了不同的结论。个人赞同侯乃峰先生从"对文则异"的角度得出的结论。而对于该字的隶定则有待进一步的研究。现在看来,隶定为嚭是基本可以讲得通的。

2. B2 的释读

B2:

整理者隶作甿,括注为"冕"。

复旦读书会从整理者的隶定,括注中除"冕"外,加了"帽"字。赵平安先生认为:这个字应释为"曼"。赵平安先生列举了战国楚简中"曼"字的写法:

　(郭店《老子乙本》12)

　（上博《性情论》37)

　（上博《昭王毁室·昭王与龚之脾》1)

---

① 侯乃峰:《〈上博七·武王践阼〉小札三则》。

赵平安先生认为:"曼"的基本构件是"冃"、"目"和"又"。《武王践阼》简 2 的 B2 从"冃"、"目",和曼相同,区别在于曼从"又",B2 从"毛"。但是,战国文字中的"又"往往可以写作"十",而"十"之类的写法有时可以写作"毛"。如:

(币,《玺汇》0152)

(《玺汇》0159)

(亳,《陶汇》6·317)

(《陶汇》3·6)

就属于这种情况。因此把"又"写作"毛"其实是完全可以理解的。《武王践阼》的这个"曼"字确应如整理者读为"冕"。曼、冕上古声母韵部相同,读音很近。古书中"曼"声字和"免"声字多相通之证①。

3. 对 B3 的释读

B3:

复旦读书会认为该字意为"降"、"下"。上博七中《凡物流形》中的 隶定为陞,意义为"下",也读为"降"。二者下部所从可看作是同一字的异体。其实,个人认为,"逾"字不仅意思为"降",而且本就当读为"降"。侯乃峰先生指出:所出土楚文字材料中,如鄂君启节以及新蔡楚简中的"逾"字,凡是可以解释为"降"、"下"一类意思的,都应当读作"降"。如新蔡楚简甲三 5:"赛祷于荆王以逾,训(顺)至文王以逾。"两处"以逾"显然都应当读为"以降"。再如上博六《庄王既成》3、4 简:"载之砖车以上乎? 殹四骺以逾乎?"其中"逾"与"上"对文,显然亦当读为"降"。先秦文献中此类文字往往是谐韵的,读为"降"则与"上"东阳合韵。准此,此处的"逾"字亦当读为"降"。又"降堂"与今传本《大戴礼记·武王践阼》篇的"(王)下堂"同意。再者,从典籍用例上说,"在描写人在建筑物中下来时皆用'降'字,从不说'逾',这也是必须将'逾堂阶'读为'降堂阶'的原因"②。

4. 对 B4 的释读

B4:

复旦读书会隶定为"堂",有不少学者隶定为"鬯"。该字上部从 ,不少学者对此字

① 赵平安:《〈武王践阼〉"曼"字补说》,www.gwz.fudan.edu.cn,2009 年 1 月 15 日。
② 张振谦:《〈上博七·武王践阼〉札记四则》,www.gwz.fudan.edu.cn,2009 年 1 月 5 日。

有过讨论。李锐先生对此做过总结：陈剑先生《平王问郑寿》简 7 的“温恭淑惠，民是望”的“”字右半与“尚”和“甚”都不完全相同，字形分析方面有两种可能，其一是将其看作“甚”之写讹；其二是“詹”字之写讹，并将之读为“瞻”；同时提到《忠信之道》简 3，以及董珊先生对于司马成公权的释读，认为“独立的此字看样子与此处简文之字右半所从当无关”①。诸家皆赞同陈剑先生之释读，但是董珊先生认为此字右旁就应当分析为从“权”、“石(音担)”声，这样自然可以读为“瞻望”之“瞻”；刘钊先生赞同陈剑先生的第二种说法，并为之作补充；孟蓬生先生则赞成第一种说法，并认为董珊、刘钊先生的意见尚有值得怀疑之处。陈先生读“”为“瞻”，合乎《诗经》，确实是比较好的选择。不过此字亦或可能从左半的“见”得声(古音见纽元部)，读为“仰”(疑纽阳部)。此字右部，或可能为“尚”之省(原整理者即隶定右半为“尚”)，也可能读为“仰”(尚为禅纽阳部字，但是它也与见纽阳部的字相通，如棠棣亦作唐棣)，此字或可能是一个双声字。《孟子 · 离娄下》篇末“齐人有一妻一妾者章”中，妻就对妾说：“良人者，所仰望而终身也。”以“”为尚，也有利于本篇与传世本《武王践祚》的对应。传本此处作“王下堂”，简本此处，整理者读为“逾堂微”，具体如何释读待考，但是“堂”字上部从“尚”声当不误。

5. 对 B5 的释读

B5：

复旦读书会隶作“雚(观)”。程燕认为：上博简“观”字或作“”(上博二 · 子 11)

(上博三 · 周 24)

(上博四 · 曹 34)

(上博五 · 鲍 2)

(上博六 · 竞 9)

(上博四 · 内 10)

以上形体所从“雚”与上博七简 4“𥨚”下部所从完全不同，故复旦读书会所释仍有可商之处②。

① 陈剑：《〈上博(六)〉短札五则》，http：//www.bsm.org.cn/show_article.php?id=643.

② 程燕：《上博七〈武王践阼〉考释二则》，www.gwz.fudan.edu.cn，2009 年 1 月 3 日。

（三）简 3 研究综述

简 3 释文："夫先王之箸（书），不昇（与）北面。"武王西面而行，C1 折而南，东面而立。币（师）上（尚）父弄（奉）箸（书），道箸（书）之言曰："怠"

对 C1 的释读

C1：

整理者陈佩芬先生隶定为"柚"。

复旦读书会从之。学者们对该字的释读，主要有四种观点，即"从木、曲声"、"磬"、"从巨"、"从颐初文"。C1 的左半部分从"木"是可以讲通的，其右部所从有待讨论。

许文献先生认为：战国"曲"、"磬"、"巨"、"颐"等相关形构皆与简文此例右旁不类，分用甚明，故简文此例右之所从或可作另解。文献所见"折还中矩"或"矩折"，实又另见"折矩"之错辞，然而，《说文》段注引《周髀算经》所载"折矩"，则属为句之道，即与简文所谓王行无涉，且王尊其位，更无须曲行。据上所列举各项疑义，知上博简此例之释读又存复议者。今复考其相关资料，颇疑简文此例即"枢"字异构，而于简文当读为"久"，以示为时稍久之意①。

苏建洲先生认为《礼记·玉藻》："古之君子必佩玉，右徵、角，左宫、羽。趋以《采齐》，行以《肆夏》，周还中规，折还中矩，进则揖之，退则扬之，然后玉锵鸣也。"郑玄注"折还中矩"曰："曲行也，宜方。"②《大戴礼记·保傅》："行以《采茨》，趋以《肆夏》，步环中规，折还中矩，进则揖之，退则扬之，然后玉锵鸣也。"孔广森曰："步环尚圆，若般避时也。折还尚方，若揖曲时也。"朱子曰："折旋，是直去了复横去，如曲尺相似，其横转处欲其方如中矩也。"③简文所描写的正是周武王折旋的神态，所以 C1 读为"矩"是很合适的。再看字形的问题：张先生将 C1 释为"柜"，但是字形右旁与古文字的"巨"形体上颇有差距，此说恐待商榷。笔者以为整理者释为"柚"有可能是对的，这种"曲"字写法常见于玺印文字，如：

 （《玺汇》0907）

 （《玺汇 3417》）

第一方《古玺汇编》释为"邰郜守"，何琳仪先生将"邰"改释为"邮"④，《战国文字

① 许文献：《上博七释字札记——〈武王践阼〉"枢"字试释》，www.jianbo.org，2009 年 3 月 28 日。
② 李学勤主编，龚抗云整理：《礼记正义（中）》，北京大学出版社，1999 年，第 914 页。
③ 黄怀信主撰：《大戴礼记汇校集注》，三秦出版社，2005 年，第 414—415 页。
④ 何琳仪：《战国古文字典》，中华书局，1998 年，第 349 页；汤余惠主编《战国文字编》，福建人民出版社，2001 年，第 431 页；施谢捷：《古玺汇考》，安徽大学 2006 年博士学位论文。

编》、施谢捷先生释文相同①。第二方《汇编》释为"私坫（玺）"，何琳仪先生释为"曲坫（玺）"，第三方何琳仪先生亦释为"曲坫（玺）"。这些玺印文字的"曲"旁与 偏旁非常接近：

C1 释为"柚"应该是可以成立的，而"柚"正可以读为"矩"。"曲"，溪纽屋部；"矩"，见纽鱼部，音近可通。二者中古都是合口三等，也证明声韵关系的确密切。古籍亦有通假例证，如：《尔雅·释木》："下句曰朹。"《诗·周南·樛木》："南有樛木"下《毛传》曰："木下曲曰樛。"则句和曲可通。另外，《庄子·田子方》："履句屦者，知地形。"《经典释文》："句，音矩。"可见"曲"与"矩"通假是没有问题的。简文读作"武王西面而行，矩折而南，东面而立"，上引朱子的话将"矩折"的动作形容得很传神，可以参考想象②。

（四）简 4 研究综述

简 4 释文：孲（胜）义则丧，义孲（胜）怠则长，义孲（胜）谷（欲）则从，谷（欲）孲（胜）义则 D1。㥁（仁）呂（以）得之，㥁（仁）呂（以）兽（守）之，亓（其）D2 百

1. D1 的释读

D1：

整理者释为凶，复旦读书会从之。在隶定方面，何有祖先生作了一些补充。"凶"字简文作 D1，比其他"凶"字作 （同篇简 14） （九店 M56 简 28）多了弧度朝上的一横笔。接近于同简的"怠"（）所从"心"的写法。当然简文此处与心仍有细微差别，可以比较 （简 4"凶"字所从）与 （简 4"怠"字所从），"心"一般作三笔写，比较上列形体可知，其差别当体现在横笔之外两笔用笔的先后以及长短上。颇疑此处"凶"字当是受同简从心之字的影响所致。对此有两种办法，其一是认为横笔是衍笔，作"凶"的讹字处理；另一可以分析为从凶从心，读作"凶"③。

但苏建洲先生认为：简 14"凶"作 ，与简 4D1 字形并不相同。一般来说，"战国古书写本一篇之中习惯使用不同的字形来表示不同的词"④，在《武王践阼》中的确也是如此

① 苏建洲：《说〈武王践阼〉简 3"曲（从木）"字》，简帛 www.jianbo.org，2009 年 3 月 11 日。
② 郝士宏：《再读〈武王践阼〉小记一则》，www.gwz.fudan.edu.cn，2009 年 1 月 6 日。
③ 何有祖：《〈武王践阼〉小札》，http://www.bsm.org.
④ 苏建洲：《〈武王践阼〉简 4"㥁"字说》，www.gwz.fudan.edu.cn，2009 年 1 月 5 日。

的。所以字很可能不是"凶",而是"凶"的通假字了。笔者以为字实际上是"恖"字的误写,即少了代表"心的孔窍"的一竖笔。所以将少写一小竖笔是可能的。裘锡圭先生曾指出:《孔子诗论》"送"字"恖"旁作、等形,而左冢楚墓"棋局""恖"字则作。后者可以看作前者的分解之形。也就是说前者所从的、,应该看作(凶)与或("心"之省形)的合体,二者合用中间的弧线。楚文字中"心"字常见的写法是、(横的弧线可以变得很平直,也可以变得更为弯曲),省去冒出横弧线的尖端,就成、了。所以上举那些"恖"字,可以看作由"心"和"丨"(或作、)组成的"恖"字加注"凶"声而成的繁体①。看得出来,下部所从就是("心"之省形),如果补上"丨"一笔的话,显然就是上引裘先生所分析的"由'心'和'丨'(或作、)组成的"恖"字加注"凶"声而成的繁体。总之,简文"△"是"恖"字,可以读为"凶"②,苏建洲先生的观点很具有启发性。

2. 关于 D2 的探讨

D2:

传本中相对应的句子是"以仁得之,以仁守之,其量百世。以不仁得之,以仁守之,其量十世。以不仁得之,以不仁守之,必及其世"。D2 隶定为箽,从竹军声,读为"运"。今本作"量",应为误字③。在这里,简本起到了纠正传本谬误的作用。

(五)简 5、简 6 研究综述

简 5、简 6 释文:不㥁(仁)㠯(以)得之,㥁(仁)㠯(以)兽(守)之,亓(其)箽(运)十殜(世);不㥁(仁)㠯(以)得之,不㥁(仁)㠯(以)兽(守)之,及于身。"武王甶(闻)之悲(恐)E1,为名(铭)于箬(席)之四端(端)曰:"安乐必戒。"右端(端)曰:"毋行可悔。"箬(席)逡(后)左端(端)曰:"民之反 F1,亦不可(不)志。"逡(后)右端(端)……

1. 对 E1 的释读

E1:

① 裘锡圭:《释古文字中的有些"恖"字和从"恖"、从"凶"之字》,《出土文献与古文字研究》第二辑,复旦大学出版社,2008 年,第 8 页。
② 苏建洲:《〈武王践阼〉简 4"恖"字说》,www.gwz.fudan.edu.cn,2009 年 1 月 5 日。
③ 刘洪涛:《用简本校读传本〈武王践阼〉》,http://www.bsm.org.

复旦读书会认为:"(此字)从'人',从'心',从'睴',当隶定为'偲'。当然也可能有借笔的情况,即左边从'见(下部立人形)',其上'目'形借用右边'思'所从一'目'形。后一种分析似于义为长,不过为书写方便计,暂时还隶定作'偲'。"程燕先生认为:"见"旁与"目"旁在古文字中常义近互换,例不赘举。故此字可能就是从"心""睨"声的字,即"愳(惧)"。

2. 对 F1 的释读

F1:

复旦读书会认为:"反"下一字形为 F1,字从"宀",从"人",从"匕",未知当释为何字。《大戴礼记》相应处作"侧"。"铭"多有韵,席四端之铭通为一章(详下注孔广森说),上文"戒"(职部)、"悔"(之部),下文"志"(之部)、"代"(职部),可见此章之职部通押。则此字当从《大戴礼记》读为"侧"(职部)。"反侧"指翻来覆去转动身体,往往是愁苦时的行为,"民之反侧"或即指"百姓的疾苦"。苏建洲先生认为:F1 下部实为"色"字变体,只是将"色"字的左右偏旁互换而已,试比较下列"色"字或"色"旁:

(《郭店·五行》13)　(《郭店·五行》14)　(《语丛一·47》)

只要将"色"字的爪旁往右移动,便成简文的字形,所以简文的 F1 实为㐱字。色,山纽职部;侧,庄纽职部,音近可通。古籍中有"色与塞"、"恻与塞"的通假例证①,所以简文隶定作㐱读为"侧",应无问题。

刘信芳先生认为:该字也许应释为"㫃",读为"侧"。郭店简《语丛四》12:"曑(早)与臤(贤)人,是胃(谓)渡(英)行。臤(贤)人不才(在)㫃(侧),是胃(谓)迷惑。"上博二《昔者君老》1:"太子㫃圣(听)。"上博五《君子为礼》6:"(毋)今(俛)视,毋㫃(侧)䁹(睨),凡目毋游,定视是求。"㫃,读为"侧"。上博六《用曰》9:"内閦(闲)谒(谗)众,而棼(纷)亓(其)反㫃(侧)。"反㫃,犹"反侧",《天问》:"天命反侧,何罚何佑。"《荀子·儒效》:"作此好歌,以极反侧。"包山简 266 亦有用例,从略。楚简"㫃"之字形右上为"日"形,下为"大"形,"大"又为重叠的"人"形。简文该字上为"人"形(不应释为"宀"形),下"人"形偏于左侧,而"日"形则居右,与上"人"形有共笔,且缺右边一竖笔。估计书写有讹。

张振谦先生认为:我们认为此字应为一从"大"之字,简 9 有"大"字写作:,与此字的 相似,楚文字的"大"字往往上下分离,形似两个"人"形。至于去其右下侧的 ,从字形上看,或即"日"字因简的宽度而未写完整,因此此字就是"㫃"字,读为"侧"。

胡长春先生认为:简文此字形体,其右下与爪、日、免不类,恐非"色"、"㫃"、"俛"之讹变,又下部偏旁位置、大小亦与"北"有所差距,恐亦非"北"。笔者细察此字,释为

---

① 高亨、董治安编纂:《古字通假会典》,齐鲁书社,1997 年,第 425—426 页。

"作"字。

此字从人从乍,其上部和右部乃"乍"之书写讹变。"作"字楚文字一般有两形,一是 ,使用较广;二是 形,与秦系文字同,江陵天星观一号墓遣策简有 形,笔者认为 即由此类形体讹变而来:

因此释为"作","作"通"侧"①。

综上所述:此字读为"侧"是没有异议的,但在隶定上仍有很大的探讨空间。个人认为,侯乃峰先生借用《说文》中常见的"变体会意"的提法是很有启发性的。释为爸、作均有其道理,但不及释为戻更为直接。

3. 对"民"字的解释

胡长春先生认为:"民"读"眠"。今本《大戴礼记》有一段话值得重视:"王闻书之言,惕若恐惧,退而为戒书,于席之四端为铭焉,于机为铭焉,于鉴为铭焉,于盥盘为铭焉,于楹为铭焉,于杖为铭焉,于带为铭焉,于履屦为铭焉,于觞豆为铭焉,于户为铭焉,于牖为铭焉,于剑为铭焉,于弓为铭焉,于矛为铭焉。"②考虑到武王在这些器物上刻铭,都兼顾其器物的特性和功用,力求即物思"戒",如鉴之铭曰"见尔前,虑尔后";带之铭曰"火灭修容,慎戒必恭,恭则寿";弓之铭曰"屈伸之义,废兴之行,无忘自过";矛之铭曰"造矛造矛! 少闲弗忍,终身之羞"之类,武王意在于自己坐卧行作时,注意自身修为,时刻不忘"黄帝颛顼之道"。故此句读为:"民(眠)之反作(侧),亦不可不志。"意即睡在席上一翻身一侧身时,也不可忘了这些"丹书"之戒③,可成一家之言。

(六) 简 7 研究综述

简 7 释文:"(所)谏(鉴)不远,视而所弋(代)。"G2 G1 曰:"皇皇佳(惟)堇(谨)口,口生敬,口生訽(怠),繇(慎)之口。"楹(鉴)名(铭)曰:"见亓(其)前,必虑亓(其)遂(后)。

① 胡长春:《释〈上博七·武王践阼〉简 6 之"作"字》,www.gwz.fudan.edu.cn,2009 年 1 月 5 日。
② 王聘珍:《大戴礼记解诂》,中华书局,1983 年。
③ 胡长春:《释〈上博七·武王践阼〉简 6 之"作"字》,www.gwz.fudan.edu.cn,2009 年 1 月 5 日。

1. 机铭中"皇皇佳(惟)堇(谨)口,口生敬,口生訇(怠)"的研究

机铭中部分字迹模糊不清,整理者释为:"皇皇佳(惟)堇(谨)口,口生敬"。整理者做了隶释并引《大戴礼记》"口生垢,口戕口"加以说明。读书会则认为:皇皇,整理者引《毛传》训为"美也"。此说不确。"皇皇"当读为"惶惶",义为"惶恐不安"。这里是说在发语说话方面要十分谨慎,持"战战兢兢,如履薄冰"的态度。孙诒让《斠补》:"孔广森云:王本'敬'下多'口口生敬'四字,严校云:《续笔》亦引有'口口生敬'四字。此读'皇皇唯敬口'五字句,'口生敬'、'口生垢'皆三字句,'垢'与'诟'声同字通。言惟敬慎其口,慎则见敬,不慎则招诟辱也。"①另外,简文"谨口(口,口)生"一段字迹模糊,疑"口"下当有重文符号(或脱,本篇亦有脱重文符号之例),与孙诒让《斠补》意见相合。简文"訇"字为"垢"之误写,当读为"诟",耻辱。复旦读书会的意见是正确的,这段铭文是告诫人要慎言。

2. 对 G1、G2 的释读

G1: [图] ;G2:[图]

关于 G1,读书会释为"機"。可能是由于今传本《大戴礼记·武王践阼》跟"機"对应的字作"幾"或"機",所以复旦读书会把"機"读为"幾",但尚有不同观点。正如刘洪涛先生指出:本篇所记武王所作的器铭一般都跟器物的特征有联系。席上之铭说"民之反侧,亦不可以不志","反侧"是休息不好,席用来休息,故席铭以之为喻。鉴上之铭说"见其前,必虑其后",是以鉴只能照人之前,不能照人之后为喻。盥上之铭说"与其溺于人,宁溺于渊。溺于渊犹可游,溺于人不可救",是因为盥盘承水,故以水为喻②。在同一篇文章中,刘洪涛先生,结合上博楚简中出现的其他关于慎言的句子,指出,此"機"应为弩机的机,读如本字。

G2,整理者释作"为"。复旦读书会从之。何有祖先生认为:此字与简5"为"字([图])明显不类,释作"为"确然可疑。此字所从广([图])较容易辨识。中间带短横的竖笔与下面长横笔组成 [图],与简10"堇"([图])字下部所从"土"形同,可知字所从为"土"。剩下笔划靠右的部分([图])跟楚简"非"([图] 郭店《缁衣》7)字右笔相同;靠左的笔画[图],似可与其上的"广"组成[图](户?),但与同简"所"([图])所从户有较大差别,且不足以成字。分析其写法([图]):一长竖笔左边作两斜撇,接近于郭店《语丛四》11"韭"([图])左上部的写法([图]),当是受了简文书写风格的影响。由于"非"字左部作三笔,

---

① 原注参看孙诒让:《大戴礼记斠补》,文史哲出版社,1988 年,第 214 页。
② 刘洪涛:《谈上博竹书〈武王践阼〉的机铭》,www.gwz.fudan.edu.cn,2009 年 1 月 3 日。

实际上仍可看作"非"字左部。可见,剩下的笔划可看作"非"。从以上笔划分析可知,字当隶作非(从广、土),楚简有从厂从非的字,如:(包山 45)、(包山 57),可以作为参照。非(从广、土),当以"非"为声,疑读作厞,指宫室屋角隐蔽之处①。

（七）简 8 研究综述

简 8 释文:H1 名(铭)曰:"与亓(其)溺于人,宁溺于 H2。溺于 H2,犹可游,溺于人不可求(救)。"程名(铭)隹(唯)(曰):"毋曰可(何)惕(伤),I1 将长。

1. 对 H1 的释读

H1:

,整理者隶定"鑑",读作"盘"。复旦读书会隶定作"鎰",并谓"鎰"字从宛得声,可读为"盥","盥"是古代洗手的器皿。

何有祖先生认为:盥铭见于中山王器,也见于今本《大戴礼记·武王践阼》。所以我们赞同释作"盥"。不过现有隶定还可商榷。"盥"字简文作 楚简"安"字有如下形:

 （《五行》30）

 （《民之父母》4）

与"盥"字右上形同。字当分析为从金从皿,从安声。安上古音在元部影纽,盥在元部见纽,韵部相同,声为喉、牙音,古音相近。可见,简文当隶定为"安(从金从皿)",仍读作"盥"②。

张振谦先生认为:此字应隶定为"鎰",读为"盘"。楚简"凡"作:

 （郭店简·性自命出 10）

 （郭店·语丛 38）

 （上博六·天子建州(乙)1）

 （上博六·天子建州(乙)）

与其所从"凡"形近,以此,此字可隶定为"鎰",读为"盘"。凡,并纽侵部字;盘,并纽

---

① 何有祖:《〈武王践阼〉小札》,http://www.bsm.org.
② 何有祖:《上博七〈武王践阼〉"盥"字补释》,http://www.bsm.org.

元部字,双声可通。

2. 对 H2 的释读

整理者将其隶释为从宀从水之字,并读为"渊"。

程燕先生认为:从字形上看,此字并不是"渊",而应释作"深"①。字形与郭店简"深"非常近似:

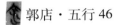 郭店·五行 46

郭店·五行 46

《郭店楚墓竹简》释文根据辞例将以上诸形释作"深",非常正确。上博七水形是横写的,上有一横笔,应为饰笔。从"宀"从"水"会深之意。"深"在古文献中可以作为"深渊"之省称。如《礼记·曲礼上》:"不登高,不临深。"《抱扑子·外篇·诘鲍》:"临深履薄,惧祸之及。"故简文"深"可以理解为"深渊"之义,今本与之相对的字作"渊"。

(八) 简 9 研究综述

简 9 释文:毋曰亚(恶)害,I1 将大。毋曰可(何)戋(残),I1 将言(然)。"I2 名(铭)雁(谚)曰:"亚(恶)危? 危于忿连(戾)。亚(恶)(遟、失)? (遟、失)道于脂(嗜)谷(欲)。亚(恶)

1. 对 I1 的释读

、、三字分别见于简 8、简 9。读书会隶定为綮,读为祸。张振谦先生认为:其形体颇难分析,整理者误释为"綦",读为"惩",误。复旦读书会认为:"疑此字或从'化',从'示',即可读为《大戴礼记》之'祸'。"其基本声符应为、,就是匕(音化)字,余者、、、等为饰笔,因此此字上部从"人"、"匕"应是"化"字。不过此字也可能隶定为"禜",即分析为从"人","祸"声,假使此观点成立,那么其声符有变形声化为"化"的倾向。

小龙先生认为:此字"从示"无疑,谓其"从化"或是将"、、、"视为羡符,都是值得商榷的。战国楚文字固然是羡符的使用较为频繁,但是所增羡符还是有一定规律可循的,从未见过如此增添羡符者。楚文字中化旁常见,也未见作此形者。略举数例:

祸:祟: （二·容 16·24）　　　　祂: （五·竞 8·8）

---

① 程燕:《上博七〈武王践阼〉考释二则》,www.gwz.fudan.edu.cn,2009 年 1 月 3 日。

过：（四·曹 52·28）　　圭：（三·周 56·9）

愧：（一·性 32·20）

、、三形所从皆与上举化旁不同，楚文字柴字上部从未见如、、三形这样上部出现横形笔画者。此字释柴，于形未安，需另作考虑。

《大戴礼记·武王践阼》相应文字作："楹之铭曰：'毋曰胡残，其祸将然，毋曰胡害，其祸将大。毋曰胡伤，其祸将长'"。笔者认为、、三形应为"亓祟"合文。三形中、两形写法相同，形稍异。可分为（亓）与（祟）两部分，中所从化旁与（三·周 56·9）所从化旁相同；如果这么拆分，则亓旁与化旁有借笔。又可将分为（亓）与（祟）两部分，中化旁与（一·性 32·20）所从化旁相同。形较之，中间简省一竖笔，可以将其拆分为（亓）与（祟）两部分，这么拆分就是将中间的两竖笔皆视为借笔，即亓、化共享中间的两竖笔。也可以将A 拆分为（亓）与（祟）两部分，这么拆分就是认为亓、化共享中间的一竖笔。

个人认为，将其视为"亓祟"合文是很有新意的，且从字形上解释也算合理，但还是缺少足够的例证。

2. 对 I2 字的释读

I2：

简文中书写器名的还有一种是 I2，刘洪涛先生认为：这就是酒器"卮"。《武王践阼》假借"枳"来表示"卮"，并不奇怪。从出土实物来看，卮是一种半球状类似瓢的酒器。凡是半球状的物体都有一个特点，即重心不稳。《庄子·天下》："以卮言为曼衍。"成玄英疏："卮言，不定也。夫卮满则倾，卮空则仰，故以卮器以况。"《淮南子·道应》："孔子观桓公之庙，有器焉，谓之宥卮。""宥卮"在《荀子·宥坐》中被称为"欹器"，"欹"也有不正不定的意思。卮器"虚则欹，中则正，满则覆"的特点，跟"满招损，谦受益"的为人处事原则有相通之处，所以古人常用以自戒。《文子·守弱》："三皇五帝有戒之器，命曰侑卮。其冲即正，其盈即覆。"为使警戒之意更为明显，在卮器上制作些具有告诫意味的铭文，再合适也不过。传本《大戴礼记·武王践阼》跟"枳"对应的字作"杖"。复旦读书会指出"枝"

是"枳"、"杖"演变的中间环节,这是对的。我们认为,"枝"表示"杖"仅仅是字形上的混讹,二者不是一字的分化,也不是音近通用的关系。"枳"演变为"杖",经过音近转写和文字讹混两个不同阶段,这两个阶段性质不同。因此,"枳"与"杖"应该没有任何直接的关系,后者并不能成为我们把前者读为"卮"的反证①。

(九)简 10 研究综述

释文:"(忘)于贵富。"J1 名(铭)雁(谚)曰:"立(位)难得而惕(易)(遴、失),士难得而惕(易)鋥(外):毋(无)堇(谨)弗志,曰余智(知)之。毋

对 J1 的释读

J1:

整理者把 J1 读为跟"户"相关的"牖"。复旦读书会同意整理者的意见,并补充说:"铭文讲得位、得士,则铭于'户牖'之上的可能性要比铭于酒器'卣'之上的可能性大。"

刘洪涛先生认为:上博竹书《周易》、郭店竹书《缁衣》等也有"卣"字,如下引之形:

　（上博《周易》1 号）

　（上博《周易》28 号）

　（上博《周易》20 号）

　（郭店《缁衣》45 号）

这些"卣"字的共同特点是中间有一竖画。这些文字中间看似也有一竖画,但把图版放大后仔细观察就可发现,所谓竖画实际上是沾染了墨迹的竹简的纹理。可见把这些文字释为"卣"并不十分合适。

上博《周易》中也有"户"字,这种写法的"户"字也见于郭店《语丛四》,分别作下引之形:

　（上博《周易》5 号）

（郭店《语丛四》4 号）

我们把这种写法的"户"字跟这些字都拆分为两个偏旁,然后试做一下比较:

两个偏旁字形相近是没有问题的,二者只有书写角度的不同。两个偏旁虽然书写角度也不同,笔画的屈曲与柔和度也不同,但把它们看作同一偏旁也应该是可以的。因此,这些字跟上博《周易》的"户"字应是一字的异体,再结合今本跟这些字相当的字也作"户"

---

① 刘洪涛:《谈上博竹书〈武王践阼〉的器名"枳"》,http://www.bsm.org.

来看,把这些字释为"户"就可以确定下来①。

二、《武王践阼》乙本(简 11—15)研究综述

(一)简 11、12 的研究综述

简 11、简 12 释文:武王窅(问)于大(太)公腔(望)曰:"亦又(有)不涅(盈)于十言而百殜(世)不(遊)(失)之道,又(有)之唐(乎)?"大(太)公腔(望)亯(答)曰:"又(有)。"武王曰:"亓(其)道可得 K1 窅(闻)唐(乎)?"大(太)公腔(望)亯(答)曰:"身则君之臣,道则圣人之道。君斋,牺(将)道之;君不祈(齐),则弗道。"武王斋七日,大(太)……

对 K1 的释读

K1:

整理者释 K1 为"以",复旦读书会从之,而高佑仁先生有不同意见。

高佑仁先生认为:释"K1"为"以"可商,当释作"而",这句话在文例中的地位同"不知黄帝、颛顼、尧、舜之道存乎?意微亡不可得而睹乎?"(《武王践阼》简1),"得而闻乎"与"得而睹乎"意义、文例都接近,《武王践阼》"而"字作 (简3)(简3),"以"字作 ""(简2),字形上"而"、"以"都有可能,但是从文例比对的角度来看,释作"其道可得而闻乎"比较妥当②。由此看来,两种考释意见是两种考释方法的结果。整理者与复旦读书会是从字形上释读,而高佑仁先生是从文例比对的角度出发的。个人认为,即使从字形的角度看, 与简 3 中的"而"字的下半部分是接近的。将此句与甲本相同意义、文例的句子进行比较,释为"而"仍是比较合理的,因此我较为赞同高佑仁先生的观点。

(二)简 13、简 14、简 15 研究综述

简 13、14、15 释文:腔(望)弄(奉)丹箸(书)旨(以)朝。大(太)公南面,武王北面而逗(复)窅(问)。大(太)公亯(答)曰:"丹箸(书)之言又(有)之曰:志夽(胜)欲则 L1,欲夽(胜)志则丧;志夽(胜)欲则从,欲夽(胜)志则凶。敬夽(胜)怠(怠)则吉,怠(怠)夽(胜)敬则威(灭)。不敬则不定,弗(弼)则枉。枉者敃(败),而敬者万殜(世)叟(使)民不逆而训(顺)城(成),百姓之为(经?)。丹箸(书)之言又(有)之。"

---

① 刘洪涛:《上博竹书〈武王践阼〉所谓"卣"字应释为"户"》,http://www.bsm.org.
② 高佑仁:《释〈武王践阼〉简的"其道可得而闻乎"》,www.gwz.fudan.edu.cn,2009 年 1 月 13 日。

对 L1 的释读

L1：

整理者释此字为"利"，复旦读书会释为"昌"。

沈培先生认为：细看字形，可知此字就是"昌"字，下面是两个"昌"字的写法：

《武王践阼》"昌"字的写法应当与之相似。现在我们所谈的"志胜欲则昌，欲胜志则丧"，在古书里也有很相似的说法。如《淮南子·谬称》就有这样的话："故情胜欲者昌，欲胜情者亡。"这是"昌"、"亡"二字押韵，更可证简文也是两个阳部字相押。上博简文的"志"跟《淮南子》的"情"相当，二者的意思虽然有一定差别，但应当属于同一个语义范畴①。

今按，上博七另有两处出现了隶定为"利"的字：

 （《郑子家丧》甲5）

 （《君人者何必安哉》甲6）

另外信阳楚墓竹简所见"利"字作：

 （1–015，图版114）②

与 L1 的字形均有一定的差距，所以整理者隶定为"利"是有待商榷的。而沈培先生文中收录的两个"昌"字的篆文经过翻转，可认 L1 所残留的为这种字形的一部分。

三、小　　结

通过本文前面几个部分的论述，不难看出，尽管之前学术界对该简个别字的释读存在较大争议，但是对简文的释读可以说已经是比较充分了，关于该简未来的研究方向，笔者做出如下的思考：

首先，关于简本与传本的关系问题，还需要进一步深入的研究。一般认为，简本是校正传本的依据。但对于该篇简文，笔者做出如下判断：1. 二者是否同源尚无定论；2. 纵观竹书的行文情况，再对比清人王聘珍编撰的《大戴礼记》，可以说二者孰优孰劣尚难评定；3. 正如复旦读书会所言，传本部分记载与《六韬》的语言也较接近，表明古书可能同源而异流。因此，简本不一定就比传本可靠。

---

① 沈培：《〈上博(七)〉残字辨识两则》，www.gwz.fudan.edu.cn，2009 年 1 月 13 日 。

② 河南省文物研究所：《信阳楚墓》，文物出版社，1986。

　　其次,该简未来的考释研究可以同考古学相结合。目前,对于该简研究的最大局限,莫过于不能与考古学的出土材料相结合。笔者对与该简最感兴趣的是记载武王"为铭"过程的那一段简文,同时这一部分也是最易与考古学相结合的部分。武王为铭之处有分席之四端、机、槛、鑑、桯、枳、卣。目前对于这些器物器名的考证仍存在一定分歧。比较明显的是,武王所作铭文的内容多与器物的特征相关联。假设能结合考古发掘出土的器物进行考释,即可事半功倍,若能有有自名的器物进行参考则效果更好一些。而且已发掘的楚国墓葬中有大量的漆木器的存在,加之遣策简文的记载,可以说是不错的切入点。笔者古文字识读水平有限,因此尚没有能力进行上述研究,故仅仅将这一想法表述于此,望大家多多理解。

浅谈山东古国纪与纪鄣古城的关系

刘 阳

连云港市重点文物保护研究所

内容提要：纪国乃姜姓，起源于甘肃天水，唐虞时东迁至河南偃师，最终定居山东，春秋时被齐国所灭。在连云港市赣榆区柘汪镇东方的海底，沉睡着一座千年古城——纪鄣城。历代方志虽有很多，但对于纪国的起源、迁徙、壮大乃至灭亡的过程却鲜见记载。本文试图通过梳理卷帙浩繁的史料，并结合近年来我市参与省级汉代古城考古勘探所得的调查数据，以期还原纪国这个春秋时期军事强国由盛转衰的历史脉络。

关键词：赣榆 纪鄣 纪子帛 莒子 古城

纪鄣城位于今连云港市赣榆区柘汪镇东的海底。《太平寰宇记》记载，纪鄣古城在怀仁县东北七十五里，为春秋时期莒国的都城之一，后为齐国所灭。城周一里余，东、南两面靠海。自朱蓬口以北海面为"侵滩"，海水逐年西浸，加之经历多次地震，岚山头与兴庄河之间的海岸陆沉明显。多种原因叠加，纪鄣古城最终完全沉没海中，成为海淹城（图一）。

2012 年至 2013 年，南京博物院联合徐州博物馆、连云港市重点文物保护研究所对徐海地区的古代城址进行了全面的调查、钻探和测量工作，取得了丰硕的成果①。这座沉没在水下的纪鄣城也随之成为公众关注的焦点。笔者试图通过梳理卷帙浩繁的史料，勾勒出清晰的历史脉络，让更多人了解这座神秘的千年古城。

一、纪国的起源与迁徙

纪国的纪氏为炎帝神农氏以后的姜姓，与己、基、箕、異同族，起源于甘肃天水的成纪，在唐虞时东迁至河南偃师以至山东，到春秋时被齐国所灭。

《世本·氏姓篇》云："纪氏，姜姓，炎帝之后，封纪，为齐所灭，以国为氏。"②《路史·国名记戊》亦把"纪"列为炎帝之后的姜姓，谓在"今缑氏，故纪县"③。缑氏在今河南偃师

---

① 马永强、盛之翰、高伟、陈刚、原丰：《江苏徐海地区汉代城址调查简报》，《东南文化》2014 年第 5 期，第 50—56 页。

② 茆泮林：《四库家藏·世本》，山东画报出版社，2004 年。

③ 罗泌：《路史》，中华书局，1985 年。

图一　纪郭古城的相对位置

市南,是纪国的迁居地。其始居地在甘肃天水之成纪,此地在神农氏的起源地附近。《嘉庆重修一统志·秦州》载:"成纪水,在秦安县西北。《水经注》:水导源西北当亭川,东流出破石峡,津流遂断。故渎东迳成纪县,又东潜源隐发,通谓之成纪水,东南入瓦亭川。"①汉置成纪县于成纪川畔,在今秦安县北三十里。

夏代末年,纪国被商人驱赶至今山东寿光县附近。《路史·国名记》谓纪是姜姓,黄县东南二十五里有故黄城,本纪邑。《舆地广记》以为纪侯故城在寿光县。《路史·国名记甲》引《太平寰宇记》云:"又潍之昌乐西六十(里)有剧城,内有纪台,高九尺,纪侯所筑,盖后迁于此。"《青州府志》说:"纪,古城,在寿光县东南三十里。"②据此可知,纪国由于受到来自齐国的军事威胁而逐渐迁徙,从今寿光县的纪台迁往今昌乐县东南三十里的剧城。

《史记·秦始皇本纪》引《帝王纪》云:"周之纪国,姜姓也。纪侯潜齐哀公于周懿王,王烹之。"③西周早期,纪侯向周懿王告发齐国君主齐哀公而导致其被周王所烹杀。因此,直至春秋时期,齐、纪两国的关系依然十分紧张。

当时纪国的军事实力虽在齐国之下,但相较于周边的莱国以及其他东方诸国都要强

① 穆彰阿:《嘉庆重修一统志》卷二七四《秦州》,上海商务印书馆,1934年。
② 罗泌:《路史》,中华书局,1985年。
③ 司马迁:《史记》,岳麓书社,1988年。

大。春秋初期,纪国东征西讨,逐渐吞并了其周边势力较弱的方国,成为能与齐国抗衡东方大国。其疆域包括了今寿光、昌乐、昌邑、潍坊、益都、临朐北部、安丘、高密和胶州市北部的大面积土地。

纪国为抵御强大的齐国,采用与鲁桓公会盟的形式,联络齐国西面的劲敌鲁国,以达到远交近攻的目的。但由于鲁国不愿介入齐、纪两国的争端,于是在桓公十七年(前695年),鲁、齐、纪三国盟于黄(淄川),结束了齐、鲁对峙的局面。在失去了鲁国强大的制衡后,纪国的领土逐渐被齐国从南、西、北三面不断蚕食,纪国的势力被极大削弱了。

庄公三年(前691年)秋,"纪季以酅入于齐,纪于是乎始判。"杨伯峻注:"判,分也。纪分为二,纪侯居纪,纪季以酅入齐而为附庸。"[1]在齐国的挑拨之下,纪侯兄弟反目,纪国一分为二,纪威侯季划纪国西部的酅邑并入齐国,成为齐国东侵纪国的前沿阵地;剩下的大部分疆土虽仍由纪哀侯叔姬所统治,而此时的纪国国内早已是分崩离析。第二年即庄公四年,"纪侯大去其国",齐襄公便"伐纪,纪迁去其邑。"纪国宣告灭亡,齐因尽得纪国柞蚕织绸之利,而富甲天下。

二、纪子帛与纪鄣城

纪国灭亡后,纪侯之后纪子帛被降为子爵,逃往纪鄣企图复国。《水经注》云:"淮水于县枝分,北为游水……游水又东北迳纪鄣城南,《春秋》昭公十九年,齐伐莒,莒子奔纪鄣……故纪子帛之国也。"[2]

隐公二年(前721年),纪子帛与莒国曾盟于密。庄公四年纪国灭亡,纪子帛南逃至莒国,借莒地立国。纪鄣所在地,据《路史·国名记甲》引《杜例》载:"赣榆东北有纪城,此纪鄣也。今怀仁东北七十五(里)有纪鄣城。庄公之三十年,齐人降鄣。高(《公羊传》)、赤(《穀梁传》)俱云:'纪邑在密。'然时纪亡二十年矣。故唊子攻之。"[3]

《太平寰宇记》引《春秋》载:庄公三十年秋七月,"齐人降鄣"[4]。杨伯峻注:"鄣音章,纪之远邑。纪亡虽已二十七年,纪季犹保酅,兼有鄣邑。至此,齐桓始降鄣而有之。鄣当即《昭十九年传》之纪鄣。纪鄣者,本纪国之鄣邑。当在今江苏省赣榆旧城北七十五里处。"[5]至此,纪国最终被齐国所灭,纪鄣城陷落。

从庄公四年"纪侯大去其国"纪国宣告灭亡,到庄公三十年纪子帛所建"纪鄣国"被齐桓公所灭,这期间竟相隔了二十多年。试问,齐国在灭掉纪国后为何不立即对纪国的遗邑采取行动? 为何要等到二十多年以后,才以武力威胁迫使纪鄣降服?

---

① 司马迁:《史记》,岳麓书社,1988年。
② 郦道元原注,陈桥驿注释:《古典名著聚珍文库·水经注》,浙江古籍出版社,2013年,第408—409页。
③ 罗泌:《路史》,中华书局,1985年。
④ 乐史撰:《太平寰宇记》,中华书局,2007年,第467页。
⑤ 杨伯峻编著:《春秋左传注》,中华书局,1990年,第81页。

　　齐国之所以在这二十多年里,允许纪鄣相对独立的存在,其原因是多方面的。

　　首先,纪鄣位于今山东日照西南,江苏赣榆东北,与当时齐国的都城临淄相距较远,且对比当时齐、纪两国的实力,纪国对齐国早已无法构成威胁。

　　其次,鲁庄公九年时,齐襄公被杀,国内大乱,后来经过一番血雨腥风的内斗,公子小白回国即位,史称齐桓公。齐襄公被杀是咎由自取,《史记·齐世家》载:"襄公之醉杀鲁桓公,通其夫人,杀诛数不当,淫于妇人,数欺大臣。群弟恐祸及,故次弟纠奔鲁……次弟小白奔莒。"①在齐襄公的暴政之下,他的亲兄弟都感到岌岌可危,外逃避祸。小白与其兄纠分别逃亡到莒国和鲁国。在这种背景下上台的齐桓公,其治国方针必然与齐襄公有所差别。在管仲、鲍叔牙等贤臣的辅佐下,齐桓公进行了一系列的改革措施。在外交上,实行"安四邻,反其侵地,择其淫乱者征之"的政策,并推行管仲提出的"尊王攘夷"的战略,九合诸侯,一匡天下,最终成就一代霸业。当时齐桓公的关注点在中原地区,区区纪鄣,弹丸之地,对他称霸中原毫无影响。加之齐桓公为安抚被征服国家的遗民,给了他们一个休养生息的时间。因此,齐桓公在其登基的二十多年中,始终未对纪鄣下手。《春秋》载:庄公二十九年"冬十有二月,纪叔姬卒"②。第二年,"齐桓始降鄣",从此纪鄣并入齐国版图,成为齐之属邑。

　　何光岳在《炎黄源流史》中认为:章国与纪国同为姜姓,又同被齐国所灭,故同仇敌忾,都南迁至海滨偏僻之地,并联合建立了纪鄣国,立纪子帛为国君。纪鄣东临郯国,因此郯子愤而攻之。《淮南府志》载:"(纪鄣城)在海州赣榆县西七十四里,县西北六十里有纪鄣山,正因纪、章人合居于此而得名。"③

　　从字面理解,"鄣"为形声字,从章,邑声。"章"指绘画或刺绣上红白相间的花纹,可借指刺绣;"邑"为城邑。《说文·邑部》:"鄣,纪邑也。"④段注:"今江苏海州赣榆县县北七十五里,有故纪鄣城,亦曰纪城。"⑤

三、莒子逃奔纪鄣嫠妇投绳城破

　　《左传·昭公十九年》载:"齐高发率师伐莒,莒子奔纪鄣。"《太平寰宇记》云:"纪鄣城,在(怀仁)县东北七十五里平地,近海,周一里余。按《春秋》昭公十九年,'齐师伐莒'。《传》曰:'莒子奔纪鄣。'即此地也。"⑥

　　春秋时期的莒国虽然是个小诸侯国,但也拥有鲁东南相当的领土。其疆域北起今昌邑县(密)东南,东北起今胶州市(计斤)以西,南达今江苏赣榆县北(祝丘、纪鄣),西至今

①　司马迁:《史记》,岳麓书社,1988年。
②　殷昌主编:《春秋左传·上》,当代世界出版社,2007年,第80页。
③　何光岳著:《炎黄源流史》,江西教育出版社,1992年,第471页。
④　许慎撰,徐铉校定,王宏源新勘:《说文解字现代版》,社会科学文献出版社,2005年,第352页。
⑤　侯赞福主编:《古汉语字典》,南方出版社,2002年,第400页。
⑥　乐史撰:《太平寰宇记》,中华书局,2007年,第467页。

沂水县境,东至黄海,包括今莒县、日照、五莲、诸城、安丘、胶南、沂水、沂南、莒南、临沭等在内的广大地区①。在东夷诸国中,以国土而论,除莱国外,莒是第二大国。同春秋诸国相比,也仅次于齐、鲁、宋、郑、卫等国②。

莒国地处沭水流域,北至潍水,地势平坦,而莒国东西两侧多丘陵,地貌复杂,为扼守山东东部南北交通之要道,其战略价值可见一斑。正是由于莒国所处地理位置的重要性,因而春秋时期莒国与齐、晋、楚三个强国的关系尤为复杂。三国都想控制莒国,而莒国投靠齐、楚则得罪晋,事晋则要得罪齐、楚。因此,莒国经常遭到三国的讨伐威逼而无所适从。莒与齐国为邻,在西周时就常被齐所欺,莒都由计斤迁至莒即受齐国侵伐所致。春秋初期,莒国事齐,晋国称霸后,莒则倒向于晋,因而遭到齐国的讨伐。宣公十三年(前596年),齐国即以"莒恃晋而不事齐故"为由出师伐莒。慑于齐国的威逼,莒只得再次倒向齐。后齐国势微,莒又改服于晋,而与晋为敌的楚对此不能容忍,于成公七年(前582年)出师伐莒,连克数城。莒国无奈,只好在服从晋的同时又与齐、楚交往。

昭公十九年(前523年),莒共公暗中与楚国来往甚密,逐渐疏远了齐国。《晏子春秋》载:"景公问晏子曰:'当今之时,诸侯孰危?'晏子对曰:'莒其先亡乎!'公曰:'何故?'对曰:'地侵于齐,货竭于晋,是以亡也。'"③

为了惩戒莒共公背弃盟约的行为。十九年秋,齐景公派大夫高发率师征伐莒国。莒共公逃奔至纪鄣,纪国末代侯纪隐侯收留了他。纪鄣城墙高池深,高发久攻不下,便派孙书伐之。孙书听说纪鄣城中有一妇人,因莒子杀其夫而沦为寡妇。齐军攻城时,妇人搓绳将齐军引入城内,莒共公从西门逃出,纪鄣城破,纪隐侯被废。

清代文人钱谦益在《牧斋有学集》中收录有一篇《纪鄣嫠妇赞》,也记录了纪鄣嫠妇搓绳引齐军入城的故事:

> 《左传》载莒有嫠妇,莒子杀其夫老,讬纪鄣,纺焉以度而去之。齐师至,则投诸外。齐人夜缒而登。莒共公惧,启西门而出,齐师遂入莒。考杜注,纺以度城者,因纺缠,连所纺以度城,而藏之以待外攻也。古者谓去为藏,去即藏也。壮哉斯嫠,以一老妇人,敌怨国君,纺缠投绳,报讐所天,岂非节侠伟丈夫哉!莒嫠去华周、杞植妻未远,班固《古今人表》载二妇而遗莒嫠。刘子政《列女传》下及于弓人之妻,周郊之妇,而莒妇无闻焉。摩挲颂图,名氏翳然。秋窗落叶,飒然感怀,作《纪鄣嫠妇赞》。④

四、纪鄣城的沉没与石花县的传说

《赣榆县续志·附编》载:"界墙城,治北六十里,东际海,西连山。此即纪鄣城……城

---

① 胡奇博:《莒国历史和文化研究》,山东师范大学2008年硕士学位论文,第32页。
② 丁雨辰:《莒文化研究》,山东师范大学,2014年硕士学位论文,第21页。
③ 吴则虞撰:《晏子春秋集释》,中华书局,1982年,第254页。
④ 钱谦益著,钱曾笺注,钱仲联标校:《牧斋有学集》,上海古籍出版社,1996年,第1423页。

故在柘汪口东,旧志此条下有邑人签注云:'乾隆初,潮退,城之西门故址犹可见,近已成海,今不知浸没几许矣。柘汪口距治五十余里,而无山,又东北十余里为日照,界乱石,东北向,前志所谓斜石为界者也。以此合之古说,为纪鄣无疑"。①

赣榆县(区)北部海岸,在历史上曾发生过多次海浸海退的现象。《左传》中称纪鄣城"近海一里",清代"乾隆初,潮退,城之西门故址犹可见",到了清末民初时已"不知浸没几许"。由此可知,海岸位置的进退变化是受地壳构造运动、海面波动及潮流变化等因素控制的。全新世时期,海州湾西岸的海岸线曾出现过两次反复,第一次发生在距今 9 000—7 000 年,那时海岸线迅速向陆地推进,最远点距现今海岸达 6.5 公里左右。第二次较大幅度的变迁发生在距今 2 000—1 000 年,海岸线曾推进到比上次更远的内陆,之后由于一系列与海岸近于平行的砂堤的发育,海岸才逐步后退到现在的位置②。

传说,是人类先民对历史的一种独特的记述方式,它通过口耳相传的形式对某一历史事件加以记录,这其中可能包含有杜撰的故事情节,在剔除了这些故事的成分后,我们不难发现,这些传说蕴含着许多可信的历史信息。

在我市的云台山地区,有一则传说口耳相传,老少皆知。相传很早以前,猴嘴以东有一个古老的石花县,当地水陆交通便利,经济繁荣。居住在这里的人特别富有,但性格上却多多少少有点尖酸刻薄。每当有外乡人途经此地,都会受到当地人的欺压。有一年,一位南方来的先生路过此地,向当地人要口水喝,当地人不但不给,还呵斥了他一顿。这位南方来的先生怀恨在心,走在路上遇到一位石匠。这位石匠也是外乡人,受过当地人的欺辱。南方来的先生便给石匠出主意,说石花县西南方的山上有一尊天然的石猴,石猴的一只手臂直指石花县。石花县之所以繁荣,正是因为有石猴的指点。只要断其臂膀,石花县就会毁灭。石匠将信将疑地来到石猴旁,对着指向石花县方向的手臂就是一锤子,石猴的手臂应声断裂。只听一声巨响,不远处山下的石花县山崩地裂,不一会儿就成了一片白浪滔天的大海③。

石花县沉于海底的传说并非空穴来风。光绪《赣榆县志》载:"赣榆故城,《一统志》:东海故城在州东北海中,本赣榆县地。《读史方與纪要》:东海废县,州东十九里,汉赣榆县地,即郁州山。其说龃龉不合。证之崔应阶《云台山志》,大抵汉县已没海中,代远事佚,无从仿佛,前人据所刻考者言之耳。"④据考证,在今天赣榆县东面的海中,在古代极可能有一片陆地与云台山相连,后因地壳运动而沉到水下。这则传说与纪鄣城的沉没有何关联,尚待考证。

此外,今天山东省日照市也有一则类似的地方传说。相传日照岚山头以南的海面以下,曾有一座古城,名曰"石河县"。日照当地有一句俗语:"浸了石河县,出了日照城。"据

① 王佐良、王思衍纂:《民国赣榆县续志》,江苏古籍出版社,1991 年。
② 黄志强:《鲁南苏北第四纪环境与环境变迁论集》,气象出版社,1992 年,第 60—61 页。
③ 彭云著:《海韵文丛·海州乡谭》,沈阳出版社,2001 年,第 116—117 页。
④ 王豫熙修,张謇纂:《光绪赣榆县志》,江苏古籍出版社,1991 年。

说,石河县里民风败坏,坏人行恶不止,冒犯了东海龙王。龙王略施手段,就见怒涛汹涌、海啸袭岸,偌大的石河县消失了,变成了一片汪洋①。

　　"石河县"与"石花县"的沉没传说在大意上颇为相似。"石河县"与"石花县"仅一字之差。因此笔者认为,根据地理位置分析,这座沉没于海面以下的城市极有可能就是纪鄣古城。

---

① 赵斌主编:《日照民间故事选编·上·神话、地方传说》,山东大学出版社,2005年,第20—22页。

南齐、梁与北魏对立时期的孔望山

唐　欣

连云港市重点文物保护研究所　馆员

内容提要：在宋齐梁三代与北魏对立时期，孔望山一线是南北双方最前沿的边界。当时在孔望山下南方政权曾设立朐山戍及东莞、琅邪二郡太守府，有时增设青州刺史或南青州刺史府。在近期的考古调查及发掘中，考古工作者发现了高大的城垣及大规模的建筑基址，当是此时的太守府和朐山戍所。孔望山摩崖造像及其附属神庙此时也曾为天师道所利用。

关键词：朐山戍　东莞琅邪二郡　青州刺史　石鹿山　天师道

连云港市孔望山东麓突出海中，形势险要，易守难攻。魏晋时可能称石鹿山，唐宋称龙兴山，明清称孔望山。春秋战国以来，它就是方仙道在齐鲁滨海地区活动的中心之一。在秦皇汉武的求神仙、求长生的活动中，它处于朐淮地区的中心。在道教史上有重要地位的天师道，也曾在这里传播。唐代称龙兴山，便因山下龙兴寺而得名，而龙兴寺是当时当地的佛事中心。在宋、金、元三代的对立争夺中，这里也是重点区域。

自 1981 年孔望山汉代佛教摩崖造像公布以后，曾引起学界的高度重视和热烈讨论。但对孔望山悠久历史的深入全面研究，实感不足；史书中已有的极少量记载，尚未揭示；现已发掘的考古资料，也未充分利用。本文拟对齐、梁与北魏对立时期孔望山下所发生的事件作一些粗疏的探讨，更深更高的研究有待于方家。

一、孔望山古城址考——朐山戍在哪里？

刘宋泰始二年（466 年），因徐州刺史投降北魏，南方政权丢失了淮北青、冀、徐、兖四州广大地区。大批青冀豪族仓皇南徙，多数流落在朐淮地区及郁洲岛上。这是南北对立双方最前沿的边界，军事冲突多发，攻击的规模强劲，战斗激烈。刘宋政权及继起的萧齐不得不在此配置大量的军力，这一地区的防御设施也快速建立起来。孔望山古城垣遗址就是此时建立的。

南徙的豪族中有垣氏家族的垣崇祖和他的堂兄垣荣祖等众多的历史名人。垣氏本是陇西略阳地区的氐族部落首领，后赵石虎平定秦陇以后，曾徙氐羌十五万落于司冀各地。

垣氏部族先徙于冀州,后又徙于南燕慕容德治下的广固(今青州市),其曾祖垣闳曾作南燕吏部尚书,其祖父垣苗还在齐地建筑了垣苗城。垣氏家族后又迁于下邳,故在彭城地区有强大的宗族势力,并带有众多的私家部曲。他们南徙以后,在朐淮地区及南朝政权中有强劲而稳固的政治军事地位,与此是有密切关联的。

垣崇祖在泰始初南奔朐山以后,"因将部曲据之,遣使归命"。此时淮阴镇将是后来建立了南齐政权的萧道成。他都督青冀等五州军事,监控着朐淮地区的军务。萧道成任命垣崇祖为朐山戍主。南北朝时为了军事的需要,各政权在交通要道易于防守而又便于出击的地方设立戍所,驻屯一定数量的军队。朐山戍可能是秦汉以来的朐县城(现代的海州城)或是孔望山下的古城。据笔者考证,朐山戍就是孔望山下的古城,这是毫无疑义的。

大约在垣崇祖为朐山戍主后不久,发生过一次北魏军队突袭朐山城的事件。朐山边海孤险,崇祖常浮舟舸于水侧,有急得以入海。北魏团城都将成固公遣步骑二万,越过艾塘湖,屯据洛要,去朐山城仅二十里,城中人惊恐,皆下船欲逃奔郁洲岛。垣崇祖镇静指挥,设法把已经上船的人吸引上岸回城,遣赢弱入岛,并令人在夜里手持火炬,登山鼓叫。"虏参骑谓其军备甚盛,乃退"①。从这次事件中我们得知朐山戍紧靠大海,能快捷渡达郁洲岛。孔望山下是海岸,当时孔望山东麓就是大海。而秦汉以来的朐县城离海岸最近的地方还有六七里。另外,朐山城内有一座小山,夜间远处能望见山上的火炬,这只能是孔望山。

事隔十余年后,《南齐书·魏虏传》记载了另一次更大的军事冲突,建元二年(480年)闰九月,北魏"十万众围朐山,城中无食,从郁洲岛隔海运粮柴供给城内。虏围断海道,缘岸攻城,会潮水大至,虏漅溺"。朐山城内出兵奋击,南齐朝廷又派南军万余人从淮入海增援,所以北魏军队一时奔退。从这次事件中的朐山城防看,有两点值得注意:第一,它是紧靠海的,潮水可以淹没北魏的围城军队,这只有孔望山下东部的海岸才能被潮水淹没,而朐县城是潮水所不能到达的;第二,北魏军队已经围断了朐山城,但无能力攻进城内,说明朐山城已筑有坚固的城墙。这是十余年前,宋明帝泰始年间垣崇祖作朐山戍主时所没有的。

在这十余年中,朐山地区及郁洲岛发生了巨大变化。泰始五年,朝廷在郁洲岛上设立冀州刺史,七年八月冀州刺史刘崇智加青州刺史。这就是宋齐梁三代存在了八十余年的青冀二州。刘宋后废帝元徽二年(474年),冀州豪族刘善明代替刘崇智为青冀二州刺史。平原刘氏是青冀地区的强宗大族,史书记载的刘氏著名历史人物有十余人之多。刘善明被评论为张良、陈平式的政治军事良才,他到青冀二州也是带有部曲健儿的。他对朐山地区的行政建置及军事防御有极大的贡献。他向朝廷上表陈事说:"境上诸城宜应严备,特简雄略,以待事机。资实所须,皆宜豫办。"②当然也包括构筑各种防御工事。《南齐书·州郡志》青州条:"刘善明为刺史,以海中易固,不峻城雉,乃垒石为之,高可八九尺。"这是

---

① 《南齐书》卷二五《垣崇祖传》。
② 《南齐书》卷二八《刘善明传》。

郁洲岛上刘善明所主持构筑的垒石城墙。孔望山古城垣现今所残存的墙体也有部分与此相似,山脊上的城墙两侧垒砌巨石,中间则填充乱石和泥沙,这种简便就地取材的构筑方法与刘善明所主持的完全一致。我们有理由推断孔望山古城垣也可能是刘善明监督下所筑。当时胸山戍主多兼领太守,垣崇祖兼领北琅琊兰陵二郡太守,后又改任东海太守,后又在胸山戍地设东莞琅琊二郡,其郡太守多由胸山戍主兼任。这些郡皆隶属于青冀二州,而刺史刘善明是有权监管的。

中国国家博物馆等单位曾联合对孔望山遗址进行过全面测量和部分发掘,发现孔望山与凤凰山之间有东西长约 630、南北宽约 540、全长约 1 950 米的古城垣,把孔望山下的腹地及现今保存的所有地面文物都包围在内。除少量墙体及隆起的土墩外,城墙多已不存。西城墙保存最好,现存高度在 4 米以上,最高处达 8 米,这些城墙在后世有明显的加固和增高。《嘉庆海州直隶州志》卷一一记载孔望山:"唐宋时为龙兴山,山脊有城址,又名古城山,基址犹存,宋时戍守其上,一名巡望山。"这与勘探发掘成果正合,古城垣上部有唐宋遗物的堆积,这可能是在宋金对抗时经过加固,重新修整。

在史书记载里,我们发现胸城与胸山城是有严格区别的。例如《南齐书·刘怀珍传》,大约在泰始三年二月,刘怀珍率领步骑二千五百人,沿海救援青州,至东海,怀珍进据胸城,且欲退保郁洲。刘怀珍所据的不是胸山城,而且胸城,这就是秦汉以来的胸县城,因为此时胸山城已为垣崇祖所据。《梁书·康绚传》:"胸山亡徒以城降魏,绚遣司马霍奉伯分军据险,魏军至不得越胸城。"《魏书·州郡志》海州条,海州琅邪郡下设胸县,这是东魏武定七年(549 年)所置,此时胸县仍未改胸山县;《隋书·地理志》东海郡设胸山县,并注明"后周改县曰胸山",这就肯定了由胸县改为胸山县是在北周于 578 年兼并了北齐以后。

当时从六里(今灌云县有六里乡)以北,城栅相连,从胸县城以北二十余里,就是北魏所控制的艾塘湖,其间无大河山峦天然屏障,北魏军队可以随时抵达,如太守府设于胸县城内,根本无法防守。这是南朝将帅苦心经营的结果。清代《江南通志》说:"海州之界,戍防要地。六朝时,尝设重镇以掣北魏南来之路。"当即指此。

二、东莞琅邪二郡郡治何地？

孔望山西主峰南麓摩崖造像前的台地上,发掘出可能为宫殿、衙署、陵园或寺院类的大型建筑遗址,其中仅一座就可复原成面阔七间,长约 36、宽约 15.6 米的大型建筑。发掘报告指出,其规模远非别地的太守府可比。地层堆积物绝大多数属隋唐时期,但也有汉魏时期的遗物[①]。据笔者看来,在早期建筑中,应该就有垣崇祖、刘善明等在孔望山下逐渐建筑起来的东莞琅邪二郡太守府,也是胸山戍主的驻地。

---

① 中国国家博物馆等:《连云港孔望山》,文物出版社,2010 年。

　　上文已考证胸山戍就在孔望山下,在胸山戍地设立过的郡级行政机构有:垣崇祖为胸山戍主时兼领的北琅邪兰陵二郡太守,后又改领的东海太守。大约 472 年,垣崇祖堂兄垣荣祖继为宁朔将军、东海太守,可能也在胸山戍地。《南齐书·垣荣祖传》记荣祖为东海太守时,太守府楼下有成群海鸥,如不紧靠海岸,则不可能有海鸥群居。《南齐书·高帝纪》建元元年(479 年)六月,周山图督兖、青、冀、徐州东海、胸山军事,这说明东海、胸山紧密相连。大约是在同一年,吴郡大姓张瓌为冠军将军及东海东莞二郡太守,这说明东海、东莞二郡为同一太守,当也在孔望山下。此时东莞地区应有大批移民南下,并聚集在胸山附近。此后东海郡可能又移至龙沮,因垣崇祖第二次作东海太守时已是 472 年他徙戍龙沮行徐州事以后。《南齐书·高帝纪》建元四年(482 年)二月,以桓康为"持节、督青冀二州、东徐之东莞琅邪二郡、胸山戍、北徐之东海、连口戍诸军事、青冀二州刺史",从桓康所兼领的职任看,此时,东莞、琅邪二郡及胸山戍皆属东徐州辖地,但军事上仍由青冀都督桓康监督指挥。《南齐书·州郡志》,青州属郡有东莞琅邪二郡,治胸山。这说明桓康在 482年二月为青冀都督以前,此二郡即已设置。当时设定的职责是,东莞太守、琅邪太守、胸山戍主三职皆为同一人所领,府治一定是在胸山城。《南齐书·州郡志》,青州下属东莞琅邪二郡,二郡下属有即丘、南东莞、北东莞三县,三县治地皆不可考,但在胸山附近是毫无疑问的。西晋时,即丘县属琅邪郡,东莞县属东莞郡,那么,东莞琅邪二郡下属当以东莞县和即丘县流民为主。此后齐、梁二代,东莞琅邪二郡名皆未见改动。有梁一代,我们能考实的有:天监十年(511 年)三月,盗杀东莞琅邪二郡太守刘晰;普通中(520—526 年)阴子春为胸山戍主、东莞琅邪二郡太守。

三、石鹿山神庙与天师道

　　《梁书·王神念传》记普通中王神念:"出为持节、都督青冀二州诸军事、信武将军、青冀二州刺史。神念性刚正,所更州郡必禁止淫祠。时青、冀州东北有石鹿山临海,先有神庙,妖巫欺惑百姓,远近祈祷,糜费极多。及神念至,便令毁撤,风俗遂改。"此条记载极为重要,但疑点颇多。《南史·阴子春传》所记同一事件,可以互为补充,考实异同。"子春仕历位胸山戍主、东莞太守。时青州石鹿山临海,先有神庙,刺史王神念以百姓祈祷糜费,毁神影,坏屋舍。当坐栋上有一大蛇长丈余,役夫打扑不禽,得入海水。尔夜,子春梦见人通姓名诣子春云:'有人见苦,破坏宅舍。既无所托,钦君厚德,欲憩此境。'子春心密记之。经二日而知之,甚惊,以为前所梦神。因办牲醑请召,安置一处。数日,复梦一朱衣人相闻,辞谢云:'得君厚惠,当以一州相报。'子春心喜,供事弥勤。经月余,魏欲袭胸山,间谍前知,子春设伏摧破之,诏授南青州刺史、镇胸山。"

　　以前笔者看到这两条史料时,也曾将石鹿山神庙与孔望山联系起来,但因《梁书·王神念传》记石鹿山在"青冀二州东北",当时青冀二州治在今天的连云港市海州区南城镇,其东北必在海中郁洲岛某处,如依此说,则绝不可能是孔望山。细看《南史·王神念传》

作"青州东北",无冀字。《南史·阴子春传》作"时青州石鹿山临海",两传完全一致,很可能是《梁书·王神念传》有误,石鹿山神庙就在青州辖区内。据《南齐书·州郡志》,青州州治有时亦曾移镇朐山,下辖东莞琅邪二郡,治朐山。那么,石鹿山必在朐山戍内。汉魏时期,孔望山可能称石鹿山,也可能是某一部分称石鹿山,现已无法确考了。

从上引两条史料,我们考知如下几点:

第一,《南史·阴子春传》"子春仕历位朐山戍主、东莞太守",一般说,东莞太守是"东莞琅邪二郡太守"的省略。阴子春为朐山戍主,兼领此二郡太守,石鹿山神庙必定在朐山戍及东莞琅邪二郡治区之内,如石鹿山在郁洲岛上某地,则朐山戍主不该管也是无权责管的。上文已经考证,孔望山下古城址就是朐山戍及东莞琅邪二郡治,那么,石鹿山就是孔望山当时使用过的名称。

第二,石鹿山"神庙妖巫欺惑百姓,远近祈祷,糜费极多",王神念称之为淫祠。魏晋南北朝时期,有时称天师道或五斗米道为淫祀、淫祠,或称妖巫、妖道。孔望山下的神庙就是崇奉天师道的庙宇,阴子春所梦见的朱衣人,可能就是天师的形象。东汉以来,天师道的发源地是琅邪地区,《后汉书·襄楷传》襄楷上疏曰:"臣前上琅邪宫崇受于吉神书",《三国志·吴书·孙策传》注引《江表传》谓"时有道士琅邪于吉",说明制造神书的道士于吉和他的徒弟宫崇皆是琅邪人,琅邪及其附近地区必是天师道传播深入之地。他们"立精舍,烧香,读道书,制作符水以治病"。各地都有大批信徒,汉魏时期,天师道必早已传入朐淮地区。东晋末孙恩起义在江南失败后,从海上逃奔郁洲岛。其社会原因也可能是这一地区已有大批天师道信徒,而孙恩也是五斗米道世家,他们结合起来欲再度起事。二百年以后,齐、梁时期仍然如此。泰始年间北魏占领青齐鲁兖地区以后,大量流民南徙,其中以豪门大族为主,这些豪门往往就是天师道世家。青齐豪门南徙多流落在朐淮地区及郁洲岛。东莞琅邪郡名也应该反映了南徙流民的地域。稍后逐渐南下的移民,也很可能带来众多的天师道徒及信息。

第三,青冀二州刺史王神念"令毁撤"、"毁神影、坏屋舍",这个屋舍可能就是孔望山造像处的庙宇。孔望山摩崖造像前必有大规模的建筑,以供信徒使用,这很可能就是两传所说的神庙,所谓神影很可能就是孔望山摩崖造像及其他塑造的神像。这个推断是否科学合理,希望能够引起学界的进一步研究讨论。

据《魏书·地形志》载,"海州治龙沮城,领郡六,县十九",加上南青州的义塘郡三县,这大致相当于明清时的海州辖区。显然郡、县行政机构设置过多,其原因必有我们尚不知道的因素。《魏书·地形志》所记是东魏武定七年(549年)设立的海州建制,仍然设有琅邪郡,领县三:海安、朐、山宁。朐肯定就是秦汉以来的朐县城,海安又设在何地?海州琅邪郡应是东莞琅邪二郡的改置,上文已考此二郡设在孔望山下,而首县海安应与琅邪郡治同驻一地,故海安应在孔望山下。《魏书·地形志》并记海安县有芦石山和坠屋山,依本人看来,芦石山很可能就是《王神念传》、《阴子春传》所记石鹿山的倒误,而坠屋山也可能是因王神念撤毁神庙而得名。

第四,《南史·阴子春传》记载,因北魏袭击朐山,子春设伏摧破之,因而诏授阴子春为南青州刺史,镇朐山。据笔者所知,齐、梁二代无南青州的设立,这可能是临时短期的措施,事后又撤销了。但是,一个重要的史实是,南青州刺史镇朐山,孔望山下的朐山城是南青州刺史的治所,说明朐山城是当时的军事重镇。

关于《新中国出土墓志·江苏(贰)南京》 在信息著录方面的疏误

邵 磊

南京市文化遗产保护研究所　研究馆员

内容提要：故宫博物院与南京市博物馆合编、被列入国家社科基金重大项目并得到国家社科基金专项资助的《新中国出土墓志·江苏(贰)南京》一书,收录了1949年至2012年12月入藏南京市博物馆的历代墓志305方及买地券16方,大多属首次刊布,文献价值极高。但编纂过程中由于不够细致而导致文字释读与著录信息方面的疏误也有不少,本文逐一指出了这些墓志(买地券)在著录信息诸如出土时、地方面的种种误会,顺带也对涉及墓志(买地券)"因释读不当造成的错误"略加讨论。

关键词：墓志　买地券　著录　南京市博物馆

2014年底,故宫博物院与南京市博物馆合编、被列入国家社科基金重大项目并得到国家社科基金专项资助的《新中国出土墓志·江苏(贰)南京》一书(包括上册即《图版册》与下册即《释文册》)由文物出版社出版发行[①]。本书由魏正瑾、白宁主编,王素、任昉审订。全书共计收录1949年至2012年12月入藏南京市博物馆的墓志305方,包括东晋、南朝时期的36方,唐、宋、元时期27方,明代的236方,清代的5方,民国时期的1方,另附历代买地券16方。其中,约半数以上的墓志属首次刊布,其文献价值之高,不言而喻。

但翻阅此书一遍后,却发现了不少纰漏和瑕疵。好在编者也有先见之明,在书的后记里留下了这样的话:"本书因工作疏忽造成的遗漏,不免遗憾,祈请读者谅解。因释读不当造成的错误,祈请给予指正。"[②]笔者长年在南京从事田野考古工作,于石刻史料的整理属门外汉,但自忖对"本书因工作疏忽造成的遗漏"中关于部分墓志(买地券)信息著录的疏误,尚不无日积月累的陈年旧账可翻,故缀拾成文,顺带对所及墓志(买地券)在录文、断句方面的不妥之处亦即编者所谓"因释读不当造成的错误"略撖一二,希望给愿意利用这部书的学者提供一些力所能及的帮助。

---

① 故宫博物院、南京市博物馆编:《新中国出土墓志·江苏(贰)南京》(上、下册),文物出版社,2014年。

② 《新中国出土墓志·江苏(贰)南京》下册,第276页。

一、墓志来源信息不确

包括墓志、买地券在内的文物的来源信息,其重要性自不待言,对于从事过考古工作的人而言,这种体会尤为深切。《新中国出土墓志·江苏(贰)南京》一书的"前言"固然也不乏诸如"出土墓志的墓葬都是考古的重要单元,与这一时期考古整体关系极为密切"之类的认识,但在墓志、买地券的信息来源著录这样的基础性工作中,还是出了不少本不应出的岔子,以下谨以原书编号为序,次第述之。

1. 第 34 号"南朝梁卢某墓志"

拓图下的介绍文字称系"1949 年后出土,具体时、地不详。二十世纪八九十年代征集"。按,该墓志系 1978 年 5 月 8 日由南京市博物馆考古工作者在位于南京燕子矶以南 1 公里和燕路西侧 0.5 公里"太子洼"南面小山坡上的一座南朝砖室墓中发掘出土,其西南距中央门约 6.5 公里,考古简报早已刊出①。墓志风化漫漶甚为严重,但所幸墓主卒葬于"普通二年八月七日"尚可辨识,由于出土了纪年确凿的石墓志,这座南朝萧梁时期的墓葬也在文物考古学界被约定俗成地称之为"梁普通二年失名墓",因墓主曾官"辅国将军",故也被称为"梁普通二年辅国将军墓"。作为南朝考古发现中难得一遇的具有标型意义的纪年墓,该墓葬与出土墓志在魏晋南北朝考古学界可谓广为人知。但令人百思不得其解的是,《新中国出土墓志·江苏(贰)南京》一书的主编魏正瑾先生,正是当年"梁普通二年失名墓"的现场发掘者与考古简报的执笔者,不知何以竟会对自己亲历并整理研究过的这一重要考古发现遗忘得如此干净。

2. 第 39 号"唐琅邪王公(宝)故夫人上谷侯氏(罗娘)墓志铭"

拓图下的介绍文字称系"1949 年后出土,具体时、地不详。2008 年征集"。按,该墓志系 1990 年在南京栖霞区南京炼油厂出土,旋即为南京市博物馆考古部征集入藏,具体经手人为王志高等,相关资料也已刊出②,"2008 年征集"云云,不知从何说起。

又,据《新中国出土墓志·江苏(贰)南京》一书《编辑凡例·七》所述:"本书《释文册》著录墓志,包括释文、简注、附录三部分。释文采用通行繁体字……其中俗别字径改为通行字,假借字及现在仍通行的简体字照录原文。"而《唐琅邪王公(宝)故夫人上谷侯氏(罗娘)墓志铭》第 10 行录文"夫人既和且乐,懿业彌芳","彌"字,原石写作"弥"字,依据《编辑凡例》固属应"照录原文"的"现在仍通行的简体字",不宜改为繁体字。此外,第 25 行铭辞部分录文"莫睹光尘","睹"字,原石写作"覩","覩"在古汉语中的使用频率很高,恐谈不上是俗别字,改成"睹"字似乎也不妥当。

---

① 南京市博物馆(魏正瑾等执笔):《南京郊区两座南朝墓清理简报》,《文物》1980 年第 2 期。
② 南京市博物馆(王志高等执笔):《江苏南京市出土的唐代琅琊王氏家族墓志》,《考古》2002 年第 5 期。

3. 第 44 号"南唐故京兆杜公(昌胤)墓志铭"

拓图下的介绍文字称系"1949 年后出土,具体时、地不详。二十世纪八九十年代征集"。按,该墓志系南京市博物馆考古部于 1979 年 3 月 17 日在南京中央门外汽轮电机厂经考古发掘出土,发掘者为阮国林等人,考古简报业已刊出①。

4. 第 48 号"南唐故奉先禅院净照禅师塔志铭"

拓图下的介绍文字称系"1949 年后出土,具体时、地不详。二十世纪八九十年代征集"。按,该墓志系 1992 年 5 月由南京市博物馆考古部在南京雨花台区普德寺东侧共青团路净照禅师墓塔下发掘出土,发掘者为顾苏宁等人,《扬子晚报》1992 年 5 月 27 日、《南京日报》1992 年 5 月 29 日、《中国文物报》8 月 16 日等均曾对南京净照禅师墓的考古发现予以报道。

又,墓志紧接首题之后的题铭录文"……尚书工部员外郎知制诰云骑尉□□鱼袋张洎撰",缺文笔画可辨,为"赐紫"2 字。

5. 第 54 号"北宋故(钱规妻)范氏夫人墓志铭"

拓图下的介绍文字称系"1949 年后出土,具体时、地不详。南京市文物研究所征集。2003 年移交南京市博物馆"。南京市文物研究所于 20 世纪 90 年代末调查、征集过一批南京及其附近地区出土的墓志石刻,笔者作为经手人之一,不仅始终参与其中,并且后来还为这批墓志石刻的运输、存放多方奔走②,可以确认其中并无该"北宋范氏夫人墓志"。经查阅相关资料,可知该墓志应系 1981 年 8 月在南京江北的六合红砂矿出土,旋即由南京市博物馆考古部征集入藏。

又,墓志第 12 行录文"居七年,居士卒,诸孙貌然",但若钱规亡故后唯有"诸孙貌然"的话,则置钱规夫妇诸子女(男二女四)于何地?细审拓本,"孙"实为"孤"字。墓志第 15、16 行录文"吾诵此书,非独为死者地,于以观幻妄、去缠恼,为益多矣",原石"非独为死者地"之"地",当以作"第"为是,以《编辑凡例·七》之"……俗别字径改为通行字,假借字及现在仍通行的简体字照录原文"而言,则即便不作更改,也该出一条注释以资说明。

6. 第 55 号"北宋故何府君(宗)墓志铭"

拓图下的介绍文字称系"1949 年后出土,具体时、地不详。1963 年南京市秦淮区征集。现藏南京市博物馆"。但志文谓传主"葬于上元县清风乡之西山",其地位于今南京

<hr />

① 南京市博物馆(阮国林执笔):《南京南唐墓出土木俑及石刻墓志盖》,《文物资料丛刊》第 10 辑,文物出版社,1987 年,第 159—161 页。

② 南京市文物研究所于 20 世纪 90 年代末调查、征集的南京及其附近地区发现的历代墓志,总数在 50 种左右,这批墓志最先存放在南京市民俗博物馆,后移置明岐阳王李文忠墓园内,最终移交南京市博物馆。

东北郊栖霞区甘家巷至尧化门一带,何以志石却于南京城南的秦淮区征集? 故颇疑其所述来源有误。

7. 第 62 号"南宋周国太夫人杨氏(善庆)墓志铭"

拓图下的介绍文字称系"1949 年后出土,具体时、地不详。二十世纪八九十年代征集"。按,该墓志系 2000 年 4 月出土于南京江宁区康后村河海大学新校区南宋周国太夫人墓中,发掘者为南京市博物馆马涛、江宁区博物馆周维林等人,考古简报业已刊出①。

又,墓志第 2、3 行录文"适先考少师、开府仪同■节度使、殿前都指挥使、左金吾卫□将军王公福……","开府仪同"与"节度使"间的缺文实有 5 个字格,其中,"开府仪同"后可见"三司"2 字,"节度使"前可见"平海军"3 字;"将军王公福"前的缺文为"上"字。第6、7 行录文"□□二年,以郊恩加封鲁国太夫人",缺文为宋度宗年号"咸淳"。第 8 行录文"虽□□□□年,犹亲绩■过侈","虽"后的缺文可辨系"六封郡国"4 字,"年"实为"手"字之误,"犹亲绩"与"过侈"间的缺文内容为"□□未尝",则原句应断为"虽六封郡国,手犹亲绩□□,未尝过侈"。第 10 行录文"□□□考薨后十余年,□凡所以修功德、将报荐者","考"前的 3 个字格,实仅有"自先"2 字,"自"与"先"间系空格无文;"年"与"凡"间的缺文为"间"字,"年"后的逗号应后移至"凡"字前。则原句应断为"自先考薨后十余年间,凡所以修功德、将报荐者"。第 11 行录文"晨香夕烛,念□弗忘",缺文为"念"之重文,仍为"念"字。第 12 行录文"今堂宇整肃,松柳茂阴,皆必躬必亲,□理而成也",据拓本,"松柳茂阴"之"茂"实为"成"字;"□理而成",缺文为"葺"字。第 16 行录文"男三人:长应龙……兼管内勤农营田屯田事",末行篆盖者赵崇源题名署衔亦见"……兼管内勤农营田事","勤农"一词,经检覈拓本,实为"劝农"之误。

8. 第 81 号"明威将军金兴武卫指挥事王公墓志"

拓图下的介绍文字称系"1965 年南京市玄武区后曹村明墓出土。现藏南京市博物馆"。按,"后曹村",当为今南京火车站以北的"曹后村"之误。传主为鄱阳湖战死的左元帅王胜之子,若出土地确实为曹后村,则可证其地彼时亦被视为"钟山之阴"。

9. 第 89 号"明金浙江都指挥事张公圹志"

拓图下的介绍文字称系"1949 年后出土,具体时、地不详。二十世纪八九十年代征集"。按,该墓志系南京市博物馆考古部于 1992 年 8 月在南京雨花台区铁心桥唐家凹一明初大型砖室墓的前室近封门墙处发掘出土,发掘者为王志高等人,考古简报业已刊出②。据《新中国出土墓志·江苏(贰)南京》收录的墓志残拓,并参考考古简报,可判定志文连同首题与题名在内共计 25 行,满行 24 字。

---

① 南京市博物馆等(马涛等执笔):《江苏南京南宋周国太夫人墓》,《东南文化》2010 年第 4 期。
② 南京市博物馆(王志高等执笔):《江苏南京市唐家凹明代张云墓》,《考古》1999 年第 10 期。

10. 第 90 号"明长兴侯(耿炳文)夫人陈氏(善愿)墓志"

拓图下的介绍文字称系"永乐元年(1403)六月二十三日卒。……志文仅存 22 行,满行 23 字。正书。志、盖均断裂,志左半部断佚,盖左下角断佚。志文残缺不全。1949 年后出土,具体时、地不详。二十世纪八九十年代征集"。按,该墓志系南京市博物馆考古部于 1994 年 7 月在南京江宁县石马村明长兴侯耿炳文妻陈氏墓中发掘出土,发掘者为南京市博物馆王志高、江宁区博物馆俞力新等人,考古简报业已刊出①。

值得一提的是,耿炳文妻陈氏墓志出土之际尚完璧无缺,与《新中国出土墓志·江苏(贰)南京》一书收录陈氏墓志业已石断文残,以至连原有行格都无从复原的情形,可谓大相径庭(图一)。据考古简报所附陈氏墓志拓本影印件,可知陈氏墓志志文连同首题在内共计 24 行,并非《新中国出土墓志·江苏(贰)南京》所谓"仅存 22 行",而且志文中的关键性内容如记传主陈氏卒于洪武三十五年即建文四年(1402)六月二十三日、葬于是年八月初九日等,皆清晰完好,历历可辨。但令人费解的是,即便现存志文几乎已残失过半,《新中国出土墓志·江苏(贰)南京》的编者们却依然懒得核查考古简报,仍径以残石存文照录不顾,其近乎偏执的"抱残守缺"简直达到了令人不可理喻的程度。甚至在陈氏墓志录文后的"简注"中,还煞有介事地通过对墓志残文个别笔画的反复推敲,来定夺原本一清二楚的传主卒葬时间,但这种吃力不讨好的做法,最终得出的却是"志主(陈氏)之卒为永乐元年六月二十三日"这样的错误认识②,而这一错误认识却在由魏正瑾、白宁执笔的

图一　明长兴侯耿炳文妻陈氏残拓(书中标示 90 号)与全拓(考古简报所附)

---

① 南京市博物馆(王志高等执笔):《江苏南京市南郊两座大型明墓的清理》,《考古》1999 年第 10 期。
② 《新中国出土墓志·江苏(贰)南京》下册,第 62 页。

《前言》中被作为本书编纂过程中的研究成果之一予以出注标识①。

11. 第 92 号"明韩宪王朱松墓志"

拓图下的介绍文字称系"1949 年后出土，具体时、地不详。二十世纪八九十年代征集"。按，韩宪王朱松墓志系南京市文物保管委员会（南京市博物馆前身）于 1966 年在南京雨花台区韩府山俗称"韩府洞"的明韩宪王朱松墓中发掘出土②。

12. 第 113 号"明故（邓济）夫人宋氏墓志"

拓图下的介绍文字称系"1949 年后出土，具体时、地不详。二十世纪八九十年代征集"。按，该墓志系南京市博物馆考古部阮国林于 2001 年在南京地铁 1 号线小行站施工期间征集。

13. 第 116 号"明史均祥室冯氏（谅）墓志铭"

拓图下的介绍文字称系"1957 年南京市栖霞区龙潭黄龙山 M1 冯谅墓出土"。按，志文记载传主史均祥室冯氏（谅）葬于"都城南安德乡进名山先茔"。而据史均祥母、同书第 109 号"明史仲铭室张氏（寿贞）墓志铭"，张氏（寿贞）亦葬于"江宁县安德乡上保高家库村进名山之原"。以南京南郊安德门外之地望，尤其是"高家库村"这一沿用至今的地名，可证史门张氏、冯氏婆媳下葬的"进名山"，即南京南郊安德门外大定坊之"静明山"无疑。静明山位于南京南郊，而栖霞区龙潭黄龙山则位于南京东北郊，风马牛不相及，故《新中国出土墓志·江苏（贰）南京》所述"明史均祥室冯氏（谅）墓志铭"的信息来源显然不可靠。

静明山之得名，容易被联想到或与明代寄衔内官监的南京守备太监罗智正统年间在此肇建的"静明寺"（明英宗敕赐寺额）有关③，今由镌制于明宣德年间墓志之"进名山"而言，则太监罗智于此肇建静明寺之际，其寺额"静明"的命名，多少也还是受到了所在地原有地名的影响，并非向壁虚造。

又，墓志第 15、16 行录文"（冯氏）治家用简，处事以周，和气蔼然。一门不幸，以宣德辛亥五月二十二日卒"，"蔼然"后的句号应移至"一门"后，"不幸"后的逗号宜删去，则原句应断为"（冯氏）治家用简，处事以周，和气蔼然一门。不幸以宣德辛亥五月二十二日卒"。

14. 第 130 号"明南康大长公主（朱玉华）圹志"

拓图下的介绍文字称系"1949 年后出土，具体时、地不详。2008 年征集"。按，该墓志

---

① 《新中国出土墓志·江苏（贰）南京》"前言"注 27。
② 邵磊等：《南京出土明代皇族墓志考》，《中国国家博物馆馆刊》2013 年第 3 期。
③ 明宣德、正统年间寄衔内官监的南京守备太监罗智墓志，见录于《新中国出土墓志·江苏（贰）南京》第 144 号。

系南京市文物保管委员会(南京市博物馆前身)于 1970 年在南京驯象门外之西、赛虹桥北的南京钢管厂发掘出土①,且早已入藏南京市博物馆,在 20 世纪 90 年代出版的南京方志类书籍中有明确记载,"2008 年征集"云云,不知从何说起。

15. 第 134 号"明左军都督府左都督刘(聚)夫人梁氏(慧清)墓志铭"

拓图下的介绍文字称系"1949 年后出土,具体时、地不详。2010 年征集"。所述不够全面,该墓志应系 2010 年 10 月于南京火车站东北沈阳村一居民家中征集,据志文,传主葬地为"南京神策门外龙岗之原",与墓志被发现与征集的地点相符。又,墓志第 6 行录文"夫人生长名门……父母家钟爱","家"实为"宷",即"最"字。第 7 行录文"……刘聚气刚志锐,有将材,为归焉","为"系"遂"字之误。

16. 第 142 号"明(宋铉)恭人唐氏(妙真)圹志"

拓图下的介绍文字称系"1949 年后出土,具体时、地不详。二十世纪八九十年代征集"。按,该墓志系南京市博物馆考古部于 1991 年在南京江宁县东善桥宋铉夫妇墓中发掘出土,发掘者为王志高等人,考古简报业已刊出②。

17. 第 160 号"明荣禄大夫南京前军都督府都督同知范公(雄)墓志铭"

拓图下的介绍文字称系"1949 年后出土,具体时、地不详。二十世纪八九十年代征集"。按,该墓志最初系南京市博物馆考古工作者于 1978 年在南京江宁县东山公社先锋大队孤塘村明代范雄墓中发掘出土,但考古工作者在抄录了传主姓名、终官与生卒年等讯息后,即将志石弃置原地,20 世纪 90 年代末复为南京市文物研究所征集,但志盖已遗失,后移交南京市博物馆。

18. 第 163 号"明故徐季昭妻赵氏(妙安)墓志铭"

拓图下的介绍文字称系"1949 年后出土,具体时、地不详。二十世纪八九十年代征集"。按,该墓志系南京市博物馆考古部陈大海等 2008 年在南京建邺区富春江路进行考古调查之际,于一建筑工地旁捡拾而得。

19. 第 175 号"明刘处士(刚)墓志铭"

拓图下的介绍文字称系"1949 年后出土,具体时、地不详。南京市文物研究所征集。2003 年移交南京市博物馆。现藏南京市博物馆"。按,该墓志系 20 世纪 90 年代末出土于南京雨花台区丁墙村。

又,墓志第 8 行录文"与人交惟以忠信相□,□面背□□","面"前的缺文为"无"字,

① 邵磊等:《南京出土明代皇族墓志考》,《中国国家博物馆馆刊》2013 年第 3 期。
② 南京市博物馆(王志高执笔):《南京南郊明墓清理简报》,《南方文物》1997 年第 1 期。

"背"后的缺文为"欺隐"2字。第9行录文"凡遇交质货贿,一裁□义,取□不苟","义"前的缺文为"以"字,"取"后的缺文为"予"字。第11行录文"务实去□,未尝以富骄人",缺文为"华"字。

20. 第196号"明故昭勇将军上轻车都尉南京锦衣卫都指挥佥事丁公(固宗)墓志铭"暨第197号"明诰封丁(固宗)淑人杜氏(淑祥)墓志铭"

两墓志拓图下的介绍文字均称系"1949年后出土,具体时、地不详。二十世纪八九十年代征集"。按,丁固宗暨妻杜氏墓志,系南京市博物馆考古部于1978年9月在南京雨花台区西善桥丁固宗夫妇合葬墓中发掘出土,墓中尚伴出有龙泉窑青瓷刻花瓶等珍贵文物,发掘者为朱兰霞等人,考古简讯业已刊出①。

又,墓志正文前的撰者题名录文"赐进士嘉议大夫南京户部右侍郎前翰林国史检讨直文华殿国子祭酒兼经筵讲官莆阳郑□撰文","郑□"为"郑继"。

21. 第209号"明封刑部郎中怡静沈先生(安)墓志铭"暨第214号"明故沈(庠)母童宜人(妙寿)墓志铭"

明封刑部郎中沈安暨妻童妙寿两人的墓志,系南京市博物馆考古部于1986年在南京雨花台烈士陵园东侧沈安夫妇墓内同时发掘出土,发掘者为华国荣等人。但第214号童妙寿墓志拓图下的介绍文字却称系"1949年后出土,具体时、地不详。二十世纪八九十年代征集",与同墓所出沈安墓志拓图下的介绍文字自相矛盾。

又,墓志第22、23行录文"(孙鸣凤)礼司铸印局冠带儒士","礼司"实为"礼部"之误。

22. 第210号"明南京府军后卫指挥佥事赵君伯容(锺)墓志铭"

拓图下的介绍文字称系"1949年后出土,具体时、地不详。2008年征集"。按,赵伯容(锺)墓志的最初出土地点应即南京雨花台区板桥赵坟村三山砖瓦厂范围内,与其父驸马都尉赵辉墓相距不远。赵伯容(锺)墓志的征集者为南京市博物馆龚巨平等,资料业已刊出②。

23. 第211号"明兴化府推官罗侯(登)母刘氏(善贞)墓志铭"

拓图下的介绍文字称系"1949年后出土,具体时、地不详。二十世纪八九十年代征集"。按,该墓志系南京市博物馆考古部于2010年在南京雨花台区西善桥贾东村贾家山明兴化府推官罗登夫妇墓内发掘出土,发掘者为周保华等人。

① 南京市文管会:《南京郊区出土明青瓷花瓶》,《文物资料丛刊》第10辑,文物出版社,1987年,第201页。
② 龚巨平:《明宝庆公主墓葬的清理及明代公主墓葬制度分析——兼释赵伯容墓志》,《东南文化》2011年第1期。

又，墓志第 11 行录文"在家待字，习女红"，"字"实为"日"字。第 27、28 行"若夫恩命
渺赊，泣号太加；此则天实司之，人不能违之，又何嗟？"按，"号"前似非"泣"字，"号"后亦
非"太加"而为"未加"，此固与墓志第 26 行所谓"考课之典未行覈实，推恩之命未下也"相
呼应。

24. 第 219 号"明南京尚膳监幸公（福）母刘氏墓志铭"

拓图下的介绍文字称系"1949 年后出土，具体时、地不详。二十世纪八九十年代征
集"。按，该墓志系南京市博物馆考古部周裕兴等人 1994 年在雨花台区养回红村南京发
动机配件厂发掘明南京内官监太监郑山母季氏墓之际，在季氏墓附近征集所得。考古调
查资料业已刊出①。

25. 第 248 号"明故资政大夫南京刑部尚书顾公（璘）墓志铭"

拓图下的介绍文字称系"1949 年后出土，具体时、地不详。二十世纪八九十年代征
集"。按，顾璘墓位于南京雨花台区西善桥贾西村，在 1949 年前即已遭盗毁，遭盗掘出土
的顾璘墓志原石长年被弃置路边，任人椎拓，至 20 世纪 50 年代始为南京市博物馆征集入
藏，是故顾璘墓志拓本早年流出甚多，国内各大图书馆多有收藏。

26. 第 266 号"明重建前元故玉泉宫处士墓志铭"

拓图下的介绍文字称系"1949 年后出土，具体时、地不详。二十世纪八九十年代征
集"。按，此为明万历三十年（1602 年）复建的元代后至元三年（1337 年）碑形墓志，系南
京市博物馆 1986 年 4 月上旬在南京雨花台区铁心桥东前村南京东风专用汽车制造厂建
筑工地调查时发现，并予征集入藏。

又，墓志第 8、9 行录文"或夜归，而虑惊亲寝，则绕□□过其门"，"绕"应为"跷"字，缺
文为"足以"2 字，则原句为"或夜归，而虑惊亲寝，则跷足以过其门"。

27. 第 302 号"清诰授荣禄大夫振威将军兵部尚书都察院右都御史闽浙总
督董文恪公（教增）墓志铭"

拓图下的介绍文字称系"1949 年后出土，具体时、地不详。二十世纪八九十年代征
集"。按，该墓志系南京市博物馆考古部于 20 世纪 70 年代后期在位于南京雨花台区西善
桥泰山大队的董教增墓中发掘出土。其时，董墓前神道两侧尚存石马一对。据现场负责
考古发掘工作的阮国林先生回忆：董墓为一长方形竖穴土坑墓，形制苟简，且在发掘前已
遭施工破坏，除了放置在木棺外的一合石墓志外，未发现其他随葬品。

据出土墓志原石，董教增墓志文系出汤藩手笔，亦见录于《碑传集》，题为《荣禄大夫

---

① 裕兴、维勇、新华：《新发掘的南郊几座墓葬》，《南京史志》1996 年第 1 期。

振威将军兵部尚书督察院右都御史闽浙总督董文恪公教增墓志铭》①。经检覈，发现《碑传集》所录董教增墓志全文，仅缺少墓志原石正文第 15 行"修栈道"至"并凤翔监课于地丁"这一段关于董教增任陕期间"一意抚民"的施政举措，余皆相同。据同治《南丰县志》记载：汤藩，字西樵，江西南丰人，与董教增同为清乾隆五十二年（1787 年）进士，授工部主事，迁员外郎，清嘉庆三年（1798 年）服阕期满，起复为河南、江西副主考官，历任福建延平、广西桂林、广西镇安知府，擢江苏布政使、江苏按察使、安徽观察使，后改任安徽学政。

然董教增墓志亦见录于清代学者管同《因寄轩文集》卷二，题为《光禄大夫振威将军兵部尚书督察院右都御史闽浙总督董文恪公墓志铭》，下注"道光三年代"，庶知董教增墓志的撰人署名固为"汤藩"，实出自管同代笔。而管同最初所撰董教增墓志，较诸汤藩挂名的墓志原石，其间的异同归纳起来大致有这样几种情形：其一是《因寄轩文集》空缺，有待填补，而汤藩改订及镌志纳圹之际予以填补者，包括传主董教增的曾祖、祖父、本生祖、父亲的名讳等；其二是《因寄轩文集》在刊刻过程中所致的脱讹衍误，汤藩改订及镌志纳圹之际加以修正，如清廷对董教增的授封、董教增妻室的丧葬、董教增次子董斯福的职官等；其三是《石本》在书刻之际可能产生的讹误；其四是汤藩定稿之际对管同代笔的初稿在文辞上所作的润色。

董教增墓志真正的作者或者说原作者管同，字异之，上元人，幼失怙，因家境贫困而奔走于幕府间，道光六年（1826 年）为时任安徽巡抚的邓廷桢延聘为子师，卒于道光十一年（1831 年），终年五十二岁。管同与梅曾亮、陈用光、邓廷桢等从学于桐城学派的开派人物、古文家姚鼐，肄业于钟山书院，深得姚鼐赞许，誉其"得古人雄直气"，著有《七经纪闻》、《孟子年谱》、《因寄轩文集》、《皖水词存》等②。由此可见，道光三年（1823 年）管同为汤藩代笔董教增墓志之际，正值其奔走幕府之时，加之为董教增墓志书丹的且是其同窗好友、传主董教增的姻侄邓廷桢，以此而言，管同领命或受邀为宦海大佬、与董教增有同科之谊的汤藩代笔，于情于理也就不显得突兀了。《新中国出土墓志·江苏（贰）南京》一书之《编辑凡例·七》有云："本书《释文册》著录墓志，包括释文、简注、附录三部分。……简注主要针对释文本身，也包括对志主佚名和卒葬时间不详等问题的考订。附录主要针对残缺漫漶的墓志，提供传世墓志和相关材料，以资比较和理解。"董教增墓志固然并非"残缺漫漶"，但鉴于其错综复杂的作者问题，不是也应该至少提供各自的文本出处，以见其异同么？

28. 第 303 号"清诰授中宪大夫江南分巡淮扬河漕盐驿兵备道春涛江公（瀚）暨原配丁恭人继配郭恭人合葬墓志铭"

拓图下的介绍文字称系"1949 年后出土，具体时、地不详。2004 年南京市栖霞区十月

---

① 钱仪吉纂，靳斯标点：《碑传集》卷七四《荣禄大夫振威将军兵部尚书督察院右都御史闽浙总督董文恪公教增墓志铭》，中华书局，1993 年，第 939—940 页。
② 参见管同撰：《因寄轩文集》卷首张士珩《小传》，光绪五年（1879 年）刊本。

村征集"。按,江瀚暨妻合葬墓志系南京市博物馆考古部于 2004 年在位于南京栖霞区十月村附近北家边的一座清代浇浆墓中发掘出土,发掘者为邵磊、岳涌等人,墓志出土之际系竖立放置于墓主足部的棺木挡板外侧,其棺木内壁及挡板尚存松鹤延年彩绘。

29. 附录第 10 号"明孝男季瓛为故妣陈氏(妙真)买地券"

拓图下的介绍文字称系"2003 年南京市雨花台区小行陈妙真墓出土"。按,该墓志系南京市博物馆考古部于 2001 年 5 月在地铁 1 号线小行站施工之际发现的陈妙真墓内发掘出土,同墓伴出 10 个灰陶蛐蛐罐,发掘者为姜林海等人,考古简讯业已刊出①。

30. 附录第 11 号"明故内官监太监郑山为先妣季氏买地券"

拓图下的介绍文字称系"1949 年后出土,具体时、地不详。南京市文物研究所征集。2003 年移交南京市博物馆。现藏南京市博物馆"。按,内官监太监郑山为先妣季氏买地券,系南京市博物馆考古部于 1994 年 7 月在南京雨花台区养回红村南京发动机配件厂厂区内明代南京内官监太监郑山母季氏墓内发掘出土,发掘者为周裕兴等人,与 1999 年成立的南京市文物研究所毫无关系。考古调查资料业已刊出②。

二、志石分离兼来源信息有误

所谓志石分离,是指将同一合墓志误为彼此无关的两种单独的墓志,并分别予以编号著录。具体包括两种情形,一种是将同一合墓志的志盖与镌刻志文的志底一分为二,另一种是同一块志石因断裂而被误作二石。

1. 第 66 号"明故周公(显)墓志铭"

墓志失盖,拓图下的介绍文字称"洪武五年(1372 年)六月二十九日(卒)。石质。志长 66、宽 56、厚 9 厘米。志文 31 行,满行 24 字。正书。志泐蚀较重,志文漫漶不清"。又,同书第 285 号"明赐昭勇将军骁骑左卫亲军指挥使周公之墓志盖",拓图下的介绍文字称"崇祯十七年(1644 年)前。石质。盖长 57、宽 57、厚 11 厘米。盖文 3 行,满行 6 字。正书。周边为双线框",但从拓图看,此"周公之墓志盖"并非正方形,其长宽绝无可能同为 57 厘米,且传主"周公"署衔亦与第 66 号"明故周公(显)墓志铭"所述相同,故两者当为同一合墓志(图二)。

2. 第 108 号"明故前军都督刘公(鉴)墓志铭"

拓图下的介绍文字称"宣德二年(1427 年)十月十九日。石质。志长 48、宽 48、厚 7

① 姜林海:《南京小行明墓出土陶制蛐蛐罐》,《南京文物考古新发现》,江苏人民出版社,2006 年,第 166 页。
② 裕兴、维勇、新华:《新发掘的南郊几座墓葬》,《南京史志》1996 年第 1 期。

图二　明初开国功臣周显墓志的志文(书中标示 66 号)与志盖(书中标示 285 号)

厘米。志文 35 行,满行 35 字。正书。周边为单线框。盖佚。1949 年后出土,具体时、地不详。2008 年征集。现藏南京市博物馆"。又,同书第 281 号"明骠骑将军都督佥事刘公墓志铭盖",拓图下的介绍文字称"崇祯十七年(1644 年)前。石质。盖长 48、宽 48、厚 7 厘米。盖文 3 行,满行 5 字。篆书。周边为单线框。志佚。1949 年后出土,具体时、地不详。南京市文物研究所征集。2003 年移交南京市博物馆。现藏南京市博物馆"。

　　按,第 108 号"明故前军都督刘公(鉴)墓志铭"记传主刘鉴终官南京后军都督府都督佥事,与第 281 号"明骠骑将军都督佥事刘公墓志铭盖"上的署衔相符,而且志石与盖石的边饰暨长、宽、厚的尺寸也都完全相同。庶几可证,所谓"志佚"的第 281 号"明骠骑将军都督佥事刘公墓志铭盖"与"盖佚"的第 108 号"明故前军都督刘公(鉴)墓志铭",实属同一合墓志(图三)。值得一提的是,书中关于上述刘鉴墓志的志盖与志石的来源,也是歧

图三　明故前军都督刘鉴墓志的志文(书中标示 108 号)与志盖(书中标示 281 号)

异互见,据笔者访查得知,该刘鉴墓志既非征集品,也非南京市文物研究所移交,而是南京市文物保管委员会(南京市博物馆前身)于1977年在南京江宁县六郎公社大塘大队经考古发掘出土。

3. 第262号"明魏国公徐公(邦瑞)墓志铭"

拓图下的介绍文字称"万历十六年(1588年)(卒)。石质。志长92、宽92、厚13厘米。志文约50行,满行约50字。正书。上、下二边为双龙戏珠纹,左、右二边为单龙戏珠纹。志泐蚀较重,志文漫漶不清。盖佚。1949年后出土,具体时、地不详。2004年征集。现藏南京市博物馆"。按,嗣魏国公徐邦瑞墓志系南京市博物馆考古部阮国林等2004年于南京太平门外板仓明中山王徐达墓东毗的天文仪器厂征集,由于经考古发掘的徐达季子徐膺绪夫妇墓、徐达长孙徐钦夫妇墓、徐达五世孙徐俌夫妇墓等皆位于该厂区范围内,徐邦瑞墓志出土于此固无疑议。

又,同书第279号"明故南京守备掌南京中军都督府事魏国公少康徐公墓志铭盖",拓图下的介绍文字称"崇祯十七年(1644年)前。石质。盖长92、宽92、厚12厘米。盖文5行,满行5字。篆书。上、下二边为双龙戏珠纹,左、右二边为单龙戏珠纹。1949年后出土,具体时、地不详。二十世纪八九十年代征集。现藏南京市博物馆"。按,关于盖铭篆题所谓"魏国公少康徐公"之"康",纯属不谙篆法之误读,实应为"轩"字,而"少轩"正是嗣魏国公徐邦瑞的字号,更兼志盖边饰与长、宽尺寸皆与前述徐邦瑞墓志相同,故可断定,所谓"志佚"的第279号"明故南京守备掌南京中军都督府事魏国公少康徐公墓志铭盖",与"盖佚"的第262号"明魏国公徐公(邦瑞)墓志铭"实属同一合墓志无疑(图四)。

图四　明代嗣任魏国公徐邦瑞墓志的志文(书中标示262号)与志盖(书中标示279号)

4. 第 263 号"明黔国(沐朝辅)夫人陈氏墓志铭"

拓图下的介绍文字称"万历十六年(1588 年)后。石质。志长 76、宽 72、厚 13 厘米。志文存 35 行,行存 14 至 22 字不等。正书。周边为卷云纹。志上半部泐蚀较重,志文漫漶不清"。又,同书第 289 号"明勅封黔国夫人□氏墓志铭盖",拓图下的介绍文字称"崇祯十七年(1644 年)前。石质。盖长 72、宽 76、厚 12 厘米。盖文 4 行,满行 3 字。篆书。周边为卷云纹。盖上半部泐蚀较重,盖文漫漶不清。志佚。1949 年后出土,具体时、地不详。二十世纪八九十年代征集。现藏南京市博物馆"。

按,第 263 号"明黔国(沐朝辅)夫人陈氏墓志铭"仅存志文拓片而无志盖拓片,循《新中国出土墓志·江苏(贰)南京》一书的编纂通例,应视为"盖佚"之属;而"志佚"的第 289 号"明勅封黔国夫人□氏墓志铭盖"的尺寸记录数据则长、宽颠倒。庶几,两者尺寸数据、边饰皆相同,而彼此相向对合起来,则连表面泐蚀与各自存文的分布位置也丝丝入扣般相符,故可断定两者应属同一合墓志无疑(图五)。

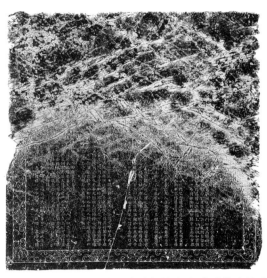

图五　明勅封黔国公沐朝辅夫人陈氏墓志的志文(书中标示 263 号)与志盖(书中标示 289 号)

5. 第 94 号"明指挥佥事某公墓志铭"

拓图下的介绍文字称"永乐十二年(1414 年)冬(卒)。石质。志残长 33、宽 59、厚 10 厘米。志文约 23 行,满行字数不详。正书。志断裂,上半部残佚。志文残缺不全。1949 年后出土,具体时、地不详。二十世纪八九十年代征集。现藏南京市博物馆"。又,同书第 97 号"明故昭勇将军孝陵卫指挥使萧公墓志铭",拓图下的介绍文字称"永乐十四年(1416 年)十二月三日。石质。志残长 45、宽 59、厚 9 厘米;盖长 68、宽 59、厚 10 厘米。盖文 3 行,满行 6 字。篆书。志文 27 行,满行字数不详。正书。盖断裂,盖文略有残损。志下部断佚,志文残缺不全。1990年南京市雨花台区铁心桥萧公夫妇墓出土。现藏南京市博物馆"。

按，此二志上下拼接即合而为一，其中，第94号为志石下半部分，97号为志石上半部分，墓志纪年当以志石上半部分即第97号"明故昭勇将军孝陵卫指挥使萧公墓志铭"的"永乐十四年(1416年)十二月三日"为准。志文共计27行，满行字数经上下两半拼接统计为40字(图六)。该墓志系南京市博物馆考古部于1990年9月在南京雨花台区铁心桥

图六　明孝陵卫指挥使萧逊墓志的志文在书中被一分为二
（图片上半部分标示94号，下半部分标示97号）

尹西砂石厂附近的明孝陵卫指挥使萧公暨妻王氏墓的西侧墓室中发掘出土,发掘者为王志高等人,考古简报业已刊出①。墓志系传主萧公之子萧昱所立,萧公即萧逊,但其名讳却并未载诸志文,这在古代墓志中殊为罕见。萧逊夫妇墓为砖砌券顶的并列双室结构,中间以一堵厚60厘米的隔墙(实为东侧墓室的西壁)分为东、西两个墓室,其中萧逊葬西室,其妻王氏葬东室,从打破关系看,东室先行建造,西室系傍依东室的西壁补建而成,这也是与志文中关于萧逊妻王氏"先公六年没"的记载相符合的。

三、失收志盖或志石

失收志盖或志石,指同一合墓志却仅收录了志盖或志石,而失收了与之对应的另一半志盖或志石。

1. 第100号"明故驸马舍人张克俊(杰)圹志"

拓图下的介绍文字称"永乐十七年(1419年)十一月二十日。石质。志长58、宽50、厚8厘米。"按,传主张克俊为明太祖朱元璋第八女福清公主之子,然此处仅收录张克俊墓志的志文拓片,失收志盖拓片。张克俊墓志盖亦藏南京市博物馆,盖文篆题"驸马舍人张克俊圹志"3行9字(图七)。

图七　明福清公主之子、驸马舍人张克俊圹志(书中标示100号)失收志盖

---

① 南京市博物馆(王志高执笔):《南京南郊明墓清理简报》,《南方文物》1997年第1期。

2. 第 299 号"明诰赠黔国夫人谢氏墓志铭"

拓图下的介绍文字称"崇祯十七年(1644年)前。石质。盖长 59、宽 62、厚 8 厘米。盖文 4 行,满行 3 字。篆书。周边为卷云纹。盖泐蚀较重,盖文略有残损。志佚。1949 年后出土,具体时、地不详。二十世纪八九十年代征集。现藏南京市博物馆"。

按,"明诰赠黔国夫人谢氏墓志铭"并非仅存志盖,其镌刻志文的志石亦藏南京市博物馆,存文共计 29 行,惟漫漶极甚,其撰、书人题名皆泐损不可知,唯有篆盖者临淮侯李庭竹可辨(图八)。据残文考证,传主谢氏实为明黔宁王沐英八世孙、第九任黔国公沐朝弼的正室夫人。谢氏虽为沐朝弼元配,但因早亡亦无子嗣,且非显宦出身,在沐朝弼诸妻室中最属孤弱无凭。由于沐朝弼屡遭弹劾而被革任禁锢,加之与嗣子沐昌祚关系紧张,不难想象沐朝弼一旦亡故,停柩"弗置"的谢氏极可能连葬身之地也不会有。故在沐朝弼之母贺氏的安排下,此即谢氏墓志铭辞所谓"今夫人获与从太夫人矣窀穸……"云云。因此,作为沐朝弼元配夫人的谢氏,最终并未与沐朝弼合葬,而是祔葬于沐朝弼父母,即沐绍勋暨李氏、贺氏夫妇位于南京祖茔的墓域内①。

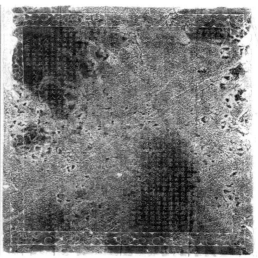

图八　明代嗣任黔国公沐朝弼夫人谢氏墓志仅收录志盖(书中标示 299 号)而失收志文

最后还要补充的是,本书在学术规范方面也有不少欠缺之处,而突出表现在《前言》长文之中,让人有如骨鲠在喉,不吐不快。譬如,关于六朝家族墓聚族而葬以及六朝士族联姻诸问题,罗宗真、蒋赞初、李蔚然等江苏考古界前辈结合考古发现早已有过翔实细致

---

① 邵磊:《明代第九任黔国公沐朝弼夫人谢氏墓志考释》,《苏州碑刻博物馆三十周年纪念文集》,西泠印社出版社,2016 年,第 128—135 页。

的论说①,本书《前言》的相关叙述几乎完全沿袭旧说,完全没有突破已有的认识,但行文之际对上述诸家的研究成果却丝毫未予提及。再如,本书前言对于明初郑和下西洋团队重要成员、都知监太监洪保墓志的大段介绍,不直接引用《考古》杂志刊发的洪保墓发掘者王志高、陈大海等执笔的考古简报与墓志考释,却转引别人根据考古简报与墓志考释撰写的二手材料,也不知道是想要回避什么抑或其他原因,令人匪夷所思,这等既不专业、也不严肃的做法,至少对于编纂像《新中国出土墓志》这样规模庞大的学术资料而言,是很不相宜的。此外,本书《前言》还花了大量篇幅来考证原本被考古工作者误定为明代嗣任黔国公沐睿墓的墓主身份,实则笔者早在 2010 年前后便通过对出土墓志残文的辨识,即已发现墓主原本被考古工作者断定为明代黔国公沐昌祚、沐睿父子的两座明代沐氏家族墓,其墓主其实分别是沐昌祚的伯父沐朝辅与沐睿的儿子沐启元,相关的研究成果也于 2011 年、2012 年刊发于《东南文化》杂志②,《新中国出土墓志·江苏(贰)南京》的编者究竟是网大吞船抑或竟无缘得见就不得而知了。总之诸如此类,明明使用了别人的研究成果或提供的资料,却自欺欺人地自说自话竟至弄巧成拙的情形,在书中所在多有,觌之犹如飞尘入目,令人为之不快。《新中国出土墓志·江苏(贰)南京》的出版,无疑是一件嘉惠学林的好事,但好事也一定要认真办好,才能成为好事,即如本文所检示的书中在著录信息方面的疏失包括学术规范方面的欠缺,倘若编纂时能够更细致一些、耐心一些,同时姿态也放端正一些,相信大多都是可以避免的。

　　说起来也是有缘,《新中国出土墓志·江苏(贰)南京》一书收录的 300 多种墓志(买地券)中,历年经笔者之手发掘出土或调查征集而最终入藏南京市博物馆者,包括东晋故会稽郧令袁庆墓志(13 号)、南朝齐梁宗室萧子恪墓志(35 号)、故吴宣懿皇后墓铭(47号)、南唐净照禅师塔志铭(48 号)、石城清凉大道场法灯禅师墓志(50 号)、南宋从政郎新绍兴府录事参军钱寿仁暨妻陈氏墓志(57、61 号)、明浙江都指挥佥事张公墓志(89 号)、明都知监太监杨庆墓志(115 号)、清代分巡淮扬河漕盐驿兵备道江瀚暨妻合葬墓志(303号)、民国陕西省政府高等顾问江宁吴敬之墓志(305 号)等,大约有 60 多种。此外,由别人发掘出土,但经笔者考释或重新整理发表者,也不下 30 种。也就是说,《新中国出土墓志·江苏(贰)南京》一书所收墓志(买地券)中,大约有三分之一都与笔者有关。因此,尽管笔者并非《新中国出土墓志·江苏(贰)南京》一书的编者,但仍不惮以此篇小文略示以亡羊补牢之意。需要附带说明的是,《新中国出土墓志·江苏(贰)南京》一书在录文、句读方面的不妥之处亦即《前言》所谓"因释读不当造成的错误",其实也有不少,有些错误甚至严重影响到了对志文内容的理解,俟以时日容当另文再详论之。

---

① 参见罗宗真:《六朝陵墓埋葬制度综述》,《中国考古学会第一次年会论文集》,文物出版社,1979 年;蒋赞初:《关于长江下游六朝墓葬的分期和断代问题》,《中国考古学会第二次年会论文集》,文物出版社,1982 年;李蔚然:《论南京地区六朝墓的葬地选择和排葬方法》,《考古》1983 年第 4 期。

② 邵磊:《明黔国公沐昌祚墓辨讹及其相关问题》,《东南文化》2011 年第 1 期;力子(邵磊):《明黔国公沐睿墓辨讹》,《东南文化》2012 年第 4 期。

《长春刘真人祠堂记》与栖真观

岳 涌

南京市博物馆 副研究员

内容提要：长春真人刘渊然为历事明初四朝的道教领袖,其弟子通妙真人邵以正等分别于正统、景泰年间在昆明、南京等地建长春真人祠以祀之。目前,文献中有迹可寻的长春真人祠堂记共有三篇,分别为明陈涟《长春刘真人祠堂记》、陈循《龙泉观长春真人祠记》、王直《长春刘真人祠堂记》。其中王直《长春刘真人祠堂记》涉及为刘渊然而建的南京栖真观。确定栖真观的位置对保护 2010 年发掘的长春真人刘渊然墓有重要现实意义。文献对栖真观位置的记载有歧义,本文对三篇长春真人祠堂记及栖真观的位置问题略作考证。

关键词：道教 长春真人 刘渊然 祠堂 栖真观

长春真人刘渊然是明初重要的道教领袖,宣德七年(1432 年)辞归南京朝天宫,后坐化于西山道院,葬于"江宁县安德乡园子冈"。2010 年 12 月,南京市博物馆在雨花台区西善桥街道梅山村发掘一座明代砖室墓,墓室保存完整,根据出土的墓志确认墓主为刘渊然。墓葬为长方形单室券顶砖墓,墓室设八边形砖砌棺床、墓壁设铁索等特殊结构异于同时期的明代高等级砖墓。砖室全长 3.8、宽 4.1、高 3.4 米,墓内出土遗物 17 件,主要有铜炉、烛台、双耳瓶、尖状器、漆碗、石地券及墓志等。墓葬发掘时,考古人员于墓前发现被严重扰乱的明代堆积,其中包含有砖石建筑构件等①,这处堆积可能是与刘渊然有关的栖真观遗存。

栖真观一名,最早见于明王直撰《长春刘真人祠堂记》,亦可见于《明一统志》、正德《江宁县志》、《江南通志》及《金陵琐事》等文献。后三篇文献均记栖真观位于安德乡,与《长春真人祠堂记》所载大相径庭。下文梳理文献,对栖真观位置略作考证,以求教于方家。

刘渊然,生于元至正十一年(1351 年),卒于明宣德七年八月,年八十二,徐州萧县人,祖父刘伯成任元赣州路总管,遂改籍赣州。刘渊然十六岁入道修行,后师从原阳子赵宜真,以忠孝传道法,被净明宗尊为第六代嗣师②。明太祖定鼎南京后,召之于南昌,至阙

---

① 南京市博物馆:《南京西善桥明代长春真人刘渊然墓》,《文物》2012 年第 3 期。
② 胡之玫:《净明宗教录》卷六《长春刘真人传》,江西人民出版社,2008 年,第 168 页。

后，太祖"赐号'高道'，命建西山道院于朝天宫居之，日被顾问"①，事在洪武二十六年（1393 年），自此开启了刘渊然与明初四朝五帝的交往。洪武三十一年五月他受命赴武当山寻真。后高帝宾天，建文帝召其还都建金箓斋，后升道录司右正一；永乐三年升道录司左正一，六年冬至二十二年间先谪龙虎山、再至滇南，谪置云南期间广传道教，推动了西南地区道教的发展，今云南道教长春派尊其为祖师；永乐二十二年（1424 年）十一月，仁宗即位后召刘渊然还京，洪熙元年受封为"冲虚至道玄妙无为光范演教庄静普济长春真人"②，领天下道教事；宣德七年二月，以老辞归南京朝天宫西山道院，宣宗亲作山水图诗赠之，八月坐化，宣宗遣官致祭，命工部治茔域，葬江宁安德乡圆子冈。明陈琏《长春刘真人祠堂记》云"敕工部营建宅兆于城南大库山之原"③，大库山即今南京西南部之岱山，刘渊然墓发现于岱山北侧的丘陵冈地，明代属安德乡范围，旧名园子冈。

辞归南京前，其徒邵以正继承了刘渊然的道统，被荐于宣宗，历宣德、正统、景泰与天顺四朝，事迹以正统九年督校《道藏》事为巨。长春真人逝后，弟子邵以正、胡文圭等分别请人作长春真人刘渊然祠堂记，现存三篇：其一，为收录于明陈涟《琴轩集》的《长春刘真人祠堂记》；其二，为云南昆明黑龙潭的陈循撰《龙泉观长春真人祠记》④；其三，为收录于明王直《抑庵文后集》的《长春刘真人祠堂记》⑤。

陈涟撰《长春刘真人祠堂记》，撰成时间不确定。陈涟于正统元年（1436 年）任礼部左侍郎，正统六年辞官归乡，景泰五年病逝。道录司左玄义胡文圭、其嗣法徒弟黄一中等请陈涟撰文，成文时间应在正统元年至六年间，这是目前可考时间最早的一篇长春真人祠堂记。文中有"遂以宫左祖师堂为栖神所，合前代祖师祀焉，请记其实，以示方来"。以《金陵玄观志》所记校之，南京朝天宫西山道院旧有历代真人祠堂、碑亭等⑥，长春真人为其中所祀之一，故该篇《长春刘真人祠堂记》应为朝天宫历代真人祠祀刘渊然立碑之用。

陈循撰《龙泉观长春真人祠记》，碑旧属龙泉观，今碑额位于昆明龙泉观，碑身据传存云南省博物馆。文末记"大明景泰七年岁次丙子春三月初"立，故成文时间应在景泰七年（1456 年）三月前，距立碑时间不长。文中称邵以正为"守玄冲靖秉诚专确志道衍教妙悟静虚弘济真人"，此道号受封于景泰五年十二月，邵以正受封弘济真人号后，建祠立碑于龙泉观，以"追念其师传授恩德"。

王直撰《长春刘真人祠堂记》，未署撰写时间。王直历职于永乐、洪熙、宣德、正统、景泰，天顺初年去职还乡。文中亦称邵以正为"守玄冲靖秉诚专确志道衍教妙悟静虚弘济真

①　陈循：《龙泉观长春真人祠记》，《道家金石略》，文物出版社，1988 年，第 1261 页。
②　《明仁宗实录》卷四永乐二十二年十一月辛卯条，第 178 页。本文所引《明实录》均采用"中研院"史语所 1962 年校勘本，不另注。
③　陈琏：《长春刘真人祠堂记》，《琴轩集》，上海古籍出版社，2011 年，第 756 页。
④　陈循：《龙泉观长春真人祠记》，《道家金石略》，文物出版社，1988 年，第 1261 页。
⑤　王直：《长春刘真人祠堂记》，《抑庵文后集》卷五，《文渊阁四库全书》第 1241 册，台湾商务印书馆，1986 年，第 427 页。
⑥　葛寅亮：《金陵玄观志》卷一《冶城山朝天宫》，《续修四库全书》第 719 册，上海古籍出版社，2003 年，第 136 页。

人",邵以正起官于宣德,历正统、景泰,卒于天顺六年八月,卒时道号为"悟玄养素凝神冲默阐微振法通妙真人",道号的变化缘起于明英宗复辟之事。宣德间,长春真人刘渊然荐邵以正于朝,授道录司玄义;景泰四年十月赐邵以正为"守玄冲静高士"①,景泰五年十二月赐其为"守玄冲靖秉诚专确志道衍教妙悟静虚弘济真人"②;英宗复位后,邵以正于天顺元年(1457年)二月以老辞职,但同年八月英宗复其为"悟玄养素凝神冲默阐微振法通妙真人"③。"弘济真人"道号仅行于景泰五年十二月至天顺元年二月间,故王直所撰《长春刘真人祠堂记》应在这一期间内。细而究之,文中语及:"守玄感训诲奖拔之勤,念授受承传之妙,尝建祠祀于滇南龙泉观,至是复以栖真观乃先朝所赐,长春始终所寓,其精神流通焄蒿凄怆常若有见焉,不可以无祀也。"王直作此文在昆明龙泉观长春真人祠建成后。而《龙泉观长春真人祠堂记》碑末署"大明景泰七年岁次丙子春三月初吉住持陆守真立",祠堂所建时间应在此前,但时间不会太久。由此看来,王直撰文时间的上限应是景泰七年春,次年正月十七日,英宗重登帝位,政局动荡,人心惶惶,二月即有邵以正辞职之事,因而撰文的下限应在该年正月十七前。

关于祠堂所在位置,王直文中有"南京栖真观新修长春刘真人祠堂成,盖守玄冲靖秉诚专确志道衍教妙悟静虚弘济真人邵公以正命其高第弟子道录司玄义李希祖为营建"语,又有"西山道院赐名栖真庵,正统间改赐名栖真观"一语。王《记》出现了南京"栖真观"一名,因而位于南京的栖真观是一处与长春真人刘渊然有关的道观名称,其后明清时期南京地方文献亦有关于此栖真观的记载,但对道观的位置则出现了不同观点。西山道院赐名栖真庵,正统间改赐名栖真观一事,除王《记》外,其他官修或私人文献均未提及,西山道院究竟有没有更名为栖真观存疑。

王《记》载:"上遣官赐祭,工部为治茔域,葬于江宁安德乡之园子冈。所居西山道院赐名栖真庵,正统间改赐名栖真观。"又载:"复以栖真观乃先朝所赐,长春始终所寓。"④栖真观由朝天宫西山道院改名而来,这一说法仅见于该文献,来源于明王直《抑庵文后集》卷五。祠记的书就时间为"南京栖真观新修长春刘真人祠堂成"后,文末注明该记文为"守玄求予记,故为记之,俾刻石以告来者"。明代碑、传、墓志铭有门生子弟以故主生平事迹求之于善文者之例,祠记内容应为据邵以正提供的材料撰写而成。邵以正为刘渊然亲传弟子,刘渊然辞归南京西山道院前,荐邵以正接任其位,故有宣宗召其由云南至北京之事,他提供的长春真人行迹应属无误。但以邵以正的经历来看,他从未在南京西山道院有过长时期驻留,以他提供的材料而撰写的《长春刘真人祠堂记》对栖真观位置的记载可能有误。

记载栖真观的其他文献有《明一统志》、正德《江宁县志》、《江南通志》及《金陵琐事》

---

① 《明英宗实录》卷二三四景泰四年十月丙戌条,第8385页。
② 《明英宗实录》卷二四八景泰五年十二月丙申条,第8844页。
③ 《明英宗实录》卷二八一天顺元年八月乙巳条,第9965页。
④ 王直:《长春刘真人祠堂记》,《抑庵文后集》卷五,《文渊阁四库全书》第1241册,台湾商务印书馆,1986年,第428页。

等,另有《金陵玄观志》是明代南京道教宫观方面的重要史料,也可提供佐证。《明一统志》卷六载:"栖真观在府南三十里,正统八年建。"①该志为明代官修地理总志,由吏部尚书兼翰林院学士李贤等奉敕撰,成书于英宗天顺五年,为官修地理类文献,时距正统八年仅十八年,所记应属可信。正德《江宁县志》载:"栖真观在县南安德乡,正统八年建,赐额。"②清官修《江南通志》卷四三载:"栖真观在府南安德乡,明正统间建赐额。"③该书为清康熙、雍正年间撰修,所记位置沿引了《明一统志》及正德《江宁县志》之说,对栖真观的记录综合前二志。再有《金陵琐事》,明周晖撰,周晖为上元人,生活在明嘉靖至天启年间,书中所记均为金陵人金陵事,亦多前人的行状事迹。书中卷四"玉冠"条载:"长春刘真人葬于凤台门外麻田七真观。"④"七真观"应为"栖真观"之音讹,所记栖真观位置与《明一统志》、《江南通志》相同。刘渊然墓的发现地点在明代属安德乡,位于南京城南,出凤台门沿新亭古道几近三十里。文中提及的"麻田"一词亦可以《金陵玄观志》佐之,该书是记录明代南京道教的重要文献,撰者为明南祠部郎葛寅亮,职掌佛、道等教事,书内以大观领中观、中观领小观之体例条列南京明代道观的统属情况。第一卷即为"冶城山朝天宫",所统道观有中观十处,分别为石城山灵应观统小观四、狮子山卢龙观统小观七、洞神宫统小观十三、清源观统小观一、仙鹤观统小观四、长寿山朝真观统小观二、方山洞玄观、玉虚观统小观一、吉山祠山庙统小观三、移忠观统小观四、佑圣观统小观七,所列中观、小观之名均不见栖真观,颇疑栖真观是否存在。但从朝天宫"本宫租粮、道规条例"看,朝天宫位于南京的道产有"七总庄",其注为:"坐落上(元)江(宁)二县,崇礼、太南、朱门、新亭、安德、处真等六乡,又宫前房地共为七处,其田星散不一,多为膏腴,路程远近不等。"⑤其中,位于安德乡的道产应是《金陵琐事》所载"凤台门外麻田七真观",即"栖真观"所在地。安德乡道产包括栖真观均直属于朝天宫,《金陵玄观志》该条下仅列殿堂、基址、道职、道产等,不列小观名,故无栖真观之名亦属正常。

　　观之明代正统以后的历史文献,可考西山道院有无更名为栖真观。明代中期以后,南京文献中关于西山道院的记载均不以栖真观称之,其中最重要的是成化十三年(1477年)《敕护西山道院》,敕文有"皇帝敕谕官员、军民诸色人等:朕惟南京西山道院乃洪武中建,以处长春真人刘渊然之所"⑥一语,所附普济真人喻道纯《奏西山道院文》亦称西山道院,若西山道院有改赐名栖真观,此等荣耀之事作为刘渊然徒孙,喻道纯断不会仍以西山道院称之,而不用御赐之名之理,退而言之亦会于所奏文本中提及赐名之事。再者,前文所言

　　① 《明一统志》卷六"南京·寺观·栖真观"条,台联国风出版社,1977年,第528页。
　　② 《正德江宁县志》卷六"寺观·栖真观"条,《金陵全书·甲编·方志类·县志11》,南京出版社,2012年,第237页。
　　③ 《江南通志》卷四三"寺观·江宁府·栖真观"条,《文渊阁四库全书》第508册,台湾商务印书馆,1986年,第385页。
　　④ 周晖:《金陵琐事》卷四"玉冠"条,台湾成文出版社,1983年,第46页。
　　⑤ 葛寅亮:《金陵玄观志》卷一"冶城山朝天宫",《续修四库全书》第719册,上海古籍出版社,2003年,第153页。
　　⑥ 葛寅亮:《金陵玄观志》卷一《敕护西山道院》,《续修四库全书》第719册,上海古籍出版社,2003年,第139页。

邵以正从未在南京有过长期驻留,其所请刘渊然之事迹及南京栖真观事亦多从于他人所记。王直应邵以正所请作《长春刘真人祠堂记》,记栖真观由西山道院改赐之事,应属将为长春真人守墓之栖真观误记为由其生前所居之西山道院改名而来。由王直文可知,栖真观所建时间早于正统八年,有"所居西山道院赐名栖真庵,正统间改赐名栖真观"一语,文中以西山道院改赐名栖真观的观点无其他史料可印证属孤证,从历史研究角度来看,孤证不立。相对而言,栖真观位于江宁县安德乡的观点,除清代《江南通志》所载或来源于《正德江宁县志》,《明一统志》、正德《江宁县志》、《金陵琐事》三篇文献所记的栖真观位置可相互印证,应属可信。栖真观应是正统年间建于刘渊然墓前以供守墓之用,属坟寺类道观,与明代官宦在墓前建佛寺以守其墓相类似,这类寺观规模较小,多不见记载。景泰七年三月至八年正月间,弘济真人邵以正于昆明龙泉观建长春刘真人祠堂后,请王直为栖真观新建的长春刘真人祠堂作《长春刘真人祠堂记》。但在人人自危的局势下,王直作成《长春刘真人祠堂记》后,若恰处英宗复位,邵以正自身且危,祠堂记能否刻石立碑也成未知。

"栖真"一词,意指存养真性,可见于《晋书·葛洪传论》:"游德栖真,超然事外。"又可见于《真诰·运象二》:"宗道都贵无邪,栖真者安恬愉。""栖真"一词与长春真人的志行高洁相合,故以"栖真"命名与真人有关的道观,十分合适。滇南龙泉观,原名龙泉山道院,为长春真人谪云南时所居,"院之东堂曰栖真,宾游之所也;西轩曰超玄,休偃之所也;北为重堂以奉天师像"①。究其近因,栖真观之名应源自刘渊然旧住之龙泉观栖真堂。

长春真人刘渊然历事明初四朝,南京是其于洪武朝起家、永乐朝官至左正一之地,后以老辞归南京亦有归葬南京之意。洪熙、宣德两朝,刘渊然所受宠遇弥厚,《龙泉观长春真人祠记》称,真人"平生所有貂裘、鹤氅、法衣、宝剑,一切道具舆帐,供奉给事之人之类,无一不出朝廷所赐。崇奖之荣,玄教罕比"②。王直撰《长春刘真人祠堂记》亦载:"其所服用皆出上赐。"③刘渊然墓中出土的铜五供均属实用器具,应为宣宗所赐,尤以两件饰龙纹的铜双耳瓶最为精美④。洪武、建文、永乐三朝,刘渊然在南京十六年陪侍帝王的起伏经历对其影响深远,选择南京作为终老之地也就不足为怪。而李希祖奉命于栖真观建长春刘真人祠,也是以邵以正为首的众弟子对长春真人的纪念。

总而言之,栖真观位于安德乡,距府城凤台门三十里,长春真人刘渊然葬于该观,栖真观不是源于朝天宫西山道院改赐而是建于刘渊然墓前,先有栖真庵之名,后于正统八年赐名栖真观。正统九年邵以正履职道录司右演法朝天宫住持兼掌灵济宫事,编集《冲虚至道刘真人语录》⑤,并请正一嗣教真人张澹然作序,序文时间与文献记栖真观赐名的"正统八年"仅迟一年,赐名的缘由应与邵以正在正统八年、九年间推崇长春真人有关。

---

① 王景彰:《龙泉山道院记》,《道家金石略》,文物出版社,1988年,第1248页。
② 陈循:《龙泉观长春真人祠记》,《道家金石略》,文物出版社,1988年,第1261页。
③ 王直:《长春刘真人祠堂记》,《抑庵文后集》卷五,《文渊阁四库全书》第1241册,台湾商务印书馆,1986年,第428页。
④ 南京市博物馆:《南京西善桥明代长春真人刘渊然墓》,《文物》2012年第3期。
⑤ 承上海社会科学院许蔚先生惠赠《冲虚至道刘真人语录》未刊稿。

江阴博物馆藏朱臻仕碑相关史料考释

——兼论晚清洋员在海防中的作用

邵　栋

无锡市文化遗产保护和考古研究所　助理馆员

周利宁

江阴博物馆　馆员

内容提要：江阴博物馆藏朱臻仕碑,碑铭刻写清晰,保存完好。碑文简略地描述了德国洋员朱臻仕在南洋水师和沿江四路炮台的经历和职务及其自尽的经过。通过考释碑文及分析相关史料,可以从中了解南洋水师在中法战争中的表现、江阴炮台及其队伍建设、晚清洋员来华等情况。

关键词：朱臻仕　洋员　南洋水师　沿江四路炮台

“朱臻仕碑”现藏于江阴博物馆碑刻馆内。该碑是为了纪念一位名叫朱臻仕的德国洋员而刻写的。这位洋员的名字在史料记载中极为罕见,从碑文和极少的资料中看,这位洋员曾加入中国海军,经历了中法战争的镇海保卫战,后又加入沿江四路炮台,担任炮台总教习,于防备俄国时自尽。在晚清海防研究上,学界的注意力基本集中于早期的福建船政和晚期的北洋海军,江苏沿海的南洋水师因资料较少,研究起来颇为困难。所以对该碑及其相关史料的考释对于南洋水师和江阴炮台的研究及其所展示的晚清南洋海防研究具有重要的史学价值。

一、碑　铭　概　况

该石碑长 145.5、宽 83 厘米,碑身镶嵌于墙面中,厚度不可知。该碑为黑底白字,表面经打磨,较为光滑,碑铭为楷书,首段即正文,直述朱臻仕其人来历,落款为“光绪三十三年(1907 年)仲秋日沿江四路炮台公建”。正文 13 行,满行 28 字,全碑共 366 字。据碑铭录文如下(图一):

　　朱臻仕者,德国北海人也。学术精炼,志趣远大。少年航海,游历列邦,筮仕/于我海军,充南瑞兵轮炮弁。会甲午之秋,沿江炮台改良伊始,聘请洋员/教授炮法。乃奉南洋大臣调为沿江四路炮台总教习,委任殊专。于是慨/然有匡助图强之志。其教

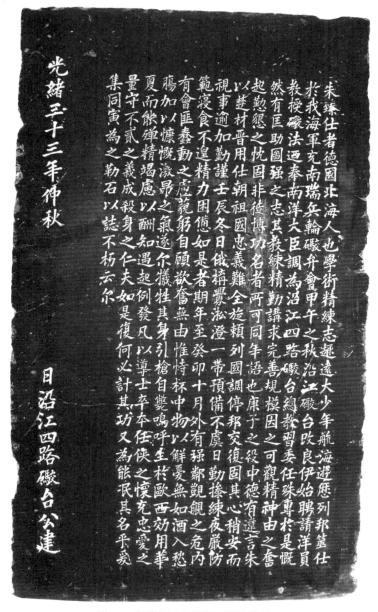

图一　朱臻仕碑（现藏江阴博物馆）

练精勤,讲求完善,规模因之可观,精神由之奋/起。勤恳之忱,固非徒博功名者所可。
同年语也。庚子之役,中德有违言,朱/以楚材晋用,仕朝祖国,忠义难全。旋赖列国
调停,邦交复固,其心稍安,而/视事愈加勤谨。壬辰(寅)冬日,俄挑衅淞澄一带,预
备不虞,日勤操练,夜严防/范,寝食不遑,精力困惫,如是者期年。至癸卯十月,外有
强邻觊觎之危,内/有会匪蠢动之虑。蓼躬自顾,欲奋无由,惟恃杯中物以解忧。无如
酒入愁/肠,加以慷慨激昂之气。遂尔牺牲其身,引枪自毙。呜呼! 生于欧西,效用

华/夏,而能殚精竭虑,以酬知遇。起例发凡,以导士卒。本任侠之怀,充忠爱之/量。守不贰之义,成杀生之仁。夫如是,复何必计其功,又为能泯其名乎? 爰/集同寅,为之勒石,以志不朽云尔。

光绪三十三年仲秋日沿江四路炮台公建

(/表示碑文换行。原文"壬辰",应为壬寅年之误,详见下文考释)

二、朱臻仕其人相关经历考证

从碑文可知,朱臻仕是德国北海人,来华后,朱臻仕担任了"南瑞"号巡洋舰的"炮弁"。在正史资料中,朱臻仕这个人名仅在《清实录》中出现过一次,"赏援闽开济等兵船洋弁朱臻仕宝星"①,其他均无记载。现就相关史料及其他记载,试还原一个较为清晰的朱臻仕来历。

(一) 来华考

1. 来华前经历

从"筮仕于我海军"来看,讲他"学术精炼……游历列邦"恐非虚言。"筮仕"一词出自《左传·闵公元年》:"初,毕万筮仕于晋。"②"筮仕"原指做官前要占卜吉凶,后作出仕做官的代称。由此看来,"南瑞兵轮炮弁"当非普通水兵。作为一名洋员,他的身份也不可能是普通一兵,应有帮助训练中国水手之责。故而此处的"筮仕",表明他的正式身份当为南洋水师炮术教官。

德国水手或水兵的训练是非常严格的。1867 年,北德意志邦联海军(从普鲁士海军演变而来)规定:海军的新兵执行陆军的标准——履行三年的服役期③。倘若是军官,"到了 1873 年的时候,海军在原本 4 年的课程(在训练船"尼俄伯"上培训 1 年,在舰队里培训 2 年,最后返回基尔海军学院完成最后的 1 年课时)基础上增加了在学院半年的预备课程"④。不论是在水手的 3 年训练期内还是军官的 4 年课程(或后来的 4 年半)里,德国人的训练都是严苛的。"普鲁士统一德国前,海军参与了普鲁士对丹麦、奥地利在德意志北方的盟友,以及法国的三次胜利的战争。虽然海军没有损失任何一艘船只,也仅仅损失了少数人员……而之前的十年和平时期,海军所损失的人员与装备要比这三场战争的损

---

① 《清实录》卷二一一,中华书局,1987 年,第 978 页。
② 杨伯峻编著:《春秋左传注》,中华书局,1990 年,第 259 页。
③ 劳伦斯·桑德豪斯著,NAVAL+译:《德国海军的崛起:走向海上霸权》,北京艺术与科学电子出版社,2013 年,第 83 页。
④ 劳伦斯·桑德豪斯著,NAVAL+译:《德国海军的崛起:走向海上霸权》,北京艺术与科学电子出版社,2013 年,第 103 页。

失严重很多(2 艘船只沉没,数艘船只受损,损失的人员更是高达 200 人以上)。"①正是平时的严苛训练,才造就了德意志海军的崛起。朱臻仕炮术精良,也应得益于如此训练。

2. 参加南洋水师的途径和服役的军舰考证

据碑文记录,朱臻仕加入的是"南瑞"舰,隶属南洋水师。由于南洋水师资料的匮乏,关于南瑞舰的记载十分简略,我们只能从各种记载中管窥出朱臻仕的来华经历。综合史料和其他记载分析,朱臻仕是中法战争前,由当时的北洋水师总兵德国人式百龄(Siebelin)在上海招募来的。

中法战争时南洋水师的新锐巡洋舰有"开济"、"南瑞"、"南琛"三舰。这三舰建造的背景是中国处在外邻日本和沙俄的联合威逼下。1870 年,日本外务权大录佐田白茅在《征韩论》中称:"满清可交,朝鲜可伐,琉球、吕宋可垂手而取也。"②1874 年,日本侵略台湾,一年后侵略朝鲜,不久又吞并琉球。1880 年,因新疆问题,沙俄派出一支由装甲舰、快速巡洋舰、海防舰、炮艇、运输船等组成的庞大舰队来到远东沿海,并扬言封锁渤海、黄海,威胁北京③。

面临如此形势,南洋水师却因经费不能保证④,形同虚设⑤。时在两江总督任上的左宗棠于光绪八年七月二十九日上奏,南洋水师"计增制快船五只"⑥。到同年十一月二十四日(1883 年 1 月 2 日)为迅速成军,左宗棠托上海泰来洋行德国商人福克在德国制造,"据称由德国船厂制造,八个月可成二只……悉如闽厂所造新式"⑦。当时福建船政局所造最近的船正是"开济"巡洋舰⑧,则此二船应就是"开济"的同型舰,来华后被命名为"南瑞"和"南琛"。但是有一点不同,"开济"舰使用的是德国克虏伯炮⑨,而"南瑞"舰使用的是英国阿姆斯特朗炮⑩。当时招募了 100 名水手,"教以西学,练习帆缆一切事宜",只是为了"裨席风涛,辨识海道"⑪。待到法舰兵临城下,南洋水师统领吴安康奉命统带五船后,"他对各船人员进行了认真检查……同时,他还托式百龄在上海雇一些德国技术人员以分布于各船对锅炉和大炮进行总的管理,对此,曾国荃都一一批准"。⑫ 由此可见,南洋三舰在参加中法之战前尚无合格的炮术管理人员,只能在上海临时招募德国技术人员,朱臻仕可能就是在这次招募中开始了自己的中国海军历程。

① 劳伦斯·桑德豪斯著,NAVAL+译:《德国海军的崛起:走向海上霸权》,北京艺术与科学电子出版社,2013 年,第 93 页。
② 刘怡、阎京生著:《旧日本海军发展三部曲——菊花与锚》,武汉大学出版社,2011 年,第 36 页。
③ 中国社会科学院近代史研究所编:《沙俄侵华史》,人民出版社,1976 年,第 263 页。
④ 中国科学院历史研究所第三所主编:《刘坤一遗集》,中华书局,1959 年,第 575 页。
⑤ 转引自胡立人、王振华主编:《中国近代海军史》,大连出版社,1990 年,第 114 页。
⑥ 《左宗棠全集》,上海书店,1986 年,第 9236 页。
⑦ 《左宗棠全集》,上海书店,1986 年,第 9279 页。
⑧ 张侠等编:《清末海军史料》,海洋出版社,1982 年,第 756—759 页。
⑨ 乔伟、李喜所、刘晓琴:《德国克虏伯与晚清军事的近代化》,《南开学报》1999 年第 3 期。
⑩ 张侠等编:《清末海军史料》,海洋出版社,1982 年,第 169 页。
⑪ 《左宗棠全集》,上海书店,1986 年,第 9399 页。
⑫ 张彦辉:《中法战争中南洋水师援台备战略论》,《高校社科信息》2005 年第 3 期。

朱臻仕是在上海被招募的另一佐证是美国人阿林敦写的回忆录《青龙过眼》。在该书中,阿林敦提到:"1884 年冬天。我到了上海,在那里还有另外几个受聘的外国人……正式推荐他们上吴提督的旗舰'开济'号,充当炮手和教练。……杰金斯(Jerkins)是一个德国人,根据他所掌握的大炮,特别是克虏伯炮的专门知识,被派为第一炮手和教练。他在德国海军里大约服务过 10 年……另外一个德国人冯·冈德仑克(Von Gundlunck),他看来在德国轻骑兵中服务过。"①在这一节中阿林敦提到,在上海招募的洋员中有两个德国人,一个是在海军服役了 10 年的炮术教练,另一个是在轻骑兵中服务过的。那位曾在德国海军服役的炮术教练,其英文为 Jerkins,其中文谐音与朱臻仕非常接近。且他的德国海军经历,掌握的是火炮技术。而且在后文还提到,Jerkins 被安排在江阴炮台——"为我在江阴炮台安排了一个职务,但是当知道杰金斯也被安排在那里时……"这两则记载正印证了这个 Jerkins 就是朱臻仕。他正是在上海被式百龄招募到了南洋水师,同时也验证了碑文中提到的他具有海军经历和优良的火炮技术。

至于朱臻仕服役的军舰,上文提到"开济"舰的主炮是德国克虏伯炮,"南瑞"两舰使用的是英国阿姆斯特朗炮,在这种情况下,一个深谙克虏伯炮的专家被派到英式阿姆斯特朗炮的军舰上就有点不对路了。据阿林敦记载,他们都被派到了"开济"舰上,正是为了利用朱臻仕的克虏伯炮技术专长。所以这里的碑文可能有误,朱臻仕在中国的服役的军舰应是"开济"号。

(二)所获宝星考

《清实录·德宗实录》卷二一一光绪十一年乙酉秋七月条下辛丑日有"赏援闽开济等兵船洋弁朱臻仕宝星"的记载。这也是正史中唯一关于朱臻仕的记载。宝星制度是在中国走向世界的进程中,为了适应奖励有功洋人的需要而诞生的。宝星由崇厚等人参考国外勋章样式和等地,改铸中国传统功牌而成,并由清政府发布上谕予以颁发,是清政府"有功当赏"政策的必然产物②。

1. 朱臻仕所获宝星等地

光绪七年十二月,总理衙门奏准颁布了《奖给洋员宝星章程》,规定:勋章名为双龙宝星。根据颁赐对象的不同,将宝星勋章分为五等,其中头、二、三等又各分三级,共为十一级。这十一级勋章颁赠的对象分别是:头等第一专赠各国之君,一直到三等第三给各国翻译官、游击、都司等。这些都是有品级的,在此简略述之。第四等给各国兵弁等;五等给各国工商人等,这两等没有品级,一是军人,一是平民。按规定勋章的等第须于宝星上鋈以清文注明③。

---

① 阿林敦著,叶凤美译:《青龙过眼》,中华书局,2011 年。
② 李青:《清末民初中国徽章奖励制度渊源考》,《潍坊学院学报》2014 年第 1 期。
③ 江国华:《中国国家荣誉制度立法的历史考察 1881—1949》,《政法论丛》2014 年第 2 期。

朱臻仕只是炮弁,似以第四等较为合理。在此可以参考其他有确切记载的洋员宝星授予情况。

左宗棠在 1885 年为购买"南瑞"两舰的有功人员请赏时,曾建议给洋员五人授予宝星。在奏折中,左宗棠认为:"查福克及该行东哆喱已……奏保四品花翎在案,兹拟请援照光绪七年总理衙门厘定宝星章程,案内都司品级赏给三等第三宝星。德国人特来格、李德,奥国人满德并无官阶,拟照各国商人,赏以五等宝星。"①此处是为奖赏帮助购买并来华的得力人员,朱臻仕并未出现,也可从侧面说明,似乎他并非随船来华。奖赏中,特来格、李德等人因没有官阶而依商人例,授予五等宝星。朱臻仕为"南瑞(开济)兵轮炮弁",不应与无品级的商人等地相同,故应比五等为高。福克和哆喱已是四品花翎在案,参照中国的都司级别,授予了三等第三。都司是绿营武将级别,京师的巡捕五营就各置都司一人,正四品②。在水师中,如北洋水师的"平远"管带李和就是都司级别③。朱臻仕的级别显然不能达到如此之高,所以他的宝星就是"各国兵弁等"的四等宝星。

2. 朱臻仕在中法战争中的经历

关于中法战争的历史研究成果较为丰富,南洋"开济"、"南瑞"等舰在此战中参加了援闽作战,朱臻仕的宝星勋章也是在此役中获得的。现对这一过程略作梳理,以期完整展示朱臻仕的这场中国"首秀"。

1884 年,为打破对台湾的封锁,督办福建军务的钦差大臣左宗棠建议南北洋均派军舰增援福建。但时任两江总督曾国荃抗命拖延,11 月,在朝廷重压下,他才派长江水师总兵吴安康统带南洋五船南下。至 1885 年 1 月 18 日舰队才前往浙江沿海。2 月,在首次遭遇法舰后,吴安康率速度较高的"开济"、"南瑞"、"南琛"驶往宁波镇海,其余 2 舰被法舰消灭④。

3 月 1 日,法国舰队司令孤拔在侦查镇海航道时发现了躲在港口内的中国军舰。清军炮台开始发炮,后军舰也加入双方互射,清军打断了法舰桅杆的锁具。当然对于此次作战中方的记载更为精彩,且声称法军伤亡不小。此后双方相持数月,期间互有炮战,但规模较小。《中法战争诸役考》⑤对比中法双方的记载,对该镇海之战进行了详细的考释。虽然没有传闻中所谓击毙法酋等辉煌战绩,但是镇海保卫战的作战目的得以实现——南洋三舰逃脱厄运,摆脱了法舰的追击;使法方无法封锁中国沿海,支援了台湾军民的抗法战斗,称之为大捷也无可厚非。

事后,南洋水师的统帅曾国荃专折为三船将士请赏,称:"伏念该三船奉旨赴闽……尚

---

① 《左宗棠全集》,上海书店,1986 年,第 9869 页。
② 黄本骥编:《历代职官表》,上海古籍出版社,1980 年,第 230 页。
③ 赵海涛:《在夹缝中沉沦——论晚清海军国产舰船地位的边缘化》,《山西高等学校社会科学学报》2015 年第 3 期。
④ 姜鸣著:《龙旗飘扬的舰队——中国近代海军兴衰史》,三联书店,2002 年,第 194 页。
⑤ 黄振南著:《中法战争诸役考》,广西师范大学出版社,1998 年,第 242—284 页。

能一鼓作气,力守要隘。旋经敌船以全力来犯,尤能不避艰险,开炮轰击。……卒使炮中敌船,挫其锐气。"[1]

作为南洋水师新锐巡洋舰上的一名洋员炮弁,朱臻仕在战斗中的表现如何呢? 阿林敦在侧面记录下了这个战友的经历。《中法战争诸役考》中详查了法国人的记载和中国记载,均称中方炮台开了第一炮。阿林敦在书中记录打向法国人的这一炮是德国人朱臻仕所开,还特意强调了下 1885 年距离普法战争已经过去了 14 年[2]。阿林敦称,当时他和朱臻仕陪同三舰管带上了北炮台,发现法舰放下舢板,当时法舰并未有交战的行为,但是朱臻仕命令士兵装好炮弹,在被人劝阻时,他还称自己是"定"下距离,以防万一。在没有任何警告的情况下,朱臻仕开炮了。阿林敦认为朱臻仕没有得到命令就擅自开炮,导致了当天中国炮台的伤亡。不过从另一个方面看,法舰进入中国水域,放下的舢板上有军官,不管法方有何原因,作为一名隶属中国海军的人士,此时不正是英勇杀敌之时吗? 笔者认为作为法国人的"世仇"——德国人,正好又是现在法军的敌人——中国水师的炮兵,在这样的双重身份下,朱臻仕才作出了冲动开炮的选择。

当然作为旁观者,阿林敦的记载远不止作战,在他的笔下当时中国炮台的弹药储备不足,炮术教练朱臻仕也不管,他还在弹药库门口叼着烟,拿法舰打过来的哑弹做"实验",吓唬中国军官,不听指挥,擅自开炮……活脱脱一个"老兵油子"的形象。书中他还提到,朱臻仕"娶"了一名中国广东的女性,看来朱臻仕的中国情缘由来已久。

不管这场镇海保卫战如何稀里糊涂,法舰撤走了,中方也大肆宣扬胜利。作为"有功"之人,镇海之战的 4 个月后,朱臻仕获得了中国政府的肯定,得到了宝星。他非常珍惜这个宝星勋章,带着它到了生命的最后一刻。

(三) 朱臻仕教习沿江四路炮台考

按碑文所述,在中法战争后朱臻仕仍在南洋水师任内,直到 1894 年甲午之秋,奉南洋大臣令,赴沿江四路炮台担任总教习。

1. 沿江四路炮台——江阴炮台

江阴因扼守溯江而上的险要位置,既是海防重地,也是江防重地。早在明朝时,顾炎武就称:"(江阴)县境倚江为险,自昔为控守重地。"[3]道光年间为防备英军入侵,清廷于"二十三年,以江阴鹅鼻嘴为由海入江要口,设险守御。令璧昌等察沿海城邑,联络保障。所用炮位,设局开铸",其后历任两江总督均对江阴炮台进行修筑[4]。光绪三十一年,兵部侍郎铁良考察江海防务,称江苏省沿江海炮台分为四路,曰吴淞,曰江阴,曰镇江,曰金

① 戚其章:《南洋海军援台与中法镇海之役》,《社会科学辑刊》1995 年第 6 期。
② 阿林敦著,叶凤美译:《青龙过眼》,中华书局,2011 年,第 96 页。
③ 顾祖禹撰:《读史方舆纪要》,中华书局,2005 年,第 1243 页。
④ 炮台的详情和历年修筑情况可见,赵尔巽等撰:《清史稿》,中华书局,1977 年,第 4107 页。

陵①。江苏沿江,以这四个点为核心,形成了一个完整的江防体系。江阴炮台群是这个体系中的重要一环。

据《江阴通史》记载,沿江四路炮台是江阴炮台群的统称。"光绪二十四年(1898年)清政府对炮台进行全面改造,在两岸配置火炮70门,其中南岸55门,北岸15门,并由东至西重新编号,统称'沿江四路炮台'"②。另外的佐证就是1895年,时任两江总督幕僚的姚锡光随洋员德国军事教官勘察南洋炮台,将炮台的情形记在自己的日记中,由于是私人日记,其中有很多官方不载的内容,故而认为可信度较高。他于日记中提及了朱臻仕:"惟江阴之洋总教习名朱耕诗者。"③此处的朱耕诗应是朱臻仕在姚锡光处的音译名字,他明确说朱臻仕就是江阴的洋总教,且他一路考察了吴淞到南京的各处炮台,朱臻仕只在江阴出现,所以他这个沿江四路炮台总教习就是江阴炮台总教习。

2. 调任沿江四路炮台

> 会甲午之秋,沿江炮台改良伊始,聘请洋员/教授炮法。乃奉南洋大臣调为沿江四路炮台总教习,委任殊专。

甲午之秋即1894年秋,时任两江总督为刘坤一,他曾于光绪二年和光绪十六年两次任两江总督,是后湘军的领军人物,"张之洞疏刘坤一居官廉静宽厚,不求赫赫之名,而身际艰危,维持大局,毅然担当,从不推诿,其忠定明决,能断大事,有古名臣风"④。甲午战争爆发后,刘坤一在江阴、镇江、江宁一带严密布防,"江阴炮台张景春等,如有敌船驶进,务须遵旨迎头痛击",并在江阴设置水雷,将南洋水师的军舰泊与炮台外,"互相联系……以扼敌船上驶之路"⑤。依照刘坤一的部署,"开济、南瑞(原文作南琛,实是南瑞)两号并蚊船两号,系派驻江阴"⑥。不过刘坤一也明白:"南洋水师本未成军,兵轮只有木壳数号,仅可依台守御,不能与敌舰角逐冲锋。扼守门户,仍以炮台、陆师二者较有把握。"⑦参照碑文所述,正是在这样的大环境下,朱臻仕所在的军舰驻防江阴,与沿江四路炮台守望相助。而鉴于军舰和炮台的实际情况,加强炮台乃第一要务。依刘坤一上奏表明,他7月派船驻防江阴,碑文所述朱臻仕8月(仲秋)即奉调江阴的沿江四路炮台,正说明刘坤一加强江海防的措施非常到位,不仅为各炮台招募营勇、输送弹药,还顾虑炮台的重要性和专业

---

① 铁良奏:《铁良奏密查沿海各省防务折》,《清末海军史料》,海洋出版社,1982年,第288页。
② 薛仲良主编:《江阴通史》,中华书局,2013年,第96页。
③ 姚锡光:《江鄂日记》,中华书局,2010年,第24页。姚锡光自光绪二十一年十月二十一日至二十四日的日记,记录了他在江阴炮台的所见所闻。
④ 赵尔巽等撰:《清史稿》,中华书局,1977年,第12049页。
⑤ 中国科学院历史研究所第三所主编:《刘坤一遗集》,第二册,第803—804页,奏疏卷第二十二:《续办江海防务折》,中华书局,1959年。
⑥ 中国科学院历史研究所第三所主编:《刘坤一遗集》,中华书局,1959年,第818页。该文中上段写派"南琛"、"威靖"去台湾,后文又写"开济"、"南琛"驻江阴。按南洋水师无统带,只有两翼长各带一队,上文写明"左翼长兼带南琛,右翼长兼带开济",则"南琛"属左翼管辖,"开济"属右翼管辖,断无一起行动之事,则与"开济"一起驻防江阴者必"南瑞"。
⑦ 中国科学院历史研究所第三所主编:《刘坤一遗集》,中华书局,1959年,第2108页。

性,将炮术精炼之人调至炮台上,这应该就是朱臻仕调任沿江四路炮台的缘由。

3. 朱臻仕的成就

朱臻仕作为江阴炮台的总教习,"其教练精勤,讲求完善,规模因之可观,精神由之奋/起。勤恳之忱,固非徒博功名者所可"。考虑到碑文为纪念他所写,有所溢美在所难免。事实如何,查诸当时的记载,有姚锡光的《江鄂日记》可为佐证。

姚锡光于乙未(1895 年)年十月二十日到江阴炮台,次日开始考察之行。他看到江阴炮台"几乎无炮不病",中国哨弁管理的不少炮位"等成废炮",而得力的新炮均由洋员经营。二十三日,姚锡光查看了洋教习演洋操:"洋教习,有英员、有德员、有美员;而总教习朱耕士(原文如此,《江鄂日记》的另一处译名为朱耕诗),乃德人。于是所授之法不英不德不美,不能齐一。且口令有英、美,有德;皆洋语……"①此处的德人总教习朱耕士应是朱臻仕在姚锡光处的音译名字。看来,朱臻仕教练的成果留给姚锡光的第一印象并不好,不过并不是在技术层面,对于操演结果,姚锡光并未记载。

待到二十四日,姚锡光结束了江阴之行并写下了总结性的日记:"惟洋弁大半游手洋人……故打靶打呆靶不能命中十分之一,亦同归无用。惟江阴之洋总教习名朱耕诗者,人尚耐劳,似尚有用。"离开江阴时,经过一天的观察,朱臻仕在他心目中的印象就已经大大改观。姚锡光久历幕府,对于洋炮也较为熟知,他所著的《长江炮台刍议》就非常详尽地记录了江防炮台体系。在江阴,他对于炮位、炮台营房、弹药库等均进行了考察,甚至详尽到俯仰机、来复线、炮星、机括、表尺、炮闩、钢底……各零件无不详加查看。在这样的"技术型"官员面前,没有过硬的水平,朱臻仕也不会得到姚锡光在日记中的单独肯定。

庚子年,德国参加了八国联军对中国的入侵,不过江苏参与了"东南互保",没有卷入战争中。楚材晋用的典故,准确形容了因当时中德交恶,而身为德国人的朱臻仕在中国任职的矛盾。幸好很快,清政府又割地赔款,拿到好处的德国又成了中国的"友邦",朱臻仕也"其心稍安,而视事愈加勤谨"。

(四)去世过程及日期考

碑文中的壬辰冬日,当为壬寅冬日(1902 年)之误。查庚子之后的年份为辛丑、壬寅,距壬辰年最近的是光绪十八年,即 1892 年,尚是甲午之前,所以此处应为壬寅,而不是壬辰。

至于下文的"俄挑衅淞澄一带",在史料记载中并未找到俄国在南洋海域的挑衅行为,俄国的侵略行径主要集中在东北。1900 年 7 月 9 日,俄国发布了入侵我国东北的命令,出动十多万军队分五路入侵我国,并很快占据了东北大部。后来俄国又利用"八国联

---

① 姚锡光:《江鄂日记》,中华书局,2010 年,第 18 页。

军"占领北京的时机,以所谓交还东北为诱饵,要求清政府与其商订撤兵事宜,最终目的就是要独霸东北①。在此时,沙俄的侵略方向主要是在东北,并没有大举侵略东南的实际行动。而且在之前的 1899 年,沙俄已经和英国达成协议,承认了英国在长江流域的势力范围,因而此时向南方派军舰进行骚扰的可能性不大。不过 1902 年冬天,正是《交收东三省条约》规定的第一次撤军的时候,在完成了第一次撤军后,沙俄就停止了撤军②,在此情况下,为了充实远东的军事力量,恐吓清政府,沙俄也有可能派驻扎旅顺的太平洋舰队赴东南沿海骚扰。所以这一记载尚须等待更多的资料来印证。

关于朱臻仕自杀的记载除了碑文的记录,可考的记录有三条。

一是阿林敦的记录:"(他)1908 年时,突然大为沮丧,用左轮手枪结束了自己的生命。他……名片上写着'中国改革在即'……当着提督的面,其时还有他的几个同事在场,他说:'大人,看看',与此同时,他把手缩进袖子里,拔出了左轮手枪,瞄准下巴,打出了一颗致命的子弹……中国人对于他这样结束自己的生命很在意,厚葬了他。"③阿林敦的记录靠的是回忆,所以在年代上可能有误,此碑是 1907 年所立,朱臻仕不可能在 1908 年自杀。但是阿林敦对朱臻仕的自杀的过程描述得较为详尽。联系碑文中所说的"外有强邻觊觎之危,内有会匪蠢动之虑。藐躬自顾,欲奋无由"。朱臻仕对他报效了数十年的中国有哀其不幸、怒其不争的心理。碑文中说他"惟恃杯中物以解忧",阿林敦却说他已经多年不酗酒,阿林敦毕竟多年未见朱臻仕,看来严峻的国防形势,松垮的江阴炮台训练,让他重又开始酗酒,并因抑郁导致了自杀。阿林敦的另一解释是朱臻仕与第二任妻子的纠纷是他的死因,似乎与妻子的纠纷很难让一个经历了战争考验的人自杀。当然,这也可以作为碑文的补充,毕竟家庭的幸福也会对人有很大的影响。

另一个记载是陈子展的文章《萧特与朱臻仕》④。"朱臻仕者……及日俄争夺东三省事件起,痛中国之不足有为,居恒郁郁不乐,而愤俄人尤深。……见中国人,即握手告以中国前途之苦,及时改革之不可缓。华人漫应之,且有目笑存之者。……阖户自戕。将死时,犹大呼'中国不可救! 中国不可救!'者再"。陈子展是在杂文中记录的,又是处在淞沪抗战的危急时刻有感于美国援华飞行员萧特的功绩而写,描述的成分更多一些。不过有几点也验证了碑文。第一,朱臻仕确实是在沙俄掠夺我东三省时自杀的。第二,中国人对自己国家的前途之苦"漫应之,且有目笑存之者"。国人不奋发自强的精神状态让朱臻仕沮丧异常。此外,朱臻仕说中国改革不可缓,也验证了阿林敦记录朱臻仕的名片"中国改革在即"。陈子展对朱臻仕的定位是为激励中国人而自杀,语句中充满了对朱臻仕的惋惜。

第三个记载是晚清诗人陈锐的记载。他在他的文稿《裒碧斋杂记》中详述了"朱臻仕

① 吉林师范大学历史系编:《沙俄侵华史简编》第七章和第八章,吉林人民出版社,1978 年。
② 宋秀元:《义和团时期沙俄对我国东三省的侵略》,《历史档案》1982 年第 2 期。
③ 阿林敦著,叶凤美译:《青龙过眼》,中华书局,2011 年,第 127 页。
④ 陈子展:《蓬庐絮语》,海豚出版社,2012 年,第 30—31 页。该文集是陈子展 20 世纪 30 年代在《申报·自由谈》上总题为《蓬庐絮语》的专栏文章,以杂文为主。

之变"，因为据他所说，他就是当场的见证人："癸卯九月，余在两江营务处提调差次……
十月二日黎明至江阴……朱臻仕，德国人……妻华人。朱自江阴来会……在舟中颇纵
酒……忽佩宝星北向行三叩首礼，自言：'自今为中国人，将为中国尽忠，死后愿存我妻
子。'……语未终，而自枪倒地死矣。'"这则记录语言较为平实，且写明朱臻仕是十月二日
自杀的，陈锐还记述："先是朱在沪上闻寰泰兵轮事，外人不允赔偿，颇愤愤。又尝在某旅
馆遇俄人四，互相刺探，尝云：'中国一二月内，有危险事发生。'"。"寰泰"兵轮于1903年
8月在汕头被一加拿大商船撞沉①，由于"寰泰"舰也是原先南洋水师的军舰，且与"开济"
同级，朱臻仕怀有袍泽之情当属正常。这里也提到了中俄交恶事，故陈锐认为朱臻仕的死
因为"殆彼人恶其为中国效力，将以仇之欤？抑自知其己身与中国之材力，不足以御人，而
早戕以卸责欤？"但是最后他还是认为朱臻仕是"忠愤而死"。此外，该段记载也印证了碑
文中所述的朱臻仕酗酒的记载。

综观这些当时和后来的记载，朱臻仕是为炮台的训练不尽人意，俄国大兵压境下国人
不奋发图强而忧愤死，也算是为中国海防做到了"死而后已"。正因此，其死后，炮台的同
仁们为其建碑厚葬。按其死亡的日期应为癸卯年光绪二十九年十月二日，公元1903年11
月20日②。

三、略论洋员在近代海防建设中的作用

（一）"雇佣洋人，需有真本事"——洋员的引进

洋员的引进过程从朱臻仕来华可见一斑。先是南洋统领吴安康认为需要增添洋员，
向主管领导南洋大臣曾国荃提出，得到曾国荃同意后，再由熟悉海军军务的式百龄面试
录取。

当时引进洋员的途径主要有："一由中国驻外公使向当地政府提出请求，而由当地政
府代为物色，并准其为中国服务。一般而论，当地政府为表示友谊和自身利益，大多乐于
为助。二是中外关系人士的居中引荐，或临时招募。"③朱臻仕来华是第二种途径。

招募何种类型的洋员是各个部门自己决定的，大体上是什么岗位需要就招募哪种洋
员前来。朱臻仕因操作克虏伯炮的经验为"开济"舰所需而被招募。又如江南制造总局
在创始阶段从收购的洋厂直接留用洋员，并任用他们制造轮船、枪弹、机器。但是李鸿章
在调查后发现，这些洋匠是制造轮船的，造洋枪并非其专业。于是后来制造总局在聘请洋
员时更注重专业，这样也带来了良好的成果。1869年"操江"号成船，雇用"管理行船及机

---

① 陈悦：《巡海奇葩——福建船政"开济"级巡洋舰》，《现代舰船》2008年8月B刊。
② 年号、干支纪年与公历的对应，以陈垣《二十史朔闰表》为参考得出，中华书局，1962年。
③ 王家俭：《国际科技转移与北洋海防建设——论洋员在洋务运动中的角色与作用》，原载《北洋海军研究》第
一辑，天津古籍出版社，1999年，第62页。

器等事,共计洋人四名,看更掌舵及水手共计洋人一十五名"。随后造成的"测海"号轮船自始至终雇用了洋员,"船主三名,管理机器及行船等事六名,看更掌舵及水手、司役十六人"①。

经过实践,中国政府和地方大员形成了一套相对稳定的聘请洋员的标准和条件。海军方面,"李鸿章把'才技精通'具体化为'必须专门名家,才能出众而又恪听调度者'"。船政方面,左宗棠主张"募雇外国谙练精明员匠"。这些聘请标准和选用条件是晚清时期人们所达到的认识水平,李鸿章将其归结为一句话:"雇用洋人,必须有事实本领。"②

要确认找到的人才有真本领,考核是避免不了的。例如式百龄招募朱臻仕,是在面临大战前的一种权宜面试。据阿林敦回忆:"顾问在经过了一番吓唬之后,最终都让他们以'合格'通过。"更多的是严格的多重综合测试。1885 年,美国人马吉芬来中国时,参加了一连串严格的考试,包括船艺、炮术、导航、航海天文学、代数、三角学、二次曲线方程、曲线作图和微积分。来中国前他是著名学府安纳波利斯海军学院的正牌毕业生,如此文凭还需这样考试,也说明了招募洋员的中方对洋员素质的严格要求。当然他寻求的职位也不是一般的职位,而是一位洋员教师,他需要为北洋水师军官候补梯队的素质负责③。

正如本文的主人公朱臻仕一样,只有经过德国海军 10 年的锻炼,深谙海军炮术才能被南洋水师看中,得到工作的机会。当然并不是所有的洋员都是有水平的人才,招募洋员的人士也并不都是慧眼之人,也有误聘的案例。正如阿林敦在书中所写,大部分是像朱臻仕这种老兵,也有"不是喝得烂醉的时候,就是把闲暇时间用来搜索那些不会走也不会飞的小虫子"的滥竽充数之人。但是在考核中,各层聘用洋员的机构和人士能基本做到招揽有真正技术专长的人,这点还是值得肯定的。

(二)合同管理、高薪奖赏

对于招募来的洋员的管理,中国政府和各部门采用的是一种合同管理的方式。阿林敦在回忆录中说自己从北洋水师到南洋水师,需要签订一份新合同。原来在北洋水师签订的合同是由李鸿章盖章签订的,在南洋水师服役的新合同需要和南京的总督签订。北洋水师由李鸿章节制,而南洋水师由两江总督节制,洋员服务于哪处机构就要和该机构的负责人签订合同。从这一点也能看出,聘用洋员的合同签订对象是地方负责具体事务的官员,与中央关系不大。

合同的主要内容是规定洋员的薪酬和职责、权限、续聘、辞退等。如北洋水师总查琅威理的第二次合同中曾规定,要求琅威理承诺在 5 年内将中国海军的训练提升到国际水准,并在战时帮助中国作战等条款④。对于洋员合同也作出了不少节制,福州船政局就在

① 转引自孟海棠:《江南制造总局聘用洋员史略》,《绥化师专学报》2001 年第 4 期。
② 向中银:《清政府聘用洋员政策与中国早期现代化》,《求索》2002 年第 6 期。
③ 马吉芬来华的经历参见,马吉芬著,张黎源译:《他选择了中国》第五章,山东画报出版社,2013 年。
④ 王家俭:《琅威理之借聘来华及其辞职风波》,《中国近代海军史论集》,文史哲出版社,1984 年,第 73 页。

聘用洋员合同中规定:"除局厂正工并本监督等奉派工作差使外,不准私自擅揽工作。"如果"该正副监工及各工匠等或不受节制,或不守规矩,或教习办事不力,或工作取巧草率,或打骂中国官匠,或滋事不法,本监督等随即撤令回国,所立合同作为废纸,不给两月辛工,不发路费"①。可见通过合同的约束,中方真正做到了把用人权掌握在自己的手里,确保洋员为我所用。

　　通过这种规定,洋员在中国的权力得到了一定的限制。洋员的主要工作领域始终在专业技术上,而没有实权。朱臻仕炮术精湛,但也只能掌管火炮操作、炮台训练,甚至连训练中用何种语言,他都无权决定。固然这反映了中方谋求独立发展的主权意识,但也部分表现出当时官员对洋员的不信任。这也是中国自鸦片战争以来被外来侵略后,形成了惯性思维,对外国人总抱着提防之心。这样的思维为后来不少洋员不能尽心尽力埋下了伏笔。此外,笔者认为在对合同的遵守上,洋员还是较为尽心尽力,尊重契约精神的。如碑文中所述,朱臻仕正是因为在其位,谋其政,一心想在江阴炮台教好炮术,却看到国人的敷衍态度而内心抑郁,导致了最后的悲剧。

　　清政府给予有功洋员的奖赏最初是顶戴、花翎等②。在中国近代史上,第一个得到清政府奖赏的是围剿太平军的洋枪队教练、美国人华尔。同治元年他被清廷授予四品顶戴花翎。同治二年十一月,戈登以常胜军攻克苏州为由奏请奖赏,清政府因省城克复大为高兴,允赏给戈登银一万两,此乃赏给有功洋人银两之始③。这是早期对于直接来华"助剿"洋员的奖赏,属于特例。对于将长期担任教导中国走向近现代的洋员,早期的洋务人士更是提出需"重金聘请",如郑观应,他认为"不惜重聘,延订来华,则西人亦未尝不为我用。……计惟厚给薪水,奖以虚衔,优礼牢笼,使之悦服,然后人皆用命,各奏尔能"④。

　　在本文的朱臻仕碑文中,没有写明给予朱臻仕的奖赏。不过参照同时期福建船政的惯例,似应不少。福建船政于1885年聘请留学回来的6位中国工程师担任技术主力。当时这6位中国工程师的薪水为每月不过七八十两,而同时期外国工程师的薪水在每月200—400两。正监督日意格每月工资高达1000两,更是约定"中国员匠果能自行按图监造轮船……另有加奖银六万两",同时嘉奖日意格和德克碑各二万四千两⑤。日意格本人也在给友人的信中提到:"我手下的人将收到允诺的四十四万法郎的奖金,而我自己可得到二十万法郎的奖金,且只要皇上高兴,我还能得到新的封赏。……我将带一大笔钱回法国。"正是在各种因素驱使下,日意格"全心全意为中国人做事"⑥。如日意格,抱有这种心态的洋员应是大多数。

　　这样,清政府用合同规范管理的契约束缚,重金聘请、有功重赏的金钱攻势,顶戴花

① 转引自孟海棠:《江南制造总局聘用洋员史略》,《绥化师专学报》2001年第4期。
② 王道瑞:《清代的双龙宝星勋章》,《故宫博物院院刊》1988年第4期。
③ 向中银:《晚清宝星制度初探》,《佛山大学学报》1996年第3期。
④ 转引自向中银:《清政府聘用洋员政策与中国早期现代化》,《求索》2002年第6期。
⑤ 王宏斌著:《晚清海防:思想与制度研究》,商务印书馆,2005年,第573—575页。
⑥ 林庆元著:《福建船政局史稿(修订本)》,福建人民出版社,1999年,第78—79页。

翎、宝星勋章的功名感召,三管齐下,有效地使用、管理,并激励洋员更好地为中国服务。

(三) 洋员的贡献"不遗余力、异常出力"

从朱臻仕碑文看,中方人士对他的贡献还是非常肯定的,用词多褒义。技术精炼的他在各种合理激励政策下,发挥了很重要的作用,正如前文所述,洋员管理的新炮均较为得力,江阴炮台也放心地将新炮交由洋员管理。

不惟朱臻仕一人,在当时,按照合同规定,尽心尽力的洋员大有人在。如最早来到中国的克虏伯枪炮教官瑞乃尔。根据丁宝桢的《丁文诚公奏稿》记载,在瑞乃尔教授山东旧式水师时:"德国兵官瑞乃尔,原在该国克虏伯炮厂,熟精后膛钢炮及快枪各操法,并略悉中土语言。……自派令教习兵队以来,口讲指授不遗余力,且性情忠实,约束各队无宽暇,薪工所余辄以奖励兵丁之勤奋者,故操练未逾一年,枪炮各技竟有十成,实属异常出力。现拟订立三年合同,抽调本省马步各队,俾令将枪炮一切教练,尽其所长。"后来的北洋巨头段祺瑞就是在他的介绍下,赴德国学习先进的军事技术的①。

北洋的洋员群体一样恪尽职守,甚至有洋员在战斗中为了中国而献出生命。在残酷的黄海海战中,参战的8名洋员,马吉芬"虽负伤数处,几至失明,但始终未离舱面";汉纳根、泰莱战斗伊始俱受重伤,但坚持留在甲板上;霍夫曼、余锡尔各在"舱底司理机器",余锡尔与"致远"舰同沉;阿壁成双耳被炮弹震聋,却毫不避畏,"仍专心致志于救火之役";尼格路士见舰首炮手受伤,急赶至"代司其事","不料实心弹至,竟及于难";哈卜们发弹重创日舰,后负重伤。8名洋员2死5伤,仅1人无恙②。后马吉芬因为黄海海战中的创伤拔枪自尽,可以说北洋参战洋员的伤亡过半数,超过了中国参战人员的伤亡比。

当然洋员也有反面形象。在北洋海军的末路时期,"(光绪二十一年,1895年)正月十四日,丁汝昌拒绝洋员泰莱、瑞乃尔的劝降……正月十六日,洋员同部分海军将领鼓动士兵胁迫丁汝昌投降……正月十八日,洋员浩威伪托丁汝昌名义起草降书"③。但是要看到瑞乃尔事先曾经劝过丁汝昌"沉船毁台,徒手降敌较得计",丁汝昌"令诸将候令,同时沉船。诸将不应,盖恐沉船徒降,取怒倭人也"④。可见,洋员虽然起到了一定作用,但是决定权还是在中方官兵手中,甚至洋员劝说的不给敌人留下军舰的计策都没有人愿意执行,正说明了北洋海军大部分的官兵已经恐惧不堪,投降之举不能全记在洋员头上。在西方人的观念中,既然弹尽粮绝,那么保全人的生命,是最好的选择。此外,投降行动固然葬送了北洋海军,但是为日后海军重建留下了人才,幸存官兵在后来的民国海军和人民海军建设中均发挥了重要作用,为中国海防事业留下了火种。总之,对洋员的评价应有客观、公正的态度。

① 王潇凡:《德国克虏伯与中国晚清海防建设》,《学理论》2014年第18期。
② 马军:《论北洋海军洋员》,《上海社会科学院学术季刊》1995年第3期。
③ 戚俊杰、王记华编校,戚其章审订:《丁汝昌集》,山东大学出版社,1997年,第375页。
④ 姚锡光著,李吉奎整理:《东方兵事纪略》,中华书局,2010年,第98页。

(四)洋员的负面作用

1. 洋员给中国带来了技术,却葬送了真正自强的机会

洋员在促进中国近代军事工业发展的同时,也带动了一大批周边行业的兴盛。但清政府是出于维持自身统治的需要而招揽洋员,所以洋员在近代中国的贡献始终局限于军事、工程技术、语言翻译等方面,对于上层建筑的触碰较少。此外洋员的来华层次也较低,始终没有洋员进入高层,也限制了中国吸收西方先进的经验。正如王家俭先生所说:"我们仅知借助于洋员的技术,而未曾建立起一套完善的制度。"①但是招募洋员的做法,又确实给日薄西山的清政府带来了一抹亮色,如雇佣洋员最多也是成就最大的两家近代军工企业江南制造局和福建船政局。到 1870 年,"江南制造局最充分地体现了中国制造现代化武器的努力。在同治年间,它在东亚首屈一指,也是世界上最大的兵工厂之一"。福建船政局在 1867—1874 年"制造了 15 艘轮船,培养了大批有才干的年青人"②。但是一抹亮色带来的不是自强,而是沾沾自喜,正是洋员给中国在应用技术上带来的飞速进步,所以从上至下,出现了"同治中兴",出现了"亚洲第一巨舰——定远"。正如李鸿章所说自己是个"裱糊匠",晚清的中国何尝又不是在洋员这个"浆糊"下糊得更金玉其外?

正如朱臻仕,只能教习他负责的那部分,对于炮台的整体配合,炮台与陆路的配合等均无从置喙。从近代的海防战争案例特别是甲午战争的旅顺、威海等战例来看,大陆临海的岸防炮台最终陷落均与陆路失守有关。即便朱臻仕等洋员能将新炮训练精熟,没有其他炮台和陆军的配合,这样的江阴炮台能在江海防御中起到什么作用也是难以预料的。这也是陈锐认为朱臻仕的自尽有害怕炮台抵御不了外来侵略,而一死以卸责的缘由。

2. 洋员并未带来西方最先进的技术

从工程技术上看,洋员也并没有给近代中国带来西方最先进的技术。当然这一方面是中国的大环境所限,毕竟当时的中国基础工业非常薄弱,想短时间内赶上西方是不可能的。但是在引进洋员的时候,中方尽管有各种甄别手段,还是因缺乏熟知洋务的官员,在技术上只能听从洋员;再加上西方不可能真正对中国敞开军事技术输出的大门,在最先进的技术上存在一定的保密性,导致中国往往不能及时掌握最先进的技术。

如朱臻仕所服役的"开济"舰,其建造图纸是由马尾船厂于 1883 年购得的。但这些图纸是 1877 年日意格从法国民营船厂购得的 1872 年制式图纸。图纸属民营船厂,还是落后了 11 年的样式③。在当时海军技术发展日新月异的时代,"开济"舰从服役时起就落后

---

① 王家俭:《国际科技转移与北洋海防建设——论洋员在洋务运动中的角色与作用》,原载《北洋海军研究》第一辑,天津古籍出版社,1999 年,第 62 页。
② 芮玛丽著,房德邻等译:《同治中兴:中国保守主义的最后抵抗》,中国社会科学出版社,2002 年,第 259—262 页。
③ 曾景春:《试评马尾船政局造舰技术的水平》,《福建论坛(文史哲版)》1994 年第 1 期。

了西方整整一个时代。中法战争中的马江之战,福建船政水师短短 40 分钟损伤 9 舰,左宗棠就总结:"多半是仿半兵半商旧式,虽造铁肋快船……然仿之外洋铁甲,仍觉强弱悬殊。"①北洋与德国合作多年,但是直到甲午战争前,中国还是只能仿制最初级的鱼雷②。种种迹象表明,引进洋员只能快速提高中国的技术于一时,始终不能真正提高中国的国防军事工业。

综上所述,洋员的引进确实为中国近代海防等军事建设的提高作出了不可磨灭的贡献,洋员本身也为他们的雇主——中国各级政府提供了基本到位的服务。但是他们提供的技术仅仅在应用层面,中国没有足够的能力去消化吸收;在当时只注重学习技术,忽略或者说无视从根本上建设全新的社会体系的中国,洋员的贡献只能被历史的汪洋所湮没。

① 张侠等编:《清末海军史料》上册,海洋出版社,1982 年,第 40 页。
② 陶新华:《洋务运动时期西方军事技术的引进及其对中国军事建设的影响》,《军事历史研究》2011 年第 4 期。

晚清江苏海防炮台与
威海卫炮台比较研究

张　敏

扬州市文物考古研究所　助理馆员

周　强

威海博物馆　馆员

内容提要：清朝晚期，海防问题日益凸显，清政府将海防分为南北两洋，分别建设海军，修建海防设施。威海卫作为北洋海军的基地自然是海防的重中之重，成为远东著名的海防要塞。位于南洋的江苏省，由于地理条件和海防政策的限制，一省的海防炮台竟少于一个威海卫基地。本文将对比晚清威海卫基地炮台和江苏省海防炮台，探究其中的异同，希望能够为深入了解江苏海防文化遗产的历史意义提供一个视角。

关键词：海防　炮台　威海卫　江苏　南洋　北洋

一、前　　言

鸦片战争以来，随着西方列强的历次海上入侵，原本作为屏障的大海成为中国对敌的前线，尤其是1874年日本侵略台湾之后，清政府的海防问题日益凸显。由此清政府的高级官员间开展了第一次海防大讨论。鉴于中国漫长的海岸线，1875年清政府在海防的上层规划中提出："南北洋地面过宽，界连数省，必须分段督办，以专责成。着派李鸿章督办北洋海防事宜，派沈葆桢督办南洋海防事宜。所有分洋、分任、练军、设局……诸议，统归该大臣等择要筹办。"①李鸿章、沈葆桢分别督办北、南洋实务，进行大规模的海防建设。其中北洋包括直隶、山东洋面；南洋包括现在的江苏、浙江洋面，所辖洋面比北洋大。在此之后，清朝的海军建设就是按照南北两洋进行划分的，划拨的经费也是一分为二。

南北洋自谋划建设之初，二者就朝着不同的方向发展。南北洋海防设施是中国近代以来面对外来入侵的第一道门槛，也是中国近代不屈与抗争的标志。通过对这些遗存的研究来反思过去才能更好地展望未来。

通过对北洋炮台（威海卫）和南洋（主要为江苏）炮台进行比较，我们可以找出二者

---

① 牟安世：《洋务运动》，上海人民出版社，1957年，第154页。

在当时设置规划、实际建设、防御效果上的异同,经过对比才能更好地理解当时所发生的这些历史事件的内在因素。2015年底—2016年初,江苏省对境内的明清海防遗址进行了调查,对南京、镇江、常州、无锡、苏州、扬州、盐城、南通、连云港等市境内的94处明清时期海防相关遗存进行了全面的摸底调查。2016年10月,辽宁"丹东一号(致远舰)水下考古调查",对沉没于海底的北洋水师致远舰舰体进行了全面测绘。与此同时,威海博物馆的同仁也对北洋水师威海卫基地进行了较为全面的调查,为我们进行比较研究提供了充足的材料。下文通过对这些分属南北的海防遗产进行比较研究,希望各位方家指正。

二、南北洋海防建设

在清政府面临巨大的海上威胁这一背景下,"天下竞言海防",沿海各省纷纷"制船铸炮、厉兵讲武,以备不虞"①。不过从建设的成效上看,南洋与北洋却有不同。

(一)南洋海防建设

1. 南洋海防炮台的建设

19世纪80年代初,自南京至长江出海口修筑了100多座炮台,自造和购买了不少洋枪洋炮,建立了一只账面上"初具规模"的海防力量②。这个初具规模的账上包括六艘兵轮和四艘蚊子炮船。由于缺乏军费、保养不善、训练不精,这些船"不过于无事时虚壮海隅声威而已",一旦临战"万难出洋对敌"③。时任两江总督刘坤一认为:江苏是当时的全国经济中心,也是建设海防的最佳地域。他曾直言不讳地说:"此间兼充南洋海防大臣,徒拥虚名","但能扼守长江口,已固东南门户,使上五省晏然,大局可期安稳,似已足以塞责"④。这样的一种设想就使得南洋海防建设走向"江防成为海防重心,以陆制海,忽视舰艇力量建设","重视江苏而放松闽、浙两省"的态势。

光绪八年正月(1883年),左宗棠负责筹建海防,曾试图改变南洋各省各自为战的局面,希望能立足江苏,兼顾南洋其他各省,江海防并重。由于积弊难返,江海防失衡的局面并未改观,不过通过一些调整逐步完善了乌龙山、象山、都天庙、焦山、圌山、江阴、靖江、吴淞口的炮台。另据《江阴通史》称,沿江四路炮台则是江阴炮台群的统称。"光绪二十四年(1898年)清政府对炮台进行全面改造,在两岸配置火炮70门,其中南岸55门,北岸15

① 中国科学院历史研究所第三所主编:《刘坤一遗集》,中华书局,1959年,第1824页。
② 杜经国、张克非:《左宗棠在两江的海防建设》,《史学集刊》1985年第2期,第43页。
③ 牟安世:《洋务运动》,上海人民出版社,1957年,第523页。
④ 中国科学院历史研究所第三所主编:《刘坤一遗集》,中华书局,1959年,第1892页。

门,并由东至西重新编号,统称'沿江四路炮台'"①。光绪三十一年(1905年),清政府欲整顿海防,兵部侍郎铁良考察江海防务,称江苏省沿江海炮台分为四路:曰吴淞,曰江阴,曰镇江,曰金陵②。江苏沿江,以这四个点为核心,形成了一个完整的江防体系。江阴炮台群是这个体系中的重要一环。

2. 江苏海防遗存调查

南洋水师在江苏设置的炮台主要分布于南京、镇江、无锡及上海吴淞口。这些炮台是南洋水师在江苏海上及长江防御体系中的主要设施。考古调查发现炮台17处(图一)。

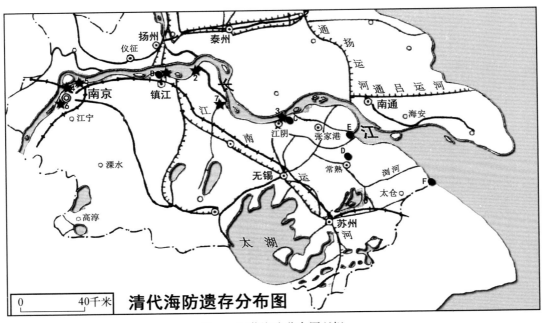

图一　江苏海防分布图(清)

南京7处:狮子山炮台遗址、乌龙山炮台遗址、老虎山1—4号炮台遗址(图二、图三、图四)、石头城炮台遗址。

镇江5处:焦山炮台遗址、焦山顶快炮台遗址、圌山1号炮台遗址(图五)、圌山2号炮台遗址、合山快炮台遗址。

江阴5处:小石湾炮台遗址(图六)、大石湾炮台遗址、鹅山第1、2炮台遗址、西山炮台遗址、东山炮台遗址。

另外在镇江对面的扬州、泰州靖江也发现疑似炮台遗址。

① 薛仲良主编:《江阴通史》,中华书局,2013年,第96页。
② 铁良奏:《铁良奏密查沿海各省防务折》,《清末海军史料》,海洋出版社,1982年,第288页。

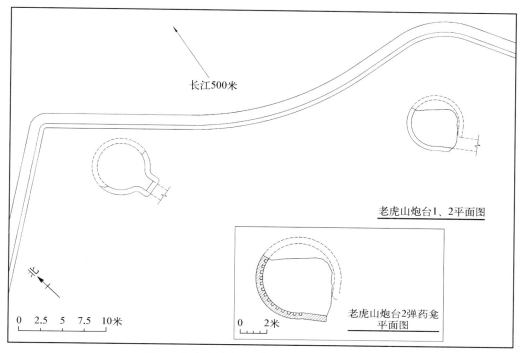

长江500米

北

0 2.5 5 7.5 10米

老虎山炮台1、2平面图

0 2米

老虎山炮台2弹药龛
平面图

图二 老虎山炮台-老虎山炮台1、2炮位平面

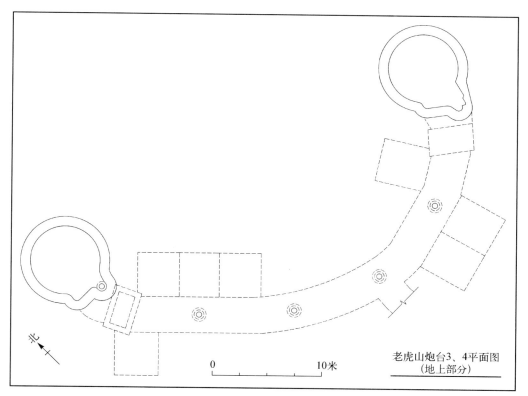

北

0 10米

老虎山炮台3、4平面图
（地上部分）

图三 老虎山炮台-老虎山炮台3、4炮位平面图（地上部分）

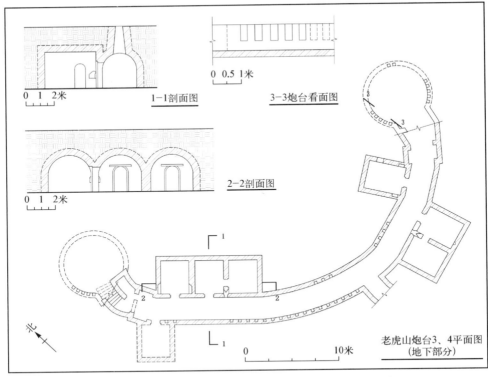

图四 老虎山炮台-老虎山炮台3、4炮位平面图(地下部分)

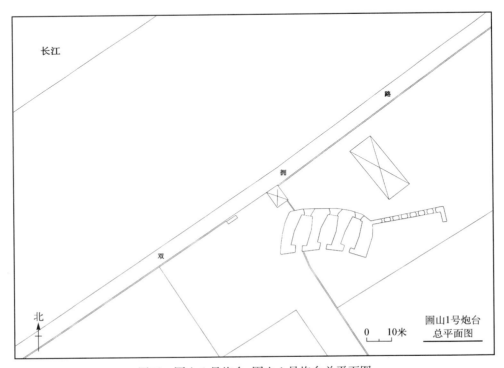

图五 圈山1号炮台-圈山1号炮台总平面图

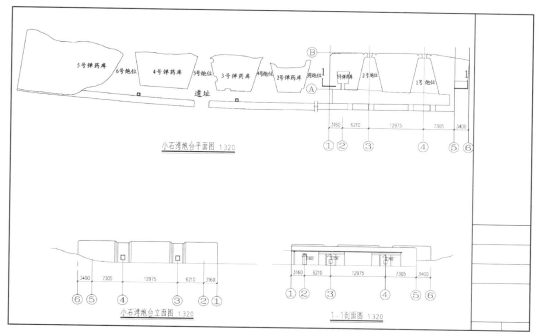

1. 小石湾炮台平面总图

2. 小石湾炮台远景

图六 小石湾炮台

(二) 北洋海防建设

1. 北洋水师威海卫基地的建设

反观北洋,光绪元年(1875 年)四月二十六日,奕䜣根据各方意见提出:"请先就北洋创设水师一军,俟力渐充,就一化三,择要分布。"①从后续的海防筹建来看,也是围绕这个策划进行的。在光绪十一年(1885 年)五月,中法战争结束后,清政府内部认为:"北洋屏蔽畿辅,地势最为扼要,现有船只亦较他处稍多,拟请先从北洋开办精炼水师一只。"②

北洋水师所获的关注更多,在经费、人员、军舰配置等方面均成为重点关注的对象。1888 年,从英、德等国购买的新式铁甲舰和巡洋舰陆续回国服役,海军衙门颁布了《北洋海军章程》,标志着北洋海军正式成立③。威海卫、旅顺口和大沽口作为北洋海军的基地开始重点建设,其中又以威海卫和旅顺口的海防设施最为完备。李鸿章聘用德国军官汉纳根设计了威海卫的永久性炮台。该炮台充分利用了威海卫地形,分为刘公岛、南帮、北帮三处,共 14 座炮台,防守严密,易守难攻,威海卫成为著名的海军要塞。

2. 威海卫海防遗迹调查

威海卫作为北洋水师基地防守严密,易守难攻,成为著名的海军要塞(图七)。该基地以刘公岛为核心,在刘公岛上建有铁码头、海军公所、弹药库、水师学堂、兵营等重要设施。军舰停泊于刘公岛铁码头西南的威海湾内,北、西、南三面为陆地环绕,东侧有刘公岛作为屏障,南北有两个水道与外界相连。为了保护北洋海军的这些重要设施,在威海卫南帮(图八)、北帮(图九)、刘公岛(图一○)、日岛和西线建设了众多炮台。在设置炮台时,充分考虑到威海卫的地理特点,重点防御的方向是刘公岛南北两个水道和威海卫城西侧。为防止敌舰从北水道进入威海湾,修建了威海卫北帮和刘公岛西侧的炮台;为防止敌舰从南水道进入威海湾,修建了威海卫南帮、刘公岛东侧和日岛的炮台;为防止敌人从西侧海湾登陆进攻威海卫城,修建了西线的炮台。

南帮有赵北嘴炮台(图一一)、鹿角嘴炮台、龙庙嘴炮台、谢家所炮台和杨枫岭炮台、摩天岭炮台。北帮有北山嘴炮台(图一二)、黄泥崖炮台、祭祀台炮台、栢顶炮台、拐角快炮台、田鸡炮台。刘公岛上有大顶炮台、高场营炮台、黄岛炮台、北口地井炮台、南嘴炮台、东泓稍西南炮台。西线有九峰顶炮台。甲午战争爆发前后,为了增加防守力量,临时修筑了 9 座炮台,主要是西线的远遥墩炮台、遥了墩炮台、柴峰顶炮台、佛顶山炮台(图一三)。

① 李书源整理:《筹办夷务始末》(同治朝)卷八十九。
② 张侠等著:《清末海军史料》,海洋出版社,1982 年,第 59 页。
③ 戚俊杰主编:《中国甲午战争博物馆》,山东大学出版社,1995 年,第 15 页。

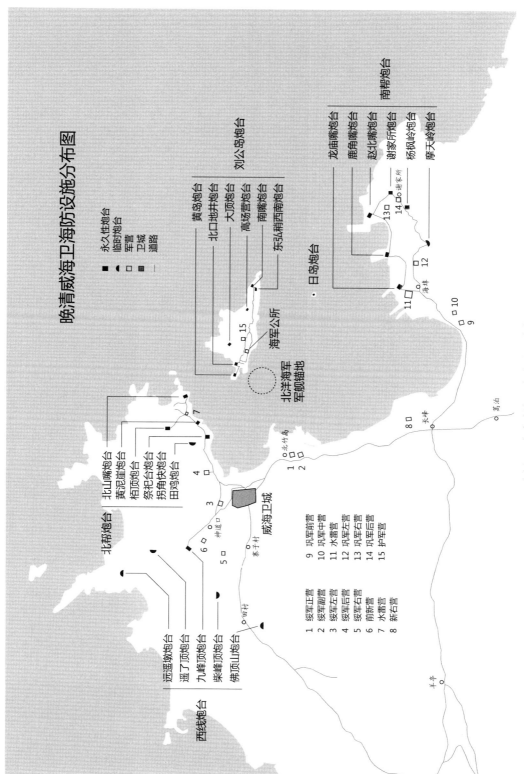

图七 晚清威海卫海防设施分布图

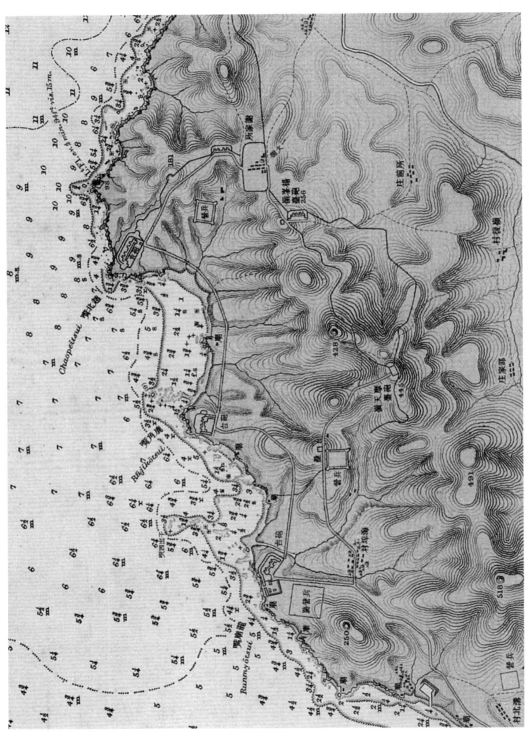

图八　1897 年日军绘制的威海卫地图南帮炮台局部

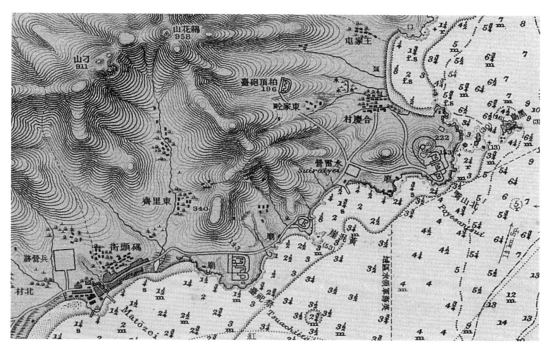

图九　1897 年日军绘制威海卫地图北帮炮台局部

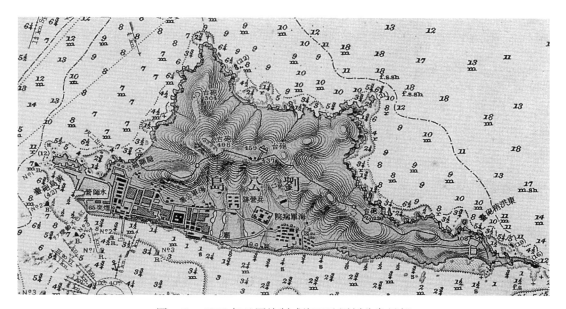

图一〇　1897 年日军绘制威海卫地图刘公岛局部

图一一　1895 年 2 月 13 日日军拍摄的赵北嘴炮台

图一二　1895 年 2 月 16 日日军拍摄的北山嘴炮台

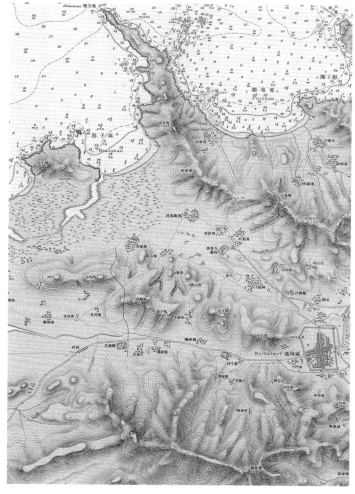

图一三　1897 年日军绘制的威海卫地图西线炮台局部

三、南北洋海防炮台及海防策略的比较

上文分别介绍了江苏海防炮台与威海卫炮台的总体布局和各分炮台的具体情况,对北洋海军在威海卫基地设置的炮台做了一个简要的描述,下面将结合调查所获得的材料并结合史实对南北的海防情况做一个比较。

(一)建设地点的选择

因地制宜是进行建设规划的基本前提。江苏省境内的南洋海防炮台分布在长江沿岸,不在沿海地区,而且 17 个炮台相对分散。北洋海军炮台的设置主要集中在海军基地,都是沿海地区,而且相对集中,仅仅一个威海卫基地,各类炮台就有 23 座之多(14 座永久性炮台,9 座临时炮台),比整个江苏的炮台都多。

(二) 清政府的重视程度

北洋海军是戍守京畿的部队,当时清政府满人官员中最懂洋务的人奕䜣就此专门说过:"北洋屏蔽畿辅,地势最为扼要,现有船只亦较他处稍多,拟请先从北洋开办精炼水师一只。"①致远舰发掘出水的瓷盘上可见"CHIHYüAN THE IMPERIAL CHINESE NAVY (威妥玛拼音,致远中国皇家海军)"字样②,这一材料也证明,当时北洋海军是作为清王朝的皇家海军来筹建的。在当时政府经费捉襟见肘的情况下只能集中全力先保障北洋海军的建设。

1875 年在分配海军军费时就规定:"粤海、潮州、闽海、浙海、山海等五关并沪尾、打狗二口,应提四成洋税暨江海关四成内二成,每年约二百数十万两,及江苏、浙江厘金项下四十万,江西、福建、湖北、广东厘金项下三十万,每年二百万两。"③这笔钱名义上由南北洋分用,但在当时清廷制定的先北后南的原则下各省将海防经费统解北洋兑收。于是乎,南洋的经费基本要靠南洋大臣从辖下的各个部门中挪用。经费问题也直接反映出了当时清政府对南洋海防的不重视。最新的考古材料也证明了当时南北洋海军地位的差别。在政治地位与经费上次一等的南洋,海防的筹建所付出的努力要大很多。

(三) 筹备建设的力度

主政者对于海防的重视程度直接影响了海防建设的成效。北洋的操办以当时的首辅李鸿章一以贯之,直至甲午战败,北洋海军全军覆没。而南洋则不断易主,从 1875—1880 年,沈葆桢以南洋大臣开创南洋水师;第二阶段则是 1880—1895 年,先后有刘坤一、左宗棠、曾国荃、沈秉成;第三阶段是 1895 年之后,有刘坤一、张之洞、周馥、端方等。主办者的身份直接反映出当时清廷对南北洋的重视程度。沈葆桢在负责南洋时是比较重视海防建设的,但到刘坤一时则对此并不感兴趣,在光绪元年各地"竭言海防"时,刘坤一就说:"海防虽不可不办,然目前似当以守为主……若糜费巨款购买彼之现在铁甲兵轮与铁炮台,欲与彼角胜重洋,未必却又把握。"主政者对海防的不重视导致了南洋的整体建设速度与质量都不甚理想。而且在 1885 年成立海军衙门时,李鸿章为会办,全力以赴建设北洋,很少过问南洋,这样南洋水师在军舰上基本停止更新,走向衰落。甲午战争期间,护卫军港的炮台被攻陷后,北洋海军舰队在基地被全歼,走向覆灭。北洋的失败,清朝水师海军建设宣告失败,南洋海军也就随着国运的衰颓踏上衰亡之路。但是长江下游是经济命脉,为外敌所觊觎,必要的防御又不可或缺。因此,北洋海军的炮台在被摧毁后也未见复兴,而南洋水师则在当时军舰购置不力的局面下,以发展炮台作为主要建设方向。

---

① 张侠等著:《清末海军史料》,海洋出版社,1982 年,第 59 页。
② 周春水:《辽宁"丹东一号"水下考古调查新闻通稿》,搜狐新闻,2015 年 10 月 6 日。
③ 牟安世:《洋务运动》,上海人民出版社,1957 年,第 359 页。

同治十三年(1874年)六月,两江总督李宗羲在江宁设立筹防总局,以布政使梅启照、候补道赵继元等总理其事,主办炮台建设等。当时在江苏主要购置克虏伯大炮用以装备各炮台,在镇江象牙山炮台装备有40磅、80磅克虏伯炮各2尊,焦山炮台120磅炮2尊,象山炮台40磅、120磅炮各2尊,都天庙装备40磅炮2尊;在田家镇装备炮台13座,克虏伯炮20尊。此外再加上在南京的7座、江阴的6座清代晚期炮台,即使再加上长江口的吴淞口炮台等等,在配置的火炮口径和数量上依然无法和北洋海军在威海附近设置的炮台相比;在跨越长江下游这样一个大的范围内,炮台的设置密度、火力密度更是与威海卫无法对比。

北洋海军的建设在相较于南洋水师经费充盈的前提下,以舰队建设为主,基地炮台防御建设为辅。在炮台设置、规划、火炮采购等方面都较南洋先进不少。而南洋水师则在补充了少量小吨位船只之外,为保障长江沿线,只能以纯防御性的炮台建设充数。随着北洋海军的全军覆没,清朝海军建设的失败,南洋设立的那些炮台也成为当时所剩无几的成果,愈显凋零。

四、小　　结

北洋海军在建设时就以巩固北京这一政治中心为主要目标,而南洋辖境虽为当时的中国经济命脉,但仍然不是防御的重心。北洋海军全军覆灭后,清政府对全国的控制能力大为削弱,最后政治中心、经济腹地都无法有效控制,最初全力追求所谓的统治稳固而忽视平衡发展,最终可能全盘皆输。

海防是一个关乎国家安全的系统工程。从南北洋海军建设的失败就可以很明确地看出,与陆地分守关隘的形式不同,海防需要统一部署与协防。而人为划分南北洋,自以为可以兼顾,结果却是满盘皆输。南洋水师与北洋海军之间存在军费划分之争,导致南北洋在督办过程中未形成合力,是清末甲午战败的重要原因。

纯粹的技术引进无法促进社会发展。清末的精英分子试图通过借助西方的军事技术来实现"中兴",这本身就本末倒置。因为军事技术的发展离不开国家的经济发展,但经济的发展又依托于社会制度的变革。因此,离开社会经济发展的根源而一味追求所谓船坚炮利,换来的终归是失败。

解读海州双龙井院内的民国去思碑

李 晶

连云港市重点文物保护研究所　助理馆员

内容提要：第三次全国文物普查期间，连云港市考古工作者在海州区发现一块残损的民国时期功德碑，由于落款内容残损，碑文内容始终无从考证。2015 年，连云港市重点文物保护研究所工作人员得知此事后，发现这是一块民国初年海州乡民为东海县长袁世猷所立的去思碑。经考证，袁世猷系袁世凯的堂兄，民国初年对海州地方发展做出了突出贡献。

关键词：海州　残碑　袁世猷　河南项城

在海州双龙井的大院深处，横卧着两截残损的断碑。由于碑文的缺失，长期以来无人解读。甲午年十月，笔者跟随单位领导前往双龙井调查地面石刻的分布情况，经双龙井管理员李兆慧引路，最终在西院墙茂密的灌木丛中找到了这两截断碑(图一、二)。

图一　去思碑上半截

图二　去思碑中半截

经测量,该碑宽 82 厘米,厚 14 厘米,上半截高 76 厘米,中段高 60 厘米,通体采用花岗岩雕琢而成。石碑碑额处居中刻有"去思碑"三个篆体大字,正文纵刻"民不能□",上款为"允生袁县长……",下款书"民国三年仲春月,东……"等数字。虽然石碑已断为三截,且部分遗失,但从现存的碑文推测,该去思碑是海州当地乡绅为民国初年就任东海县民政长、县知事的河南项城人袁世猷所立。据史料记载,袁世猷是中华民国临时大总统袁世凯的堂兄。

一、拥有显赫家族背景的袁世猷

袁世猷,字允升,河南项城王明口袁寨人。清光绪年间任山东县丞,保升知县,同知衔。历任萧县、溧水、赣榆等县知县。

根据项城《袁氏铁板家谱》的记载,袁氏家族为当地名门望族,袁世猷的祖父袁重三伯仲四人,他排行老四,大哥袁澍三是袁世凯的祖父。因此,袁世猷与袁世凯是平辈的堂兄弟。

相传,袁氏家族祖籍江苏,明朝初年朱元璋实行大移民政策,袁姓一支迁入河南汝宁(今河南汝南县),明末在袁氏主系十三世祖袁持衡的主持下,迁入河南项城。至道光年间,袁家人丁兴旺,成为旺族。袁澍三率族迁居袁张营村。咸丰年间,时任漕运总督的袁甲三在河南淮阳建府立祠。袁澍三的长子袁保中(袁世凯之父)和叔父袁重三(袁世猷之祖)为避捻军,在石腰庄购买田产,修筑寨堡。寨墙高三丈有余,设东西二门,四角建炮楼,时称"袁寨",现为河南省文物保护单位①。咸丰八年(1858年)十月,"袁寨"落成,袁世凯和袁世猷都降生在这里。

光绪二十一年十月二十二日(1895年12月8日),奕䜣、荣禄等王公大臣联名奏请派袁世凯督练新建陆军。袁世凯掌握军权后,逐渐在清廷站稳脚跟。与他同为河南项城的老乡这时纷纷进入政界,出任各地军政要职,如光绪年间东河补用同知的袁世谟(显廷)、同知衔湖北候补知县袁世斌(兼之)、江苏候补同知袁世亨(履通)、保升知府袁克成(毓英)、知府衔随五大臣出使美国的二等书记官袁克暄(仲仁)等。

二、袁世猷在海州地区的任职情况

据民国《赣榆县续志·官师》记载,袁世猷于光绪三十四年(1908年)四月署任赣榆县长,宣统三年(1911年)六月离任。在位期间,他多有惠政。《赣榆县续志·山川》记载,宣统二年,赣榆知县袁世猷命人由胡家洼开挑,修掘头河入闵家河。宣统三年,赣榆知县袁世猷拨款修缮淤塞多年的孙家河,开凿沟渠入小河口从东关入海,令沿河两岸的百姓免受水患,官民称赞有加。

民国元年(1912年),南京临时政府实行裁州设县,改海州直隶州为东海县。袁世猷依仗家兄在政府的势力,轻而易举地便从封建旧官僚转变为从事改革的革命党人。

民国元年(1912年)一月,民国政府成立。四月,袁世凯就任中华民国临时大总统,颁布《划一现行各县地方行政官厅组织令》,规定全国各县实行军民分治,江苏暂行地方制,废府、存县、建道,改海州直隶州为东海县民政公署,由民政长主持,下设总务、警务、学务、劝业、主计、典狱六课,设佐治职1人,辅助民政长办理事务,隶属"江苏省长公署"。是年四月,袁世猷出任东海县民政长。十二月,民国政府改东海县民政公署为东海县政府,政府内设县长,袁世猷改任东海县知事。

民国初年的海州,军阀混战,民不聊生,哀鸿遍野。民国二年(1913年)三月,袁世猷到任后,一边与沈云沛等地方乡绅安排救灾事宜,安抚难民,一边借助堂兄的势力,与各派军阀斡旋,为难民争取利益。民国三年(1914年)三月,袁世猷离任。海州乡民不忍其离开,为其镌刻去思碑一通,保存至今。

三、避讳——中国封建社会特有的文化现象

在这块去思碑的上款中,"允生"为袁世猷的字,但史料记载的袁世猷的字却是"允

---

① 河南省文物局编:《河南省文物志》,文物出版社,2009年,第1250页。

升"，难道是海州乡民刻错了吗？非也！这是中国封建集权统治下所出现的一种特有的文化现象——避讳。

所谓避讳，即古人在言谈和书写时要避开君父尊亲的名字，这种文化现象起源于周代。《周礼·春官》注："先王死日为忌，名为讳。"意思是说，对先王的名字不能直呼，要避开以示敬意。周代文献中有关避讳的记载很多。到秦朝时，随着封建专制中央集权国家的建立，避讳制度也逐渐形成。如秦始皇名政，因而"秦讳正，谓之端"①，"正月"改为"端月"。汉承秦制，也沿用了避讳制度。汉文帝名恒，因此在汉代，北岳恒山被改名为"常山"。汉明帝名庄，庄子被改名为"严子"。

避讳制度在中国绵延流传了两千多年，唐、宋、明、清，直到民国时期，虽然官方已不再加以约束，但在民间却仍在沿用。

在传统的避讳制度中，除了要避君王的名讳，长官、圣贤、长辈的名字也要避讳。在漫漫历史长河中，中国人总结了许多种避讳方法，其中最主要的有三种，即改字法、缺（添）笔法和空字法。袁世猷去思碑中将"允升"改为"允生"即采用了改字法。缺笔法主要流行于唐宋之际，如唐太宗李世民的"世"，在《大唐故柱国燕国公于君之碑》中改用"卅"来代替②。清雍正三年（1725年），雍正帝为笼络汉人士大夫，规定天下所有姓丘的人，将姓改为"邱"，以避孔子的名讳，这是采用了典型的添笔法。顾名思义，空字法就是将本字空而不写，还是举唐太宗的例子，唐人在编纂《隋书》时，将"王世充"、"徐世绩"分别写成了"王充"，"徐绩"，观世音改称"观音"。由此可见，在中国古代，为了避君王讳，不仅人要改名字，山川、河流要改，连神仙都要跟着改。

---

① 叶荣：《〈鹖冠子〉考辨》，《陕西历史博物馆馆刊》第1辑，三秦出版社，1994年，第100页。
② 王述庵纂：《金石萃编》卷五六。

民国"黄金十年"的考古学教材

何文竞

苏州市考古研究所　助理馆员

内容提要：从学术角度看,南京国民政府的"黄金十年"(1928—1937 年)也是我国早期考古学发展的黄金十年,除了周口店、殷墟、城子崖等令世界震惊的考古发现之外,这一时期有一批优秀的外文考古学方法、理论性书籍被译成中文,这些译者多有留学经历,外语功底深厚,翻译工作做得十分优秀。同时,也有一些学人尝试自己编写考古教材,他们开创性的工作对于我国早期考古学的发展也起到了很大的推动作用。如果没有后来的抗日战争,相信中国大学中的考古专业设置不会延迟到 1949 年(台湾大学)。

关键词：考古　教材　《考古学》《考古学通论》

20 世纪初叶,近代考古学的概念被章太炎、汪荣宝、李洁生、梁启超等人介绍到中国[①]。此后不久国学保存会提议在学堂上开设考古学课程,到民国初年一些师范学校和大学开始尝试开设考古课程。但由于缺乏教材和授课老师,通常考古课程只能停于纸面[②]。五四运动之前翻译的著作大都系史学通论或世界通史、西洋史纲之类的通论性著作,对考古学的基本理论和方法未作进一步的介绍[③]。有鉴于此,从 20 世纪 20 年代后期开始一些大学教师和学者开始尝试翻译和编写适于初学者使用的考古教材[④]。

一、我国的第一本考古学教材——《考古学》

由张凤[⑤]所编的《考古学》(1930 年)是我国目前可见的最早的一本考古学教科书[⑥]。书中的声明部分介绍了该书的作者信息和成书背景,如下:

---

① 俞旦初:《二十世纪初年西方近代考古学思想在中国的介绍和影响》,《考古与文物》1983 年第 4 期。
② 关于民国早期高校的考古学教育参见徐玲:《民国时期的考古学教育与人才培养》,《史学月刊》2009 年第 4 期。
③ 陈星灿:《中国史前考古学史研究(1895—1949)》,生活·读书·新知三联书店,1997 年。
④ 这类书籍被称为教材是因为它们已经具备了教材的主要特征(如在高等院校中使用,对考古学历史和基本理论方法的介绍,针对的读者群体主要是学生和从业人员),但一方面当时全国的高等院校还没有设立专门的考古学或人类学系(台湾大学 1949 年建考古人类学系,北京大学 1952 年建立考古专业);另一方面民国时期的考古专业人才大多不是通过这一途径成长起来,所以此阶段还只能称之为考古教材发展的萌芽期。
⑤ 张凤(1887—1966 年),字天方,嘉善魏塘人,1922 年留学法国巴黎大学,获文学博士学位,20 世纪 20 年代末30 年代初曾在暨南、大夏、复旦、持志等院校教授考古学。
⑥ 北京图书馆编:《民国时期总书目·历史、传记、考古、地理》(下),北京图书馆出版社,1994 年,第 717—748 页。

此书不是在一时及在一地写成,且也不出于一人之手。二三年来,任课沪地各大学,若暨南,复旦,大夏,持志,讲授时,趋译及参考东西各考古学,史前史等著而成。最初只有一篇讲解的纲要,随编随讲,后由代课者继任者续编。先后若程仰之闻野鹤两先生皆预其事。由程君讲授时,一按原目编纂,后由闻君转译滨田耕作之《通论考古学》足成之。最后又由凤前后截割,酌量补充,具如现状。其间文字尽有不平贴处,译名尚有不齐一处,要请阅者注意:

(一)在中国考古学论著,此册尚其初栒。其中多为生硬的材料,初次写出,故见有不消化的痕迹。

(二)吾人亟为应用计,不暇顾及文字的润色,欧化文,日本文在所不免。

(三)目录中有注另稿二字者,为讲授时之补充材料,此书付印时,未及排入。

十九年十月十日张凤记于暨南新村之平屋①

从张凤的介绍可知,此书的主要作者是张凤、闻宥②、陈璟③三人,他们都曾执教于国立暨南大学④。该书是根据当时他们授课讲义并在很大程度上吸收了滨田耕作的《通论考过学》(1922年)而作,在此书之前还没有一本类似的书籍出版。因为教学需要,《考古学》编写得很仓促,但也确证了《考古学》曾被应用于上海一些高校考古课程的教学之中。当年他们在课程讲授的时候还会穿插一些补充材料。据蒋大沂⑤回忆,他1928年就曾在持志学院跟随本书的作者之一——闻宥学习过考古学⑥。

张凤版《考古学》共分为五编——前论、古物的范围、调查、研究和后论。第一编"前论"分为四章(古的关系,生民以前,化石与人类,初民之生活),主要介绍了考古学的目的,中国考古简史,考古学与天文学、地理学、人类学科的关系;地质学对考古学的贡献(其中列举了韦尔斯世界史地质年表和费隆的地质学表作为说明,虽然与现在的认识颇有差异,但在当时来说已很难得);后面又介绍了化石的成因、种类,并将当时已知的几种影响较大的人类化石发现(海德北尔人、道孙人、爪哇人和北京人)分别做了介绍;最后以北欧的湖居遗址、贝塚和竖穴(半地穴式房址)为例说明原始人的生活环境和生活状态⑦。

第二编"古物的范围"也由四部分构成(古物材料的性质,材料的所在与搜集,遗物与其种类,遗迹与其种类),第一章介绍了考古学主要研究的是古人类的物质遗存(遗迹和遗物);第二章说明通过偶然发现、层累发现(按层序发掘)、探访、调查等方式搜集地上和

---

① 张凤编:《考古学》,国立暨南大学文学院,1930年。
② 闻宥(1901—1985年),字在宥,号野鹤,江苏娄县人,文物考古学者、民族语言学家,其一生主要从事教育工作。
③ 程璟(1903—1952年?),字仰之,甲骨文字书法家,安徽绩溪人,曾就读于北京大学、清华大学研究院,早年执教于厦门大学、暨南大学,1939年任安徽大学教务长兼文学院长,后任职于中央大学、西南联合大学。
④ 暨南大学的前身是创立于南京的暨南学堂(1906年),1923年迁至上海,1927年改组为国立暨南大学。
⑤ 蒋大沂(1904—1981年),苏州人,1930年毕业于上海持志学院国学系,30年代初参加过南京栖霞山六朝墓的发掘和江浙一带的田野调查。
⑥ 徐玲:《民国时期的考古学教育与人才培养》,《史学月刊》2009年第4期。
⑦ 张凤编:《考古学》,国立暨南大学文学院,1930年,第1—24页。

地下的遗物；第三章是对人类使用器物的介绍，包括新旧石器、骨角器、土器(陶器)、金属器及饰品，其中对石器(运用莫尔蒂耶四分法)和金属器的介绍尤为详细，为了便于教学配有多幅图片；第四章对各地各时期墓葬做了简要说明，其后对巨石纪念物、居住址、城址、手工业作坊遗址、寺院宫殿址等也有涉及①。

　　对比滨田耕作的《通论考古学》可知，张凤版《考古学》在章节设置上多有模仿，但前两编内容上较《通论考古学》更为翔实，中国本土的介绍颇多。所以前两编的主体内容应该就是张凤等人的授课讲义，成书时按照滨田耕作(图一)的《通论考古学》(图二)体例做了一定的修改。后三编——调查、研究和后论是对滨田耕作《通论考古学》的翻译。

图一　滨田耕作

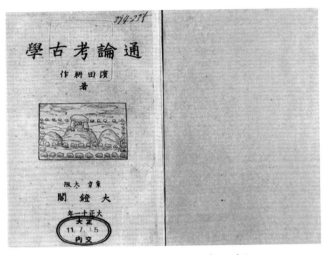

图二　通论考古学(1922 年日本)

二、日文教材的翻译——《考古学通论》(1931 年)

　　在张凤等人的《考古学》完成后半年，另一本由俞剑华②翻译的《考古学通论》(图三)刊印发行。《考古学通论》完全译自日文版《通论考古学》。其作者滨田耕作 1905 毕业于东京帝国大学，1913—1916 年到英、法、德研究考古③，在伦敦大学考古学院留学时，师从著名埃及学考古学家皮特里(W. Flindes Petrie)，1916 年回到日本执教于京都帝国大学④，在京都(帝国)大学创立考古研究室，开设正规的考古课程，是日本现代考古的创始

---

①　张凤编：《考古学》，国立暨南大学文学院，1930 年，第 25—72 页。
②　俞剑华(1895—1979 年)，山东济南人，绘画史论家，著有《中国绘画史》《中国画论类编》等，一生致力于美术研究和教育工作。
③　丁士选：《介绍日本考古学者》，《考古》1937 年第 1 期。
④　刘正：《滨田耕作与东洋考古学京都学派》，《南方文物》2010 年第 1 期。

人①。《通论考古学》是滨田按照其在帝国大学授课讲义内容并参考众多西方文献所作②。全书共分五编,十九章,一百零一节。全书从考古学的历史、研究目的和方法等方面结合日本自己的特点完整介绍了近代西方主流的考古学内涵。滨田在《通论考古学》自序当中称其著书的目的是作为"初学者的指导",并说明第三编"调查"的内容多来自他伦敦大学的导师皮特里博士的《考古学的研究法及其目的》③。从书中内容可以看出皮特里对滨田的影响,全书大约有三分之一的内容来自皮特里的 *Methods and Aims in Archaeology*(1905)(图四)④。

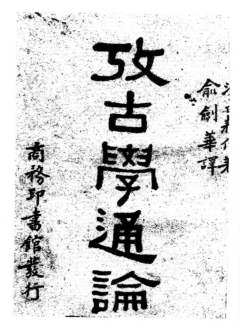 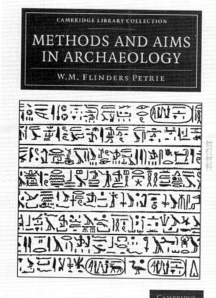

图三　考古学通论(1931)　　图四　*Methods and Aims in Archaeology*(1905)

俞剑华本《考古学通论》与滨田耕作原著一样分为五编(绪论、资料、调查、研究、后论),十九章,一百零一节。该书只是在相关内容和排版上稍作改动。比如:俞本将滨

　　① 《中国大百科全书·考古学》,中国大百科全书出版社,1986 年,第 49 页。
　　② 《通论考古学》后附有滨田耕作的主要参考文献及文献的作者介绍以及著作的主要内容。张凤版《考古学》和俞剑华版《考古学通论》都将滨田附的参考资料直接转引下来。有学者认为张凤等人编写《考古学》时可能参考过这些外文原著的看法是不太准确的。
　　③ 滨田耕作:《通论考古学》,大镫阁,1922 年,第 1—3 页。
　　④ 与皮特里的 *Methods and Aims in Archaeology*(1905)的目录和相关章节对照可以发现滨田《通论考古学》的第二编第四章后半部分多参考了皮特里的 chapter Ⅱ "discrimination";第三编第一章"考古学的发掘"参考了皮文的 chapter Ⅲ "the labourers",第二章"发掘的方法"参考了皮文的 chapter Ⅳ "arrangement of work"和 chapter Ⅸ "packing",第三章"调查的方法"参考了皮文的 chapter Ⅶ "photographing"和 chapter Ⅵ "coping",第四章"调查的方法"参考了皮文的 chapter Ⅴ "recording in the field";第五编第一章参考了皮文的 chapter Ⅹ "publication",第二章"遗物遗迹之保存"参考了皮文的 chapter Ⅷ "preservation of objects"。

田本序言删掉,并把文中大段论述日本国内考古的信息删除,这也造成俞本较滨田本单薄很多①。同时,俞氏对其中的图版也做了一些调整,加入了一些木简、封泥和青铜纹饰,而将有关日本的部分图版删除,让中国读者使用起来更加方便实用②。其后三编内容与张凤的《考古学》后三编几乎完全一样,可见俞氏在翻译过程中应该是将《考古学》作为主要参考资料。1932 年,卫聚贤编写《中国考古小史》时,在序言中引用了《考古学通论》的相关内容③,说明俞剑华的译本在学界有一定的影响。虽然此书完全译自日文版《通论考古学》,但《通论考古学》更大程度上起到一个媒介的作用——通过滨田的著作,将西方的考古学理论方法传播到中国。据 20 世纪 30 年代《持志学院一览》,持志学院国学系学生在其第四学年必修考古学:“每周二小时,一学期修毕,二学分,必修,本课程分为五章,初论,调查,发掘,研究和后论。”④因持志学院和张凤、闻宥等人的关系,这样的课程分章安排有可能是受了日本的影响,其分章和课时安排非常适合使用《考古学通论》作为教材。

三、我国最早的考古学史教材——
《中国考古小史》(1933 年)

30 年代初卫聚贤在持志学院和暨南大学任课,为此编写了一本专业教材——《中国考古小史》,这本书应该是中国人独立完成的第一本考古学教材。据张凤说:“卫先生把他们串截起来,印成一小册,授手我们暨南大学生之治史学与考古学者,实是莫大便利的事。”此书由胡肇椿题跋,李济作序。作者在附白中介绍了该书的付印情况,还提到卫氏在持志学院教授考古学课程时已经以此书作为讲义了。附白全文如下:

> 本书系去年脱稿,商务印书馆已定约付印,嗣因增加材料,乃将原稿取回。这时我要到上海国立暨南大学授课,拟到后将稿交去,未即付邮。但不久沪上发生战事,我遂回太原。前日来沪,往询商务印书馆印书的情形,昨接到宙字第五一四号函云:“……尊著《古史研究》第一二集、《国语》《明故宫发掘的报告》《历代建都与南京的货币》各书,据查,《古史研究》第一二集,已于战前数日出版,唯存书均已被毁无存,其余战前正在排印,已同遭国难⑤矣,至为痛惜。《中国考古小史》一书,战前既有成议,自当照常收印,俟尊处修改完毕,即请寄下……。”
>
> 我在商务印书馆所印的五种书,均殉国难,本书未即付邮,幸得存在! 在未接到

---

① 滨田耕作的《通论考古学》共 231 页,而俞剑华的译本只有 135 页,可见俞氏对日文原著的删节还是比较多的。
② 滨田耕作著,俞剑华译:《考古学通论》,商务印书馆,1931 年。
③ 卫聚贤在《中国考古小史》自序中引滨田耕作的观点:“以有人类物质的遗物,自文献不全备时起……所谓古代史的部分,及有史以前的部分,为考古学最可尽力的领域。”
④ 《持志学院一览》,出版年代不详,原文未见,转引自徐玲:《留学生与中国考古学》,南开大学出版社,2009 年,第 159 页
⑤ 1932 年“一·二八”事变,日本帝国主义进犯淞沪。商务印书馆的总管理处、总厂以及编译所、东方图书馆、尚公小学均被炸毁,损失巨大,被迫一度停业,至八月一日复业。

商务印书馆的信以前,我已在持志学院授考古学,乃以此书作为考古学讲义,现商务印书馆来函索搞,当将此讲义修正,以作国难的余存!

二十一年十月十日补记于真茹暨南大学。

卫聚贤在《中国考古小史》中将我国考古学的发展分为四期——春秋战国为宝贵期、汉至唐为祥瑞期、宋至近代为研究期、现在为发掘期①。该书基本囊括了当时国内最重要的考古发现和研究成果,主体内容涉及从周口店、仰韶、城子崖到殷墟、钜鹿城、明故宫各个时期的重要考古发现。另外,对外国学者的活动卫氏也专门设一章冠以"外人在中国考古的成绩及纠纷"给予介绍。书后附录有《古物保存法》和《古物保存法实施细则》。

作者自称此书为"略古而详今"②之作。就内容而言,该书作为高等院校考古学史教材使用是非常适合的。正如李济在此书序言所说:"卫聚贤先生现在把关于这类(考古)的事实,汇集起来,作了一个节略;并将相关的出版品作个总介绍,冠以阮芸台、梁任公、王静安三篇考古的著述,成《中国考古小史》一本;使读者一阅而知中国考古的重要事实,是很值得我们感谢的。"③文后所附民国十九年制定的《古物保存法》及《古物保存法实施细则》,对当时的文物保护法律法规起到了一定的宣传和推广作用,也是对其读者的普法教育。

四、西方理论教材的译著

除了上述对日文教材的译作和卫氏自己编写的教材之外,另一部分学者着手翻译西方考古学教材类书籍。其中重要的有三本——《考古发掘方法论》(1935年)、《考古学研究法》(1936年,图五)和《先史考古学方法论》(1937年)。

(一)《考古发掘方法论》

译自英国考古学家吴理(Sir Charles Leonard Woolley 另译作伍雷)④的著作 *Digging Up The Past*(1930)。因为成书时间相对较晚,书中所述发掘、调查方法更加成熟。第一章"绪论"主要讲述考古发掘的目的是要提取完整的历史信息,地层的沉降是由多种因素造成的;寻找遗迹除了传统的方法之外,还将植被和航拍作为调查手段,这在当时来说是非常先进的技术手段了;在地层学方面,作者还引用了皮特里用陶器形式分析确定年代序

---

① 卫聚贤:《中国考古小史》,商务印书馆,1933年。

② 卫聚贤:《中国考古学史》,团结出版社,2005年。这本卫氏五年之后的作品虽然冠名"中国考古学史",其实书中涉及近代考古学的内容极少,主要介绍的是古物学、金石学的历史,而真正与近代考古学相关的近代考古发现却以附录的形式置于文后。可能体现了作者对考古学认识的转变。

③ 卫聚贤:《中国考古小史》,商务印书馆,1933年。

④ C. L. Woolley(1880—1960年)爵士,英国考古学家,以在乌尔和美索不达米亚发掘成名,被认为是早期现代考古学家中的代表人物之一,因为对考古学的贡献1935年被授予爵位。

　　　　　　　　　江苏省考古学会文集(2015—2016)

列①。第二章"发掘的开始"涉及工人管理和发掘之中常见的问题。第三章"市镇遗址的发掘"和第四章"墓的发掘"多引用在埃及和乌尔(Ur)的发掘实例作为说明。实际上,这些例子多是作者的经验之谈。Woolley把"市镇遗址的发掘"和"墓的发掘"作为独立的两章,其实是有意识地将考古发掘分为两个主要的类别——遗址和墓葬,并且指出二者在发掘时所用的方法和需要注意的问题是有所区别的。第五章"材料的应用"主要介绍材料整理、研究和解释的重要意义。

　　《考古发掘方法论》的译者胡肇椿(1904—1961年)在20世纪20年代末留学于日本帝国大学,跟随滨田耕作专修考古学,是中国当时少数受过专业考古训练的留学生②。因为有这样的经历,胡氏在作翻译时也显得游刃有余,用词准确到位。除了此书之外他还翻译了《考古学研究法》(1936年与郑师许合译)、《古玉概说》(1936年),《英国文明史》上册(1936年)、中册(1946年)③等书。

(二)《考古学研究法》和《先史考古学方法论》

　　《考古学研究法》是根据滨田耕作日文译本转译而来的,出版前被《学术世界》分期发

图五　考古学研究法(1936)

表得以与读者见面,后被编入《学术世界丛书》(图五)④。原著是瑞典考古学大师蒙特柳斯(Oscar Augustin Montelius)的《东方及欧洲的古代文化各期》第一册《方法论》(1903年)(*Die altern Kulturperioden in orient und in europa, stockholm, 1.die method*)。蒙特柳斯将欧洲发现的金属斧、剑、扣针以及亚述、埃及、腓尼基、希腊的花状纹饰进行了类型学排列和分析⑤。该书材料丰富,分析准确到位,是蒙特柳斯类型学的集大成之作。郑师许在译者序里称:

　　考古学(archaeology)之在我国,仅仅不过二三十年间以来之事,期间由我国学人亲自动手的,又不过十年。虽现时在我们学术界中信从的人比较反对咒骂的人为多,可是仍然幼稚可笑。但试一探究其故,实因现时我国出版界,对于这类的书籍供应的太少,以至有志从事考古学的青年,得不

①　胡肇椿译:《考古发掘方法论》,商务印书馆,1935年,第32—35页。
②　陈洪波:《蒙特柳斯考古类型学思想在中国的译介》,《考古》2011年第1期。
③　侯云灏:《西方实证史学在中国的传播及其影响》,《史学理论》2003年第4期。
④　胡肇椿、郑师许合译:《考古学研究法》,世界书局,1936年。
⑤　蒙特柳斯著,滕固译:《先史考古学方法论》,商务印书馆,1937年。

到参考的机会,除非是可以直接读外国文字的。①

从中可以看出译者的目的很明确——一是为了普及考古学知识;二是为了给有志于考古的年轻人提供学习资料。此书也是我国目前所知的第一本全面介绍蒙特柳斯"类型学"的著作。

在《考古学研究法》的序言中,胡肇椿和郑师许表达了他们的一个更加宏伟的目标——拟编一套考古学丛书,共计约20本②,在当时来说这个计划大的有些不切合实际,后来被出版界婉言拒绝,但二人为考古学科所做的努力还是值得肯定和赞扬的。

《先史考古学方法论》由滕固③独立完成。根据行文特点和滕固的留德经历,此书应该直接译自德文原著。书中内容基本与《考古学研究法》一致,只是在术语的应用上因为各自不同的理解有些差异,比如滕固将"typus"译作"体制"而不是"形式"或"类型"④;又将"serie"译为"联类",而《考古学研究法》作"组列";"Genealogie"滕本为"谱系",而胡肇椿等人译作"系统"等等。

《考古学研究法》和《先史考古学方法论》两书最大的特点是拥有大量生动的事例和近五百幅图版,对照学习让两译作的可读性很强。相较于《考古学研究法》,《先史考古学方法论》的印刷和图版制作更为精细,图版几乎占全书篇幅的一半,可以说达到了当时的最高水平。也因此《先史考古学方法论》在初版后仅两个月即发行了第二版,受欢迎程度可见一斑。

五、小   结

做一个简要的概括和分类可以发现,《考古学》和《考古学通论》主要是对日文《通论考古学》的翻译,而后者在很大程度上借鉴了西方学者的论著,特别是皮特里的 *Methods and Aims in Archaeology*。《考古学研究法》和《先史考古学方法论》都源于蒙特柳斯的《东方及欧洲的古代文化各期》第一册《方法论》,只不过前者转译自日文版本而已。从中也可以看出早期日本学者,特别是滨田耕作对中国考古学的影响。只有卫氏《中国考古小史》是国人独立完成的,但是此书更多是对史实的罗列,基本不涉及近代考古学理论方法。

那么,前文所述这几本书事实上主要代表的是皮特里的 *Methods and Aims in Archaeology*,伍雷的 *Digging Up The Past*,蒙特柳斯的 *Die altern Kulturperioden in orient und*

---

① 胡肇椿、郑师许合译:《考古学研究法》,世界书局,1936 年。
② 据郑师许在《考古学研究法》的译者序称,他们曾计划分两期编辑考古学丛书,第一期包括《考古学讲话》、《考古发掘法》、《考古学研究法》、《古器物的整理与陈列》、《考古学书目》、《考古学辞典》、《在华外人考古记录》、《考古闲话》、《安阳发掘小史》;第二期包括《有史石器通释》、《史前时期通释》、《铜器通释》、《兵器通释》、《镜鉴通释》、《玉器通释》、《陶器通释》、《钱币通释》、《东洋考古学》、《西洋考古学》。
③ 滕固(1901—1941 年),美术史家,早年留学日本,1929 年赴柏林大学攻读美术史,获博士学位,1941 年英年早逝。
④ 蒙特柳斯著,滕固译:《先史考古学方法论》,商务印书馆,1937 年,第 5 页。作者认为嵇康《琴赋》中"体制风流莫不相袭"中的"体制"比"类型"或"型式"更能表达"typus"的意思。

in europa，*stockholm*，*1.die method* 以及中国传统学者对国内考古学资料的整理这四个方面。前三者囊括了 20 世纪初西方最重要、最先进的考古学思想。因此，至 1937 年初，一套初步完整的考古学教材体系建立起来，即便是没有机会或没有能力阅读外文的人员，也能接触相对全面的考古学理论知识和工作方法。由于民国时期真正从事考古工作的机构，如历史语言研究所、中国地质调查所、北平研究院史学研究会考古组等都不太重视考古人才的专业课程教育，所以，在当时能有这么几本教材供人学习已实属不易。

除了上述著作之外，这十年中发行的《美术考古学发现史》（郭沫若译，1929 年）《东亚考古学之研究法》（姚薇元译，1930 年）《近百年古城古墓发掘史》（郑振铎，1930 年）《东方文化之黎明》（汪馥泉译，1932 年）《史前艺术史》（岑家梧，1933 年）《旧石器时代之艺术》（裴文中，1934 年）《古物之修复与保存》（胡肇椿、曹春霆，1936 年）《古物研究》（杨炼译，1936 年）《图腾艺术史》（岑家梧，1937 年）等书也具有一定的教材性质。

六、余　　论

编写考古学教材一方面需要对国内外考古学理论和方法有比较全面的了解，另一方面也需要有丰富的田野发掘经验，就民国时期而言中央研究院历史语言研究所无疑是最具上述条件的。但当我们梳理民国时期的考古学教材时，发现有一个很特别的现象——为什么第一本教材不是出自科研成果、社会影响力、田野实践等方面都更加优越的史语所呢？甚至在整个民国期间史语所都没一本通论性质的考古书籍问世？我想这其中的原因主要有以下三个方面：

（一）史语所考古组的野外工作任务繁重，人手有限①。从 1928 年建所，到 1949 年史语所撤到台湾的 20 年里，考古组正式发掘了分布于八个省区的 55 处遗址，探测和试发掘的遗址数量超过 400 处（这些工作主要集中在 1928 年到 1937 年）②。而编写教材需要付出大量的时间和精力，虽然 30 年代就职于史语所的考古专业人员有近 20 人，但真正有能力编写教材的也不过李济、梁思永、吴金鼎等人。在当时的情形下，能按时完成调查和发掘报告已经很吃力，至于编写教材，则无暇顾及了。

（二）史语所的人才培养模式是注重实践，除了出国留学回来的几人之外，其他工作人员基本都是靠边发掘边学习成长起来的，即便是史语所录取的两名研究生石璋如和刘燿，两人两年的研究生学习也都是在工地完成的，没有正式的授课。据石璋如晚年回忆："（当时）没有毕业文凭，也没有毕业考试，就是写了个报告，由他们（史语所考古组老师）

---

① 史语所考古组的人手一直比较紧张，夏鼐在 1948 年追忆吴金鼎时曾说："……既有丰富的田野经验，又有充分的考古学识的学者不过十来个人。"20 世纪 30 年代考古组主要工作人员的入职年份分别是：董作宾（1928 年）、李济（1928 年）、王湘（1928 年）、梁思永（1930 年）、郭宝钧（1930 年）、吴金鼎（1930 年）、李光宇（1931 年）、刘屿霞（1931 年）、李景聃（1933 年）、尹焕章（1933 年）、祁延霈（1933 年）、石璋如（1934 年）、刘燿（1934 年）、高去寻（1935 年）、潘悫（1935 年）。

② 王汎森、傅斯年：《中国近代历史与政治中的个体生命》，生活·读书·新知三联书店，2012 年，第 105 页。

开会通过,自民国二十三年下学期起,我们(石璋如,刘燿)升任正式职员。"①因此用不用教材也就显得不那么重要了。

(三)史语所所长傅斯年的影响。傅斯年将史语所定位为研究机构,这从史语所的用人模式可以看出,早期史语所聘请的工作人员大多都有留学背景。像王世襄这样燕京大学毕业的研究生,一开始傅斯年认为他不配到史语所工作,后来王被留下也只是做一些跑腿工作,而不是学术研究②。在当时,傅斯年在史语所的影响力是巨大的,董作宾和钱穆都有傅斯年对史语所使用铁腕手段管理的回忆。很可惜,傅斯年并不重视综合的通论书籍(例如教科书),而欣赏窄又深的专论③。如果得不到傅的支持,即便是考古组学者有意识去编写教材也不会取得成功。

而在史语所体系之外,似乎当时在上海还存这么一个关系松散的小团体——他们要么就职于高校,进行考古及相关课程的教授;要么从事国学、文化、艺术领域的研究。他们有志于将考古学的理论方法和考古学史方面的知识编辑成书介绍给学生和普通民众。正如郑师许所言:"我愿意终身做一位考古学的牧师,无论人们愿意不愿意来听,我总是一般的布道者"④。与史语所注重田野工作不同,他们通过著述考古学教材,起到了传播、推广和普及考古学知识的作用。但是不管从学科发展还是人才培养来说,史语所没有能参与到考古教材的编写当中都是一件很可惜的事情。

就在中国经济飞速发展,学术日趋繁荣之时,日本的全面侵华将中国的学术发展推入谷底,战争时期正常的教学都不能保证,学术研究则更是举步维艰。战争造成的直接破坏只是其一个方面,另一方面间接破坏是使当时整个中国学术界弥漫着学术无用的情绪,如李济先生一度就说考古工作对国家没有贡献,要保卫国家的话,不如投笔从戎⑤;傅斯年在一封给他朋友的信中说:在这样一个民族危险的时刻竟然坐在家里读古书,使他产生一种极端的罪恶感;翁文灏为自己的研究几乎不能对国家做出任何贡献而感到失望⑥。虽然大多数学者没有直接参加抵抗日军的战争之中,但抗日战争却严重打击了学人的学术热情,因此"七·七事变"之后的很多年几乎没有新的考古学教材问世也就不奇怪了。

①　陈存恭、陈仲玉、任育德访问:《石璋如先生口述历史》,九州出版社,2013年,第72页。
②　王世襄:《锦灰不成堆》,生活·读书·新知三联书店,2007年,第23页。关于王世襄第一次见傅斯年,《锦灰不成堆》中有一段很有意思的记载——傅斯年直接问王世襄:"你是哪个学校毕业的?"王回答:"燕京大学国文系本科及研究院。"傅:"燕京大学毕业的不配到史语所来。"
③　王汎森、傅斯年:《中国近代历史与政治中的个体生命》,生活·读书·新知三联书店,2012年,第299页。
④　胡肇椿、郑师许合译:《考古学研究法》,世界书局,1936年,第6页。
⑤　陈存恭、陈仲玉、任育德:《石璋如先生口述历史》,九州出版社,2013年,第97页。
⑥　王汎森、傅斯年:《中国近代历史与政治中的个体生命》,生活·读书·新知三联书店,2012年,第185页。

新时期如何让博物馆的文物"活"起来

孙　研

镇江博物馆　馆员

内容提要：随着新时期的到来,国家和社会对文化的发展提出了更高的要求,而博物馆作为宣传文化的最基层机构,必然要以馆藏文物作为传播文化的载体,采用更加灵活多样的说明讲解方式,利用各种现代化科技手段,向社会展示文物,让观众了解"活"起来的文物。而我国对博物馆"传播"和"教育"定义的明晰,对博物馆职能从传统意义上的"以物为本"向"以人为本"转变,也要求博物馆在对馆藏文物进行陈列展览时,既坚持传统的展览方式,发挥其成熟稳定、影响力大的特点,同时创新展览方式,拓宽展览主题,扩大观众群体,用"活"的文物最终影响社会。各级博物馆只有将"活"运用到工作的各个方面,才能取得全社会的支持和参与,形成良好的互动态势,让更多的民众从博物馆中受益。

关键词：馆藏文物　"活"起来　考古成果展　流动博物馆　新媒体

国际博物馆协会在 1946 年对博物馆的定义为："博物馆是指向公众开放的美术、工艺、科学、历史以及考古学藏品的机构,也包括动物园和植物园,但图书馆如无常设陈列室者则除外。"到 1951 年,它对博物馆的定义进行了第一次修订："博物馆是运用各种方法保管和研究艺术、历史、科学和技术方面的藏品,以及动物园、植物园、水族馆的具有文化价值的资料和标本,供观众欣赏、教育而公开开放为目的的,为公众利益而进行管理的一切常设机构。"1962 年其对博物馆的定义又进行一次新的概括："以研究、教育和欣赏为目的,收藏、保管具有文化或科学价值的藏品并进行展出的一切常设机构,均应视为博物馆。"①从这三个定义可以看出,当时对博物馆的定位还主要集中在藏品的收藏和陈列方面,也就是博物馆本身的职能,而对博物馆与外界的联系,尚未提及。

到 1974 年,第 11 届国际博物馆协会大会对博物馆的定义增加了新的内涵："博物馆是一个不追求营利、为社会和社会发展服务的公开的永久性机构。它把收集、保存、研究有关人类及其环境见证物当作自己的基本职责,以便展出,公诸于众,提供学习、教育、欣赏的机会。"1989 年博物馆的定义再次修订为："博物馆是为社会及其发展服务的非营利的永久机构,并向大众开放。它为研究、教育、欣赏之目的征集、保护、研究、传播并展示人

---

① 　王宏钧：《中国博物馆学基础》,上海古籍出版社,2001 年,第 37、38 页。

类及人类环境的见证物。"①直到此时,现代意义上的博物馆概念才得以最终确定,并且对博物馆在经济社会生活发展中的定位,以及博物馆本身的职能和与社会的关系都进行了准确的界定。

我国对博物馆的认识也经历了一个逐步深入的过程,期间对博物馆的定义也有过多次修改。直到1979年,才明确规定:"博物馆是文物和标本的主要收藏机构、宣传教育机构和科学研究机构,是中国社会主义科学文化事业的重要组成部分。博物馆通过征集收藏文物、标本,进行科学研究;举办陈列展览;传播历史和科学文化知识;对人民群众进行爱国主义教育和社会主义教育,为提高全民族的科学文化水平,为中国社会主义现代化建设做出贡献。"②可见,中国博物馆界对国际博物馆协会所作出的定义基本上是肯定的,在其基础上,加入了中国自身的特色。我国的博物馆是以收藏、研究、展览、传播四个方面为主要职能,以教育人民,提高文化,为社会主义建设服务为主要目的的机构。

近年来,我国各级政府十分重视博物馆建设,不仅公布了《文物保护法》,设立了博物馆日、文化遗产日,而且实施博物馆免费开放,举办各种文物展览和对外交流展。各类博物馆在场馆设施建设、藏品保护研究、陈列展示和免费开放、文化交流等方面都取得了很大进展。目前,我国博物馆的数量已达4 000多座,馆藏文物超过3 000多万件,全国文物机构基本陈列展览和临时展览2万多个,全国博物馆年均接待观众近10亿人次③。在取得如此傲人的成绩的同时,我们也要正视不足,如博物馆文物的展出率并不高,很多博物馆的展陈方式老旧内容呆板,讲解说明词晦涩无趣,对馆藏文物的研究不够深入、利用价值不高和社会影响较小等等。2013年,国家文物局对央地共建的9个博物馆馆藏文物展出率进行了统计,其中最高的不足5%,最低的仅1.2%,平均不足2.8%。而新建的一些市县博物馆,馆藏文物少得连一个基本陈列都充实不起来。不过几十字的展出文物说明牌,还包含一些不认识的专业术语,使许多观众在阅读时经常是不经意地看一眼、读一读标签便离开了,参观之后除了"到此一游",没有更多收获。导致观众常常提出"就不能多写点内容么?"这样的疑问,发出"展览是越来越多了,但博物馆还是离我们十分遥远"的感叹。

党的十八大以来,习近平总书记就传承弘扬优秀传统文化做出了一系列重要指示,特别是强调:"系统梳理传统文化资源,让收藏在禁宫里的文物、陈列在广阔大地上的遗产、书写在古籍里的文字都活起来。"④让文化遗产活起来,已经成为现在文博界最引人关注的话题,在这种形势的推动下,让博物馆文物"活"起来,也自然成为博物馆工作中的重中之重,这就要求博物馆在坚持文物保护与研究的传统的同时,更要做好文物的利用工作,让馆藏文物"活"起来,造福全社会。

① 王宏钧:《中国博物馆学基础》,上海古籍出版社,2001年,第37、38页。
② 国家文物局:《省、市、自治区博物馆工作条例》,1979年,第1页。
③ 国家文物局:《2010—2014年全国博物馆数量增长分析》;文化部:《2009—2014年全国博物馆参观人次增长分析》。
④ 中共中央宣传部:《习近平总书记系列重要讲话读本(2016年版)》,学习出版社、人民出版社,2016年。

一、让馆藏文物"活"起来的主要方式——陈列展览

(一) 基本陈列

基本陈列是博物馆文物利用的最传统方式,也是最主要的方式。多年来,各级博物馆形成了一整套完备的基本陈列展览,内容相对固定,特色非常鲜明,取得了很好的效果。但是也就是因为这种相对成型的基本陈列展览,导致展览主题缺乏创新,展出文物固定,似曾相识,而且内容多为学科研究的翻版,学究气太浓,展品长时间不更换,导致公众兴趣索然,对博物馆缺乏新鲜感。面对这种情况,博物馆应根据自身展陈空间和展品数量之间的关系,采取定期更换的方式,将馆藏文物轮流展览,这种文物轮换,既可以制定新的展览主题,通过全新的内容,吸引观众参观;也可以是原展览主题的延伸,加深观众印象,拓展观众视野。但是,这种文物轮流展览的频度,不应过于密集,以免造成观众的心理疲劳。

(二) 临时展览

临时展览机动、灵活,是博物馆展览环节中不可缺少的一环。目前的临时展览,多是针对一地一次进行的,往往缺乏连续性,而且主题也多为展览方长期固定形成,针对性不足。因此,博物馆在制定临时展览时,最好通过多种渠道和方式调查观众的实际需要,同时跟踪社会热点,根据观众的真正需要,推陈出新,发掘临时展览的内在活力,另外,也可将临时展览做成系列,选择邻近的多座城市作为展览目的地,形成规模效应和群体效应。

(三) 考古成果展

随着我国经济飞速发展,基本建设的速度越来越快,随之而来的便是大量的考古工作,而如此频繁的考古和文物保护工作,自然也就成了社会热点。与此同时,我国很多考古机构隶属于博物馆系统内部,其考古工作就是在博物馆的指导下进行的,考古内容也多为探索本地的历史文化,因此,这些考古发现本身就可以作为博物馆展览的内容,将这些考古成果直接在博物馆进行展览,及时将新发现传递给社会大众,这不仅是博物馆的需要,也是考古的需要,更是社会的需要。

(四) 流动博物馆

我国幅员辽阔,人口众多,经济发展不平衡,文化资源的不均等性,文化服务的不便利性,导致很多边远山区、少数民族地区、革命老区无法及时获取博物馆提供的文化服务,在这种现实情况引导下,为了更加贴近实际、贴近公众、贴近现实,流动博物馆这种展览方式应运而生,这也是博物馆超越传统范畴,突破以往有建筑物和固定空间的限制,进行的大胆尝

试。流动博物馆以车辆为载体,把文物展览办到普通公众的家门口,让更多的群众享受博物馆的文化服务,把厚重的历史文化知识和爱国主义教育以通俗易懂的方式和朴实的言语传达给参观者。流动博物馆集文物展示、多媒体互动、传统展板等丰富的展示内容和互动内容为一体,活动内容为展览地观众量身打造,旨在让观众有所见、有所闻、有所学。

二、让馆藏文物"活"起来的具体措施——多举措并行

要想让博物馆的文物"活"起来,除了对陈列展览进行创新,还应该对博物馆展览中所涉及的具体内容和方法进行创新。

首先,就是对博物馆展品说明牌的创新。走进博物馆展厅,展品旁边的说明牌多为图文版面加文物说明标签,趣味性、观赏性、互动性不足,视觉冲击力和艺术感染力不强,难以吸引观众眼球。说明牌上除了写着展品的名称、年代、发现地点等基本信息外,专业研究的术语也常常写在其中,这就导致很多观众既看不懂说明内容更无法了解文物的背景故事。为了让博物馆展品更加贴近观众,除了在展品说明牌上标出一些基本信息外,还可以将展品的尺寸、重量、用途,甚至是发现过程简要介绍给观众,既让观众了解展品本身,也加深了观众对展品的印象。

其次,就是对博物馆展品讲解内容的创新。目前,绝大多数博物馆还依靠人工讲解,但讲解词多为较长时间之前编撰的,内容多为根据专业术语修改而成,内容千篇一律,语气如同背书,多问一句讲解员就不懂。博物馆面无表情的表达,导致的后果就是与观众沟通上的障碍,最终让不少人敬而远之。让文物"活"起来,就必须对展品的讲解词进行优化,用通俗易懂的词语,将生硬的文字解释清楚,与时俱进,关注社会热点。同时,要拓展讲解员的背景知识储量,令其能由一个个单独的点状展品,进而连成片状的各类相关知识网。

再次,要运用多种手段,加强与观众的互动联系。在博物馆的发展过程中,长期以来都是博物馆提供展览,观众被动接受,博物馆并不注重观众的需要,而是以灌输知识为主。随着观众素质的提高,越来越不满足于"填鸭式"的参观,这就要求博物馆要加强与观众的互动,针对不同的群体推出不同的展览方式,通过故事、戏曲、歌舞、文学等方式宣传博物馆的展品,同时积极主动地拓展观众群体,改变原来等观众上门的局面,将博物馆知识送进学校、工厂、社区等人员密集场所,加强博物馆的社会影响力。

三、让馆藏文物"活"起来的最新趋势——新媒体手段

传统的博物馆展览都要依托相应的场馆,而这种展览往往受到展出时间、展示空间、展示手段、展览位置和周边交通等多方面因素的制约,具有一定的局限性。随着信息化时

代的到来,博物馆与科技的融合也成为让文物"活"起来的重要手段之一。

　　将博物馆的展品数字化之后,通过互联网、云计算、大数据等新的科技手段,提供给网络上的观众观赏。同时,随着移动互联技术的普及,博物馆展品的查阅也呈现出多元化、科技化、小型化的趋势,诸如手机、平板电脑等通过安装 APP 软件,可以随时查看感兴趣的文物,了解文物的背景知识。

　　而社交软件的应用,如 Facebook、Twitter、微博、微信等,可以加强博物馆与观众之间的交流和互动,更好地了解观众的需要,并根据掌握的信息,对各种主题的展览,及时做出有针对性的信息发布和调整,让博物馆的展览更具吸引力。

　　网络直播也是最近风靡的一种信息发布方式,其因具有实时的特点,受到社会广泛的关注,观众可以足不出户地了解直播的内容,并且可以和主播进行互动,答疑解惑。博物馆在展览中也可以将直播的方式引入进来,通过直播扩大展览的影响面,令一些出门不便的人和身处外地的人,如同身临其境一般参观展览,使文物"活"得更具体、更真实。

　　通过以上探讨,可以看出目前我国博物馆发展还有很多尚待解决的问题,特别是在让博物馆文物"活"起来这一中心上,有许多方面亟待深入和完善,而这些既涉及博物馆展览的传统领域,又涉及许多新生领域,所有这些方式方法,也都不是孤立和相互割裂开来的,它们是相互融合促进的,不同的手段只是过程,而所达成的结果都是促进博物馆的发展,让馆藏文物"活"起来。我们只有深入研究这些相关领域,才能以此为基础,推进馆藏文物"活"起来向更深层次的领域发展。

南通博物苑公众考古实践及思考

——首届"暑期三甲古盐场传统板晒盐体验亲子行"活动

沈 倩

南通博物苑　馆员

内容提要：近年来，伴随我国文博考古界对"公众考古"这一新领域认知度的提升，各地相继展开了各种形式的实践活动，寄希望通过其让更多的公众关注考古、参与考古，造就我国历史文化遗产保护的全民意识。鉴于此，南通博物苑着眼于本地历史古迹遗存的保护，并结合历史陈列拓展教育的需求，开展了一期"南通博物苑暑期三甲古盐场传统板晒盐体验亲子行"公众考古教育实践活动，该活动让学生与家长们亲临古代遗址，了解了南通古老的历史，培育了乡土情结；通过媒体的报道，进一步宣传了这一珍贵的古代遗存，整个活动也潜移默化地在当地盐民中产生了保护文化遗产的意识，为保护这一古代遗存起到了积极的推进作用。

关键词：南通博物苑　公众考古　实践

随着"以人为本，服务至上"理念的植入与实践，给中国博物馆事业带来了深刻的影响。其中最显著的就是对文物藏品由重"保"到重"用"的转变，基于此，博物馆进一步提升展示与服务的功能，同时更加注重与提升社会教育的功能，使之成为体现"当代博物馆核心价值的主要职能之一"。就南通博物苑而言，各类社会教育活动也是多姿多彩，如"人文溯源——南通博物苑零距离"、流动的文化景观——"5.18进校园：我们为什么需要博物馆"、"寻找博物苑之星"——南通博物苑"寻宝"活动、以馆藏文物走进社区的"知南通——爱家乡巡讲"、"科普巡讲"及"公众考古"教育实践活动等等，现将南通博物苑首届"公众考古"教育实践活动的设立、运行及一些思考呈现给大家，希望得到各位老师、同行的指教。

一、教 案 源 起

南通滨江临海，除海安县的西北区域有一两处新石器时期的遗存外，其余地区均在西汉以后才渐渐成陆，古遗址、古墓葬的遗存极其稀少，因此，每当遇到即便是明清时期的考古任务，我们都十分的重视，地方媒体自然也投入很多的关注。比如，2014年5

月,在南通城北大桥南端的一处基建工地上,挖掘机挖到一处清早期的夫妻合葬浇浆墓,南通市文物部门向省文物局汇报后,即由南京博物院与南通博物苑迅速组建联合考古队,对该墓葬实施抢救性发掘。南通市的新闻媒体在得知消息后如获至宝,几乎是全天候地进行无缝报道,一时成为南通家喻户晓的新闻,联合考古队也及时调整工作方案,考古现场有序向公众开放,积极配合媒体,按照进展及时准确地传送考古资讯,通过各类媒体主动宣传,以满足市民对此的关注,可谓一次被动式的"公众考古"的尝试。此墓因砖室与浇浆完整,经对比研究后,决定整体打包吊装移至博物苑保护收藏。然而,这样的考古项目对南通博物苑来讲是可遇而不可求的,无法满足南通大众参与"公众考古"的愿望。面对日益成熟起来的"公众考古",这一博物馆服务社会前景广泛的科目,南通区域考古遗存虽少但不言弃,我们一方面谋求与省内的兄弟单位合作,另一方面充分发掘本地资源,力求开展好这项工作。南通滨海,自古产盐。盐业,是南通地区最早的产业。早在西汉初年这里便开始了海盐生产。启东吕四曾经是古淮南盐场中的著名盐场,现如今在启东吕四边防村(古称三甲镇),依然完好地保留着一处古法制盐的板晒场,我们认为这是一处比较适合开展"公众考古"实践活动的场所。于是,南通博物苑集文保、藏品、自然三部门之力,组织了首届"传世百工 煮海为盐——2016年南通博物苑暑期三甲古盐场传统板晒盐体验亲子行"公众考古教育实践活动。

二、教案内容的设定

所谓"亲子行",就是以家庭为单位参与的公众考古教育活动,最初是出于对安全出行的考虑,以及成年人帮助子女理解活动内容,起到二次指导的目的,然而,在实际的报名与活动中,我们发现这些成年人同样表现踊跃,原来成年人对考古更充满着好奇,希望了解考古的奥妙,所以许多家庭是父母一起报名的,远远出乎我们的意料。

南通博物苑此次教育实践活动的内容设定,主要出于有古迹探索、现场操作、可亲子互动以及配合展览作拓展教育等方面的考量。

第一,我们选定的南通吕四三甲传统板晒盐古盐场,是古淮南盐场中著名的盐场,自西汉兴灶以来,已有二千多年的历史。吕四盐场,虽经管辖隶属的变迁,但一直兴灶煎盐。清光绪三十二年(1906年)南通实业家张謇在此开创同仁泰盐业公司,对盐业生产实施改良,引进江南松江的盐业生产方式,在三甲镇以南创办了吕四板晒场,这种"刨泥淋卤"的制盐工艺一直延续至今,这里依然保存着古老的格局,古代的遗存零星散落,古盐场内仍有几十户盐民,从事着古老的生产工艺,以出售海盐为生,这里是古淮南盐场的最后遗存,可谓古代制盐工艺的活化石,是理想的可观摩、可参与、可互动体验的"公众考古"教育实践活动的基地,十分珍贵。

第二,盐业作为南通早期的产业,具有特殊的历史地位,是南通博物苑文物征集的重要课题,经几代博物苑人的努力获得了丰富的盐业方面的文物与史料。2015 年,南通博物苑的新馆展陈更新,开篇的《江海古韵——南通的古代文明》陈列展览,叙述了南通先民与自然相互依存的历史轨迹,着重展示了古老的盐业在南通开疆辟土时的贡献。然而,在展示手法上,仅凭一些盐业生产工具,以及为了渲染气氛,将一串白色盐结晶立方体由空中向下,自由散落一地,中央位置竖立着几块形状不同黑黝黝的盘铁,其设计抽象,人们(尤其是中、小学生)难以理解,海水怎么通过盘铁变成食盐,更难想象南通先民艰苦劳作以及其与大海相互依存的过去(图一)。

如何让观众愉悦地理解与接受展览内容是博物馆社会教育的基础,由展厅走向社会是博物馆教育的补充,通过陈列展示的特定展品而设立相关直观的体验,是博物馆行使社会教育职能的新动向,本教案正是基于此而设立。

图一　南通博物苑"江海古韵"陈列中盘铁与白色盐结晶立方体场景

三、"公众考古"教育实践活动的行程

南通博物苑举办的"亲子行"教育活动仅仅是对"公众考古"实践的一次尝试,希望通过其积累经验,以备今后开展更多形式的公众考古活动。

本次教育实践活动分为两个阶段:

第一阶段是在南通博物苑内,由博物苑的专家带领学员(亲子家庭)参观,讲述《江海古韵——南通的古代文明》陈列中涉及的古代盐业文物方面的历史知识,再由公众考古活动的主创人员,以讲座的形式,介绍南通古代盐业的简史,着重介绍吕四三甲盐场的历史,以及世代相传的板晒法(图二)。最后,让大家观看一部为本次活动而制作的视频——《南通吕四三甲盐场传统板晒盐的工艺流程》,给大家初步形成一个南通古代盐业历史的印象。

第二阶段是前往启东吕四边防村(古称三甲镇)古盐场进行实地考察,与当地盐民进行互动,亲自体验古老的盐业生产方式。为使考察工作按计划有序进行,事先博物苑的工作人员与当地的盐民取得联系,并做好了体验行程的活动安排。所以,在现场首先由当地的老村长引导大家参观古盐场,讲述这里传承千年的盐业故事,回答学生及家长的问题(图三)。

图二　笔者在作"煮海为盐——吕四三甲板晒盐传统工艺"的讲座

图三　三甲镇老村长引导大家参观古盐场,讲述这里千年的盐业故事

活动中特别选定一户世代以盐为生的盐民,由他向大家介绍先辈们的盐业生活,并详细介绍和演示,从盐池整理、灌水晒灰、收灰、淋灰、上水淋卤、收卤、加卤晒盐到收盐储存,这一传承百年的板晒盐的工艺流程(图四、五)。博物苑的指导人员在现场,适时地将在博物苑展厅看到的与之相关的盐业文物,与现场的工艺作对比,让大家观察其使用的方法,与盐民互动参与劳作,加深了对展厅文物展品的理解。

图四 老盐民向大家介绍传承百年的板晒盐工艺流程

图五 老盐民接受随行记者的采访

活动的最后一个事项，是静静地守望在盐池边，观察盐的结晶，亲自触摸小小的盐晶立方体，然后去品味，那连同卤水的咸苦味，一定是观众终身抹不去的印象。体验当下，联想祖先"煮海为盐"的历程，进而更好地了解南通的历史，从小将南通的传统文化根植于心底，激发爱家乡的情感，构建起各自心中的乡愁。

本次"亲子行"公众考古活动的行程虽仅为一天，但由于准备充分，其丰富的内容让大家意犹未尽，都希望来年继续，这也增进了我们继续开展好"公众考古"的信心（图六）。

图六　南通博物苑首期"公众考古"全体队员在古遗址现场合影

四、收 获 与 思 考

"公众考古"与"考古"一样，都是个舶来品。"上世纪六七十年代，美国经济高速发展，与之相随的文物破坏事件也急剧增多。于是，考古学界制定了一个全方位的保护计划，命名为'公众考古'，意在通过向公众阐释考古、进行考古教育，来动员他们参与到文化遗产的管理和保护中。随着中国的情况与当年的欧美愈来愈相似，'公众考古'也于21世纪初在中国落地生根"。

本次"暑期三甲古盐场传统板晒盐体验亲子行"公众考古教育实践活动，在设定项目时，就存有对这一珍贵的古盐场遗址提倡保护的目的。因为，这一片盐场近些年已经被一家大型电力公司收购，十多年前，这里还有几百亩盐田及上百户盐民，如今仅剩下几户盐民从事这一古老的营生,这一珍贵的历史文化遗迹,大有消失的危险。南通文物部门及社会上的热心人士,纷纷呼吁政府给予适当的保护,新闻媒体也曾多次报道宣传,从新闻人的视角讲述保护的意义。所以,当我们在市报及博物苑网站上发布招生信息时,南通的新闻媒体给予了关注,活动当日全程随行采访拍摄,并在南通电视台作专题报道,扩大了宣传效应。笔者认为,这次"公众考古"教育实践活动,不仅让队员在博物苑专业人员的指导下,了解了考古学中最基本的知识,在古遗迹中亲临感受家乡的历史,还让学员们了解了文博人的工作,这是收获之一;收获之二就是通过媒体的介入宣传,再一次向南通人民报道了这一古老文明的存在,唤起更多的人群来关注这一珍贵的文化遗存,借助陈列拓展教育形式,达到宣传保护这一千年海盐文化遗存的目的。

"公众考古学"作为一个较新的学科,虽说学术界尚有许多争辩,有如"公众考古"与"公共考古"之辩、有是否"舶来"之辩等等,目前尚无统一定义,也无标准可以参照。然而,它却在实践中前进,如北京大学"全国中学生考古夏令营"到2016年已经走过九个年头,而各地的博物馆、考古机构所开展的"公众考古"实践大有"方兴未艾"之势,此景象颇有玩味,这里我仅借"南通博物苑暑期三甲古盐场传统板晒盐体验亲子行"公众考古实践谈一下我的浅见。

首先,我国的考古工作是在国家法律法规管控下的政府行为,"公众考古"的前景,必须得到政策的进一步支持,使之常态化、制度化,否则可能是"一时之热"的短期行为。另外,除文物管理部门及机构主动推动外,考古从业人员改变观念,培育自我"公众考古人"的意识也十分重要。思想上不排斥并积极接纳"公众考古"的概念,舍弃以往封闭式的考古模式,以积极开放的思想接纳公众,让公众参与、关注考古。如能这样,或许就能应验复旦大学高蒙河教授所说"有考古的地方就有公共考古,有公共考古的地方就有公共考古人"的局面。

其次,"考古科普"是"公众考古"的重要任务之一。公众热衷考古,向往考古,多半出于好奇与求知欲望;另有相当部分是来自小说或电影带给他们的古墓"夺宝"式的印象,而对考古产生的误解。正因如此,考古文博行业的辛劳工作时常被社会误解为"挖宝"行为,考古文博行业正好借助"公众考古"这一平台,通过"科普"自证其名,消除人们以往形成的"挖宝"的错误观念。还要通过公众的亲临体验,让其进一步懂得,评价一个考古项目的价值与意义,不是以出土多少文物,以及文物的质量为标准的,考古所努力探求的是已逝的文化过程及研究过程的科学性。"考古科普"普及考古知识,让公众对"考古"有一个正确的认知,才能培育起正确参与考古、关心考古的公众意识,才能理解历史文化遗址保护的意义,自觉投身于历史文化遗址保护中来。

其三,如何能让大众更加重视、关注文博考古事业,这有待于文博考古行业自身的不断努力,文博人要善于宣传自己、推介自己。笔者注意到,国内的一些考古专家提出,在传统的专业类期刊、专著出版上,除只注重科学性、权威性的概念外,应兼顾通俗性与科普性,让更多的人读懂,从而更多地关注文博考古行业。笔者还注意到,近年来出现的中国考古网、挖啥呢、考古系大师姐等考古类公众微信号,以生动的文字语言,文图、语音、视频的相互结合,再配以灵动美观的排版,吸引了大众的眼球,拥有大量粉丝,阅读量更是数字惊人。如中国考古网的粉丝就达 35 万之多;2015 年 8 月创号的"挖啥呢",更是以一个"挖"字吸引住了读者,一年多来粉丝过万(创办人自己的统计),访问量四万余人,而且每篇微博的阅读量均有数千人之多。由此可见,这些公众考古新媒体在推介考古,宣传考古文博,吸引公众关注方面,具有广泛的前景和良好的拓展空间。随着互联网时代的发展,传播方式多样化,人们的阅读方式发生着巨大的改变,传统出版向数字化出版的转型升级势在必行。

五、结　语

总而言之,公众考古的推广,让更多的人有机会身临其境地置身考古现场,通过参与考古,更能亲身感受考古,从而进一步关注考古。除此之外,公众考古更能培育起公众对文化遗产保护的公众意识。此次南通博物苑举办的"暑期三甲古盐场传统板晒盐体验亲子行"公众考古教育实践活动,首先是在这群队员中,实现了宣传南通地方文化遗产的目的,也让当场的盐民懂得,他们所生活的地方还有着深厚的历史文化底蕴,他们自然会更珍惜祖辈们遗留在这片盐田上的一切,他们在接受随行记者的采访时,在介绍的过程中自然流露出要求保护的愿望,潜移默化中这些当地盐民已然产生保护文化遗产的意识。在笔者看来,保护文化遗产的"公众意识"不正是我们文博工作者所希望看到的吗,由公众参与的历史文化遗产的保护,正是"公众考古"开展的最大收获与目标。

参考文献:

[1] 严建强:《拓展式教育:博物馆文化的新内涵》,《中国博物馆》2013 年第 1 期。

[2] 张荣生:《南通盐业志》,凤凰出版社,2012 年。

[3] 奚牧凉:《"公众考古抛砖三问"》,《中国文物报》2016 年 9 月 27 日。

[4] 曹兵武:《关于当前中国考古学的几个热点问题》,《中国文物报》2016 年 9 月 13 日。

[5] 傅湘:《"身临其境"去考古》,《中华遗产》2012 年第 7 期。

[6] 《初心不改　方兴未艾——首届中国考古学大会公共考古研讨纪要》,http://xuewen.cnki.net/CJFD-SCWW201603009.html。

附录　关于 2016 年度江苏考古和遗产保护项目获奖的通报

　　为表彰在田野考古和遗产保护中做出突出成就的单位及个人,经各家申报,江苏省考古学会常务理事会讨论研究决定,共有 13 个考古发掘项目获得"田野考古奖";7 个考古项目获得"考古与遗产保护奖"。现将获奖项目和获奖单位及个人予以通报如下。

田野考古奖(13 项):

1. 徐州土龙山汉墓群考古发掘
   　　发掘单位:徐州市文物考古研究所
   　　考古领队:耿建军
2. 高邮北门遗址考古发掘
   　　发掘单位:扬州市文物考古研究所
   　　考古领队:周赟
3. 镇江孙家村遗址考古发掘
   　　发掘单位:镇江博物馆
   　　考古领队:何汉生
4. 丹阳马家双墩遗址考古发掘
   　　发掘单位:镇江博物馆
   　　考古领队:王书敏
5. 高淳夏家塘土墩墓考古发掘
   　　发掘单位:南京市考古研究所
   　　考古领队:李翔
6. 江宁中庄遗址考古发掘
   　　发掘单位:南京市考古研究所
   　　考古领队:龚巨平
7. 常州象墩遗址考古调查和发掘
   　　发掘单位:常州市文保中心
   　　考古领队:郑铎
8. 太仓樊村泾遗址考古发掘

　　发掘单位：苏州市考古研究所

　　考古领队：张照根

9. 苏州缪家村墓葬群考古发掘

　　发掘单位：苏州市考古研究所

　　考古领队：孙明利

10. 云台山石室土墩墓考古调查

　　发掘单位：连云港市重点文物保护研究所

　　考古领队：高伟

11. 东台北海村遗址考古发掘

　　发掘单位：淮安市博物馆、盐城市博物馆、东台市博物馆

　　考古领队：胡兵

12. 句容孔塘遗址考古发掘

　　发掘单位：南京博物院、句容市博物馆

　　考古领队：朱晓汀

13. 邳州煎药庙遗址考古发掘

　　发掘单位：南京博物院、徐州博物馆、邳州博物馆

　　考古领队：马永强

考古与遗产保护奖(7 项)：

1. 扬州隋炀帝墓周边区域考古勘探

　　发掘单位：扬州市文物考古研究所

　　考古领队：束家平

2. 淮安板闸遗址考古发掘

　　发掘单位：淮安市博物馆

　　考古领队：胡兵

3. 南京天隆寺遗址考古发掘

　　发掘单位：南京市考古研究所

　　考古领队：祁海宁

4. 栖霞官窑山遗址考古勘探

　　发掘单位：南京市考古研究所

　　考古领队：马涛

5. 玉祁周忱祠遗址考古发掘和保护

　　发掘单位：无锡市文化遗产保护和考古研究所

　　考古领队：刘宝山

6. 川东港工程考古发掘与保护项目

　　发掘单位：南京博物院、镇江博物馆、淮安市博物馆、常州博物馆、徐州博物馆、东
　　　　　　　台市博物馆、大丰博物馆
　　考古领队：杭涛、何汉生、胡兵、彭辉、耿建军
7. 句容抽水蓄能电站工程考古发掘与保护项目
　　发掘单位：南京博物院、镇江博物馆、句容市博物馆
　　考古总领队：林留根
　　考古领队：林留根、盛之翰、何汉生

　　希望以上获奖单位及个人再接再厉，不断探索田野考古和文物保护新的方式方法，为
全面提升我省考古发掘质量和文物保护水平作出更大贡献。

江苏省考古学会

2016 年 12 月 30 日

后　记

　　江苏省考古学会自1980年成立以来,时刻牢记自身基本任务,坚持团结全省的文物考古工作者,时刻发扬实事求是的学术学风,努力提高考古研究的科学水平,致力于推动全省文物考古事业的不断发展。近年来,江苏省文物考古工作进入新时期:一方面秉持"不忘初心、砥砺前行"的一贯态度,积极开展各种形式的学术活动,增进全省乃至国内各文物考古机构以及文物考古工作者之间的学术交流和友好关系;另一方面遵循"探索地域文明、保护文化遗产、服务社会民生"的基本原则,积极有效开展文物考古工作,弘扬江苏优良传统,提升团体和个人课题意识,不断推动学科建设和进步,同时强调文物工作创新,文物考古工作成果应服务于社会民生,具体表现在推进大遗址保护工作、开展公众考古活动,以及普及文物专业知识、宣传文化遗产保护意识等,使考古成果直接面对社会公众,形成良好的社会服务效益。

　　《江苏省考古学会文集(2015—2016)》的编辑和出版,是江苏省考古学会活动组织和工作任务的集中体现。文集收录了2015年淮安年会和2016年镇江年会提交的文章,分为"篇首语"、"考古探索"、"理论探讨"和"专题研究"四个部分,共计38篇文章,排名不分先后,仅按照文章内容或年代早晚划分。

　　"篇首语"既是对江苏省考古学会近年工作的总结和积淀,也是对江苏省文物考古事业发展的思考和探索:龚良院长深刻剖析了"小康后的江苏考古事业"面临的新形势,新形势下江苏考古的目标和任务,以及如何找准定位,做好区域、单位和个人的考古事业规划;"探索地域文明的思考"是刘谨胜局长对江苏考古工作的殷切寄语,在肯定江苏考古工作既有成果和新发现的同时,提出探索地域文明需加强"系统性、多学科合作"研究以及重要遗迹的保护和利用;林留根所长着眼于考古学科的研究进步和工作理念的创新完善,以"科技考古"为出发点,强调科技手段的应用和多学科合作在考古发掘、大遗址保护中的作用和贡献,以点带面,要求考古工作应鼓励理论方法的多元、研究领域的交叉以及课题意识的强化;邹厚本先生根据自身经历,畅谈了江苏考古的"过去、现在和将来","过去"让江苏考古的年轻人获悉了历史、加强了认同,"现在"肯定了江苏考古事业取得的成绩,也提出了面临的"人才"问题,"将来"为大家指明了方向,并写下了期许。

　　"考古探索"、"理论探讨"和"专题研究"三部分,既有"探索地域文明"的考古调查发掘、文物文献研究,也有"保护文化遗产"的大遗址保护和利用,还有"服务社会民生"的公众考古实践。其中,"专题研究"部分,研究对象性质丰富、年代跨度大,研究领域宽,研究方法多变,既有传统的型式研究和文化因素分析,也有音乐考古和海洋考古研究;既有古代文献解读,也有近现代"出版物"考证。可谓包罗万象,不一而足。

江苏省考古学会年会的组织举办,年会文集的编辑出版,无疑为全省文物考古工作者提供了一个展示、交流的平台,团体之间、个人之间相互借鉴、取长补短,共同弘扬江苏优秀文物工作传统,树立本省的文化自信,从而推动江苏考古工作、研究水平和影响力持续健康的提升和发展。

本次文集的编辑和出版,得到了南京博物院龚良院长、李民昌副院长和省文物局刘谨胜局长的特别关心和支持,南京博物院考古研究所林留根所长、周润垦副所长对文集的编辑出版提出了指导性的建议和意见,南京博物院费玲伢研究员在手腕受伤的情况下,仍坚持工作,对文集的稿件收集、整理、编辑付出了大量的时间和汗水,南京博物院曹军在稿件统筹、初稿编排以及和出版社沟通等方面做了一定工作。同时,特别感谢上海古籍出版社的编辑宋佳女士和贾利民先生,为保证文集保质保量按时出版,不辞辛苦、加班加点编辑校对,他们认真负责的职业精神令人敬佩。最后,对文集供稿的作者们致以深深的感谢和敬意。

江苏省考古学会编委会

2017 年 11 月

图书在版编目（CIP）数据

江苏省考古学会文集：2015—2016 ／ 江苏省考古学会编. —上海：上海古籍出版社，2018.1
ISBN 978-7-5325-8679-0

Ⅰ.①江…　Ⅱ.①江…　Ⅲ.①考古工作—江苏—文集　Ⅳ.①K872.53-53

中国版本图书馆 CIP 数据核字（2017）第 297676 号

江苏省考古学会文集（2015—2016）

江苏省考古学会　编

上海古籍出版社出版发行

（上海瑞金二路 272 号　邮政编码 200020）

（1）网址：www.guji.com.cn

（2）E-mail：guji1@guji.com.cn

（3）易文网网址：www.ewen.co

常熟新骅印刷有限公司印刷

开本 787×1092　1/16　印张 24.25　插页 10　字数 516,000

2018 年 1 月第 1 版　2018 年 1 月第 1 次印刷

ISBN 978-7-5325-8679-0

K·2413　定价：198.00 元

如有质量问题，请与承印公司联系